내 어머니는 컴퓨터였다

캐서린 헤일스 지음
이경란·송은주 옮김

대한민국, 서울, 커뮤니케이션북스, 2025

내 어머니는 컴퓨터였다

지은이 캐서린 헤일스
옮긴이 이경란·송은주
펴낸이 박영률

초판 1쇄 펴낸날 2025년 5월 12일

커뮤니케이션북스(주)
출판 등록 2007년 8월 17일 제313-2007-000166호
02880 서울시 성북구 성북로 5-11
전화(02) 7474 001, 팩스(02) 736 5047
commbooks@commbooks.com
www.commbooks.com

CommunicationBooks Inc.
05-11, Seongbuk-ro,
Seongbuk-gu, Seoul, 02880, KOREA
phone 82 2 7474 001, fax 82 2 736 5047

My Mother Was a Computer: Digital Subjects and Literary Texts
by N. Katherine Hayles

ISBN 979-11-430-0161-0 93300

책값은 뒤표지에 표시되어 있습니다.

내 어머니는 컴퓨터였다

컴퓨터가 아니었던,

내 어머니에게

프롤로그
계산하는 친족

제목에 부쳐

닐 스티븐슨의 ≪크립토노미콘≫에 등장하는 허구의 인물인 수학 천재 로런스 프리처드 워터하우스가 상관인 얼 콤스톡 중령에게 자신의 새로운 기계 발명품을 자랑한다. 콤스톡이 묻는다.

> "저 새로운 기계에 이름을 붙인다면 뭐라고 하겠나?"
> "흠." 워터하우스가 대답한다. "저 기계의 기본 기능은 수학 계산을 하는 겁니다. 컴퓨터(computer, 계산원)처럼요."
> 콤스톡이 코웃음을 친다. "컴퓨터는 사람이야."

이 대화는 계산을 하도록 고용된 사람들(주로 여성이었다)이 '컴퓨터'로 불리던 1930년대와 1940년대의 역사적 사실을 반영한다. 이 책의 제목 "내 어머니는 컴퓨터였다"는 앤 발사모의 책 ≪젠더화된 신체의 기술≫에서 가져왔는데,

발사모는 한 장의 서두에서 이 용어 '컴퓨터'를 언급한다.[1] 발사모의 어머니는 실제로 컴퓨터로 일했고, 발사모는 가족사의 한 편린을 이용해 정보기술의 젠더적 함의를 고찰한다. "내 어머니는 컴퓨터였다"라는 문장에 대한, 제2차 세계대전 시기에서 20세기 말에 이르기까지의 여러 이해 방식은 계산에 필요한 지능이 주로 인간과 연관되었던 사회에서 점차 계산 기계와 연관되는 사회로 넘어가는 변화를 보여 준다. 그러므로 "내 어머니는 컴퓨터였다"는 호모 사피엔스와 로보 사피엔스(Robo Sapiens), 인간과 지능형 기계 사이의 관계에서 비롯하는 수많은 문제의 제유다.[2]

오늘날 이 문장이 우리에게 의미상 충격을 주는 이유는 인간 노동에서 기계 노동으로의 이행을 보여 줄 뿐 아니라, 인간 사회에서 극히 중요한 친족(kin) 범주를 위반하는 느낌을 자아내기 때문이다. 그런 의미에서 이 문장은 무엇보다도 한스 모라벡이 우리의 '포스트생물학적(postbiological)' 미래라고 불렀던 것을 암시한다. 포스트생물학은 인간이 신체를 버리고 의식을 컴퓨터에 업로드할 방법을 찾아낼 것이므로, 언제나 인간의 한계를 규정해 왔던 '육체적 체화(corporeal embodiment)'가 미래에는 단지 선택의 문제가 되리라고 예견한다.[3] ≪우리는 어떻게 포스트휴먼이 되었는가≫에서 나는 이 포스트생물학적 포스트휴먼 비전에 강력히 반론하면서, '체화'의 중요성을 인식하고 지구상의 인간·비인간 삶의 향상에 이바지하는 포스트휴먼의 판본(version)에 대한 논의를 요청하며 책을 끝맺었다.

≪우리는 어떻게 포스트휴먼이 되었는가≫가 출간된 후 5년간 컴퓨터 기술은 선진국의 기반 시설 속으로 훨씬 더 깊숙이 파고들었다. 편재형 컴퓨팅(pervasive computing), 이동통신기기, 위성통신망, 인터넷 트래픽이 엄청나게 확산되었고, 그에 따라 경제, 제조, 운송, 통신 기술이 전 지구적으로 매개된 네트워크에 긴밀히 통합되었다. 그 결과 내가 ≪우리는 어떻게 포스트휴먼이 되었는가≫에서 분석을 위해 근거로 삼은 '자유주의적 휴머니즘 주체와 포스트휴먼 간의 상호작용'은 이미 20세기의 역사 속으로 사라져 갔다. 21세기에는 자유주의 휴머니즘의 전통과 포스트휴먼 사이의 갈등보다, 지능형 기계와 함께 계속 진화해 나가는 포스트휴먼의 여러 판본에 논쟁의 초점이 맞춰지고 있는 듯하다.

포스트휴먼과 자유주의 휴머니즘 전통은 나란히 놓고 보면 분명 중요한 차이점이 많다. 그럼에도 포스트휴먼의 몇몇 판본은 자아를 정신과 연관 짓고, 신체는 정신이 작용하기 위한 용기에 불과하다고 보는 자유주의 전통의 중요 특징인 '탈체화(disembodiment)'를 계속해서 재기입(reinscribe)# 했다. 새롭고 더 정교한 포스트휴먼의 판본들이 전개되면서, 뚜렷하게 대조되던 체화와 탈체화는 분산되어 더 복잡하고

이 책에서 '재기입'은 기존 체제·매체를 이루는 요소를 새로운 체제·매체에 거듭 끼워 넣는 것을 가리킨다.

다채롭게 구성되었다. 그 결과, 탈체화된 정보와 체화된 인간의 생활세계를 병치하는 이진법적 관점으로는 더 이상 이러한 복잡성을 설명할 수 없게 되었다. 나는 체화의 중요성을 강조하는 태도를 버린 적은 없지만, 현시대의 상황은 이진법적 관점을 넘어 더 섬세한 분석으로 나아가길 요구하는 듯하다. 지금의 국면은 물질성(materiality)을 물리성(physicality)과 별개의 것으로 재위치시키고, 하이브리드 텍스트와 주체성의 물질적 기반을 다시 생각할 것을 요한다. 내가 ≪글 쓰는 기계≫에서 했던 생각이 이 책에서 전개한 논의들을 내놓는 데 큰 도움이 되었다. ≪우리는 어떻게 포스트휴먼이 되었는가≫, ≪글 쓰는 기계≫ 그리고 이 책은 20세기 중반과 현재를 잇는 삼부작으로, 체화와 정보의 이항대립에 관한 논의에서 문학 텍스트의 물질성에 대한 논의를 거쳐, 이러한 생각들을 계산(computation)과 텍스트성(textuality)으로 확장하고 깊이를 더하는 궤적을 그린다.

물질성은 ≪글 쓰는 기계≫에서 정의한 대로 물리적 특징과 의미화 전략 간의 역동적 상호작용을 통해 창조되는 '창발적 특질(emergent property)'이다. 물질성은 '물리적 실재(physical reality)'와 인간의 의도가 만나는 접점이다. 나는 '사실물(matters of fact)'에서 '우려물(matters of concern)'#로

사물을 바라보는 두 가지 관점과 관련된 용어다. 사물을 '사실물'로 본다는 것은 사물을 '자연적으로 주어져' 있어 논쟁의 여지가 없는

의 전환을 촉구한 브뤼노 라투르를 따라, 물질성을 인간적 의미와 관련된 물질(matter)의 구성물로 생각하고 싶다.[4] 물질성에 대한 이러한 관점은 내가 '계산적 우주(Computational Universe)'라고 부르는 것, 즉 우주가 모든 물리적 실재의 기저에 있는 광대한 계산 메커니즘에서 실행되는 계산 프로세스를 통해 생성된다는 주장과 밀접한 관련이 있다. 계산이 존재론적 의미를 띤다고 강력히 주장하는 과학자들에 따르면 계산은 실재를 원자적·분자적·거시적 수준에서 연속적으로 생산하고 재생산하는 수단이다. 스티븐 울프럼은 ≪새로운 종류의 과학≫에서 이 주장을 확장해, 생물학적 시스템과 사회적·문화적 시스템까지 포함하는 모든 종류의 복잡한 움직임들을 아우른다. 이러한 맥락에서 "내 어머니는 컴퓨터였다"는 '컴퓨터 우주'가 '어머니 자연'을 대신하게 된다는 암시로 이해할 수 있다.[5] 지난 세기에 어머니 자연이 인간 행동과 물리적 실재 모두의 근원으로 여겨졌듯, 이제는 컴퓨터 우주가 우리 모두의 마더보드(Motherboard)로 생각된다.

컴퓨터가 인간 역사에서 비할 데 없는 입지와 중요성을 획득한 순간에 계산적 우주론이 등장한 것은 분명 우연이 아

'사실'로 여기는 것을 뜻한다. 반면 사물을 '우려물'로 본다는 것은 사물을 늘 불확실한 특성을 띠어 논쟁을 낳는 '우려'의 대상으로 여기는 것을 뜻한다. 브뤼노 라투르 지음, 이세진 옮김(2023). ≪브뤼노 라투르의 과학인문학 편지≫, 183쪽, 사월의책 참고.

니다. 이는 뉴턴 운동법칙의 환원주의적 힘과 점점 더 정교해지는 시간 기록 메커니즘에 깊은 인상을 받아 우주가 '시계태엽장치'라고 주장한 18세기 평자들의 경우와 유사하다고 할 수 있다.[6] 마저리 호프 니콜슨이 1940년대에 지적했듯 시계태엽장치 은유는 아름답고 정밀하게 움직이는 우주의 질서정연함과 예측가능성을 표현하는 데 강력한 힘을 발휘했다.[7] 한편으로 이 은유는 현실의 다른 측면들을 보지 못하게 했는데, 이들 측면은 이후 낭만주의 시, 양자역학, 복잡성이론 등 다른 국면에서 드러나게 된다. 마찬가지로 계산적 우주론은 현실의 어느 면에 대해서는 더 깊이 있는 통찰과 새로운 직관을 가능케 하지만, '주체성의 구성'을 포함해 전통적으로 인문학과 사회과학이 드러내 온 현실의 다른 측면들은 잘 보이지 않게 한다고 할 수 있다. 주체성에 관한 전통적 관점들과 계산적 관점의 충돌은 이 책의 중심 주제 중 하나인데, 나는 전통적 관점과 계산적 관점이 서로 시너지를 일으키며 협력하는 새로운 배치(configurations)에도 초점을 맞출 것이다.

나는 이 책에서 최근 연구들을 비판적으로 탐색하면서 계산적 우주에 대한 해설을 제시하려 한다. 그러나 내 주된 관심사는 계산적 우주가 현실을 생성하는 수단이라는 점과 자연적·문화적 프로세스를 이해하는 은유로 기능한다는 점을 분리하는 것이 아니라, 기술적·예술적 실천에서 수단이자 동시에 은유로 작용하는 복잡한 역학을 살피는 데 있다.

계산적 우주는 기술, 존재론, 문화적 아이콘으로서 계산이 갖는 다양한 의미들과 뒤엉키면서 서로 뒤섞이는 재귀적 루프들을 생산하며 또 이것들에 의해 생산된다. 재귀적이고 다중적인 인과관계의 이러한 역동적 상호작용은 컴퓨터 시뮬레이션과 문학 텍스트를 포함해 광범한 문화적 인공물들을 다시 상상하고 만드는 비옥한 기반이다.

계산적 우주와 어머니 자연과의 연관성 외에도, 이 책의 제목은 '읽기'가 "문자들(letters)과 행들(lines) 사이의 의미를 환각으로 느끼게 하는" 작용을 한다는 프리드리히 키틀러의 영향력 있는 주장을 반영한다.[8] 키틀러는 ≪담론 네트워크≫[≪기록시스템 1800·1900≫]에서 19세기 음성학이 도입되면서 아이들이 단어를 처음에는 크게 소리 내어 읽고 그다음에는 묵독하도록 배웠다고 말한다.[9] 이러한 연습 과정에서 인쇄된 텍스트에, 특히 소설에 '목소리'가 부여됐다. 그때 대다수 사람들이 들은 목소리는 그들에게 읽기를 가르쳐 준 목소리, 다시 말해 '어머니의 목소리'였다. 이 목소리는 다시 '어머니 자연'과 동일시되어 자연세계와 인간의 의미 사이에서 공명했다. 현대에 와서 '환각'으로서 읽기는 젊은이들의 경험에서 큰 비중을 차지하는 인스턴트 메시지, 채팅방, 비디오 게임, 이메일, 웹 서핑으로 일부 대치되었다. 이제 컴퓨터에서 나오는 시각, 청각, 운동감각, 촉각 신호와 같은 자극들이 읽기에 따라다니던 어머니의 목소리를 어느 정도 대체한다. 어머니의 목소리가 주체성을 글쓰기와, 인간을 자연환경과 연결하는 연결 고리였다면, 컴퓨터의 '삐' 소리, 마우스 클릭, 화면 명암은 현대의 주체성을 '전자적 환경'과, 인간을 계산적 우주와 연결하는 연결 고리들이다. 내 분석의 한 갈래는 이렇게 주체성의 구성과 현대의 읽기 실천에 만연한 상호작용들의 효과를 탐문하는 것, 인쇄 텍스트와 전자 텍스트 양자를 계산적 실천과의 관계 속에 놓고 그 상호작용의 결과로 일어나는 변화를 기록하는 것이다.

제목에 담긴 친족 관계의 함의로 돌아가서, "내 어머니는 컴퓨터였다"는 인공생명 시뮬레이션이 '누가 너의 부모인가'라는 질문을 받는다면 내놓을 법한 대답으로도 볼 수 있다. 이 분야 연구자들은 컴퓨터 시뮬레이션을 묘사하면서 인간의 친족 관계 용어들을 자주 가져다 쓴다. 예를 들어 컴퓨터(더 정확하게는 프로그램)가 진화하는 인공 생물군을 '낳았다'는 표현을 흔히 사용한다. 이러한 용법에서 '의인화적 투사(anthropomorphic projection)'와 서술상의 의도는 마구 뒤섞인다. 이러한 의미에서 "내 어머니는 컴퓨터였다"는 컴퓨터의 기능을 이해(또는 오해)하게 하는 일종의 의인화적 투사를 표현한다. 의인화적 투사는 컴퓨터의 실제 작동을 모호하게 하고 이들 '디지털 주체'를 인간과 같은 동기·목표·전략을 지닌 자율적 피조물로 이해하는 문화적 상상계를 창조한다. 또한 이러한 투사에는 반전된 의미도 깔려 있는데, '인간 존재를 어느 정도까지 컴퓨터 프로그램으로 이해할 수 있는가'라는 의문을 갖게 하기 때문이다. 이 책의 부제#에서

"디지털 주체"는 인간과 인공생명체가 상호 관계하면서 일어나는 이러한 변증법적 위치 설정(positioning)을 시사한다. 연구 영역의 윤곽을 그리는 어구로 읽히는 '디지털 주체'는 디지털적인 주체, 특히 계산적 우주의 주체와 그 하이브리드 주체성을 재치 있게 잇는 어구다.

왜 부제의 나머지 절반은 "문학 텍스트"일까? 나는 시카고대학교출판부의 출판 담당자 앨런 류의 문제 제기 덕분에 이 문제를 생각하게 되었다. 나는 이 책의 초고에 문학을 포함하는 것이 굳이 설명할 필요도 없을 만큼 당연하다고 여겼다. 어쨌거나 나는 문학 비평가다. 하지만 더 생각해 보면 류의 문제 제기는 문학이 블록버스터 영화와 잘 팔리는 컴퓨터 게임과 같은 문화 현상과 경쟁하고 협력하는 주류 문화에서 점점 더 주변부의 위치로 밀려나고 있다는 조짐이자, 현대의 문화적 상상계를 창조하는 데에서 문학의 역할을 다시 생각해 보자는 제안이다.

문학 텍스트를 이 책에 포함하기로 한 결정을 해명하기 위해 근본적 질문에서 시작하겠다. 우리는 주위의 세계를 이해하는 데 어떤 자원을 가지고 있을까? 니컬러스 게슬러가 지적했듯 이러한 자원은 크게 세 범주, ① 수학 방정식, ② 시뮬레이션 모델링, ③ 담론적 설명으로 나눌 수 있다.[10] 수학

원서의 부제인 "Digital Subjects and Literary Texts(디지털 주체와 문학 텍스트)"를 말한다.

방정식에 대해서는 해럴드 모로위츠와 스티븐 울프럼 등이 수학은 유용하지만 복잡한 움직임들을 설명하는 데 한계가 있다고 주장했음을 지적하는 정도에서 그치겠다. '복잡계(complex system)'에서는 명시적 답이 있는 등식으로 설명할 수 없는 비선형적 움직임들이 나타나므로, 고전 역학과 그 외 현대과학에 승리를 가져다주었던 수학이 거의 힘을 쓰지 못한다. 결국 우리에게 남는 것은 시뮬레이션과 담론적 설명뿐이다.

담론적 설명에는 역사학·철학·문화인류학과 같이 뛰어난 비문학적 형식들을 포함해 여러 형식들이 있다. 이 담론들 가운데 문학은 마리로르 라이언이 말했듯 "가능한 세계들"을 창조할 수 있다.[11] 소설 읽기가 환각과 비슷하다는 키틀러의 주장은 문학의 주된 매력들 중 하나를 부각한다. 그것은 바로 독자들이 장면, 행동, 인물을 '환각처럼 떠올릴' 수 있게 하는 것이다. 이 덕분에 소설은 등장인물들이 페이지에서 튀어나와 독자와 같은 물리적 공간에 있는 듯이 느껴질 만큼 생생한 상상의 세계를 창조해 낸다. 문학 텍스트는 칼 심스의 <진화한 가상 생명체>(이 책 8장에서 논한다)와 같은 컴퓨터 시뮬레이션처럼 우리가 우리 자신과 같은 존재로 (오)인식할 수 있는 생명체들이 사는 가상의 세계를 창조하며, 이 때문에 문학은 다른 담론 형식들보다 더욱 시뮬레이션처럼 기능한다.

시뮬레이션과 문학 텍스트 사이에는 중요한 차이점도

있다. 복잡한 현상들을 만들어 내는 시뮬레이션에는 '계산'이 필수불가결한 반면, 문학에 바탕이 되는 것은 '내러티브'다. 이는 소설이 독보적 문학 형식이 된 현대에는 더욱 그렇다. 내러티브는 인공 매체에서의 시뮬레이션 모델링보다 훨씬 더 오래되었을 뿐 아니라, 여러 인류학자들이 믿고 있듯 거의 인류만큼 오래되었다. 내러티브는 인간의 생활세계를 환기하면서 인간의 지각 체계, 언어, 문화에 근원을 둔 주체성에 호소한다. 이와 대조적으로 시뮬레이션은 본질적으로 수치 계산이다. (칼 심스의 시뮬레이션처럼) 시뮬레이션이 시각적 형태로 만들어져 인간이 지각 가능한 세계를 환기할 수 있다 해도, 시뮬레이션의 외관은 다른 무엇보다도 수량으로 작동하는 알고리듬을 통해 만들어진다. 컴퓨터는 시뮬레이션을 만드는 데 필요한, 끔찍할 정도로 지겨운 계산을 수행할 능력을 인간의 정신보다 훨씬 더 잘 갖추고 있다. 따라서 시뮬레이션은 인공지능과 포스트생물학적 주체성과 깊게 연관된다. 내러티브와 시뮬레이션 간의 역동적 갈등은 인간의 생활세계와 어마어마한 수치 계산의 (상대적으로) 비인간적인 세계 사이의 변증법과 얽혀 있다.

이러한 유사·대조로 '언어(language)'와 '코드(code)'를 교섭시키는 것은 이 책에서 문학 텍스트와 디지털 주체를 함께 조사하고 연관 짓는 주된 방법 중 하나다. 여기에서 조명하려는 또 다른 양상 두 가지는 '인쇄 텍스트와 전자 텍스트의 상호 침투'와, '아날로그와 디지털 재현 사이의 변증법'이다.

아울러 이 세 가지 역학은 '만들기(언어와 코드)', '저장하기(인쇄 텍스트와 전자 텍스트)', '전송하기(아날로그와 디지털)'의 측면으로 분석할 수 있다. 만들기·저장하기·전송하기는 정보 관련 양식이자 주체의 신체와 텍스트의 신체(body)가 구성되는 데 이바지한다. 문학 텍스트와 디지털 주체를 접합하는 또 다른 방법은 이 만들기·저장하기·전송하기라는 양식들이 주체의 신체와 텍스트의 신체에 미치는 효과를 분석하는 것이다. 체화된 예술 형식으로서 문학은 정보가 문학의 물질성에 미친 영향을 기록하며, 문학의 물리적 특징들은 의미를 만들어 내기 위한 자원으로 쓰인다.

이처럼 텍스트의 신체와 디지털 주체의 뒤엉킴이 발현되는 양상을 '상호매개(intermediation)'라 부르겠다. 상호매개는 서로 다른 형식의 매체 사이에서뿐 아니라 신체와 텍스트 사이에서도 일어나는 복잡한 처리 작용이다. 만들기·저장하기·전송하기가 기술적 기능을 뜻하므로, 이러한 범주화를 통해 포스트휴먼의 여러 판본을 키틀러식으로 매체의 효과로 이해할 수 있게 된다. 또한 문학 텍스트를 분석하면서, 특히 주체성에 초점을 맞추면서, 나는 매체 효과가 의미와 중요성을 가지려면 체화된 인간 세계 안에 위치해야 한다고 주장할 것이다. 나는 매체 효과와 인간의 생활세계 중 하나만을 선택하기를 거부하며, 물질성을 재위치시키면서 주장했듯 복수의 인과관계, 복잡한 역학, 창발적 가능성의 관점에서 생각할 필요성을 제기하려 한다. 컴퓨터 시뮬레이션과 문학 텍스트, 둘 모두에서 서로 또는 환경과 재귀적으로 상호작용하는 자율적 행위자들은 결코 선형적 역학이나 단순한 인과관계로 축소해 이해할 수 없다. "내 어머니는 컴퓨터였다"라는 제목 그리고 이 책이 갖는 궁극적이며 가장 중요한 의미는 현대의 포스트휴먼 배치들이 계속해서 디지털 주체와 문학 텍스트, 컴퓨터 프로그램과 인간의 심신에서 진화해 나갈 때 발생하는 복잡성이 어떤 식으로도 환원될 수 없음을 주장하는 것이다.

방법과 범위

이제 이 책의 방법론과 구성을 이야기하겠다. 본문의 세 부에 걸쳐 (언어와 코드를 통한) 만들기, (인쇄 텍스트와 전자 텍스트로) 저장하기, (아날로그와 디지털 부호화를 통해) 전송하기라는 서로 별개이자 연결된 프로세스를 조사한다. 앞서 말했듯 만들기·저장하기·전송하기는 밀접하게 상호 연관된 기술적 기능들이다. 이 책은 이 셋의 특정한 기능을 명확히 밝히고자 각각을 구분했지만, 이 셋이 역동적이고 다중적인 재귀적 상호작용에 서로 끊임없이 관여한다는 사실이 흐려져서는 안 된다.

각 부의 장들에서는 기술(technology), 주제론(thematics), 이론(theory)에 각각 초점을 맞춘다. 전자 문학과 컴퓨터 시뮬레이션에 대한 논의에서 기술에 초점을 맞춤으로써, 스크린 차원뿐 아니라 스크린 효과의 차원도 분석한다. 주제론에 초점을 맞추면, 인쇄본 소설과 전자 문학부터 과학 연구에 이용되는 컴퓨터 시뮬레이션까지 다양한 범위에 걸쳐 여러 종류의 텍스트를 꼼꼼히 읽고 논의에 통합할 수 있다. 기술 분석과 주제론 분석 둘 다 이론적 함의를 띠는데, 이론에 초점을 맞춘 장들에서는 그러한 이론적 함의를 시험·확인·수정·확장하는 식으로 명확히 조사한다. 물론 기술, 주제론, 이론은 서로 지속적으로 상호작용하므로 모든 장이 보통 그중 하나만을 주로 다룬다 해도 나머지 둘도 조금씩은 포함한다. 내가 이 세 갈래의 조사를 이어 나가는 순서는 부마다 다르다. 예를 들어 주로 이론에 할애된 장이 1부에서는 두 번째에, 2부에서는 첫 번째에, 3부에서는 마지막에 나오고, 기술에 관한 장은 1부에서는 첫 번째에, 2부에서는 마지막에, 3부에서는 두 번째에 나온다. 이런 점에서 이 책의 구성은 유연하다.

1부 "만들기: 언어와 코드"는 언어와 코드의 의미화 프로세스에 초점을 맞춘다. 기초를 닦기 위해 1장에서는 상호매개의 개념을 전개하고 이를 계산 체제(Regime of Computation)를 이끄는 기술들과 연결한다. 개념이 전개되면서 코드는 자연의 공통어(lingua franca of nature)로서 새로운 중요성을 띠게 된다. 이는 코드를 2장의 주제인 '말하기와 글쓰기' 같은 레거시 시스템(legacy system)을 위한 이론적 틀과 연결하는 문제로 이어진다. 2장에서는 소쉬르의 기호학, 데리다의 그라마톨로지, 프로그래밍 언어를 체계적으로 비교해 의미에 대한 전통적 생각은 코드의 작용을 이해하기에 적절치 않다는 함의를 도출한다. 코드가 중요해지면서(디지털 시대에는 사실상 모든 형식의 텍스트성에서 코드가 중요해졌다) '기호의 자의성'과 같이 오랜 세월 믿어 온 진리들이 의문에 부쳐지는 한편, '이산화 작용(the act of making discrete)'처럼 소쉬르의 기호학과 데리다의 그라마톨로지에서 상대적으로 덜 주목받았던 프로세스들이 부각된다. 그 결과 텍스트가 출현하는 과정이 재고되고 의미화에 지각 변동이 일어난다. 중요한 것은 어느 불가사의한 결정에 의해 말하기와 글쓰기의 세계관을 폐기할 수 있게 되더라도, 그러기보다 그 세계관들이 코드의 세계관과 활발히 상호작용하는 상호매개의 프로세스를 이해하는 것이다. 이를 위해서는 필연적으로 말하기, 글쓰기, 코드의 세계관 간 차이와 유사성을 이해할 필요가 있다. 그런 의미에서 2장에서는 그다음 장들을 위한 기초를 닦는다.

3장은 헨리 제임스의 "전신 창구 안에서"(1898)부터 필립 K. 딕의 ≪파머 엘드리치의 세 개의 성흔≫(1966)과 제임스 J. 팁트리의 "플러그에 연결된 소녀"(1973)로 나아가면서 기술이 전보 같은 수동적 코드에서 정교한 사이버네틱 장치나 컴퓨터 프로그래밍 같은 능동적 코드로 변형될 때 신체들이 이들에 각각 어떻게 삽입되는지 보여 준다. 이 내러티브의 주인공들은 모두 자본주의 체제 속 삶의 속박에서 벗어나기를 욕망하며, 상품이 자유로이 순환하고 삶이 제로섬 게임에서 벗어난 정보의 영역에 합류하기를 꿈꾼다. 그러나 기술이 점점 더 정교해지면서 이러한 꿈이 성취되기는커녕, 체화된 주체는 자본주의의 역학에 통제되는 회로 속으로 훨씬 더 단단히 삽입되고 만다. 신체들이 더 철저히 회로 속으로 들어가면서 주체는 더 이상 이러한 역학에 의해 **제한**되는 것이 아니라 이를 통해 **구성**된다. 이것이 팁트리의 단편에서 당혹스럽게도 말 그대로 실연되는 프로세스다. 나는 이들 소설에서 되풀이되는 상호매개의 프로세스들을 부각하면서 언어가 코드와 만날 때 일어나는 복잡한 역학이 이 세 내러티브에서 핵심이라는 점을 밝힌다.

2부 "저장하기: 인쇄 텍스트와 전자 텍스트"에서는 생산 시스템으로서 인쇄 문학과 전자 문학의 상호작용에 초점을 맞춘다. 4장은 이론적 면에 초점을 맞춰, 물질성을 더욱 충분히 고려해 작품(work), 텍스트(text), 문서(document)라는 기초 개념들에 대한 기존 생각들을 재개념화해야 한다고 주장한다. 앞서 지적했듯 물질성은 단지 물리성으로 간단히 정리해 버릴 수 있는 것이 아니다. 물질성은 작품이 작용하기 위해 자원으로 동원되는 물리적 특징들이 작품의 의미화 전략들과 상호작용하면서 생성되는 창발적 특질이다. 이 장에서 나는 물질성을 진지하게 이해하려면 '체화된 텍스트들이 서로 어떻게 연관되는가'에 대한 다른 개념뿐 아니라 텍스트 편집 시 일반적으로 가정되는 것과는 다른 주체성 모델이 필요하다고 주장한다. 여기에서는 소설, 영화, 웹사이트, 그 밖의 매체 형식들이 서로 상호작용하는 복잡한 역학을 통해 상호매개의 사이클을 예시한다. 나는 어느 하나의 단일한 작품이 있어 다른 이형(variant)들이 그 작품에 종속되는 식으로(예를 들어 소설이 '진짜' 작품이고 소설에 기반한 영화는 어느 정도 원작을 충실하게 옮긴 것이라는 식으로) 수렴되는 것을 이상적이라고 보지 않는다. 이 장에서 나는 어느 한 텍스트를 다른 것보다 더 '기원적인' 것으로 특권을 부여하기보다 텍스트들을 아상블라주(assemblage, 조립체)의 무리로 개념화해야 하며, 텍스트의 역학은 그 무리에 속하는 모든 텍스트에서 생겨난다고 주장한다. 이러한 접근을 더 잘 표현하기 위해 호르헤 보르헤스, 워런 위버, 발터 벤야민의 언어 번역에 대한 대조적 생각들을 비교하고 분석할 것이다.

5장에서는 텍스트의 최종 산출 형식이 인쇄 소설일 때 전자 문서로서 텍스트의 실재가 어떤 면에서 문제가 되는지 질문한다. 문서가 종이 위에 찍힌 내구성 있는 표시가 아니라 디지털 컴퓨터의 깜박거리는 전압으로 구성되었을 때, 인쇄본 책의 가시적 표면에서 그 사이[전자 문서가 종이에 인쇄되는 사이] 단계들의 흔적을 찾을 수 있을까? 컴퓨터 기술을 이용해 컴퓨터 없이는 얻기 어려운 혁신적 조판과 여타 시각적 효과를 만들어 낸 경우의 인쇄본 책이라면 그 흔적을 쉽게 짚어 낼 수 있겠지만, 스티븐슨의 ≪크립토노미콘≫처럼 완전히 전통적인 외관을 한 훨씬 더 많은 경우의 책들에서는 그러기가 쉽지 않다. 컴퓨터 프로그래머이면서 인쇄본 책 저자이기도 한 스티븐슨의 ≪크립토노미콘≫과 같이 다소 특이한 사례의 경우, 디지털 프로세스는 텍스트 구성에 깊이 연루되고, [소설 내에서] 변형되는 용어들 간의 변증법적 상호작용이 이끄는 숨겨진 내러티브를 통해 표현된다. 표면 아래 숨겨진 내러티브에서 쟁점은 수사적 언어와 수행적 코드 사이의 갈등, 다시 말해 정보를 자유롭게 하려는 해커들과 시장 상품으로 바꾸려는 거물 자본주의자 간의 갈등이다. 이 뒤엉킨 배치에서 이 텍스트는 인쇄본 소설 형식을 찬양하는 한편 그 안에 코드에 기반한 강력한 명령이 숨어 있다고 암시하면서 자신과 디지털 컴퓨터와의 관계를 모사하는 동시에 모호하게 흐린다. 이 장에서는 상호매개를 언어와 코드, 인쇄 소설과 컴퓨터 프로그램 사이의 복잡한 피드백 루프(feedback loop)를 원동력으로 삼아 내러티브를 재구성하는 수단으로 이해한다.

6장은 코드가 말하기나 글쓰기보다 '이산화'의 방향으로 더 멀리 나아간다는 2장의 주장을 기반으로 파편화된 주체들, 복수의 분산된 원작자, 디지털 텍스트성 간의 관계를 조사한다. 이 장에서는 전자 텍스트인 셸리 잭슨의 <패치워크 소녀>(1995)를 마크 로즈의 18세기 저작권 분쟁 분석의 맥락 속에 놓는다. 그러고서 로즈가 결론적으로 밝혀낸 연결고리, 특히 지적 자산으로서 문학 작품과 자유주의 휴머니즘 주체 사이의 연결 고리를 배경 삼아 문학 양식으로서 인쇄본 소설에 내포된 이데올로기를 둘러싼 논쟁을 보여 준다. <패치워크 소녀>는 다른 종류의 텍스트 배치를 실연하는 바로 그 순간에 새로운 주체성 형식을 향해 나아가면서, 인쇄본 소설을 재기입하는 동시에 이 재기입을 이용해 디지털 매체에 걸맞은 형식을 발명해 내려 한다. 이 텍스트의 주요 화자에게 주체성은 작품을 생산하는 디지털 기술과 분리될 수 없으며, 이는 아날로그 주체가 아닌 디지털 주체가 된다는 것이 어떤 의미인지에 대한 성찰로 이끈다. 여기에서 상호매개는 인쇄 텍스트와 전자 텍스트, 연속적 의식과 이산된 의식, 언어와 코드의 복잡한 뒤엉킴에서 나타난다.

3부 "전송하기: 아날로그와 디지털"에서는 아날로그와 디지털의 차이, 특히 주체성에 미치는 이들 각각의 영향을 다룬다. 7장에서는 한 생명체 안에서 일어나는, 아날로그 의식과 디지털 프로그램 사이의 상호매개에 초점을 맞춘다. 8장에서는 컴퓨터 속에 사는 디지털 생명체들과, 이들과 상호작용하는 인간 사이의 역학을 조사한다. 9장에서는 인간이 디지털 컴퓨터화된 자신의 사본(copy)을 만들어 컴퓨터 속에서 살게 되는 '포스트생물학적' 미래를 상정한다. 논의를 확장하면서 쟁점으로 삼으려는 것은 계산과 인간 의식의 피드백 루프뿐 아니라 계산적 프로세스의 결과로 여겨지는, 실재의 본질과 인간 의식의 피드백 루프다. 에필로그에서는 상호매개와 부합하는 재귀적 루프를 그리며 처음으로 되돌아가서, 계산과 체화를 서로 상반되는 포스트휴먼의 미래 비전이 아니라 상호매개하는 양식들로 재고하고 1장에서 제기한 문제를 새롭게 고찰한다. 계산과 체화 둘 다 현재의 인간 세계에 매우 중요하다.

이 모든 장들이 보여 주듯 만들기, 저장하기, 전송하기는 상호작용하는 분리된 영역들이라기보다는 상호매개의 다차원적 역학을 각기 다르게 분석한 조각들이다. 디지털 주체와 문학 텍스트를 다시 생각하는 일에 함축된 의미는 광범하다. 여기에는 코드의 세계관이 말하기와 글쓰기의 세계관과의 관계에서 어떤 위치에 놓이는지 이해하기, '작품'·'텍스트'·'문서'와 같은 기초 용어를 새롭게 생각할 수 있는 방법 구축하기, 인쇄 텍스트와 전자 텍스트가 그것들을 생산하는 프로세스를 동원하는 다양한 방식 인식하기, 컴퓨터 시뮬레이션이 인간 주체성 그리고 의식과 관련될 수 있는 방식 탐구하기 등이 포함된다. 내가 부분적이고 불완전하게 설명한 상호매개 프로세스들은 지금 이 순간에도 인쇄 형식과 전자 형식 모두를 포함해 언어, 주체성, 문학적 대상, 텍스트성에 대한 기존 생각들에 도전하기 위해 작동하고 있다. 나는 이 책을 통해 여러분이 적어도 인쇄 전통에만 빠져 있는 문학 비평가와 문화 비평가가 이전과 똑같은 식으로 계속 작업해 나갈 수는 없다는 점을 납득하게 되기를 바란다. 언어와 코드의 관계를 이해하기 위한 새로운 이론적 틀, 텍스트를 만들고 읽고 해석하기 위한 새로운 전략, 다른 매체로 물질적으로 예화(instantiation)#되는 텍스트들을 생각하는 새로운 방식, 과학 연구를 문화와 문학이론에 더할 새로운 방법이 필요하다. 디지털 주체와 문학 텍스트를 상호매개하는 것으로서 다시 생각하는 일은 어느 한 사람에 의해 단번에 성취될 수 없다. 그것은 반드시 집단적으로 계속해서 진행되어야 할 기획이다. 이 책이 그에 기여하기를 바란다.

추상적인 것을 구체적인 것으로 표현하는 과정 혹은 그렇게 표현된 실체를 가리킨다. 객체지향 프로그램에서는 특정 객체에 대해 컴퓨터 메모리를 할당해 실체화하는 것을 인스턴시에이션(instantiation)이라고 한다.

일러두기

- 이 책은 *My Mother Was a Computer: Digital Subjects and Literary Texts* (N. Katherine Hayles, The University of Chicago Press, 2005)를 저본으로 삼아 번역한 것입니다.
- 원문에서 강조를 위해 이탤릭체로 쓴 부분은 굵은 글씨로 표시했습니다.
- 본문에 나오는 소설 작품 중 장편 소설은 ≪ ≫, 중·단편 소설은 " ", 전자 소설은 〈 〉로 구분해 표시했습니다. 이 외에 도서나 학술지는 ≪ ≫, 도서의 한 장(章)이나 논문은 " ", 예술 작품이나 게임은 〈 〉로 표시했습니다.
- 지은이의 주석은 [1], [2], [3]으로, 옮긴이의 주석은 #, ##, ###으로 표시했습니다.
- 외래어 표기는 현행 한글어문규정의 외래어표기법을 따르되, 몇몇 인명은 국내 관용에 준해 표기했습니다.

차례

프롤로그: 계산하는 친족 vii

1부 만들기: 언어와 코드

01 상호매개: 텍스트성과 계산 체제 3

언어와 코드 / 계산 체제 / 상호매개 / 매체 기술과 체화된 주체들

02 말하기, 글쓰기, 코드: 세 가지 세계관 49

복잡성의 처소 / 소쉬르의 기호와 물질적 문제들 / 데리다의 차연과 코드의 명료성 / 코드의 계층 / 이산화 그리고 코드와 언어의 상호 침투

03 정보의 꿈: 세 가지 소설에서 신체의 탈출과 구속 95

정보의 경제 / 재기입으로서 코드: "전신 창구 안에서" / 실체 변화로서 코드: ≪파머 엘드리치의 세 개의 성흔≫ / (재)현현으로서 코드: "플러그에 연결된 소녀" / 여성 주체성으로서 코드: 여자는 정말로 필요할 때 무엇을 팔 수 있는가

2부 저장하기: 인쇄 텍스트와 전자 텍스트

04 매체 번역하기 145

인쇄에서 전자 텍스트로 / 텍스트는 무엇인가 / 물리성, 물질성, 체화된 텍스트성 / 아상블라주로서 작품 / 언어 번역과 매체 번역 사이에서 상호매개하기: 텍스트성에 대한 함의들

05 수행적 코드와 수사적 언어: 닐 스티븐슨의 ≪크립토노미콘≫ 203

수학과 도마뱀: 변증법의 첫 항들 / 암호작성술 지배하기 / 코드의 형제단 / 매듭진 모순어법들: 소진된 변증법 / 테크놀로지와 텍스트의 상호 침투

06 셸리 잭슨의 〈패치워크 소녀〉에서 명멸하는 연결성 255

주체성 그리고 저작권의 법적 허구들 / 괴물 창조하기: 주체와 텍스트 / (텍스트) 신체 봉합하기: 스토리스페이스에서 바느질과 글쓰기 / 종결: 링크, 렉시아, 메모리

3부 전송하기: 아날로그와 디지털

07 행위자의 가면 벗기기: 스타니스와프 렘의 "가면" 309

인간 속의 기계 / 기계 속의 인간 / 기계와 인간의 상호 침투

08 내러티브를 시뮬레이션하기: 가상 생명체는 우리에게 무엇을 가르쳐 줄 수 있는가 353
진화한 가상 생명체 / 진화하는 내러티브들 / 인간을 계산하기: 아날로그 주체와 디지털 주체들 / 과학적 실재론과 형식의 윤회 / 디지털 생명체와 혼종적 주체성: 형식에서 프로세스로

09 주관적 우주론과 계산 체제: 그렉 이건 소설의 상호매개 393
앨런 튜링의 유산 / 징후로서 계산 / ≪퍼뮤테이션 시티≫: 죽음과 시뮬레이션으로 도착하는 편지 / ≪디스트레스≫와 참여우주

에필로그: 재귀와 창발 447

감사의 글 453
옮긴이의 글 457

미주 463
참고문헌 493
찾아보기 513

1부

만들기

언어와 코드

01
상호매개: 텍스트성과 계산 체제

언어와 코드

사람들 대부분이 알아차리지도 못하는 사이에 새로운 언어들이 생겨나 지구상에서 번성하고 새로운 형태로 변형되다가 사라져 잊히고 있다. 인간이 발명한 이러한 언어들은 '컴퓨터'라고 불리는 지능 기계를 위한 것이다. 코드(code)와 언어(language)가 상당히 다른 방식으로 작동하는데도, 프로그래밍 언어와 그 언어를 작성하는 코드가 '자연' 언어로 이론화되어 왔다는 점 때문에 언어적 상황이 복잡해지고 있다.[1] 코드가 언어와 다른 점으로는 다양한 수신자(address, 인간뿐 아니라 지능형 기계까지 포함한다)를 갖는다는 점, 비교적 소규모의 기술 전문가 집단에 의해서도 개발된다는 점, 상업적 제품 주기에, 결과적으로 자본주의 경제에 견고하게 통합된다는 점 등이 있다. 언어가 인간의 문화와 인간종의 특수성을 결정하는 데 중대한 역할을 했다는 점에는 대부분 동의할 테지만, 코드의 범위와 정도 그리고 중요성에 대해서는 여전히 논쟁의 여지가 있다. 많은 사람들이 자연

언어가 프로그래밍 언어보다 훨씬 더 넓은 기반을 가지고 있다고 주장하면서 코드를 지능형 기계를 위한 인공 언어라는 비교적 좁은 영역으로 격하하는 입장을 고수한다. 하지만 최근 디지털 알고리듬을 자연 언어로 보자는 주장이 강하게 제기되었다. 스티븐 울프럼, 에드워드 프레드킨, 해럴드 모로위츠가 주장하듯 우주가 근본적으로 계산적이라면, 코드는 컴퓨터뿐 아니라 모든 물리적 실재의 '공통어(lingua franca)'로 격상된다.

이러한 복잡성을 고려하면 코드와 언어의 상호작용을 섬세하고도 이론적으로 정교하게 이해하는 것이 급선무다. 인간 언어에 대해서는 그간 방대한 연구가 이루어졌으며, 프로그래밍 언어에 대해서도 그보다는 적지만 상당한 양의 연구가 있다. 하지만 아직까지 두 종류의 언어를 연결하는 피드백 루프를 탐색하는 비평은 극소수다.[2] 문제는 코드와 언어가 다른 맥락에서 출현하고 발전할 뿐 아니라, 기호학적으로 혹은 물질적으로 서로 다른 방식으로 작동한다는 점에 있다. 그럼에도 이러한 차이들을 이해하는 작업이 여러 다양한 전문가 집단들이 관련된 탓에 지체되고 있다. 전문가 집단의 한쪽에는 인문학자와 언어학자가, 다른 한쪽에는 컴퓨터 프로그래머와 소프트웨어 엔지니어가 있다. 이들 공동체 간에 전반적으로 소통이 부족한데도 프로그래밍 코드와 언어는 매일 수없이 만나며 지속적으로 상호작용한다. 이러한 교섭은 범위 면에서는 전 지구적으로 활발히 일어나고 있으며,

일상적 과업을 수행하기 위해 컴퓨터에 의존하는 환경이라면 거의 모든 곳에 깊숙이 침투해 있다. 이제 기술적으로 발전된 사회의 두드러진 특징은 언어만이 아니라 '언어 더하기 코드'에서 비롯한다.

이 책의 목적은 언어와 코드(좁은 의미의 코드와 넓은 의미의 코드 모두)를 체계적으로 함께 사유할 수 있는 이론적 틀을 만들어 이러한 복잡성을 이해하는 것이다. 더 나아가 일련의 사례 연구를 통해 창조적·기술적·예술적 실천에서 언어와 코드의 상호작용이 의미하는 바를 탐구한다. 사례 연구들은 인쇄와 전자 텍스트성의 관계, 단어뿐 아니라 비트(bit)를 통한 주체성의 구성, 디지털 프로세스에 대한 은유로 기능하는 아날로그 패턴과 인간이 상호작용할 수 있게 하는 이해(또는 오해)를 포함해 다양한 문제에 초점을 맞춘다.

이어질 2장에서는 세 가지 주요 담론 시스템인 **말하기**, **글쓰기**, **디지털 컴퓨터 코드**를 다룬다. 논의의 초점을 맞추기 위해 말하기에 대해서는 페르디낭 드 소쉬르의 기호학 이론을 선택했다.[3] 글쓰기에 대해서는 자크 데리다의 초기 텍스트들, 특히 소쉬르가 이론화한 언어 시스템을 논의하면서 데리다 자신의 그라마톨로지 이론과 대조한 저작들인 ≪그라마톨로지≫, ≪입장들≫, ≪글쓰기와 차이≫, ≪철학의 여백들≫을 다룰 것이다. 코드에 대해서는 여러 작업을 참고했는데, 스티븐 울프럼, 에드워드 프레드킨, 해럴드 모로위츠, 엘런 울먼, 매슈 풀러, 매슈 커셴바움, 브루스 에켈의 작업을 특히 중요하게 다루었다.[4] 이러한 논의들이 대변하는 말하기, 글쓰기, 코드에 대한 이론들은 더 나은 용어가 없어 내가 '세계관(worldview)'이라고 부르는 것을 사실상 구성하는 추정·전제·함의를 담고 있다. 말하기, 글쓰기, 코드의 세계관은 이 개념들을 발전시킨 이론가들과 그들이 속한 철학적·언어적·과학적 전통, 그들 자신의 작업을 통해 기여하려 하는 목적들을 둘러싼 기술적 조건들과 떼려야 뗄 수 없이 얽혀 있다. 이들 세계관을 비교하면 일련의 갈등과 문제가 드러나는데, 이는 상호작용의 장(場)인 만들기, 저장하기, 전송하기의 기반을 형성한다. 이 상호작용은 현시대 과학적 시뮬레이션, 디지털 예술, 전자 문학, 인쇄 문학의 창조적 실천에서 핵심이다.

계산 체제

말하기, 글쓰기, 코드를 쉽게 비교하기 위해 코드가 수행적 실천(performative practice)으로서 위치하는 더 큰 맥락을 살펴보겠다. 먼저 '진리 진술(truth statements)'을 이해하려는 기존 모델 중 특히 고전 형이상학과 계산(계산을 실행하는 언어인 코드)의 관계를 잠시 되짚어 보기로 하자. 지난 세기의 철학자들 중 데리다만큼 형이상학의 깊은 핵심에 자리한 '초월적 기의(transcendental signified)'를 향한 열망을 성공적으로 폭로한 사람은 없을 것이다. 이 열망은 너무나도 강력하며, 그 진본성을 입증해 줄 어떤 기표도 필요치 않은 존재의 현현을 향한 불가능한 열망이다. 데리다는 이러한 형이상학을 쉽게 버릴 수 없다고 거듭 강조한다.[5] 데리다는 형이상학이 서양 철학, 과학, 사회 구조 속에 너무나 깊이 얽혀 있어서 몰아냈다 싶으면 어느새 슬금슬금 되돌아와 언어, 나아가 사고 자체에서 끊임없이 제 모습을 드러낸다고 주장한다. 고전 형이상학이 이처럼 지배적 영향력을 행사한다는 점에서 데리다의 저항적 글쓰기는 문화적 실천으로서 필요하면서 의미 있는 것이 된다. 데리다 본인이 말했듯 그의 담론은 "(다른 사람들의) 텍스트에 대한 독해와 전적으로 함께 가"며, 그런 의미에서 기생적이라고 볼 수 있다.[6] 데리다의 초기 저작에서 이러한 경향은 현존을 향한 형이상학적 열망을 재기입하는 텍스트들을 다룰 때 특히 집중적으로 나타나며, 데리다는 이러한 텍스트들을 전력을 다해 해체하려 한다. 그의 악명 높은 발언을 다른 말로 바꾸어 표현하자면, 형이상학이 존재하지 않는다면 데리다는 그것을 발명해 내기라도 해야 했을 것이다.

계산의 세계관 또한 데리다의 그라마톨로지와 전혀 다른 식이기는 해도 형이상학적 질문들에 새로운 답을 제공한다. 여기에서 '계산(computation)'은 계산 작업을 실행할 수 있는 수많은 플랫폼 중 하나일 뿐인 디지털 컴퓨터 이상의 것을 의미한다. 계산은 다양한 영역에서, 거의 모든 종류의 물질적 기체(material substrate)에서 일어날 수 있다. 레너드 애들먼은 위상기하학 문제들을 해결하기 위해 처음으로 DNA 용액을 계산 플랫폼으로 사용했다. 대니얼 힐리스는 어릴 때 팅커토이(Tinkertoy)#로 컴퓨터를 만들었다고 말한다. 존 폰 노이만은 디지털 컴퓨터를 생각하면서 공장 주변의 거대한 철제 I자형 대들보를 이진 부호를 나타내는 패턴으로 조립해 계산하는 상상을 했다.[7]

만약 계산을 디지털 조작(digital manipulation)이나 이진 코드 혹은 실리콘에 한정하지 않는다면, 그것은 무엇일까? 앨런 튜링은 '튜링기계(Turing machine)'로 알려진 추상적 컴퓨터를 묘사한 유명한 1936년 논문에서 계산을 형식주의적으로 정의했다. 이 추상적 컴퓨터는 보편튜링기계(Universal Turing machine)라 불리는 것 중 가장 일반적인 버전이다. 보편튜링기계는 그 이름이 의미하는 대로 그 자체를 구성하는 알고리듬 계산을 포함해 컴퓨터가 할 수 있는 모든 계산을 실행할 수 있다.[8] 이 보편튜링기계의 전통에 '계산 체제(Regime of Computation)'가 속한다. 계산을 최소화된 구성 요소 그리고 상대적으로 적은 수의 논리 연산들로 작동하는 프로세스로 본다는 점에서 그렇다. 이러한 구성 요소들은 특정 플랫폼 속으로 예화되어 점점 높은 수준의 복잡성을 구축해 나가도록 구성할 수 있는데, 그러다 보면 대단히 깊

미국제 조립식 장난감.

고 다층적이며 광범해져 난기류와 복수행위자 사회 시스템(multiagent social system)에서 사고(思考)라고 부를 만한 추론 과정까지 세상에서 가장 복잡한 현상을 시뮬레이션할 수 있게 된다.

스티븐 울프럼은 ≪새로운 종류의 과학≫에서 계산 체제에 대해 광범한 주장을 펼친다. 이 책은 놀랄 만큼 야심적인데, 전통적으로 과학자들이 주장을 펼칠 때 취해 온 겸손한 태도를 생각하면 더욱 그렇게 느껴진다. 이 책은 이십 년에 걸친 울프럼의 '세포 자동자(cellular automata)' 연구를 근거로 단순한 규칙이 계산적 수단을 통해 실제로 복잡성을 만들어 낼 수 있다는 것을 보여 줌으로써 계산 체제에 엄청나게 기여한다. 세포 자동자는 수십 년 전부터 있었다. 폰 노이만은 세포 자동자를 가지고 실험하면서 스타니스와프 울람에게서 어떻게 세포 자동자가 이차원 세포로 이루어진 격자로 축소될 수 있는지 배웠다.[9] 1950년대에 콘라트 추제는 세포 자동자가 물리적 우주의 기반을 이룰 수 있다고 말했다.[10] 1990년대 산타페연구소의 연구자들, 특히 크리스토퍼 랭턴과 동료들은 세포 자동자가 정보를 만들어 내고, 수정하고, 전송할 수 있는 조건을 연구했다.[11] 존 콘웨이는 유명 도서 ≪생명의 게임≫에서 세포 자동자가 살아 있는 시스템 같은 인상을 줄 수 있음을 보여 주었다.[12]

세포 자동자의 기본 아이디어는 너무나 단순한데, 그 전형적 배치의 예시는 다음과 같다.[13] 사각의 격자가 있고,

각각의 사각형이 하나의 세포(cell)를 나타내며, 이 세포가 '온(on)'이나 '오프(off)'가 될 수 있다고 가정해 보자. 나아가 온/오프 상태는 검정이나 흰색으로 나타낼 수 있다. 각 세포의 초기 상태가 정의되고, 각 세포의 상태를 업데이트하는 법에 대한 규칙도 정해진다. 예를 들어 어느 세포는 이웃한 세포 네 개 중 두 개 이상이 '온'이면 '온'이 되고, 그렇지 않으면 '오프'가 되는 규칙을 따른다. 각 세포는 동시에 이웃 세포들의 상태를 탐색하고 그에 따라 상태를 업데이트하며, 그동안 다른 세포들도 전부 동일한 방식으로 상태를 업데이트한다. 업데이트의 결과 시스템은 새로운 상태가 되며, 모든 세포가 이웃 세포를 탐색하고 상태 업데이트를 잇따라 반복하면 시스템의 상태가 또 변화한다. 이러한 과정은 현재의 컴퓨터 성능상으로 비교적 짧은 시간 안에 수백, 수천 번 반복이 가능하다. 울프럼은 다양한 범주의 세포 자동자를 단순한 규칙들로 광범하게 조사해, 이러한 시스템이 개념적으로 단순한데도 불구하고 놀랍도록 복잡한 패턴들이 나타나는 창발적 작용을 일으킬 수 있음을 보여 준다. 특히 '규칙 110번(Rule 110)'으로 설명되는 일차원적 세포 자동자가 이전에는 고차원의 복잡한 세포 자동자에서만 가능하다고 여겨지던 보편튜링기계를 산출했음을 보여 주었다.[14] 이렇게 단순한 시스템에서 보편튜링기계를 만들어 낼 수 있음을 입증했다는 것은 정말로 주목할 만한 발견이다.

울프럼은 자신의 작업에서 광범한 함의들을 끌어내는

데에도 뛰어나다. 울프럼은 ≪새로운 종류의 과학≫ 12장에서 상세히 탐구한 "계산적 등가성의 원칙(The Principle of Computational Equivalence)"으로 자신의 작업을 요약한다. 그중 이런 공식이 있다. "본질적으로 어떤 시스템에서건 단순하지만은 않은 움직임을 보게 된다면, 이를 동등하게 고차원적인 계산에 상응하는 것이라고 생각할 수 있다."(5) 내가 읽은 바로는 이 원칙에는 서로 맞물리는 주장이 세 가지 있다. 첫째, 모든 복잡한 움직임은 계산적으로 시뮬레이션할 수 있다. 이들 움직임에는 (적어도 원칙상으로는) 인간의 사고와 행동 차원까지 포함된다. 둘째, 복잡계들은 "계산으로 환원될 수 없다"(6). 계산이 (울프럼이 논한 세포 자동자처럼) 단순한 규칙들을 통해 이루어질 수 있다 해도 시스템의 움직임을 계산하는 수고를 더는 방법은 없다(예를 들어 수학 방정식으로 이를 단순화하는 식으로). 복잡계들의 움직임을 시뮬레이션하려면 시스템 자체에서 그 움직임을 만들어 내기 위해 실행하는 계산과 거의 맞먹는 양의 계산이 필요한데, 이는 결국 어떤 식으로든 지능적 노동이 필요하다는 뜻이다. 뚜렷한 해답을 내놓을 수 있는 고전적 시스템에서는 어느 등식을 풀기가 어려울 수는 있어도 일단 풀고 나면 전혀 다른 다양한 움직임들을 다 설명할 수 있다. 반면 울프럼이 설명한 세포 자동자의 규칙은 아주 단순하지만, 움직임을 계산하는 일은 수백 번(혹은 수천 번, 아니 그 이상)의 반복을 요할 만큼 집약적이다. 셋째, 보통 대놓고 제시되지는 않지만 울프럼이 예측하는 연구의 포괄적 귀결들에서 암시되는 주장이 있다. 계산이 복잡계들의 움직임을 시뮬레이션할 뿐 아니라, 생물학적 유기체에서 인간의 사회적 시스템까지 모든 것에서 실제로 움직임을 만들어 내는 프로세스로 간주된다는 강력한 주장이 그것이다.

울프럼이 자신의 시뮬레이션을 처음에는 일종의 모델로 보다가 실제로 현실을 만들어 내는 계산으로 보게 되었다는 사실을 그의 방대한 텍스트 곳곳에서 찾아볼 수 있다. 예를 들어 울프럼은 이렇게 말한다. "나는 단순한 프로그램에 기초한 모델들이 어떻게 정확할 수 있느냐는 질문을 수도 없이 받았다. 프로그램들이 어떤 시스템의 움직임을 성공적으로 재연할 수 있다 해도, 그 시스템 자체가 세포 자동자의 규칙을 따르는 개개의 세포들로만 구성되지 않는다는 사실이 분명하기 때문이다."(366) 울프럼은 이러한 이의 제기에 대해 "모델이 실제로 시스템처럼 작동해야 할 이유는 전혀 없다"는 주장으로 응수한다(366). 그런데 다른 곳에서는 이렇게 애매하게 말한다.

> 내가 제2법칙과 같은 문제들을 조사하려 취한 접근법은 단순한 프로그램들을 물리적 시스템에 관한 은유로 이용하는 것이다. 그러나 이러한 프로그램들이 그 이상이 될 수 있을까? 예를 들어 몇몇 단계에서는 물리적 시스템들이 실제로 단순한 프로그램의 규칙을 그대로 따라서

> 작동한다고 상상할 수 있을까? … 처음에는 법칙들이 너무나 복잡해서 단순한 프로그램에 상응하지 않는 것처럼 보일 수도 있다. 그러나 이 책의 중요 발견 중 하나는 아주 단순한 근본 규칙들을 가진 프로그램조차 엄청난 복잡성을 낳을 수 있으며 … 그리하여 기초적 물리 현상에 부합할 수 있다는 것이다. 오늘날 우리가 알고 있는 물리 현상의 법칙들 밑에는 아주 단순한 프로그램이 있고, 지금까지 알려진 모든 법칙, 궁극적으로 우주에서 보이는 모든 복잡성이 거기에서 출현하는 것일지도 모른다.(434)

이 구절, 그리고 비슷한 구절들에서 계산적 우주에 관한 울프럼의 주장은 결정적으로 애매해진다. 쟁점은 새로운 천년[21세기]에 접어드는 시기에 '계산'을 우리 문화에 널리 퍼진 어떤 (레이먼드 윌리엄스의 표현을 빌리면) '여론의 동향(climate of opinion)'을 암시하는 은유로 이해할지, 아니면 물리적 현실의 복잡성을 낳는 메커니즘으로서 존재론적 위상을 가진 것으로 이해할지다. 나는 이 논쟁적 문제에서 어느 한쪽을 지지하기보다 현재 우리가 질문의 답이 아직 결정되지 않은 문화적 순간에 있다고 보고 그 의미를 파헤쳐 보려 한다. 다시 말해 이 순간은 계산이 생성적인 문화적 역학으로, 수단이자 은유로, 분리할 수 없을 만큼 뒤엉킨 순간이다. 앞으로 보게 되겠지만 이러한 뒤엉킴은 계산적 우주의 더 넓은 풍경과 지능형 기계들과의 관계 속에서 인간을 위치 짓는 데 폭넓은 함의를 띤다.

계산적 우주가 은유이자 수단으로 기능한다는 것은 무슨 의미인가? 이 뒤엉킴은 '피드백 루프(feedback loop)'로 이해할 수 있다. 여기서 피드백 루프는 문화적으로 강력한 은유들을 현실의 사회적 구조들과 연결해, 계산이 그 자체로는 세계를 만들 힘을 제대로 갖지 못한다 해도 상상적으로 그러한 힘을 계산에 부여하는 표현들을 만들어 낼 수 있다. 셰리 터클은 ≪제2의 자아≫와 ≪스크린 위의 삶≫에서 이러한 피드백 루프가 사람들이 자기 자신과 타인을 인식하는 방식에 엄청난 영향을 미칠 수 있음을 강력하게 보여 준다. 그 영향은 어린아이들과 지능형 장난감의 상호작용으로까지 확장된다. 내가 제일 좋아하는 사례 하나는 터클의 응답자들 중 수줍음 많고 사교성이 부족한 젊은이가 한 말이다. "현실이 저에게 최고의 창(window)은 아니에요."

피드백 루프의 두 번째 유형은 계산적 우주에 대한 믿음이 미래의 상상과 연결되고, 미래에 대한 예측이 역으로 현재에 영향을 미칠 때 출현한다. 기저의 물리 현상과 어떤 관계에 있건, 계산 체제가 세계에 실제로 영향을 미칠 수 있는 능력을 보여 주는 놀라운 예는 '네트워크 중심 전투(network-centric warfare)'를 수행할 수 있도록 미군을 재편하려는 계획이다. 코드의 존재론을 전제로, 군사 전략가들은 정보가 핵심 군사 자산이 되었으며 이를 충분히 활용할 수 있도록 미군을 재편해야 한다고 주장한다. 이들은 고도의 기동성과 유동성을 갖춘 군사력을 선호하는 중앙집중화된 명령·통제 체제를 버리고, (탱크, 비행기, 배 등에 기반한) '플랫폼 기반' 전략에서 각 단위들을 독립된 행위자가 아니라 '끊임없이 적응하는 생태계의 일부'로 보는 '네트워크 중심' 구조로 이행하기 위한 변화를 목표로 한다.[15] 미 해군 중장 아서 K. 세브로브스키와 존 J. 가르스트카는 ≪해군 연구소 기관지≫에 기고한 글에서 "우리는 나폴레옹 시대 이후로 전대미문의 군사 혁명(Revolution in Military Affairs, RMA)을 경험하고 있다"고 주장한다. 이들은 네트워크 중심 전투가 군사적 사고에서 "근본적 이행"의 전조라는 취지로 해군 참모총장 제이 존스턴이 한 말을 인용한다(1).

네트워크 중심 전투의 주요 이점은 우월한 유연성과 속도를 통해 '로크아웃(lock-out)'# 효과를 만들어 내는 능력이다. (로크아웃의 교과서적 예는 비디오 생산업체들이 베타 대신 VHS 장비를 생산하기로 결정한 일이다. 이 결정은 시장에서의 사소한 수치상 우위를 상호 연관된 '기기-콘텐트-소비 네트워크'로 바꿔 놓음으로써, 어떤 면에서는 베타가 VHS보다 기술적으로 뛰어났음에도 결정적으로 베타를 로크아웃했다.) 세브로브스키는 로크아웃이 전쟁에서는 훨씬

어떤 장치가 동작할 때 그에 지장을 초래하는 다른 장치의 동작을 억제하는 것.

더 빨리 일어날 수 있으며, 훨씬 더 결정적일 수 있다고 주장한다. 군사적으로 로크아웃을 만들어 낸다는 것은 신속히, 유연성 있게 움직여 상대가 전략적으로 계획을 세우는 능력을 교란시킨다는 의미다. 세브로브스키는 이러한 작전에는 상호 운용 가능한 센서 및 교전 격자망(engagement grid)과 결합한 고성능의 정보 격자망(information grid)이 필요하다고 주장한다. 그뿐 아니라 느린 하향식 명령 체계가 아니라 '스웜(swarms)'이라 불리는 유동적인 상향식 조직 유닛을 통해 지휘관의 의도를 실행하는 '자체 동기화(self-synchronization)'를 실행할 능력도 필요하다. 스웜은 끊임없이 스스로를 재조직하고 재구성할 수 있다(스웜이라는 명명은 자기조직화하고 창발적 움직임을 만들어 내도록 고안된 <스웜>이라는 인공생명 소프트웨어에서 따온 것이 틀림없다).

이러한 변화는 (정보에 대한 제유로서) 코드가 너무나 근본적인 것이 되어 존재론적으로 여겨지는 미래를 예상하게 하면서 계산의 비전을 받아들이고 이를 현재에 피드백해 자원, 제도적 구조, 군사적 역량을 재구성한다. 원래는 존재론적이지 않던 코드가 이러한 재귀적 피드백 루프를 통해 존재론적이게 된다. ≪웻웨어≫에서 리처드 도일은 언젠가 우리의 의식을 컴퓨터에 업로드해 효과적으로 영생을 얻을 수 있게 되리라는 믿음을 두고 비슷한 말을 한다. 도일은 말한다. "'업로딩', 즉 웻웨어가 되려는 욕망은 새로운 자아의 테크놀로지를 가능하게 하며, 자아는 미래라는 외부성에 의해 균열한다.… 업로딩은 **외재화된** 자아(externalized self)에 대한 예견을 위한 담론적·물질적·사회적 메커니즘을 마련하는 것 같다. 이 자아는 기술사회적 돌연변이(techno-social mutation)로, 아마도 미래에 영향받고 미래에 중독되는 새로운 능력으로 가장 잘 특징지어질 것이다."(133)

9장에서 우리는 그렉 이건의 "주관적 우주론(subjective cosmology)" 삼부작, ≪쿼런틴≫, ≪퍼뮤테이션 시티≫, ≪디스트레스≫를 분석하며 수단과 은유의 뒤엉킴을 되짚어 볼 것이다. 대단히 독창적인 작가인 이건은 이론의 여지는 있으나 계산 체제와 관련된 소설가들 중에서 가장 존경받고 영향력 있는 인물이다. 이건의 삼부작에서 인간의 인식과 계산적 우주 사이의 피드백 사이클은 현실과 인간 존재 양자의 본질을 구성하는 기능을 한다. 이 소설들은 징후에 대한 슬라보예 지젝의 분석과 대조를 이루는데, 지젝은 이러한 공상적 상상들이 억압된 트라우마와 근본적 정신 병리를 암시하는 징후로 기능한다고 전제한다. 그러므로 마지막 장에서는 계산적 우주를 은유적이자 징후적인 것으로 보는 관점과, 물리적 실재이자 인간 사고와 깊이 연관된 것으로 보는 관점을 날카롭게 대조하며 이 장에서 제기한 문제들로 되돌아올 것이다. 9장에서 이건과 지젝을 조우시키며, 다른 관점으로 이 책은 시작점으로 회귀한다.

하지만 이것은 한참 후에나 나올 이야기들이다. 계산적

우주가 수단이자 은유로 모호하게 기능하는 세 번째 방식은, 그것이 '도발적 가정'에 해당한다는 현재의 위상에서 비롯한다. 우리 우주가 계산적이라는 가정은 폭넓은 동의를 얻지 못했으나 그렇다고 확실히 부인된 적도 없다. 여러 물리학자가 울프럼의 주장과 계산적 우주에 대체로 여전히 회의적이지만, 이 아이디어는 상당한 관심과 추측 또한 불러일으켜 왔다. 이와 연관된 논쟁을 더 상세히 이해하기 위해 계산적 우주가 실행된다고 가정되어 온 다른 단계들을 다시 살펴보기로 하자. 계산 체제가 고전적 형이상학과의 관계 속에 스스로를 어떻게 위치 짓는지 살펴보며 우리가 어디에 서 있는지 요약하는 것이 도움이 될 것이다.

계산 체제는 존재론적 필요조건들을 최소한으로 줄인다. 계산은 다양한 귀결들을 만들어 내는 초기 전제(신, 기원적 로고스 또는 유클리드기하학의 공리들) 대신 있음과 없음(1과 0) 사이의 기초적 차이와 약간의 논리연산만 있으면 된다.[16] 초기 전제로부터 논리적 귀결이 산출되는 것이 아니라, 시뮬레이션 계산에 따라 예측할 수 없는 뜻밖의 결과들이 만들어진다는 것이 중요하다. 시뮬레이션 결과는 시작점에서 논리적으로 따라 나오지 않는다. 이 때문에 시뮬레이션을 실행하는 계산 작업을 단축할 수 없고, 복잡계의 움직임들을 수학 방정식처럼 더 경제적인 표현으로 압축할 수도 없다. 결과적으로 계산 체제는 진리에 대한 어떤 토대도 제공하지 않으며, 시스템을 실행하는 데 필요한 최소한의 존재론적 가정 이상의 것도 전혀 필요로 하지 않는다. 계산에서는 데리다가 고전적 형이상학에 본질적인 것으로 본 '초월적 기의'가 상정되는 대신, 단순한 요소와 규칙들에서 복잡성이 출현하는 것에 특권이 부여된다. 울프럼은 이를 강조하면서 "거의 모든 역사에서 인간의 능력을 훨씬 뛰어넘는 이러한 복잡성은 당연히 초자연적 존재만 만들어 낼 수 있는 것으로 여겨져 왔다"고 말한다(3). 그러나 이제 복잡성은 우주를 구성하고 모든 것을 변화시키는 계산 프로세스에서 출현하는 것으로 이해된다. 울프럼은 이렇게 요약한다. "내가 통합적 틀을 만들 수 있게 한 핵심 아이디어는 … 어느 시스템을 위한 규칙이건 프로그램에 해당한다고 볼 수 있듯, 그 시스템의 움직임 또한 계산으로 볼 수 있다는 것이다."(5)

프레드킨은 비슷한 생각에서 '디지털 철학(digital philosophy)'이라 명명한 세계관을 제안했다. 울프럼의 말과 마찬가지로 '디지털 철학'이라는 용어에는 형이상학적 질문들에 답을 제공하겠다는 의도가 담겨 있다. 프레드킨은 소립자의 이산적(discrete) 성질이 우주가 연속적이기보다는 이산적이며, 아날로그적이기보다는 디지털적이라는 사실을 보여 준다고 주장한다. 전자, 양성자, 중성자는 작은 정수로 표현되는(-1, +1, 0) 전하를 항상 띤다. 원자핵은 항상 (비교적) 작은 정수인 중성자와 양성자로 구성되어 있다. 이러한 소견은 우주는 전부 디지털이며, 더 나아가 불가해한 보편 디지털 컴퓨터를 작동시키는 소프트웨어로 이해할 수 있다는 프레드킨의 주요 논지와 부합한다. "디지털 철학은 원자론을 극단까지 밀고 나가, 모든 것이 아주 단순한 불연속적 과정에 기반하고 있으며 공간, 시간, 모든 상태가 불연속적이라는 가정으로까지 나아간다."[17] 그뿐 아니라 프레드킨이 자명한 것으로 받아들이는 이산성은 일리야 프리고진의 열역학적 소산계(thermodynamic dissipative system)의 관점과 전혀 다르게 정보가 보존된다고 암시한다.[18] "디지털 철학은 각기 다른 단계의 정보를 디지털로 보는 것이 가장 적절하며, 프로세스도 디지털 프로세스로 볼 때 가장 잘 이해된다는 믿음을 뒷받침한다. 디지털 철학의 세계에서 변화나 움직임은 모두 컴퓨터 메모리에서와 비슷한 방식으로 일어난다."[19]

프레드킨은 어떤 의미에서는 양자역학이 "도움이 된다"고 인정하면서도, 양자역학이 대체로 임시변통식이어서 보기에 좋지 않다고 주장한다. 프레드킨은 '디지털 역학(digital mechanics)'이 더 직관적으로 타당성 있고 보기 좋은 그림, 즉 아주 단순하고 일관성이 있어서 학생들조차 이해할 수 있는 그림을 내놓기 때문에 더 낫다고 결론짓는다. 양자역학이 양자 수준에서 일어나는 일은 설명할 수 있지만 움직임을 만들어 내는 본질적 메커니즘을 꿰뚫어 보지는 못한다는 의미다. 프레드킨이 보기에 본질적 메커니즘은 이산적이며 계산적이다. 프레드킨과 그의 연구팀은 양자역학이 그 기저의 디지털 역학에서 출현한다는 것을 보여 줄 수 있게 되면, 양자

역학의 근저에 디지털 역학이 깔려 있다는 증거를 제시하게 되리라 믿는다(진전이 어느 정도 이루어지고는 있으나 아직 목표에 도달하지는 못했다). 프레드킨은 이렇게 말한다. "DM(디지털 역학)의 아이디어를 정말로 이해하게 되면 최근 인정된 시간, 공간, 프로세스에 대한 모델들이 신비로워 보이기 시작한다. 디지털 관점에서 보면 기초적 물리 현상의 현재 모델들은 다소 '이것은 진짜 현실이고 이미지들이 계속해서 움직이고 있다'고 가정하고 보는 애니메이션 만화 같다. 지금까지 우리가 인터뷰한 디지털 철학의 신봉자들은 모두 보통의 물리 현상이 신비로 가득 차 있다는 결론에 도달했다."[20]

프레드킨의 주장이 울프럼만큼 포괄적이지는 않다 해도, 그 역시 계산적 접근법이 비생명 시스템(nonliving systems)은 물론이고 생명 시스템까지 설명해 주리라 확신한다. "대부분 생물학자들은 생명 프로세스를 디지털 철학자의 방식으로 생각하지 않는다. 살아 있는 것에서 정보 프로세싱은 정자와 난자를 결합하는 정보적 과정에서 시작해, 유전된 정보에 기반한 일종의 계산으로 계속해서 분화되어 나간다. 그리하여 움직이는 모든 생명체에서 뚜렷이 볼 수 있듯 결국 생명체의 움직임은 우리에게 더 익숙한 수준에서 정보 프로세싱과 연관된다."[21] 그러나 프레드킨의 사례들은 대부분 살아 있는 유기체에 비해 복잡성의 수준이 훨씬 떨어지는 영역인 소립자물리학과 양자역학에서 가져온 것이다.

레이 커즈와일은 울프럼을 이러한 면에서 비판한다. 커즈와일이 지적했듯 울프럼이 연구하는 세포 자동자는 복잡성의 첫 번째 단계라 할 만한 복잡한 패턴을 진화시키지만, 이러한 복잡한 패턴들은 결코 자기조직화를 통해 더 높은 수준의 창발(emergence)과 복잡성을 만들어 내지는 못한다.[22] 예를 들어 박테리아는 고사하고 바이러스조차 만들어 내지 못하며, 오리나 인간 같은 더 복잡한 유기체는 꿈도 꾸지 못한다. 우주가 입자 수준에서는 컴퓨터라는 울프럼과 프레드킨의 주장이 옳다 하더라도, 아날로그 프로세스를 포함해 여러 다른 메커니즘들에서 높은 수준의 복잡성이 출현할 가능성을 전적으로 배제할 수 없다(물론 아날로그 프로세스도 계산으로, 즉 아날로그 계산으로 표현할 수는 있다). 커즈와일은 더 나아가 울프럼이 진화의 역할을 복잡성이 출현하도록 촉진하는 메커니즘 정도로 경시했다고 비판한다. 커즈와일은 높은 수준의 복잡성에서 창발이 이루어지려면 진화를 설명할 때 꼭 필요한 선택압(selective pressure)과 적응도 기준(fitness criteria)이 요구될 것이라고 말한다.[23]

프레드킨과 울프럼의 주장은 아무리 좋게 보더라도 불완전하며, '하위의 복잡성에서 고위의 창발이 어떻게 일어나는지'의 면에서 보면 특히 더 문제가 있다. 해럴드 모로위츠 그리고 그와 의견을 함께하는 연구자들의 관점이 이 지점에서 중요해진다. 이들은 창발을 단일 수준의 복잡성에서 작용할 뿐 아니라, 복잡성으로부터 복잡성을 낳는 연결된 시스템들의 역동적 위계(dynamical hierarchies)로 계속해서 나아가는 프로세스로 생각할 수 있는 방법을 제시한다. ≪모든 것의 창발: 세계는 어떻게 복잡해졌는가≫(좋은 책에 어울리는 화려한 제목이다)에서 모로위츠는 우주 역사의 단계를 창발 과정(emergent process)으로 특징지을 수 있음을 보여 주기 위하여 스물여덟 개 단계를 검토하는데, 각 단계는 선행 단계에서 창발한 복잡성에 기반한다.

'창발'은 이 담론에서 특별한 비중을 차지한다. 창발은 시스템의 개별적 구성 요소에 내재되어 있는 것이 아니라 구성 요소들 간의 상호작용에서 비롯하는 특질들을 가리킨다. 그래서 창발성은 시스템 구성 요소들의 국지적 수준보다는 전체적 수준에서 나타난다. 게다가 구성 요소들 사이에서 발전하는 복잡한 피드백 루프들이 명쾌하게 해명되지 않는 경우가 많으므로, 창발은 보통 예측할 수 없다. 울프럼의 시뮬레이션과 같이, 이러한 시스템의 움직임을 밝히는 유일한 방법은 시뮬레이션을 돌려서 무엇이 창발하는지 보는 것뿐이다.

여기에 모로위츠가 추가한 새로운 아이디어가 있는데, 2차 시스템이 1차 복잡계의 창발을 이용해 새로운 창발이 일어나는 새로운 역학을 만들어 낸다는 통찰이 그것이다. 2차 시스템에 3차, 4차 시스템이 계속 덧붙여질 수 있으며, 단계마다 이전 시스템의 창발이 새로운 창발을 가능하게 한다. 이런 식으로 통합되는 '다층적 복잡계(multileveled complex system)'들을 "역동적 위계"라고 부른다[의미심장하게도

"역동적 존재론(dynamic ontology)"이라 부르기도 한다].[24] 이 시스템들이 생성해 내는 복잡성은 가능성으로만 보자면 범위와 깊이에 한계가 없다. 이러한 아이디어들을 기반으로 모로위츠는 스물여덟 단계를 '우주의 창발', '생명의 창발', '마음의 창발' 그리고 마음을 반영하는 마음 즉 '성찰성(reflexibility)의 창발'이라는 네 가지 주요 단계로 묶는다. 모로위츠는 우리가 지금 이 마지막 단계의 문턱까지 왔으며, 그 발전이 앞으로 수백 년, 수천 년에 걸쳐 인간을 포스트휴먼으로 진화하게 하는 촉매가 되리라 믿는다. 모로위츠는 테야르 드 샤르댕이 지적 생명체의 진화에서 다음 단계로 상정한, 분산된 지구적 지성인 누스피어(noosphere)#가 이 네 번째 시기에 앞서 무엇이 올 것인지 시사한다고 본다.[25]

미래가 어떠하든지 간에 현재에 대한 이러한 관점이 암시하는 바는 분명하며, 바로 여기에서 '모든 것의 창발'과 계산적 우주 사이의 연결 고리가 분명해진다. 탐구 범위를 우주로까지 넓히면 이러한 움직임들을 계산할 수 있는 시뮬레이션들은 말도 안 될 정도로 광범해지거나, 전문용어를 빌리자면 '컴퓨터의 계산 능력을 초월(transcomputable)'하게 된다. 컴퓨터의 계산 능력을 초월한다는 것이 무슨 의미인지 이해하려면, 지구상 모든 컴퓨터의 처리 능력을 모두 동원해 특

인류가 오랫동안 집적해 온 공동의 지적 능력과 자산을 바탕으로 집단지성을 이루며 하나로 통합되는 세계를 일컫는 표현.

정 시뮬레이션을 계산하도록 프로그래밍했다고 상상해 보면 된다. 그 시뮬레이션이 컴퓨터의 계산 능력을 초월한다면, 그렇게 동원된 강력한 집합체조차 시뮬레이션이 제시하는 문제에 기껏해야 흠집 정도 내는 데 그칠 것이다. 특정 시뮬레이션이 컴퓨터의 계산 능력을 초월하는 상황에서 연구자들은 간결화한 알고리듬과 어마어마하게 거대한 확률 공간(possibility space)에서 그나마 가장 적용해 볼 만한 조건들을 가려낼 선택 규칙을 이용해야만 한다. 이때 연속적인 제약들을 적용하는 것이 매우 중요하다. 창발하는 것에는 여러 가지를 설명할 수 있는 힘이 있지만, 본질상 인과적이지 않으며 예측적이기보다는 소급적인 경우가 많기 때문에 물리 과학의 일반적 설명과 크게 다르다.

이러한 설명 방식은 필수적인데, 복잡계는 선형적 인과관계를 이용해 예측을 정확하게 할 수 있는 수학 방정식들로는 설명할 수 없기 때문이다. 울프럼과 프레드킨처럼 모로위츠도 가능한 모든 시스템 중에서 등식을 적용할 수 있는 시스템은 극히 일부라고 강조한다. 모로위츠에 따르면 전통적인 수학적 접근은 앞으로도 여전히 유용하겠지만 점점 더 (상대적으로) 드문 상황에만 적용 가능한 특화 도구로 여겨질 것이다. 모로위츠는 미래의 진보가 대개 계산과 시뮬레이션 분야에 달려 있다고 주장한다. 모로위츠는 디지털 컴퓨터의 발명과 그것이 시뮬레이션에서 담당하는 중요 역할을 미적분학의 발명과 근대과학의 부흥에서 미적분학이 핵심적으로 기여한 바에 비유한다. 미적분학이 물리학과 수학에 해 온 일을 이제는 디지털 컴퓨터가 복잡계, 진화, 창발을 이해하는 데에서 하게 될 것이다.

모로위츠가 논하는 시뮬레이션과 복잡계는 목적론적이지 않다[이는 시스템들의 출발점이 갖는 '존재론적 최소주의(ontological minimalism)'와, 그 초기 조건들이 그 귀결을 수반하지 않는다는 점과 관련된 특징이다]. 그럼에도 시스템의 작동에는 방향성이 있다. 창발은 기본 시뮬레이션과, 짐작컨대 우주 자체의 진화, 이 둘 모두에서 복잡성이 증가하는 방향으로 진행된다(스튜어트 카우프만이 자가촉매적 네트워크를 통한 생명의 진화에 관한 책에서 지지한 주장이다).[26] 모로위츠의 관점에서 인간은 이제껏 창발한 것 중에서 가장 복잡한 시스템이며, 이제 자신과 그 밖의 모든 것을 창조한 바로 그 창발 과정을 모방할 수 있을 정도의 복잡성을 갖추었다. 모로위츠, 울프럼, 프레드킨이 지지하는 계산적 관점은 객관성을 담보하기 위해 과학의 고전적 이해에서 꼭 필요한 전제였던 '관찰자와 관찰 사이의 분리'를 가정하거나 구축할 필요가 전혀 없다. 이들은 이러한 기능을 수행하는 구성 요소를 시뮬레이션에 도입하는 것만으로도 관찰자의 존재를 설명할 수 있다. 실제로 모로위츠의 관점에서는 인간 관찰자가 세 번째 단계(마음의 창발)에서 네 번째 단계(성찰성의 창발)로의 도약에 없어서는 안 될 역할을 한다. 컴퓨터 안의 복잡한 과정을 시뮬레이션하는 우리의 능력이 다음 단

계의 창발을 가능하게 하기 때문이다.[27]

계산 체제는 인간이 창조한 시뮬레이션, 그리고 우리가 현실이라고 부르고 '보편 컴퓨터(Universal Computer)'에서 실행되는 소프트웨어로 볼 수 있는 우주, 이 둘 다에서 작동하는 계산적 프로세스와 이러한 창발들을 연결함으로써 우주, 생명, 마음 그리고 마음을 반영하는 마음의 진화를 설명하는 내러티브를 제공한다. '코드'는 이러한 더 큰 맥락에서 특별하고도 보편적인 의미를 획득한다. 계산 체제에서 코드는 자연에서 일어나는 일을 반영하고 자연 자체를 생성하는 담론 시스템으로 이해된다.

계산 체제에 대한 주장들을 살펴보았으니 이제부터는 비판적으로 검토해 보자. 내가 보기에 이 연구자들은 모두 자신이 실제로 설명하는 것보다 훨씬 더 많은 것을 주장하고 있다. 세포 자동자가 인간 문화와 사회적 과정을 포함해 살아 있는 시스템들의 복잡성의 밑바탕을 이루며 이를 설명해 준다는 울프럼의 주장은 그가 연구해 온 단순한 시스템으로부터의 큰 (대부분은 정당성이 없는) 도약이다. 울프럼은 개개의 세포에서 집단적 움직임으로 이어지는 창발의 단 한 단계만을 설득력 있게 보여 준다. 그러나 이러한 집단적 움직임이 아무리 복잡하더라도, 그것이 어떻게 그 이상의 창발들이 일어날 기반을 제공하는지는 보여 주지 못한다. 내가 보기에 프레드킨과 울프럼의 설명은 아날로그 프로세스를 과소평가하고 있다. 아날로그 프로세스는 첫 번째 단계의 복잡성들이 두 번째와 그 이상의 단계로 진화해 나갈 때 핵심 역할을 하는 경향이 있다. 게다가 울프럼은 세포 자동자 모델을 물리적 시스템에서 작동하는 실제의 메커니즘과 연관 짓지 않는 경우가 많은데, 그의 존재론적 주장이 입증되려면 반드시 연관 지어져야 한다. 그런 면에서 프레드킨의 프로그램은 양자물리학이 묘사하는 현상들이 어떻게 세포 자동자의 집단적 움직임에서 출현할 수 있는지 보여 주려 한다는 점에서 더 야심 차다. 만약 그 결과를 얻을 수 있다면 정말로 놀라운 성취가 될 것이며, 프레드킨이 믿는 대로 공간과 시간 같은 근본 개념들을 완전히 재고해야 하게 될지도 모른다. 그러나 이러한 최선의 시나리오에서조차 프레드킨이 주장하는 더 높은 차원의 복잡성으로의 도약은 여전히 입증되어야 할 문제로 남는다.

모로위츠가 새롭게 추가한 요소는 역동적인 위계적 창발(dynamical hierarchical emergences)을 보는 해석학적 틀이다. 사실 모로위츠가 예로 든 현상은 모두 각 분야(우주론, 생명의 기원을 탐구하는 생물학, 진화론, 심리학 등)에서는 잘 알려져 있다. 모로위츠는 설득력 있고 포괄적인 그림을 내놓고 있으나, 창발을 한 단계에서 다른 단계로 연결하는 메커니즘에 대해 전제 조건 이상을 밝히지는 못한다(예를 들어 생명이 어느 행성에서 출현하려면 먼저 행성이 있어야만 한다). 이런 선형적 인과관계는 모두 이미 알려진 사실이며 전혀 새롭지 않다. 새로우려면 한 역동적 단계가 어떻게 다음

하위 단계와 상호 교차하는 역학을 통해 이어지고 그로부터 출현하는지 상세히 알려 주어야 한다. 모로위츠는 이를 보여 주지 못하며, 이를 야기하는 특정 메커니즘을 탐색하지도 않는다.

사실 지금까지 시뮬레이션에서 복잡한 역학이 어떻게 한 단계 이상 진보할 수 있는지 명확히 보여 준 사람은 없다. 따라서 이를 입증하는 것이 인공생명 연구자 공동체의 목표였다. 이들 공동체는 역동적 위계에 관해 ≪인공생명≫ 학회지 특집호를 냈을 뿐 아니라 이 문제를 놓고 여러 차례 대규모 학회를 열고 있다.[28] 역사적으로 보면 인간 게놈 지도화부터 원자폭탄 제조까지 연구자들이 어떤 목표가 성취 가능하다고 확신하고 그것을 성취하는 데 상당한 자원을 기꺼이 쏟았을 때(흔히 정부에서 적잖은 자금을 지원받을 때) 과학적·기술적 돌파구가 뚫린 사례는 얼마든지 있다. 내가 보기에 앞으로 삼사 년 안에 시뮬레이션에서 '다층적인 역동적 위계(multilevel dynamical hierarchies)'가 창조될 공산이 크며, 그 역학에 대한 상세한 연구에서 많은 것을 배우게 되리라 기대한다. 이러한 통찰이 현재의 상황을 크게 바꿔 놓을지는 아직 지켜볼 문제다.

하나 이상의 단계에서 창발을 달성하려 할 때 핵심 문제는 재현(representation)의 문제와 깊이 연관되어 있다. 게슬러가 지적했듯 이러한 프로세스를 생각하는 방법 중 하나는 첫 단계에서 출현한 패턴들을 다른 종류의 메커니즘으로 재현하고, 이러한 재현들을 원형으로 삼아 새롭게 출현하는 패턴들을 창조하고 다시 재재현(re-representation)을 수행한 다음, 원형으로 되돌아가 세 번째 단계를 만드는 식으로 계속 나아가는 메커니즘을 상상하는 것이다.[29] 이러한 도식은 울프럼의 세포 자동자 상호작용에 대한 새로운 해석을 제시한다.

앞서 지적한 대로 울프럼의 주장에서 약점 하나는 그가 아날로그 프로세스, 특히 아날로그와 디지털 프로세스 사이의 생산적인 상호작용을 과소평가한다는 것이다. DNA 복제를 예로 들어보자. DNA는 연속적이기보다는 분리되어 있다는 점에서 흔히 디지털 코드로 이해된다. 그러나 인간 게놈의 염기서열이 밝혀지면서 염기서열이 전부가 아니며, 심지어 덜 중요할지도 모른다는 사실이 점점 확실해졌다. 형태의 연속적인 변형을 이용하는 아날로그 프로세스인 단백질 접힘(protein folding)은 게놈이 실제로 어떻게 기능하는지 이해하기 위한 필수 개념이다. DNA 염기서열의 디지털성(digitality)과 단백질 접힘의 아날로그 프로세스, 이 두 프로세스의 결합이 정보를 저장하고 전송하는 놀라운 힘을 유전자에 부여한다. 이와 유사한 디지털과 아날로그 프로세스의 협력은 자연과 현대 기술 도처에서 일어난다. 예를 들어 장 보드리야르가 순수하게 디지털적이라고 오해한 것으로 유명한 음악 CD는 음파의 형태를 포착하기 위해 아날로그 프로세스(마이크나 기타 아날로그 장비들)에 의존한다. 그래야 음파를 숫자로 표현하고 컴퓨터 코드로 변환할 수 있다. 아날로그와 디지털은 상호 보완적 속성을 지니고 있기 때문에 따로 있는 것보다 서로 조합되었을 때 훨씬 강력하다. 2장에서 자세히 설명하겠지만, '디지털 재현(digital representation)'은 정확한 오류 제어, 극단적인 분산과 재조합을 가능케 하는 반면, 아날로그 프로세스는 각각 다르게 체화된 실체들 간에 정보 패턴 전송을 가능케 하는 것을 비롯해 연속체(continuum)로서 이점을 갖추고 있다.

울프럼이 산출된 세포 자동자 한 개를 들여다보고 거기에서 연체동물의 껍데기와 놀랍도록 비슷한 패턴을 발견하는 순간을 상상해 보자. 이 상황에서 정확히 무슨 일이 일어나고 있는가? 이를 이해하는 한 가지 방법은, '울프럼의 의식'이라고 부를 수 있는 또 다른 종류의 아날로그 메커니즘이 세포 자동자의 1단계 작용에서 출현한 패턴들을 재재현하고 있다고 보는 것이다(사실 의식은 아날로그와 디지털 요소들의 상호 시너지 작용으로 생산된 창발 현상 그 자체라고 할 수도 있지만, 지금 논의의 목적에 맞게 아날로그라고 가정하자). 디지털 메커니즘과 아날로그 의식의 상호작용은 우리 주변에서 매일 숱하게 일어나며, 여러 단계의 복잡성에 걸쳐 '창발적 재조직(emergent reorganization)'의 결과를 낳곤 한다. 예를 들어 디지털 기술이 군사 전략가의 의식 속에서 재재현되어, 창발적 행동이 만들어지고 실행되도록 군부대를 재편하는 토대로 이용되는 경우가 그렇다.

의식과 컴퓨터, 언어와 코드가 시너지를 발휘하는 협력의 비전은 이 책이 다루는 복잡한 상호작용들을 잘 보여 주는 완벽한 예다. 울프럼과 프레드킨을 비롯한 연구자들에게 문제가 있다고 해도 이들이 옹호하는 계산의 세계관은 그들의 주장을 회의적으로 검토하더라도 사라지지 않을 귀중한 통찰들을 담고 있다. 특히 창발적 프로세스 그리고 역학적 위계와 얽혀 있는 착상들이 중요하다. 이들 착상에서 보이는 사고방식은 여러 종류의 복잡계 역학을 이해하게 해 주는 강력한 휴리스틱(heuristic)#이다. 이 연구자들이 어떤 한계를 갖고 있건, 이들은 선형적인 인과적 설명은 범위의 한계가 있으며 다중 원인의 복잡계에는 다른 방식의 모델링과 설명이 필요하다는 것을 잘 이해하고 있다. 내가 보기에 이것은 삼십 년에 걸친 카오스 이론, 복잡계, 시뮬레이션 모델링 연구에도 불구하고 여전히 자연과학에서 제대로 인정받지 못하고 이론화도 덜 되었을 뿐 아니라, 사회과학과 인문학에서는 더 푸대접을 받고 있는 중요한 통찰이다.

반면 현대 문화에서 '연산(computing)'이 편재하는 상황과 그 중요성은 계산이 근본적인 프로세스라는 생각을 계속해서 강화하고 있다. 보편 컴퓨터와 관련된 주장들 중 상당수는 오류로 입증되었으나, 그렇다고 그런 생각들이 완전히

알고리듬이 확립되지 않았을 때 문제의 답을 시행착오적인 방법을 사용해 구하는 방법.

사라질 것 같지도 않다. 특히 코드 개발과 시뮬레이션 구축에 관심 있는 연구자들의 공동체에서 그렇다. 벌써 세포 자동자와는 다른 메커니즘에 기반한 보편 컴퓨터에 대한 판본이 확산되고 있다. 세스 로이드는 "우주는 양자 컴퓨터다. 생명, 성, 뇌, 인간 사회는 모두 원자, 광자, 소립자 수준에서 정보를 처리하는 우주의 능력에서 나온다"고 주장한다.[30] 이 주장은 대중 과학 저술가이자 문학 에이전트인 존 브록만이 제기한 '날카로운' 질문에 대한 응답으로 나온 것인데, 브록만은 "무엇이 우리 생명의 더 깊은 의미를 눈에 보이게 만들고, 우리가 누구이고 무엇인지를 재정의"할지 물은 바 있다.[31]

상호매개

계산 체제는 계산의 세계관 안에서 코드가 구체화되는 맥락을 표현하는 데 유용하다. 말하기와 글쓰기 또한 각각의 세계관과 광범하게 연결되는데, 앞에서 언급한 대로 이 책의 목적을 위해 나는 그 각각을 소쉬르의 기호학과 데리다의 그라마톨로지에 대응시킬 것이다. 계산의 세계관과 마찬가지로 말하기와 글쓰기의 세계관에는 공동체를 구성하고, 진화상의 변화를 다루고, 기술적 개입을 수용하고, 시스템의 작용을 설명하는 고유의 방식들이 있다. 말하기, 글쓰기, 코드의 상호작용을 완전히 이해하려면 이 세 시스템을 상세히 아는 정도로는 부족하다. 각 세계관 사이의 다양한 갈등과 협력에도 주목해야 한다. 코드의 세계관이 말하기와 글쓰기의 세계관에 필적하는 중요성을 띠면서 이들 사이 상호작용의 문제들이 점점 더 복잡해지고 혼란스러워졌다. 나는 이렇게 복잡하고 혼란스러운 상호작용을 게슬러가 제안한 용어를 빌려 '상호매개(Intermediation)'라고 부르겠다.[32]

상호매개에서 중요한 측면은 복수 인과관계들의 공동 생산과 공진화에 내재한 '재귀성(recursivity)'이다. 인간과 기계, 낡은 기술과 새로운 기술, 언어와 코드, 아날로그 프로세스와 '디지털 파편화(digital fragmentation)'를 연결하는 것은 복잡한 피드백 루프들이다. 이러한 피드백 루프들이 시간이 지나면서 진화해 한 지점에서 다른 지점으로 호를 그리는 역사적 궤적을 갖게 된다 할지라도, 어느 한 지점에 특권을 부여하고 주요 장소로 삼아 특별히 관심을 기울이는 실수는 피해야 한다. 그랬다가는 복잡한 상호작용들을 다시 선형적인 인과성의 연쇄로 단조롭게 만드는 결과를 낳을 수 있다. 선형적인 인과성에 대한 현대의 세뇌는 너무나 강력해서, 현대 사상의 상당 부분에도 그 치명적인 매력을 계속 발휘하고 있다. 다중 인과적이고 다층적인 계층적 시스템의 함의를 완전히 인식하려면 선형적인 인과성에 계속해서 저항해야 한다. 그러한 시스템은 '분산된 행위성(distributed agency)', 창발적 프로세스, 예측 불가능한 공진화, 수렴하고 분산되는 프로세스들 간의 역설적으로 보이는 상호작용을 수반한다.

컴퓨터가 다른 모든 미디어를 자신 속으로 녹여 넣는 궁극적 용매라고 보는 최근의 경향이 그[선형적 인과성의] 예 중 하나다. 소리, 이미지, 텍스트 그리고 이들이 연관된 매체(축음기, 영화, 책 등)는 모두 디지털 코드로 변환할 수 있기 때문에, 레프 마노비치와 키틀러를 포함해 여러 평자는 이제 매체가 단 하나, 즉 디지털 컴퓨터밖에 없다고 주장했다.[33] 키틀러는 "고대에 저장을 독점했던 '글'을 전능한 '집적회로'로 바꾸는 데 한 세기로 충분했다"고 주장하면서 "모든 데이터 흐름은 보편튜링기계상의 'n' 상태[정지 상태]에서 끝난다. (낭만주의에도 불구하고) 숫자와 수치가 모든 피조물의 열쇠가 되었다"고 쓴다.[34] 키틀러의 주장은 실제로는 훨씬 더 복잡한 사회적·문화적 프로세스들을 단일한 인과관계의 선으로 단순화하는, 다시 말해 모든 매체를 하나로 융합하는 결과를 낳는다. 책의 경우, 인쇄가 이제는 디지털 텍스트의 한 가지 출력 방식이 되었다는 점에 주목할 필요가 있다. 5장에서 닐 스티븐슨의 인쇄본 소설 ≪크립토노미콘≫과 관련해 논하겠지만, 디지털화는 외관과 기능 면에서 예전 그대로인 인쇄 텍스트에조차 흔적을 남기고 있다. 다른 매체들과 책의 상호작용을 증언하는 경향으로, 인쇄본 책이 전반적으로 전통적인 텍스트에서 시각적 효과가 강조된 텍스트 쪽으로 이행했다는 사실은 대형 서점에 가 보면 확인할 수 있을 것이다.

그렇다 해도, 예전대로건 아니건, 책이 디자인되고 생산되고 배포되고 수용되는 방식에 영향을 주는 풍부한 역사적 문맥과 인쇄 전통 속에 여전히 책이 놓여 있다는 것 또한 사실이다. 블록버스터 영화가 수백만 관객을 매혹한다고 해서 키틀러가 ≪담론 네트워크≫에서 음성학의 도래와 연관 지은 묵독과 상상의 세계를 환각으로 느끼는 독자의 능력이 사라지지 않듯, 영화와 책이 디지털 기술에 의해 점점 더 상호 침투한다고 해도 책이 증발해 버리지는 않는다.[35] 오히려 인쇄 독자들은 책을 더 이상 당연한 것으로 받아들이지 않으며, 책과 비교할 다른 많은 매체 경험 덕분에 책이라는 매체만이 갖는 특유의 효과들을 훨씬 더 향유한다.[36] ≪구텐베르크 비가≫에서 스벤 버커츠는 매체의 급증에서 이와 다른 교훈을 끌어내지만, 버커츠의 이 책은 인쇄가 더는 다른 매체들과 따로 떨어져 존재하지 않는다는 사실을 보여 주는 예라고 할 수 있다(복잡한 상호작용들을 단일한 실증적 인과고리로 단순화하려는 경향을 보임에도 그렇다). 뒤엉킨 인과관계와 복수의 피드백 루프를 인식하면 매체가 어떻게 디지털성으로 수렴하는지, 동시에 새로운 매체가 어떻게 옛 매체를 재현하고 옛 매체에서 재현되는 견고한 매체 생태계 속으로 분산되는지 이해할 수 있다. 제이 볼터와 리처드 그루신은 이 프로세스를 "재매개(remediation)"라고 불렀다.[37]

볼터와 그루신은 재매개를 "새로운 매체 기술이 이전의 매체 양식을 개조하는 형식 논리(formal logic)"로 정의한다.[38] 이들은 "비매개(immediacy, 매체가 생산물을 투명하고 자연히 접근 가능한 것으로 재현하는 경향)"와 "하이퍼매개(hypermediacy, 매체가 재현 방식과 그것들에서 사용되는 특성화된 전략들로 관심을 끄는 경향)"의 상반되는 듯 보이면서도 상호 연관된 전략들 간의 피드백 루프를 추적한다. 매체에서 발생하는 수렴과 분산의 동시적 공진화와 마찬가지로 명백히 상반되는 경향들의 이러한 공진화는 복수의 피드백 루프로 이루어진 복잡계의 특징이다.

예를 들어 포식자와 먹잇감이 각각 상대와 피드백 루프에 연결되어 있어서 서로 다른 전략들을 발전시키는 생태계를 생각해 보라. 포식자와 먹잇감 간의 단일한 상호작용만 본다면(즉 선형적인 인과관계 속에 그들을 놓는다면) 적대 관계만이 크게 부각된다. 그러나 공진화하는 여러 세대에 걸쳐 계속해서 일어나는 상호작용으로 형성되는 복잡한 역학의 더 포괄적인 맥락에서 보면, 적대 관계는 하나의 전략이 반대되는 전략을 촉진하고, 이어서 반대 전략이 첫 번째 전략이 더 발전하도록 자극하는 더 큰 상황을 이룬다. 유명한 사고 실험인 '죄수의 딜레마'에서도 비슷한 예를 발견할 수 있다. 이 실험에서 참여자들은 '경쟁'과 '협력' 중에서 하나를 선택해야 한다. 이 실험에 대한 포괄적 연구를 보면 게임이 반복되면서, 즉 참여자들 간에 상호작용이 반복되면서 시스템의 역학이 극적으로 변화한다는 것을 알 수 있다.[39] 반복되는 죄수의 딜레마 시뮬레이션이 예시하듯 여러 주기에 걸쳐 확장되는 공진화는 현대 사회의 매체 상호작용에서 나타나는 일반적 특성이다. 여기에는 텍스트성의 복잡한 역학이 형성되는 데 이바지하는 상호작용이 포함되어 있다.

볼터와 그루신은 ≪재매개≫에서 비매개와 하이퍼매개의 상반되는 전략 사이에서 복잡한 피드백이 발생한다는 것을 통찰력 있게 보여 준다. 그럼에도 내 목적에는 '재매개'보다 '상호매개'라는 용어가 더 잘 맞는다. '재매개'는 한 주기의 시작점을 특정한 장소와 매체에 놓는다는 단점이 있는 반면, 상호매개는 매체 간 상호작용을 강조하며 복수의 인과관계에 더 충실하다. 게다가 재매개는 (볼터와 그루신이 이 용어를 쓰면서 훌륭하게 작업한 덕분에) 이제 비매개적·하이퍼매개적 전략들에 적용되는 특정한 함의를 띠고 있다. 내가 탐색하려는 역학은 이 특정한 주기 너머까지 나아가므로, 상호매개라는 덜 알려진 용어를 쓰도록 하겠다(잘 알려지지 않았기 때문에 새로운 해석에 더 열려 있기도 하다). 나의 목적에 맞게 상호매개를 더 유용하게 만들기 위해 이 용어의 명시적 의미를 확장해 재현 방식, 특히 아날로그와 디지털 간의 상호작용뿐 아니라 재현 시스템들, 특히 언어와 코드 간 상호작용까지 포함시키도록 하겠다. 상호매개는 우리가 정보 프로세스와 대상을 만들고, 저장하고, 전송하는 과정에서 인간과 그 협력자인 지능형 기계들을 연결하는 매개 인터페이스(mediating interface)를 의미하기도 한다.

이렇게 나는 상호매개를 중시하면서, 다른 목적을 달성하기 위해 다른 전략을 채택한 연구들을 참조했다. 그 연구들과 내 책 모두 문학 연구와 현대의 앵글로-아메리칸-유로피언 문화의 더 넓은 맥락에서 우리의 현재 위치와 앞으로의 방향을 이해하게 해 주는 새로운 이론 틀을 개발하는 데 유용할 것이기에, 이 책은 기존 연구들에 대한 보완이라 할 수 있다. 또한 다른 연구들이 유용하기는 하지만 하나의 매체 혹은 상호작용 방식에만 특권을 부여하고 그 외의 것들은 배제함으로써 다시 선형적 인과관계의 덫으로 빠지고 마는 경향이 있기에, 어느 정도는 그 그릇된 경향을 바로잡으려는 의도도 띠고 있다. 나는 상호매개에 초점을 맞춤으로써 다른 연구들로부터 얻은 통찰들을 통합하는 한편, 복수의 인과관계에 대한 인식이 어떻게 다른 결론으로 이어지는지 밝히려 한다.

매체 기술과 체화된 주체들

이 책의 위치를 설정하기 위해 키틀러와 마크 핸슨의 대조적 접근을 살펴보기로 하자. 휴머니즘 담론의 한계에서 빠져나오기 위해 키틀러는 주체보다 매체에 초점을 맞추는 전략을 쓴다. ≪담론 네트워크≫에서 키틀러는 주체들이 담론 시스템 안에서 말하며, 담론 시스템은 주체가 작동할 수 있게 하는 기술적 장치들로 구성된다고 주장한다. 키틀러는 ≪축음기, 영화, 타자기≫의 서문에서 "매체가 우리의 상황을 결정한다"고 주장한다. "글쓰기를 우회할 뿐 아니라 소위 인간성을 흡수하고 획득하는 기술들은 설명하기가 불가능해지며"(28), 그리하여 인쇄술 이후의 매체들은 우리 포스트휴먼이 물고기처럼 헤엄치는 바다가 된다는 것이다. 키틀러가 신체와 주체성을 무시하지는 않지만, 신체와 주체성은 그것들이 사용하는 매체로 구성된다. 키틀러는 전형적인 과장법을 써서 이렇게 주장한다. "글쓰기를 기계에 맞게 최적화하려면, 더는 그것을 개인의 표현이나 신체의 흔적이라고 상상해서는 안 된다. 문자들의 형태, 차이, 빈도를 공식으로 환산해야 한다. 소위 인간은 한편으로는 생리 작용, 다른 한편으로는 정보 기술이 된다."[40] 키틀러의 힘 있는 수사법("더는 ~ 안 된다", "~해야 한다")은 인식론적 단절을 수행한다는 점에서 초기 푸코를 연상시키는데, 키틀러 자신이 푸코를 비판하면서 말한 대로 그의 초점은 담론 시스템 자체보다 담론 시스템을 생산하는 매체 기술(Media Technologies)("담론 네트워크")에 맞춰져 있다.[41]

핸슨은 키틀러의 강압적 수사법에 격렬히 반대하면서도, ≪새로운 매체를 위한 새로운 철학≫에서 키틀러의 주장을 섀넌의 정보이론의 진위 여부에만 의존하는 선형적인 인과관계의 고리로 축소하려 함으로써 그 역시 폭력을 휘두른다. "키틀러에게 여전히 결정적인 것은 섀넌 모델의 형식적 특성들이다. 섀넌 모델은 역사적으로 기술적 탈분화(de-differentiation)의 토대가 되었는데, 이는 정보를 커뮤니케이션에서 분리하는 과정의 논리적 정점이었다. 섀넌 모델은 키틀러가 정보의 탈역사(informational posthistory)를 상정할 수 있게 한다. 광전자적(optoelectronic) 미래의 관점에서 본다면, 매체 생태를 구성하는 모든 범위의 매체 효과는 물론이고 인간 혹은 소위 '대문자 인간(Human)'은 진정으로 자율적인 순환을 향해 나아가는 정보의 진화 중 서론 단계에서 순전히 우발적으로 나온 부산물로 재평가되어야 한다."(77) 핸슨은 이러한 주장의 토대가 유지될 수 없음을 보여 주기 위해 섀넌의 이론과 동시대에 개발된, 정보에 대한 도널드 맥케이의 대안적 접근을 예로 든다. 섀넌이 정보와 의미를 분리한 것과는 대조적으로 맥케이는 그 핵심에 체화된 수신자가 놓이는 정보 개념을 발전시켰다.[42] 그러나 핸슨이 맥케이에게 의존한 것은 다소 정직하지 못한 면이 있다. 정보 이론의 발전에 중요했던 것이 맥케이의 연구가 아니라 섀넌·위너 이론이었다는 사실과, 맥케이의 이론이 정보와 의미를 상호 연결하는 데 더 포괄적이기는 해도 1950년대에 이용할 수 있었던 기술로는 신뢰성 있게 수량화할 수 없었다는 사실(이는 오늘날까지도 불가능하다)을 핸슨이 무시하고 있기 때문이다. 게다가 핸슨의 논박은 키틀러의 광범한 연구 전체에서 단 한 가지 추론에만 집중하고 있어서, 핸슨이 시사하는 바와 달리 키틀러의 연구 방식 전체를 폄하하기에는 부족하다.

핸슨은 키틀러와 대조적으로 새로운 매체를 체화된 사용

자와 관찰자에게 미치는 효과를 통해 읽으면서, 체화에 주체성의 처소로서 특권을 부여한다. "디지털화의 도래와 상호연관되면서 신체는 권한을 부여받는데, 이는 신체가 사전에 구성된 이미지들의 우주를 필터링하기 위해서가 아니라 본래 형체가 없는 것(디지털 정보)을 틀에 맞추기 위해 그 자체의 구성적 특이성(정동과 기억)을 활용하기 때문이다. 더 나아가 정보를 틀에 맞추는 신체의 이 '기원적' 행위를 모든 기술적 틀의 근원으로 보아야 한다(기술적 틀이 중요한 것처럼 보일지라도 그렇다). 기술적 틀은 신체가 정보를 지각할 수 있도록 설계된다. 다시 말해서 정보는 이미지의 형태로 바뀐다."(10) 핸슨은 '새로운 매체를 위한 새로운 철학'의 중심에 체화된 주체를 놓기 위해 키틀러의 매체 중심 관점을 치워 버리고 싶어 하므로, 키틀러와 유사한 고압적인 표현("~으로 보아야 한다")이 여기에서 나타나는 것은 우연이 아니다.[43]

핸슨과 키틀러는 관점은 정반대되지만 인간·기계 피드백 루프 중 한쪽을 희생시켜 다른 쪽을 특권화하는 동일한 방식으로 주장을 펼친다. 키틀러에게는 매체, 즉 매체가 재현에 부과하는 기술적 설정과 이러한 설정들을 반영하고 재기입하는 재현의 내용들이 전부다. 핸슨에게는 체화된 주체들이 전부다. 중요한 것은 체화된 주체들이 매체를 접한 결과 체화하는 지각과 인지 프로세싱, 특히 매체 이미지들, 이러한 체화를 촉진하고 전면에 내세우는 새로운 매체 내의 재현들이다. 내 관점에서 보자면 키틀러와 핸슨은 양쪽 끝이 상호 연관된 행동들로 한데 묶이는 지렛목으로 연결되어 있음을 알아차리지 못한 채 시소의 양 끝에 앉아 오르락내리락하고 있는 것 같다.

매체가 체화된 주체에 의존하는 것은 체화된 주체의 수용력과 중요성 때문만은 아니다. 이는 연구자들이 모종의 효과를 발휘할 네트워크화되고 프로그래밍할 수 있는 매체를 개발하고 설계하기 위해 컴퓨터·인간 인터페이스의 정확한 본질을 폭넓게 조사했기 때문이기도 하다. 발명하는 인간 없이는 어떤 매체도 존재하지 않을 것이며, 거기에 의미와 중요성을 부여하는 인간이 없다면 매체에는 어떤 목적도 없을 것이다(키틀러, 모라벡, 커즈와일이 일깨운 미래 시나리오와, 매체가 다른 매체 혹은 지능형 기계들에 의해 자율적으로 만들어지는 포스트미디어, 포스트휴먼 시대의 다른 시나리오들이 있다 해도 그렇다).[44] 반면 매체가 인간의 체화된 반응들을 결정하며 구성되도록 하는 것도 사실이다. 여기에는 특정 시대에 역사적으로 특정하게 조건 지어진 반응뿐 아니라 핸슨이 환기한, 진화적으로 발전해 온 인지적·지각적 수용 능력도 포함된다. 게다가 어떤 맥락에서는 신체 자체가 매체가 되고, 동시에 샤신 웨이가 미디어 아트 <T가든>으로 기발하게 실연한 복잡한 역학처럼 다른 매체에 의해서도 형성된다. 여기에서 공연자들은 동작 센서와 버추얼 프로젝션과 함께 새로운 몸짓 언어를 만들어 내려 한다.[45] 물론 이보다 더 충실한 설명은 (상호매개에 초점을 맞춤으로써 나도 이에 기여하게 되기를 바란다) 한편으로는 기술적 설정들이 하는 역할을, 다른 한편으로는 새로운 매체 생산물에서 체화된 주체들의 중심적 위치를 인정하면서 핸슨과 키틀러가 동원하는 벡터들 양쪽을 다 고려하는 것이겠다. 해법은 연구의 범위를 확장해 '울프럼의 세포 자동자'와 '울프럼' 둘 다, 다시 말해서 체화된 인간에 의해 창조되면서 인간과 인간의 지각을 공동 구성하도록 작용하는 계산적 프로세스와 더불어 체화된 인간과 그 지각을 다 아우르는 것이다. 그야말로 울프럼과 그의 세포 자동자는 여러 수준의 복잡성에 걸쳐 창발이 일어나게 하는 시너지적 역학에서 공진화한다.

에스펜 올세트의 ≪사이버텍스트≫와 제롬 맥건의 ≪빛나는 텍스트성≫을 대조해도 유사한 패턴이 나타난다. 키틀러와 핸슨의 작업처럼 이 텍스트들 또한 자세히 살펴보아야 할 대단히 중요한 연구들이다. 올세트는 [사이버텍스트를 포함하는 문학 장르인] "에르고딕 문학(ergodic literature)"을 "적지 않은 노력"을 들여야 "독자가 텍스트를 횡단할 수 있는" 문학으로 정의하면서, 컴퓨터 게임과 전자적인 쌍방향 소설뿐 아니라 인쇄본 책까지 이에 포함시킨다. 올세트는 영리하게도 자신의 분석을 컴퓨터가 주도하는 텍스트에 한정한다면 종이에 인쇄된 형식의 텍스트만을 인정하려 하는 문학 연구처럼 자의적이고 몰역사적이게 될 것이라는 말로 기존 문학계를 조롱한다(1). 그러나 컴퓨터 게임, 전자 하이퍼텍스트, 쌍방향 소설이 등장하지 않았다면 (올세트를 포함해) 그 누구도 '에르고딕 문학'을 하나의 분석 범주로 정의해야 할 필요성을 느끼지 않았을 것이다. 그런 의미에서 올세트의 분석은 주로 컴퓨터 덕분에 인기를 얻은 문학, 특히 그의 주된 관심사인 컴퓨터 게임에서 비롯되었다. 올세트의 분석에서 컴퓨터가 핵심이라는 사실은 기존의 그 어떤 접근도 "독자뿐 아니라 그 자체를 조작할 수 있는 능력을 지닌 디바이스, 물질적 기계로서의 텍스트"를 고려하지 않기 때문에 사이버텍스트 관점이 필요하다는 그의 옹호에서 잘 드러난다 (24). 이는 책보다는 컴퓨터와 훨씬 더 어울리는 설명이다. 게다가 올세트는 독자가 보는 문자열로서 '스크립톤(scriptons)' 대 텍스트를 생성하는 문자열로서 '텍스톤(textons)' 등 컴퓨터 텍스트에는 엄청나게 중요하지만 필사본 책(codex book)이나 인쇄된 텍스트에는 대체로 그다지 중요하지 않은 여러 가지 중요한 차이점을 전개한다. 이러한 '컴퓨터 지향성(computer orientation)'은 왜 올세트의 분석이 기능성에 크게 비중을 두는지 설명하는 데도 도움이 된다. 올세트가 자신의 유형 분류 체계(typology)를 세우기 위해 정의하는 용어들은 대부분 '플레이어' 혹은 '사용자'에게 유용한 기능이나 텍스트 구성 요소들이 수행할 수 있는 기능과 관련이 있다. 대개 인쇄된 텍스트들은 기능 면에서 서로 별 차이가 없기 때문에, 이들 기능에 대한 강조 또한 올세트의 관점이 주로 컴퓨터로 생성된 텍스트에 맞추어져 있음을 보여 준다.

물론 컴퓨터 지향성에 문제가 있다는 말은 아니다. 이러한 지향성 덕분에 ≪사이버텍스트≫는 전자 텍스트성을 계속해서 인쇄 중심적 관점으로만 보는 경우가 너무나 흔한 상황에서 전자 텍스트성 분야 연구에 귀중한 기여를 했다. 문제는 올세트의 기능주의적 접근 방식이 연구의 목적에 맞춰 다양한 인과관계를 선형적인 인과관계의 연속으로 바꾸어 놓는 경향이 있다는 점이다. 이러한 경향은 텍스트가 이용되는 정치적·사회적·문화적 맥락에 대한 상대적 경시와, 올세트가 자신의 유형 분류 체계를 위해 전개하는 '텍스토노미(textonomy)'에서도 엿볼 수 있다. 올세트는 전자 텍스트들 속에서 일어나는 다른 양식들의 상호작용을 무시한다. 사례들 중 다수가 비주얼 디스플레이와 애니메이션인데도 올세트는 텍스트를 "**언어적** 정보의 전달이 주된 기능인 대상"(62, 강조는 필자)으로 정의하면서 비주얼, 그래픽, 음성, 움직임과 기타 비언어적 기표들에 대한 설명은 배제한다. 물질성을 포함시켜야 한다는 점을 알고 있으면서도 텍스트의 물질적 구체성에는 거의 주의를 기울이지 않는다. 그누텔라(Gnutella)와 냅스터(Napster)를 둘러싼 현대의 법적·정치적 논쟁을 생각하면 놀라운 말이지만, 올세트는 "음악 산업이 LP 레코드에서 CD로 이행"하면서 "아날로그에서 디지털로의 이행이 문화적 생산이나 음악 소비의 측면에서는 어떤 실질적 변화도 일으키지 않았다"고 주장한다(59). 공정하게 말하자면, ≪사이버텍스트≫가 출간된 1997년부터 7년 동안 전자 매체의 시각성과 모든 매체의 가속화되는 디지털화에서 괄목할 만한 성장이 있었으므로, 지금에야 이 문제의 중요성이 훨씬 더 두드러져 보이기는 한다. 그럼에도 '576p'#의 그리드에 놓인 정적인 기능주의적 구성 요소들의 목록인 자신의 유형 분류 체계를 강조하는 올세트의 시각은, 역동적인 다중 인과 관계와는 여전히 상당한 격차가 있다. 역동적 다중 인과관계는 여러 수준 사이를 오가며 순환하는 뒤엉킨 피드백 루프들이 특징인, 복잡한 창발 프로세스를 이해하는 데 꼭 필요하다.

올세트의 방법론 반대편에 맥건이 ≪빛나는 텍스트성≫에서 취한 접근법이 있다. 4장에서 더 길게 논하겠지만, 맥건의 주된 관심은 인쇄 문학이 어떻게 작용하는지 더 깊이 있게 이해하기 위해 전자 텍스트성을 이용하는 데 있다. 그 점에서 맥건의 책은 [탁월한 학술서에 수여되는] 제임스러셀로웰상(James Russell Lowell Prize)으로 가치를 인정받은 데서 보듯 성공적이다. 인쇄 문학, 특히 시의 탁월한 독자로서 맥건은 인쇄 전통의 변변치 않은 작품조차 문학으로서는 가장 복잡하고 흥미로운 전자 문학 작품보다 비할 수 없이 낫다는 주장을 고수한다.[46] 나는 이런 판단에 동의하지 않는데, 내가 보기에 이는 인쇄 문학에 사용하는 것과 동일한 읽기 전략을 전자 문학에 적용하면서 전자 문학에 유용한 새로운 읽기 전략은 무시하거나 아예 인정하지 않으려는 경향 탓이

비디오 디스플레이 해상도를 가리킨다.

크다. 올세트가 앞쪽[미래]을 바라보며 컴퓨터 게임의 맥락에서 개발된 기반을 통해 인쇄 문학을 읽는다면, 맥건은 뒤쪽[과거]을 바라보며 인쇄 문학의 맥락에서 개발된 기반을 통해 전자 문학을 읽는다. 맥건은 인쇄 텍스트가 어떻게 출현했는지 설명하기 위해 다차원적 모델을 찬동한 점에서는 선구자였다. 그러나 맥건이 중요 웹사이트인 <D. G. 로제티 하이퍼미디어 아카이브>를 앞장서서 만들고 운영했음에도, ≪빛나는 텍스트성≫에서는 다양한 인과관계, 복잡한 피드백 루프, 전자 텍스트가 만들어지고 저장되고 전파되는 창발 프로세스에 관해 그에 상응하는 깊이 있는 통찰은 도무지 볼 수 없다.[47]

물론 어느 일을 '어떻게 해야 하는지'를 일반적인 말로 기술하는 것이 실제로 그 일을 하는 것보다 훨씬 쉽다. 선형적 인과관계 모델처럼 매력적이고 강력한 것에 맞설 때라면 더욱 그렇다. 내 주장이 타당해지려면 중요 텍스트들에 대한 일반적 주장이나 비판이 아니라 내가 집중하려는 복잡한 역학에 대한 깊이 있는 탐색이 이루어져야 할 것이다. 따라서 기술에 초점을 맞추었던 이 장에서 이제 말하기, 글쓰기, 코드의 이론적 틀과 세계관을 비교하는 다음 장으로 넘어가겠다.

02

말하기, 글쓰기, 코드: 세 가지 세계관

복잡성의 처소

의미 작용(signification)을 만들어 내는 말하기, 글쓰기, 코드라는 세 가지 주요 시스템은 하루에도 수없이 만나며 상호작용한다. 이들 각각에는 이미 이론화되어 온 세계관, 관련 기술, 사용자 피드백 루프가 따른다. 말하기에서 글쓰기, 글쓰기에서 코드로 나아가면서 뒤의 시스템은 자신의 역학 속에 이전의 가치를 기입해 넣으며 앞의 시스템을 재해석한다. 고도로 발전한 정보화 시대에 말하기와 글쓰기가 이진 숫자(binary digit)로 코드화될 때 의미 작용 프로세스가 어떻게 바뀌는지 이해하려면 말하기와 글쓰기라는 레거시 시스템과 코드가 어느 지점에서 겹치고 단절되는지 서둘러 면밀하게 분석해야 한다. 프로그래밍된 매체에서 일어나는 말하기와 글쓰기를 여전히 발화된 발언이나 인쇄된 문서로 인식할 수 있다 해도, 이들은 코드와 만나면 변화한 상태로 나타난다. 또한 코드의 효과는 개별 텍스트에 한정되지 않는다. 더 넓은 의미에서 코드는 광범하게 이용되면서 말하기와 글쓰기에 대한 우리의 전반적 이해에 깊은 영향을 미친다(인식의 전환이 진행 중임을 암시하기 위해 나는 앞에서 말하기와 글쓰기를 의도적으로 레거시 시스템에 위치시켰다). 이 장에서는 1장에서 요약한 계산의 세계관이 디지털 컴퓨터라는 특정 사례에서 어떻게 나타나는지 보여 줄 것이다. 또한 의미 작용에 대해 널리 받아들여진 생각들을 코딩 기술의 맥락에서 어떻게 재평가해야 할지 보여 주겠다. 마지막으로, 말하기와 글쓰기를 분석할 때 이미 쓰여 왔지만 코드와 더불어 새로이 중요해진 용어들을 제시함으로써 이론적으로 새롭게 강조할 점과 주목할 점을 끌어내도록 하겠다.

코드를 말하기와 글쓰기에 비교하려 하면 당혹스러울 정도로 풍성한 논의에 직면하게 된다. 예를 들어 월터 옹과 올리버 색스처럼 여러 분야의 이론가와 전문가가 탐색한, 말하기를 체화로 보는 관점이 있다. 폴 드 만과 힐리스 밀러와 같은 저명한 글쓰기 이론가의 관점도 있다. 이 장에서는 이들 중 말하기에 대한 페르디낭 드 소쉬르의 관점과 글쓰기에 대한 자크 데리다의 그라마톨로지적 관점에 초점을 맞추려 한다. 이들이 커다란 개념적 문제를 명확히 하는 전체적 접근법을 취해 자신들의 주제에 다가갔기 때문이다. 그들처럼 나 또한 전체적 접근법을 취해 코드를 포함하는 개념적 시스템에 초점을 맞추고자 한다. 이러한 관점은 일차적으로는 디지털 컴퓨터를 위한 프로그래밍과 연관되지만, 계산 체제의 형이상학적 함의까지 아우른다.

소쉬르와 데리다는 둘 다 글쓰기와 말하기에 대한 당대의 관점 형성에 엄청난 영향을 끼쳤다. 두 이론가의 작업을 상세히 다룸으로써 그들로부터 영감을 받은 다수의 관련 기획들을 간접적으로 다룰 수 있다. 또 다른 이점은 데리다가 말하기 시스템에 대한 소쉬르의 이론을 다루었다는 점에서 비롯한다. 데리다의 작업은 소쉬르의 작업과 긴밀하게 관련되며, 데리다는 특히 자신의 초기 저작에서 소쉬르의 작업을 많이 다뤘다. 더 나아가 글쓰기가 말하기를 넘어서며 글로 표현된 말하기 형태라고 단순하게 개념화할 수 없다는 것이 데리다의 중요 주장 중 하나인데, 이와 비슷하게 나도 코드가 글쓰기와 말하기 둘 다를 넘어서며 이 두 레거시 시스템 중 어느 쪽에서도 나타나지 않는 특징을 띠고 있다고 주장하려 한다. 즉 이 책은 코드를 구조주의 그리고 해체주의와 일반적으로 비교하려는 것이 아니라, 특별히 소쉬르의 구조주의와 데리다의 해체주의로 초점을 좁혀 연구하려 한다.

소쉬르의 말하기 시스템과 데리다의 그라마톨로지를 코드와 체계적으로 비교하기에 앞서, 일반적인 개념 틀을 세우고 싶다. 데리다의 글은 놀라울 만큼 유연하며 복잡하지만 그의 분석 중 상당 부분은 글쓰기의 특징에 관한 것으로, '글쓰기가 말하기와 주요하게 다른 면이 무엇인지 말해 보라'는 질문을 받는다면 흔히 떠올릴 법한 내용이다. 글쓰기는 말하기(녹음 기술이 나오기 전의 말하기)와 달리 글을 쓰고 있는 상황에 한정되지 않는다. 글쓰기는 수많은 나라에서 수백 가지 다른 판본(version)으로 저장되고 전달되고 출간될 수 있으며, 쓰이자마자 바로 읽힐 수도 있고 1000년 후에 읽힐 수도 있다. 어떻게 보면 데리다가 글쓰기와 말하기의 차이를 '차이(difference)'와 '연기하다(defer)'를 결합하여 요약한 것도 놀랄 일이 아니다. 글과 우리의 만남을 무한정 연기하는 능력이야말로 글쓰기가 말하기와 가장 두드러지게 다른 점이기 때문이다. 물론 데리다는 이 상식적 생각을 현존의 형이상학에 대한 강력한 비판과 연결하며 복잡하게 만들고 확장하지만, 이러한 복잡성은 대다수 사람들이 말하기와 글쓰기 사이의 본질적 차이로 볼 법한 점에 뿌리를 두고 있다.

코드를 글쓰기와 말하기 둘 다와 구별할 때 떠오르는 특징이 무엇인지 묻는다면, 가장 분명한 것은 코드가 인간과 지능형 기계 양쪽 모두에 의미를 전달한다는 사실일 것이다. 하지만 컴퓨터가 다양하고 복잡한 기능을 수행한다 해도 기계어의 근간에 두 개의 기호[0과 1]와 소수의 논리 연산만 있다는 사실에 주목하면, 그 이상의 차이가 나타난다. 울프럼이 세포 자동자와 관련해 설득력 있게 보여 주듯, 컴퓨터의 놀라운 점은 단순하기 짝이 없는 기초에서 시작하면서도 복잡한 패턴과 움직임을 만들어 낼 수 있다는 데 있다.

이런 생각에 꼬리를 물고서 다음과 같은 질문이 이어진다. 코드(혹은 컴퓨터나 세포 자동자)가 복잡한 세계를 재현하기에 적합해 보이게 만드는 복잡성은 '어디'에 존재하는가? 데리다는 말하기와 현존의 형이상학을 비판하면서, 이 관점에서는 세계가 '로고스'에서 파생되었으므로 복잡성은 전통적으로 로고스에, 세계의 복잡성을 필연적으로 넘어서는 것으로 개념화된 기원점(originary point)에 귀속되어 왔다고 분명하게 보여 준다. 반면 데리다의 그라마톨로지에 따르면 복잡성은 개념적으로는 흔적(trace)에, 암묵적으로는 흔적의 움직임을 감지해 내는 섬세한 분석에 귀속되는데, 이것은 물자체(thing-in-itself)로 결코 발견될 수 없다. 그런데 코드에서는 복잡성이 기원이나 차이의 작용 자체에 있는 것이 아니라 계산의 창발적 특질인 복잡성을 만들어 내기 위해 차이들을 거듭해서 다시 계산하는 작업 속에 있다. (이 책 9장에서 다루겠지만, 인지가 계산적 요소를 포함한다고 가정하면) 인간은 자신의 계산 능력을 제한적으로만 이용하지만, 인간이 창조하는 지능 기계들은 그 작동의 세부 사항 전반이 (적어도 이론적으로는) 다 알려져 있다. 여러 연구자가 주목했듯 결국 이 지능 기계들의 존재는 우리가 지각하고 생성하는 복잡성 역시 기저의 단순한 기반에서 나온다는 사실을 암시한다. 브라이언 캔트웰 스미스의 표현을 빌려 말하자면, 이 연구자들은 "구조화된 진흙 덩어리[인간]가 어떻게 몸을 일으켜 앉아 생각할 수 있는지"를 컴퓨터가 우리에게 보여 줄 수 있으리라고 기대한다.[1] 계산적 관점을 신봉하는 사람들에게 이 관점의 이점은, 로고스의 신비와 모호함으로 가득한 담론적 설명의 복잡함에서 벗어나 창발을 인식 가능하고 수량화할 수 있는 현상으로 연구할 수 있게 해 준다는 데 있다.

물론 이러한 특징이 계산적 관점의 한계를 보여 준다고 지적할 수도 있다.

내 분석이 복잡성의 처소를 탐문하면서 시작하는 것은 우연이 아니다. 소쉬르의 언어학, 데리다의 그라마톨로지, 계산 체제가 복잡성을 고려하는 각각의 전략은 각 세계관에 대한 광범한 함의를 품고 있기 때문이다. 이 지점을 시작으로 코드가 말하기 그리고 글쓰기와 차이를 보이는 방식들을 (이 방식들이 모두 명백하지는 않더라도) 발전시켜 보려고 한다. 내 목적은 레거시 시스템을 코드로 대체하는 것이 아니며, 특히 말하기와 글쓰기를 코드에 종속시키는 것은 더욱 아니다(글쓰기가 말하기에 부차적이어야 한다는 소쉬르의 주장이나, 그와 반대로 말하기가 글쓰기에 부차적이라는 데리다의 강조를 상기한다면 이는 중요한 사항이다). 내가 보기에 (로드니 브룩스의 표현을 빌려 말하면) 여기서 '정수(juice)'는 코드가 말하기, 글쓰기와 상호작용할 때 생성되는 복잡한 역학에서 비롯한다. 이러한 상호작용은 범상한 일상적 처리 작용들을 포함하며, 각 세계관 간의 갈등과 협력에 더 크게 좌우된다.

소쉬르의 기호와 물질적 문제들

그렇다면 소쉬르가 시작한 곳, 기호는 그것이 지시하는 것과 어떤 '자연적' 즉 필연적 관계가 없다는 주장에서 시작해 보자. 소쉬르는 ≪일반언어학 강의≫에서 "언어적 기호는 자의적이다"라고 쓴다.[2] 이 이유로 상형문자적이고 관용적인 글쓰기는 소쉬르의 고려 대상에서 배제된다. 여러 곳에서 분명히 밝히고 있듯 소쉬르는 말하기를 언어 시스템(랑그)의 진정한 처소로 보며, 글쓰기는 단지 말하기에서 파생된 것으로 본다. "언어와 그것의 글쓰기 형식은 별개의 두 기호 체계다. 글쓰기가 존재하는 유일한 이유는 언어를 현존하게 하는 것이다. 언어학의 연구 대상은 문어와 구어의 합이 아니다. 구어만이 연구의 대상이다."(24～25) 데리다는 소쉬르가 말하기에 부여한 우위에 반대하며 이러한 위계에서 소쉬르가 현존의 형이상학에, 그리고 전통적으로 말하기와 연계되어 있던 로고스에 여전히 묶여 있다는 징후를 찾아낸다. 쥘리아 크리스테바와의 인터뷰에서 데리다는 "기호의 개념은 형이상학에 속한다"고 말한다.[3]

데리다는 글쓰기가 소쉬르의 주장처럼 말하기의 파생물이기는커녕 사실은 말하기에 선행한다고, "언어적 기호는 근원적 글쓰기(original writing)를 내포한다"고 주장하기 위해 여러 논의들을 끌어모은다.[4] 나중에 다시 살펴보겠지만, 이러한 반직관적인 생각은 글쓰기를 그라마톨로지로 이해하는 데리다의 특별한 견해에서 비롯한다. 더 나아가 데리다는 기호의 자의성이라는 소쉬르의 개념을 비판하면서, 그것의 "궁극적 기능"이 "자의성이라는 형식과 자연주의라는 본질 외의 역사·생산·제도 등이 가지는 권리"를 모호하게 하는 것은 아닌지 묻는다(≪그라마톨로지≫, 33). 물론 데리다는 소쉬르가 가정한 기호의 자의성이 기호와 지시 대상 사이에 필연적 연계의 부재를 가리킨다는 것은 인정한다. 그러나 데리다의 비판은 기호의 선택을 방해할 수도 있는 모종의 제약에 대한 인식을 소쉬르의 공식이 억누르는 경향이 있음을 시사한다. 계산 체제에서 제약은 가능한 선택들을 몇 개만 남을 때까지 제거하는 생산적 역할을 하지만, 소쉬르의 이론에서는 제약에 생산적 역할이 없다는 것이 두드러진다. 그 대신 의미를 출현시키고 고정하는 것은 기호 간 차이의 관계들(differential relation)이다. 조너선 컬러는 소쉬르가 미국에서 막 유명세를 얻던 때에 소쉬르에 관해 쓴 중요한 책에서 이 점을 분명히 밝힌다. "기표와 기의의 관계가 자의적이라는 사실이 의미하는 바는 어떤 고정된 보편 개념도, 고정된 보편 기표도 없으므로 기의 자체가 자의적이며 기표 또한 마찬가지라는 것이다.… 기표와 기의 양자 모두 순수하게 관계적, 즉 차이적 실체들(differential entities)이다."[5]

컬러의 해석은 왜 미국의 탈구조주의가 전유한 소쉬르의 이론에서 물질적 제약이 제거되는 경향이 나타나는지, 왜 그 대신 차이의 관계들이 강조되고 또 지시 대상 및 생산의 물질적 조건과 결부된 유동적이고 불확실한 관계가 강조되는지 설명하는 데 도움이 된다(다양한 목적으로 본연의 소쉬르를 되찾으려 하는 후대의 논평자들은 이 해석을 두고 논쟁을 벌인다).[6] 데리다는 소쉬르가 "역사·생산·제도 등이 가지는 권리"를 삭제했다는 주장을 자신의 글에서 충분히 발전시키지는 않았지만, 물질성이 유의미한 제약을 부여한다는 인식은 코드에서 매우 중요하며, 말하기와 글쓰기에서도 그렇다. 예를 들어, 어째서 영어에는 음절이 100개 이상인 단어가 없을까? (내가 아는 한 다른 어느 언어에도 없다.) 두말할 것도 없이 너무 길어서 발음할 수 없기 때문이다. 소쉬르가 물질성을 말소한 것과 대조적으로, 컴퓨터 개발에서는 물질적 제약의 중요성이 역사적으로 인식되어 왔다. 1950년대 폰 노이만은 진공관이 내는 열을 어떻게 낮출지 고민했고, 오늘날에는 실리콘 기반 칩을 더 작게 만드는 일이 한계에 부딪힐 것이라는 우려가 일고 있다. 무엇보다 물질적 제약은 아날로그에서 디지털 컴퓨터로의 전환에 핵심 역할을 했다.

아날로그 컴퓨터보다 디지털 컴퓨터가 왜 더 선호되는지 이해하기 위해 트랜지스터-트랜지스터 논리(Transistor to Transistor Logic, TTL) 칩들을 생각해 보자. 이 칩에서 이진 숫자 0은 0볼트, 이진 숫자 1은 5볼트를 나타낸다. 전압 변동으로 0.5볼트의 신호가 만들어진다면 0.5볼트는 5보다는 0에 훨씬 더 가까우므로 이 전압을 0볼트로 보정하는 편이 상대적으로 쉽다. 아날로그 컴퓨터에서는 전압이 계속해서 변하기 때문에 오류를 제어하는 것이 훨씬 더 복잡하다. 그렇다면 코드의 경우에서 '기호는 자의적'이라는 가정은 기호가 유의미하게 작동하고 중요성을 획득하게 되는 범위를 한정하는 물질적 제약들을 고려해 수정되어야 한다. 앞으로 더 설명하겠지만, 이러한 수정은 소쉬르의 말하기 시스템이나 데리다의 그라마톨로지적 글쓰기 관점보다 더 긴밀하게 코드를 물질적 조건에 묶는 더 큰 그림의 일부를 이룬다. 코드의 세계관에서는 물질성이 중요하다.

소쉬르의 기호 개념에 비물질화를 지향하는 경향이 분명 있기 때문에, 컬러가 물질적 제약보다 차이적 관계를 강조한 것이 잘못된 것은 아니다. 소쉬르는 "[말하기] 회로의 물리적 부분은 즉시 고려 대상에서 일축할 수 있다"(13)고 말한다. 비록 나중에 "언어적 기호는 본질적으로 심리적인 것이지만, 추상적 개념(abstractions)은 아니다"라고 인정하기는 했어도, 소쉬르는 기호의 물질성을 "뇌에 국지화된 실재"로 보고 이렇게 매개된 물질성을 "소리 패턴만 있는"(15) 언어적 구조와 구별한다. 소쉬르는 발음상의 차이는 "단어의 물질적 실체에만 영향을 주기 때문에"(18) 배제해야 한다고 주장한다. 또 기호가 기표와 기의로 구성된다는 점을 고려해, 기표는 음향적 소리 자체가 아니라 '소리 패턴' 혹은 '소리 이미지' 즉 소리의 이상화된 판본이며 기의는 이 이미지와 연관된 개념이라고 주장한다. 비물질적 패턴을 기표로 정의할 때의 장점은 분명하다. 이렇게 하면 발음이나 방인 등 이형들을 다뤄야 할 필요가 없어진다(소쉬르는 [언어에서 어미·어형의 변화인] 굴절[inflection]상의 차이들은 인정한다. 바로 이 점을 이용해 조해나 드러커는 소쉬르의 이론에서 기호의 물질성에 대한 더 확실한 인식을 발굴해 낸다).[7]

이것이 세계의 소음(noise)에 대처하는 소쉬르의 방식이다. 여기서 이상화(idealization)는 디지털 시스템에서 '이산성(discreteness)'이 수행하는 기능과 유사한 역할을 한다. 단, 이 두 전략 사이의 차이를 숙고할 필요가 있다. 전압 변동을 정류(整流)하는 것은 소쉬르가 실제 소리를 이상화된 소리 이미지로 '교정'하는 것에 비견할 수 있다. 그러나 중요한 것은 코드 교정이 일어나는 곳이 인간 이론가가 창조한 (이상화된) 시스템이 아니라 전자 장치라는 사실이다. 즉 이는 정신적 작용이 아니라 물리적 작용이며, 이론적 모델에서 소급적으로 일어나기보다는 코드가 실행되는 동안 일어난다. 이런 차이는 코드가 소쉬르의 랑그 개념보다 물질성에 더 본질적으로 묶여 있다는 사실을 다시 한번 예증한다.

소쉬르 이론과 물질적으로 결정되는 코드 실행 간의 괴리는 '기표'와 '기의' 같은 레거시 용어를 코드에 사용해도 되는지의 문제가 불거지게 한다. 전자 텍스트성을 연구하는 여러 이론가는 전통적 용어에 의지하지 않고 새로운 이론적 틀에서 출발한다. 예를 들어 1장에서 소개한 올세트의 '텍스토노미'는 에르고딕 문학을 분석할 분류학적 계획을 세우기 위해 아예 새 판을 짜고 근본적인 것부터 고려한다. 이와 유사하게 지겐대학교의 독일 연구자 집단은 '매체 대변동(Media Upheavals)'이라는 이름의 프로젝트를 협업했는데, 이들은 "기표의 문자열(string)과 네트(net) 간의 기호학적 차이를 '저자', '작품', '독자' 같은 기본 개념을 의문시하는 '네트 문학(net literature)' 이론의 토대로 간주한다".[8] 나는 새로운 이론적 틀이 꼭 필요한 개입이라고 평가하지만, 상호매개에 초점을 맞추는 이 책에서는 코드가 전통적 용어와 어느 부분에서 맞아떨어지고 반대로 맞지 않는지 섬세하게 분석하는 것 또한 중요하다고 본다. 말하기와 글쓰기에 내재된 가정들이 코드와 관련되며 대체·충돌·협동하는 것은, 네트워크화되고 프로그래밍 가능한 매체에만 기반을 두는 이론 틀에서는 간과될 수도 있다. 예전 세계관이 새로운 세계관과 끊임없이 협상하고 상호매개하는 방식이 가려지는 경향이 있기 때문이다. 그렇기 때문에 내 목적을 이루려면 비교 작업이 반드시 필요하다. 이후 말하기와 글쓰기 시스템을 코드의 세계관에 맞추어 넣는 반대 방향의 작업 역시 수행할 것인데, 이 작업에서도 연속성 못지않게 불연속성을 통해 흥미로운 사실을 발견하게 되리라 기대한다.

그렇다면 코드의 맥락에서는 무엇을 기표와 기의로 간주할 수 있을까? 나는 코드에서 이진법 기반이 중요하다는 점을 고려해 '전압(voltage)'을 기표로 보자고 제안한다. 이런 제안은 궁극적으로 디지털 컴퓨터의 모든 것이 전압의 변화로 환원된다는 키틀러의 주장에서 이미 암시된 바 있다.[9]

그렇다면 기의는 코드의 다른 층(layer)이 전압에 부여하는 해석이다. 상위 단계에서 작동하는 프로그래밍 언어들은 기초적이고 기계적인 수준의 의미 작용을 자연어와 더 유사한 명령어로 번역한다. 기계는 전압과 전압이 형성한 비트 스트림(bit stream)#만 이해할 수 있으므로, 명령어가 컴파일(compile)##되거나 해석될 때마다 매번 이진 코드에서 고급 언어로 그리고 고급 언어에서 다시 이진 코드로 번역이 이루어져야 한다.[10] 기계 단계에서 전압은 그것을 해석하는 상위 단계의 기표 기능을 하며, 그 해석[기의]은 다시 그것과 접속하는 더 상위 단계의 기표가 된다. 이렇게 한 단계에서의 기의가 상위 단계에서는 기표가 되면서 코드의 여러 단계가 기표와 기의로 서로 맞물린 연쇄적 사슬을 구성하게 된다. 이 모든 작용이 0과 1 사이의 차이를 인식하는 기계의 능력에 달려 있기 때문에, 기호 간 차이가 의미 작용을 가능하게 한다는 소쉬르의 전제는 컴퓨터 구조(architecture)와 잘 들어맞는다.

한 번에 한 비트씩 연속적으로 전송되는 데이터의 흐름과 같이 연속되는 비트의 열.

고급언어(CHILL, COBOL, FORTRAN 등 인간이 이해하기 쉬운 프로그래밍 언어)로 작성된 프로그램을 기계어(컴퓨터 등 기계가 이해할 수 있는 언어)로 번역하는 것.

데리다의 차연과 코드의 명료성

컴퓨터 구조와 소쉬르의 의미 작용에 대한 견해는 이처럼 연속적이지만, 데리다가 차이(difference)를 차연(différance)# 으로 바꾸어 놓는 순간 불연속적이게 된다. 차연은 차이의 관계에 의해 생성된 의미가 끝없이 지연됨을 나타내는 신조어다. 은유적으로 말하자면 소쉬르는 두 개(혹은 그 이상)의 언어적 기호에 초점을 맞추어 그것들을 연결하는 관계를 추론한다면, 데리다는 간극(gap)을 중요한 요소로 보고 여기에 초점을 맞추어 소쉬르의 현존의 가정을 부재의 생성적 힘으로 바꾸어 놓는다고 할 수 있다. "차연은 없다, 존재하지 않는다, 어떤 형태로든 현존재(present-being)가 아니다.… 그것은 존재도 본질도 갖지 않는다. 현존이든 부재든 존재(being)의 어떤 범주에서도 나오지 않는다."[11] 이 생성적 힘을 명명하기 위해 데리다는 차연 외에도 '흔적', '원글쓰기(arche-writing)', '비기원적 기원(non-originary origin)' 등 여러 용어를 만들어 낸다. 이름이 무엇이든 여기서 중요한 점은 흔적이 그 자체로는 실증적 존재를 갖지 않으므로 구체화될 수도, 현존의 형이상학 안으로 복원될 수도 없다는 것이다. "차연은 어떤 존재론적 또는 신학적(존재신학적) 재전유로 환원될 수 없다. 그뿐 아니라 존재신학(철학)이 그 체계와

(공간적) 차이와 (시간적) 연기를 결합해 만든 말.

역사를 생산해 내는 공간을 개시한다. 차연은 존재신학을 포함하고, 그것을 기입하고, 그것으로 되돌아가지 않고 초과한다."(≪철학의 여백들≫, 6) 언제나 이동 중인 흔적은 어디에나 있고 어디에도 없다. 흔적은 모든 차후의 의미를 가능케 하는, 포착되지 않으면서도 풍요로운 힘으로 기능하며, 의미작용을 가능케 하는 원글쓰기로서 말하기에 선행하며, 일상적 의미에서 글쓰기에도 선행한다. '미끄러져 나가기'로 악명 높은 흔적의 이러한 성질은 의미가 항상 미결정적이고 지연된다는 널리 받아들여진 생각을 확립했고, 데리다의 발자취를 좇는 이들이 수행한 수많은 해체적 독해로 재강화되었다.

이제 차이·지연에 대한 주장이 코드의 관점에서는 어떻게 보이는지 살펴보겠다. 전통적인 인문학 훈련을 받은 학자에게 코드의 세계관에서 의미가 생성되는 방식은 때로 이해하기 어렵고 받아들이기는 훨씬 더 어렵게 느껴진다. 시스템의 이진 코드 단계에서 모호성은 거의 용인되지 않는다. 그런데 물리적으로 체화된 시스템에는 약간의 노이즈가 있기 마련이며, 그렇기에 모호성이 늘 있을 수 있다. 디지털 컴퓨터에서 노이즈는 앞서 얘기한 '전압이 약해지는 오류'로 시스템에 유입되는데, 이런 오류는 비트 스트림으로 들어가기 전에 0과 1의 모호함 없는 신호로 교정된다.[12] 시스템이 컴파일러, 인터프리터(interpreter),# 스크립팅 언어 등 프로그래밍 언어 층을 쌓아 올리면서, 이 언어들은 점점 더 큰 모호성을 허용하는 기능을 발전시킨다. 마이크로소프트 워드 맞춤법 검사기가 좋은 예다. 검사기는 프로그램 사전에 없는 문자열이 주어지면 사전과 가장 일치하는 것을 찾아 선택지로 제공한다. 그러나 프로그램이 아무리 정교하더라도 모든 명령어는 기계가 이해할 수 있도록 이진 코드로 분해되어야 한다.

디지털 컴퓨터의 맥락에서 모호성보다 훨씬 유지되기 힘든 것은 기표가 기의를 지시하지 않고도 의미가 있다는 명제다. 데리다의 관점에서 보면 기호에 대한 소쉬르의 정의는 어떤 면에서 현존의 형이상학을 약화시키면서도 다른 면에서 강화한다. 데리다는 기의가 개념적으로 기표와 구분된다는 바로 그 생각(소쉬르에게 기의는 기표에서 분리할 수 없는 것이었지만)이 초월적 기의에 신빙성을 부여하고, 그만큼 고전적인 형이상학을 재기입한다고 주장한다. 데리다는 기표와 기의의 구분이 "그 자체로 의미화된 개념, 즉 언어와의 관계에서 벗어나고 기표들의 시스템에서 벗어나 단지 사고를 위해 존재하는 개념을 생각할 가능성을 연다"고 썼다(≪입장들≫, 19). 이와 동시에 기의와 기표의 구분은 어느 기의든 한 문맥에서 추출되어 다른 문맥에 끼워 넣어질 때 기표의 위치로 미끄러져 들어갈 수 있는 가능성도 연다(예를

고수준 프로그램 언어로 표시한 프로그램의 명령문 혹은 유사 명령을 하나씩 꺼내서 실행하는 프로그램.

들면 한 개념이 다른 개념을 수반할 때). 초월적 기의라는 개념은 그 기원점 위나 그 너머에 아무것도 없음을 암시하기에, '기표가-되는-기의(signified-becoming-signifier)'라는 이러한 역학은 초월적 기의에 부여된 절대적 권위를 약화할 수 있다. 이런 의미에서 (데리다가 해석한 대로의) 소쉬르의 이론은 현존의 형이상학에 공모하는 것으로 남을 수도 있지만 그에 맞서는 것처럼 보일 수도 있다. 해체비평에서 기의보다 기표에 초점이 맞춰지는 이유를 설명할 때 이러한 배경지식이 도움이 된다. 실제로 현대의 비평 이론에서 '기의'가 한 번 나올 때마다 '기표'는 수천 번은 나온다고 해도 틀린 말은 아닐 것이다.

코드의 세계관에서는 기의 없이 기표에 대해 말한다는 것은 불가능하다. 기계의 행동에 영향을 주려면 모든 전압 변화는 정확한 의미를 띠어야 한다. 기의 없이 코드는 아무런 효과도 발휘하지 못한다. 마찬가지로 전압의 모든 변화가 명확히 해석되지 않으면 프로그램은 의도대로 기능하지 않을 것이므로, 부유하는 기표[floating signifier, 데리다의 '미끄러지는 기표(sliding signifier)'를 라캉식으로 번안한 표현]도 말이 되지 않는다.[13] 게다가 어느 한 단계의 프로그래밍 코드의 변화는 다른 모든 단계에서 일어나는 변화와 정확히 상호연관되어야 한다. 오래된 운영체제에 맞게 만들어진 프로그램을 예전 코드를 인식하지 못하는 새 운영체제에서 실행하려 하면, 기계는 그 프로그램을 읽을 수 없다. 다시 말해 이해할 수 없다. 구식이 된 코드는 기계에게 더 이상 실행력을 발휘하는 발화가 아니다.

이 지점에서 종종 혼동이 일어나므로, 이러한 역학은 인간이 메시지들을 해석하기 이전(혹은 이후)에 발생한다는 점을 강조해야겠다. 화면상의 메시지가 무엇을 말하거나 암시하든 그 메시지는 기계 역학을 통해 생성된다. 기계 역학에서는 모호성, 부유하는 기표들 혹은 상응하는 기의가 없는 기표가 거의 용인되지 않는다. 계산의 세계관은 데리다가 소쉬르의 말하기 시스템에서 간파한 초월적 기의를 전제하지 않는다는 점에서 그라마톨로지와 유사하지만, 데리다가 그라마톨로지의 본질로 보는 '미끄러짐'도 용인하지 않는다. 또한 코드는 데리다가 '기입(inscriptions)'과 연관 짓는 무한한 반복가능성과 인용도 허용하지 않는다. '기입'은 어떤 구, 문장, 문단이든 한 문맥에서 들어내 다른 문맥에 끼워 넣을 수 있게 한다. "쓰여진 기호는 문맥과 단절하는 힘, 즉 그것이 기입되는 순간을 구성하는 현존들의 집단과 단절하는 힘을 지니고 있다. 이렇게 단절하는 힘(force de rupture)은 우연한 속성이 아니라 쓰여진 텍스트의 구조, 바로 그 자체다."[14] 데리다는 이러한 반복가능성이 문어에 한정되지 않고 "모든 언어에서 발견된다"고 주장한다(≪유한책임회사≫, 10). 그러나 코드에서는 이 주장이 완전히 딱 들어맞지 않는다. 코드에서는 문맥이 코드의 수준과 종류에 의해 정확히 결정되기 때문이다. 코드는 다른 문맥으로, 예를 들어 다른 프로그래밍 언어 혹은 같은 프로그래밍 언어 내의 다른 구문론적 구조로 옮겨지면 이해할 수 없게 될 수 있다. 코드는 C++와 같은 고급 객체 지향 언어에서만 인용가능성과 반복가능성이라는 장점[프로그래밍 언어 담론 내에서의 상속(inheritance)#과 다형성(polymorphism)##이라는 장점]을 회복하며, 그런 의미에서 '그라마톨로지적'이 된다.[15]

주로 남성이 주도해 온 분야의 여성 개척자였던 소프트웨어 엔지니어 엘런 울먼은 코드와 자연어가 모호성과 미끄러짐과 연관될 때의 세계관 차이에 대해 감동적으로 서술한 바 있다.[16] 울먼은 스콧 로젠버그와의 인터뷰에서 "코드가 언어인가"라는 질문을 받았을 때 이렇게 대답했다. "우리는 영어를 사용해 시를 창작하거나 아주 표현하기 어려운 것을 표현할 수 있습니다. 프로그래밍에서는 그럴 수가 없습니다. 결국 컴퓨터 프로그램의 의미는 단 한 가지, '그것이 하는 일'입니다. 컴퓨터 프로그램은 학자가 읽는 텍스트가 아닙니다. 프로그램의 의미란 곧 그것의 기능입니다."[17] 울먼은 코드의 가차 없는 성격을 강조하면서 코드의 기능성에 방점을

객체 지향 프로그래밍에서 기존 클래스(class, 특정 객체의 변수와 함수를 정의하는 틀)의 특성을 이어받아 새로운 클래스를 생성하는 것. 이때 전자는 부모/조상 클래스, 후자는 자식/자손 클래스가 된다.

객체 지향 프로그래밍에서 어느 객체의 특성이 상황에 따라 여러 가지 형태를 띨 수 있는 성질.

둔다. 코드는 디지털 컴퓨터의 행동을 바꿀 힘이 있으며, 그렇게 거의 모든 종류의 첨단 기술 속으로 스며들기 때문에 현대 세계에서 중요한 행위자(actor)가 되었다. 코드는 미사일을 발사하거나 항공 교통을 통제할 수 있다. 의료장비를 통제하거나 PET 스캔을 만들어 낼 수 있다. 난류를 모델링하거나 혁신적 건축물을 설계하는 데 이바지할 수 있다. 이 모든 작업은 궁극적으로 오류를 용납하지 않는 이진 코드 그리고 논리 기능을 실현하는 전자 회로인 논리 게이트에 기반한다. 무엇보다 디지털 컴퓨터는 마틴 데이비스가 ≪보편 컴퓨터≫에서 우아하게 보여 주었듯 논리 기계다. 데이비스는 이 책에서 디지털 컴퓨터가 기반하는 논리의 역사를 논했다.

≪기계에 가까이≫에서 울먼은 에이즈 환자들에게 정보를 전달하는 일을 돕기 위한 소프트웨어 시스템 개발을 요청받은 일에 관해 이야기하면서, 코드의 세계관과 인간 언어의 세계관 간 차이를 생생하게 보여 준다. 울먼은 소규모 프로그래머들을 고용해 샌프란시스코의 한 건물 꼭대기층에서 함께 일했던 이야기를 들려준다. 그들은 프로그램의 구조, 고안 가능한 차선의 해결책, 코드가 어떻게 처리될지 보여주는 순서도에 대해 속사포처럼 떠들어 가며 납기일을 맞추기 위해 밤낮으로 일했다. 기계의 논리가 다른 모든 관심사를 앞서게 되면서 정크 푸드는 넘쳐나고, 옷차림은 후줄근해졌고, 예의는 귀중한 시간을 낭비하는 일이 되었고, 잠은 먼 기억이 되었다(1~17). 울먼은 시스템을 책임지는 녹립 노급

업자로서 소프트웨어를 사용하게 될 고객 측의 스태프들과 만났다. 그 순간 울먼의 명확한 논리는 확실한 형태가 잡히지 않은 생각, 잡다한 욕구와 욕망, 깊이 병든 사람들의 공포와 희망이라는 무정형의 덩어리로 용해되었다. 고려 사항을 표현하는 모호한 언어를 다룰 때조차 울먼의 마음은 그 고려 사항을 프로그래머들이 답할 수 있는 논리적 요구 사항의 목록으로 미친 듯이 번역했다. 자연어의 부유하는 기표들과 엄정한 기계 코드를 잇는 다리 역할을 하면서, 울먼은 세계를 보는 두 가지 다른 관점을 화해시키려는 데서 오는 갈등을 날카롭게 느꼈다. "나는 사용자들의 반대를 다섯 가지의 시스템 변화로 줄였다. '줄인다'는 말을 요리사처럼 사용하고 싶다. 즉 본질적인 것만 남을 때까지 끓이는 것이다. 하지만 진짜 인간의 본질이란 이미 내가 준비한 목록에는 없다는 것을 깨달았다. '고객이 결핵균을 가지고 있는지 어떻게 알아내는가'와 같은 항목이 의미하는, 약물이 듣지 않는 결핵균을 가진 고객이 좁고 환기가 잘 되지 않는 방에 앉아 있을 때의 공포나 그 질문이 내포하는 온당하고 복잡한 생물학적 긴급성은 스크린과 데이터베이스에 추가해야 할 데이터 요소들의 목록이 되었다."(13~14)

이 책에서 가장 가슴 아픈 장면 중 하나는 자기 삶에서 일어난 사건들로 감정적 스트레스를 받은 울먼이 자신의 컴퓨터를 분해했다가 재조립하기로 마음먹는 부분이다(65~94). 이 작업은 울먼에게 그토록 완벽하게 논리적인 방식으로 기능하는 부품들과 육체적으로 접촉함으로써 마음을 달래는 일종의 신체 요법이다. 이 장면은 코드의 세계관이 말하기에 대한 소쉬르의 비물질화된 관점이나 언어의 불확정성에 대한 데리다의 강조와 다르다는 사실을 다른 방식으로 보여 준다. 컴퓨터 알고리듬을 예화되지 않아도 의미를 지닐 수 있는 논리적 구조로 볼 수 있다 해도(이는 많은 컴퓨터과학학부에서 받아들이는 관점이다), 실제로 어떤 논리 시스템이나 형식 시스템이 의미를 지니려면 인간의 뇌든 디지털 컴퓨터든 어떤 플랫폼에서 '실행'되어야 한다. 코드가 기계의 행동을 바꿀 능력이 없다면, 람다 계산(디지털 컴퓨터의 발명에 앞서 1930년대에 알고리듬을 연구할 목적으로 이용되었다)과 같은 영역에서 일하는 수학자들의 상대적으로 전문화된 관심사로 그쳤을 것이다.[18] 코드는 어떤 일이 일어나게 하기 때문에, 이를 위해 기계를 작동시킬 수 있는 명령어로 실행되어야 하기 때문에 자연어 못지않게 중요해졌다.

기계에서 실행되는 코드는 언어보다 훨씬 더 강한 의미에서 수행적이다. 언어가 수행적이라고 할 때 언어가 '수행하는' 작용은 "입법 심의회의 개회를 선언합니다"나 "아내와 남편이 되었음을 선포합니다"라는 말이 발화될 때처럼 인간의 마음속에서 일어난다. 이러한 마음의 변화는 행동 면에서 효과를 발휘하고 결과를 내기는 하지만, 그럼에도 언어의 수행적 힘은 복잡한 매개의 연쇄를 거치는 외적 변화와 얽혀 있다. 이와 달리 디지털 컴퓨터를 작동시키는 코드는 기계의 작동에 변화를 일으킨다. 코드는 네트워크로 연결된 포트와 여러 인터페이스를 통해 코드의 전송과 수행으로 실행되는 변화를 일으킬 수 있다. 코드는 인간 저자와 독자에서 비롯된다 하더라도 일단 기계 속으로 들어가면 기계 자체를 주된 독자로 삼게 된다. 인간이 이용할 수 있는 스크린 디스플레이를 생성하기에 앞서 기계는 먼저 코드를 읽고 코드의 지시를 이용해 인간이 읽을 수 있는 메시지를 작성해야 한다. 인간이 어느 코드에 대해 어떻게 생각하든, 코드가 이해 가능한지 최종적으로 판정할 권한은 기계에 있다. 기계가 코드를 읽을 수 없거나 프로그램이 제대로 작동하지 않는다면 기계가 작업을 할 수 있도록 코드를 바꾸거나 수정해야 한다. 알렉산더 갤러웨이는 ≪프로토콜≫에서 코드를 '실행 가능한 언어(executable language)'로 정의하면서 이 점을 강력하게 주장한다. 갤러웨이는 질문한다. "코드는 단순한 글쓰기와 어떻게 그렇게 다를 수 있는가?" "그 답은 컴퓨터 코드의 독특한 본질에 있다.… 코드는 언어지만 아주 특별한 종류의 언어다. **코드는 실행할 수 있는 유일한 언어다.**"[19]

코드의 이러한 특징은 말하기나 글쓰기의 경우 말하기 행위나 글 한 편 한 편이 읽을 수 있고 '실행 능력이 있는 발화(competent utterance)'를 구성하는지 여부를 공동체가 결정하는 것과 뚜렷하게 대조된다. 소쉬르가 말하듯 그 누구도 구어 체계를 바꿀 수 없다. "집합적 현상으로서 언어는 모든 사람의 뇌 속에 각인된 것 전체의 형태를 취한다.… 그러므로 언어는 각 개인 안에 있지만 그럼에도 모두에게 공통적이다. 동시에 언어는 개인이 어떤 식으로도 고의로 개입할 수 없다."(≪일반언어학 강의≫, 19) 말하기 시스템에서 변화가 일어나려면 많은 개인이 변화를 받아들여야 하고, (상대적으로) 오랜 시간이 걸린다. (이러한 주장은 텔레비전이나 신문 같은 대중매체에 비추어 어느 정도 정정될 필요가 있다. 대중매체의 파급력을 고려한다면 단 한 명의 화자나 소규모 화자 집단만으로도 시스템을 변화시킬 수 있다. 그러나 특권적 화자의 말하기 행위는 오직 널리 받아들여질 때에만 실제로 시스템을 변화시킬 수 있다는 점에서 소쉬르의 주장은 여전히 유효하다.) 반면 데리다가 보기에 글쓰기는 소쉬르의 말하기 시스템과 다르다. 쓰여진 것은 수백 년, 수천 년간 지속될 수 있어서 잠재적으로는 무한한 수의 서로 다른 맥락에 인용되고 끼워 넣어질 수 있기 때문이다. 더군다나 데리다는 존 오스틴이 변칙적이라고 보고 자신의 '말하기 행위(speech act, 화행)' 이론에서 제외한 현상들(예를 들어 무대 공연에서 배우들이 하는 인용과 연설)을 정확히 예로 들며 말하기에 반복가능성과 인용이라는 특성을 부여한다.[20] 소쉬르가 어느 정도 통일성 있는 화자들의 공동체를 가정한 반면, 데리다의 그라마톨로지에서 화자들의 공동체는 서로 다른 글쓰기(와 말하기) 관행, 일반적이거나 전문적인 여러 독자 공동체, 언어 능력과 가독성의 구성에 대한 여러 기준에 따라 역사적·지리적으로 다양한 문맥으로 갈라져 나간다. 윌리엄 폴슨이 지적했듯, 데리다의 복잡한 글쓰기 스타일 자체가 이러한 다양성을 수행함으로써 그의 글을 이해할 수 없는 많은 비전문 독자들과 달리 그의 글을 이해할 수 있는 "사제와 같은" 해석자들의 계급을 만들어 낸다.[21]

소수만을 위한 이론적 글쓰기처럼, 코드는 그 복잡성을 이해하고 유창하게 읽고 쓸 수 있는 전문가 공동체만 이해할 수 있다. 그러나 코드의 세계관과, 소쉬르가 가정하는 화자들의 공동체와 데리다가 언급하는 무한히 다양한 기입 맥락 사이에는 중요한 차이가 있다. 코드의 경우, 마이크로소프트가 윈도95 및 그 이전 버전으로 소급되어 호환되지 않는 윈도XP 같은 새로운 운영체제를 만들어 낼 때처럼 (상대적으로) 소수의 전문가들이 중대한 시스템상 변화를 일으켜 이전의 시스템이 코드를 해독할 수 없게 만들어 버리는 일이 종종 있다. 게다가 코드의 단절은 말하기나 글쓰기의 단절보다 훨씬 더 급격하고 완벽하다. 때때로 오래전 단종된 하드웨어와 소프트웨어를 사용하는 사람들을 본다. 그들은 예전 버전을 이용해 여전히 문서를 생성할 수 있지만 머지않아 다른 이가 읽을 수 있는 파일을 보낼 수도 없고 다른 이가 보낸 파일을 읽을 수도 없는, 섬에 고립된 상태가 된다. 대학생이 제프리 초서의 ≪캔터베리 이야기≫의 중세 영어나 윌리엄 셰익스피어의 엘리자베스 시대 영어를 (도움을 약간 받아) 이해할 수 있고 수백 년 시차를 뛰어넘어 이 작품들에 접근할 수 있는 반면, 짜증 날 정도로 복잡한 윈도 프로그래밍 코드로 어마어마한 양의 리코딩을 능숙하게 해내지 않고서는 윈도95와 윈도XP 사이에 (불과 칠팔 년 간격인데도) 이러한 가교를 놓을 수 없다.

코드가 고전적 형이상학의 낡은 인습을 거의 혹은 전혀 이어받지는 않았을지라도, 코드의 도처에는 자본주의 정치경제의 내재된 가정들과 저항적 실천들 그리고 그것들과 연관된 헤게모니적 재기입이 스며들어 있다. 오픈 소스 운동(open source movement)은 선물 경제(gift economy)라는 전혀 다른 역학에 따르는 지식 코먼스를 만들어 내려 할 때조차, 자본주의 역학이 코드의 시장에서 중심적 위치를 차지한다는 점을 웅변적으로 증명한다.[22]

코드의 계층

지금까지 살펴보았듯 코드는 말하기나 글쓰기와 다르다. 코드는 명백히 차별화된 버전들로 존재한다. 이들 각 버전은 에뮬레이터나 자료보관소의 기계를 사용하지 않는 한 구식 프로그램은 그야말로 작동하지 않는 프로세스(하드웨어와 소프트웨어를 포함하는 프로세스)에서만 실행 가능하다. 게다가 코드의 역사적 지층은 골치 아픈 형이상학적 유산이 아니라 어셈블러 코드의 깊숙한 층과 관련 있다. 어셈블러 코드를 파헤쳐 Y2K 위기와 연관된 문제들을 수정하려 한 시도가 보여 주듯, 어셈블러 코드를 이해하고 역공학(reverse engineer) 작업을 하려면 엄청난 품을 들여야만 한다. 코드의 역사적 성격이 코드의 변경에 영향을 미치는 방식을 이해하려면 특정 시간대에서의 변화(공시성)와 시간을 가로지르는 변화(통시성) 사이의 차이를 이해해야 한다.

소쉬르에게 말하기 시스템 기호학이 연구해야 할 적절한 대상은 말하기 시스템의 공시적 경향(synchronic orientation)이다. 소쉬르는 ≪일반언어학 강의≫ 서문에서 그의 분석이 연구 분야의 방향을 이전 세대의 역사주의적이고 문헌학적인 강조에서 언어 시스템을 (다소) 일관성 있는 공시적 구조로 보는 견해로 재설정한다고 말한다(1~8).[23] 반면 데리다의 논의에서는 통시성이 (이른바) 고전적 형이상학의 불가피한 영향으로 발현되고, 공시성은 소쉬르에게서와 같은 힘을 발휘하지 못한다. 이는 기록 기술의 발명에 앞섰던 말하기와 달리, '기입'이 역사적으로 전혀 다른 문맥으로 옮겨질 수 있으므로 수천 년을 거슬러 올라가는 역사적으로 퇴적된 지층 속에 바위처럼 존재할 수 있기 때문이다. 데리다는 이렇게 쓴다. "부호(mark)의 이러한 인용가능성, 복제 또는 이중성(duplication or duplicity), 반복가능성은 우연도 예외도 아니다. 그것들 없이는 부호가 '표준(normal)'이라는 기능을 가질 수조차 없을 것이기 때문이다. 인용될 수 없는 부호가 대체 무엇이겠는가? 또는 진행되는 도중 그 기원을 잃어버리지 않는 부호가 대체 무엇이겠는가?"(≪유한책임회사≫, 12)[24]

기호를 개념화하는 방식, 시간에 걸친 기호의 작용을 묘사하는 방식이 이렇게 다른 이유는 기호들이 기호학적 시스템을 구성하면서 함께 작용하는 방식을 다르게 파악하는 것과 연관이 있다. 소쉬르는 기호들 간 차이의 관계들이 의미작용을 이끄는 힘을 구성한다고 주장하며, 이러한 관계들을 말하기 시스템 안의 다양한 수준에서 작용하게 하고 움직이게 하는 두 가지 벡터를 설명한다. 통합적 벡터(syntagmatic vector)는, 예컨대 문장 구문(syntax)을 따라 횡적으로 작용한다. 이와 대조적으로 계열적 벡터(paradigmatic vector)는, 예컨대 한 발화에서 특정 단어 대신 쓰일 수 있는 동의어들(synonyms)에서 종적으로 작용한다. 데리다는 그라마톨로지에서 이들 용어를 거의 사용하지 않고, 그 대신 개념들 간의 위계적 관계에 초점을 맞춘다. 이 위계적 관계에서는 어느 특권적인 용어가 어느 낙인찍힌 용어를 '내부'에 대한 '외부'에 놓는다. 데리다가 보기에 소쉬르 이론의 맥락에서 이러한 위계적 관계가 드러나는 대표적 예는 아마도 '글쓰기'를 순수하게 파생적 역할로 치부하려 한 시도일 것이다. 데리다가 시도한 위계적 배치의 해체는 그가 위계적 이분법을 다루는 전형적인 방식이다. 데리다는 특권적 용어가 실은 그것이 배제하려는 것을 포함하며, 그에 의존해야만 한다는 것을 보여 준다. "기표의 외재성(exteriority)은 일반적으로 글쓰기의 외재성이며, 내가 보여 주고자 하는 것은 … 글쓰기에 앞서는 언어적 기호는 아무것도 없다는 것이다. 그 외재

성 없이는 기호라는 개념 자체가 쇠락해 버린다."(≪그라마톨로지≫, 14)

코딩 구조는 말하기처럼 통합성과 계열성이라 부를 만한 것들을 이용하지만, 그것들이 작용하는 방식은 말하기 시스템에서의 방식과 정반대된다. 마노비치가 ≪뉴미디어의 언어≫에서 말하듯 말하기나 글쓰기에서는 통합성이 실제 종이 위에(혹은 패턴화된 소리로) 나타나는 반면, (가능한 선택지들인) 계열성은 실제적이라기보다는 가상적으로 존재한다(229~233). 동적 데이터베이스를 사용하는 디지털 매체에서는 통합성과 계열성의 이러한 관계가 역전된다. 계열적 선택지들은 데이터베이스로 코드화되고 그런 의미에서 실제로 존재하는 반면, 통합성은 데이터베이스에서 어느 항목을 이용할지 결정하는 선택이 이루어질 때마다 그때그때 역동적으로 생성된다. 그런 의미에서 통합성은 실제라기보다는 가상이다. 이러한 통찰은 데이터베이스와 내러티브가 어떻게 접속하는지에 대한 탐색, 특히 전자 문학 그리고 문학성(literariness)에 대한 더 일반적인 질문에 대한 탐색으로 이어진다.

≪책 읽는 목소리들≫에서 개릿 스튜어트는 문학 언어가 문학적인 이유는 어느 정도 '가상의' 단어들(소리, 의미 혹은 종이 위에 실제로 있는 것들의 용례)을 동원해, 텍스트의 의미를 확장하고 풍부하게 하는 이형(variant)들의 '만발하는 소음'으로써 인쇄된 텍스트를 에워싸는 능력 때문이라고

주장한다. 소쉬르가 그린 것과는 다른 역학에 따라 작동한다 하더라도, 이 이형들이 만들어 내는 이 '빛나는 안개(luminous fog)'#는 소쉬르가 말하기 시스템을 위해 이론화했던 계열적 벡터와 닮은 데가 있다. 반면 전자 문학이 사용자에게 복수의 내러티브 경로로 이끄는 하이퍼텍스트에 대한 선택권을 제공할 때, '가상'의 가능성들을 환기하는 전략은 개개의 단어 수준에서뿐 아니라 다른 가닥, 결과, 해석들이 상호 간에 공명하는 내러티브 수준에서도 발생한다. 물론 이러한 풍요로움은 이 모든 가능성이 컴퓨터에 저장되어 있어 재배열하고, 삽입하고, 전개하는 작업을 할 수 있을 때에만 가능하다. 다소 역설적이지만 컴퓨터 메모리에 많은 데이터가 저장될수록, 그 모든 데이터가 명시된 주소에 따라 정리되고 실행 가능한 명령어로 호출될수록, 모호해질 가능성은 더 높아진다. 높은 단계에서 유동성이 생기고 그 결과 내러티브가 모호성을 띠려면, 낮은 단계에서는 엄밀성과 정확성이 필요하다. 단계가 낮을수록 언어는 0과 1의 환원적 단순성에 가까워지지만, 이러한 환원적 기반에서 단계를 쌓아 올리는 성능이야말로 높은 수준의 문학성을 달성할 수 있게 해 준다. 이러한 의미에서 가상의 통합적 시퀀스와 실제의 계열적 데이터베이스 간의 상호작용은 울프럼, 프레드킨, 모로위츠가 몇 가지 논리적 관계와 이진법적 차이

많은 이형들이 생성되면서 안개처럼 텍스트를 감싼다는 의미다.

(binary distinction)의 단순성에서 높은 수준의 복잡성이 출현한다고 본 컴퓨터 시뮬레이션의 역학과 닮은 데가 있다. 하이퍼텍스트 문학은 그 특유의 수많은 선택지에서 문학성이 드러나기 때문에, 복잡성을 성취하기 위해 코드 특유의 '단순한 규칙, 복잡한 움직임'을 이용한다는 점에서 계산 체제와 겹치는 면이 있다.

이러한 계층적 성격에 따라 코드에서는 숨김과 드러냄의 역학이 작동한다. 이는 말하기와 글쓰기에서는 찾아볼 수 없는 방식이다. 컴퓨터 언어는 "언어들의 탑(tower of languages)"(리타 레일리의 표현)에서 높이 올라갈수록 더 영어에 가까워지기 때문에, "조악한(brute)" 낮은 단계들을 숨기면 상당한 이점이 따른다.[25] 컴퓨터 프로그래밍을 하려면 즉각 관심을 끌지 않는 코드를 숨기는 법을 반드시 알아야 한다. 객체 지향 언어(object-oriented language)의 이점 한 가지는 객체 안에 코드를 묶어 넣어서 객체를 어느 정도 자율적인 단위로 만들고, 그 영역에서 다른 객체에 영향을 주지 않고서도 객체를 변경할 수 있다는 것이다. 동시에 그럴 이유가 있거나 필요할 때 코드를 드러내는 것에도 상당한 이점이 있다. 예를 들어 로스 페퀘뇨 글라지에가 ≪디지털 시학≫에서 효과적으로 지적한 대로, HTML 문서에서 "코드 드러냄(reveal code)" 명령을 쓰면 사용자는 주석, 서식 작성 명령, 그 밖에 진행 중인 작업의 구성과 의도를 밝혀 주는 다른 자료들을 볼 수 있다. 여러 층을 쉽게 구성할 수 있게 해 주는 드림위버(Dreamweaver)와 같은 프로그램에서는 숨김과 드러냄의 역학이 롤오버(rollover)# 등을 통해서도 작동하고, 코드에 필수 불가결한 '언어들의 탑'에 의존하면서 이를 반영하는 화면상에서 재생성된다.[26]

이러한 숨김과 드러냄의 실천은 미학적, 예술적 탐색을 위한 비옥한 기반이다. 시간 순서, 커서의 움직임, 그 밖의 기준에 따라 드러나는 층들은 작가들이 상호작용을 위한 다양한 경로를 갖춘 밀도 높은 작품을 만들 때 중요한 테크닉이 되었다. 이런 작품들 중 하나가 탤런 메모트의 <렉시아에서 퍼플렉시아로>로, 사용자가 미처 예상치 못해 제어하기 어려울 정도로 아주 미세한 커서의 움직임에도 반응하는, '예민'하기로 악명 높은 디지털 작품이다. 이 작품에서 복잡한 화면 디자인, 텍스트, 애니메이션, 움직임은 주로 계층화(layering)를 통해 서로 상호작용한다. 또 다른 예는 M. D. 커벌리의 <낮에 출발하는 것에 대한 책>으로, 여기에서는 숨김과 드러냄의 시각적 비유들이 고대 이집트의 믿음에 따라 패턴화되어 하나의 사람 몸 안에서 공생하는 다양한 페르소나와 공명한다. 각 층(layer)은 깊은 과거와 현재, 현대의 회의주의와 고대 의식들, 상형문자와 전자적 글쓰기가 서로 융합하고 뒤섞이는 시각적·언어적·음성적 내러티브를 만들어 내

웹 페이지의 이미지나 문장의 어느 부분 위에 마우스를 올려놓거나 스쳐 갈 때 변화가 생기거나 다른 이미지나 웹 페이지로 대체되는 효과.

는 데 중요하게 쓰인다.

'코드 드러냄'의 역학은 '언어들의 탑'의 계층화된 위계 구조를 강화하는 기대, 또 계산의 세계관에 의해 강화되는 [의식적이면서 전(前) 의식적인] 기대를 불러일으키는 데 일조한다. 숨김/드러냄 역학이 일상의 일부분이 되고 상업적 웹페이지에서 디지털 예술작품까지 모든 곳에 존재하는 전략이 될수록, 우주가 쉬지 않고 영원히 코드를 처리하는 상호 연관된 단계들의 위계적 구조를 통해 현실을 생성해 낸다는 관점이 더욱 그럴싸해진다. 이와 마찬가지로 코드의 세계관을 받아들일수록 코드를 드러내고 숨기는 계층화된 역학도 점점 더 '자연스러워' 보인다. 이러한 역학들은 글쓰기나 말하기와 다른 방식으로 존재하므로 전반적으로 코드는 자연의 보편어로 인정받게 된다. 그 영향은 처음에는 미묘하지만 디지털 문화와 기술이 점점 더 널리 퍼지고 필수 불가결해질수록 커질 것이다. 이렇게 보면 말하기와 글쓰기는 인간이 현실의 계산적 본질을 이해하고 그 원리를 이용해 보편 컴퓨터에서 실행되는 시뮬레이션을 시뮬레이션할 기술을 만들어 낼 정도까지 진화해 가는 과정에서 호모 사피엔스가 딛고 가야 할 디딤돌로 보인다. 이는 사실상 모로위츠가 네 번째 단계(즉 우주, 생명, 마음의 진화 이후)를 '마음을 반영하는 마음'이라 말하면서 상상한 세계관이다.[27] 코드가 '자연스러워' 보일수록, 인간의 사고를 계산적 프로세스의 기계적 기반에서 출현하는 것으로 개념화하는 것이 더욱 타당성을 띤다. 7장에서 이를 살펴볼 것이다.

그러나 내가 줄곧 주장하듯 인간의 인지에는 계산적 요소도 있지만, 디지털 계산으로 이해할 수 없는 아날로그 의식도 있다. 말하기와 글쓰기는 곧 사라져 갈 코드의 선행 모델이 아니라 복잡성의 진화에서 꼭 필요한 동반자로 보아야 한다. 1장에서 말했듯 울프럼 **또는** 그의 세포 자동자 어느 한 쪽만이 아니라 둘 **모두** 함께 있어야 한다. 내가 강조하고 싶은 것은 내러티브와 주체성, 계산과 상호매개하는 내러티브와 주체성이다. 세계의 복잡성, 특히 인간 문화의 복잡성을 가장 잘 설명할 수 있는 것은 계산 체제의 승리가 아니라 우리가 말하는 이야기들 그리고 만들기·저장하기·전송하기에서의 매체 기술 간 상호작용이다.

이산화 그리고 코드와 언어의 상호 침투

말하기와 글쓰기의 세계관을 통해 코드를 해석했으니, 이제는 반대로 코드의 세계관을 통해 말하기와 글쓰기를 해석해 보자. 소쉬르와 데리다는 거의 언급하지 않았지만 코드에서 핵심은 디지털화다. 여기에서는 디지털화를 연속적이기보다는 이산적으로 만드는 행위, 즉 아날로그적이기보다는 디지털적인 것으로 해석하겠다. 이산화는 다양한 단계를 거친다. 비트 패턴을 형성하는 불리석 프로세스에서 시작해,

프로그램들이 다른 프로그램들을 컴파일하기 위해 작성되는 복잡한 계층을 따라 올라가며 확장된다. 글쓰기와 말하기와 관련지으며 코드를 이론화하려면 이 계층에 수반된 기능 분산과 제약뿐 아니라 이 계층을 구성하는 실천도 이해해야 한다.

지면이 부족하므로, 나는 우리가 인간적 차원에서 지각하는 세계가 기본적으로 아날로그라는 것을 입증하기보다는 단언할 것이다. 말하기에 필요한 생리학적 진화부터 정교한 디지털 컴퓨터에 이르기까지, 수백만 년에 걸쳐 인간은 아날로그 프로세스에 디지털화를 더하기 위해 생물학적 변형과 기술적 보철물을 발전시켜 왔다. 말하기는 호흡의 연속적 흐름에 불연속적 음소를 도입한다. 글쓰기는 이 음소를 알파벳 문자로 재현하는 기입 기술을 발전시키면서, 즉 생리학적 과정에 인공물을 덧붙임으로써 디지털화로 더 나아간다. 아날로그 프로세스는 모든 점에서 디지털화와 상호 침투하며 협력한다. 예를 들어 숙련된 독자는 단어를 개개의 문자가 아니라 한눈에 파악되는 패턴으로 인식한다. 아날로그와 디지털 사이에 시너지가 일어날 때 아날로그와 디지털 각각의 고유한 장점이 발현된다. 지금까지 보았듯 디지털화는 정밀한 오류 제어와 깊이 있는 코딩을 가능케 하고, 아날로그 프로세스는 고도로 진화된 인간의 패턴 프로세싱 능력과 병행한다. 게다가 형태의 유사성을 인식하는 아날로그 작용은 한 예화된 개체에서 이와 다르게 예화된 개체로 정보를 전달하는 주된 방법이자 (내가 아는 한) 유일한 방법이다.

이산화는 디지털 컴퓨터에서 어떻게 실행되는가? 우리는 이미 비트 스트림이 논리 게이트를 통해 들어온 전압 변동으로 만들어진다는 것을 보았다. 이는 형태적 유사성을 활용하는 프로세스다. 바이트는 비트 패턴으로 형성되는데, 보통 바이트 한 개는 비트 여덟 개로 구성된다. 비트 여덟 개 중 일곱 개는 아스키(ASCII) 코드를 나타내고 빈 비트 한 개는 특별한 의미 작용에 할당될 수 있다. 이러한 단계들 각각에서 기술은 한때는 유용했으나 이제는 쓸모없어진 특징들을 포함할 수 있다. 예를 들어 아스키 코드의 7비트 패턴은 전신타자기(teletype, 텔레타이프)#에서 울리던 종소리에 상응한다. 전신타자기는 이제 쓰이지 않지만, 이러한 비트 패턴을 삭제하기 위해 아스키 코드를 다시 손보려면 얻는 이득보다 들여야 할 수고가 훨씬 더 크기 때문에 그대로 남겨진 것이다. 기술은 어느 정도는 그 하부 층에 지금은 멸종된 화석화된 흔적을 포함하는 암석층처럼 기능한다.

말하기에서 글쓰기로, 글쓰기에서 코드로의 진보에서 후발 체제에는 예전 체제에는 없는 특징이 도입된다. ≪그라마톨로지≫에서 데리다는 글쓰기를 단지 말하기 패턴의 전사(transcription, 옮겨 쓰기)로 이해하는 것은 적절치 않다는 자

타자기로 문자를 치면 자동적으로 전신 부호로 번역되어 송신되고, 수신 측에서는 전신 부호가 문자로 번역되는 전신 장치.

신의 주장을 증명하기 위해 알파벳 글쓰기에 있는 단어들 간의 여백을 거듭 언급한다(39, 이 외에 여러 곳). 데리다는 글쓰기는 말하기를 넘어서며, 그러므로 이전 체제로 압축될 수 없다고 주장한다. "글쓰기는 말하기에 대해 더 '외부적'이면서 동시에 더 '내부적'이다. 글쓰기는 말하기의 '이미지'나 '상징'이 아니라는 점에서 외부적이고, 말하기가 이미 그 자체로 하나의 글쓰기라는 점에서 내부적이다."(46) 우연찮게도 여백은 한 단어를 다른 단어와 시각적으로 명확히 분리해 필사본 책의 진화에 기여함으로써 글쓰기의 디지털화에서 중요한 역할을 한다. 이로써 글쓰기는 말하기와 구별되는 매체로서 잠재성을 점차 실현한다. 이와 비슷하게 코드는 말하기나 글쓰기에서 발생하지 않는 특징들, 즉 레거시 시스템을 넘어섬으로써 단절을 보여 주는 프로세스를 가지고 있다.

이러한 특징들을 분석하기 위해 코드의 계층에서 높은 단계로 올라가, C++처럼 어디에서나 흔히 볼 수 있는 객체 지향 프로그래밍 언어들을 생각해 보자. (이 논의에서 자바나 C#과 같은 더 최신의 언어들은 제외하겠다. 이들 언어에 대해서도 유사한 논의를 할 수 있을 것이다.) C++ 명령어는 아스키 코드로 작성된 다음 기계어로 변환된다. 즉 컴퓨터에서 일어나는 모든 일이 그렇듯 이러한 고급 프로그래밍 언어는 이진법 기반에서 구축된다. 그럼에도 C++는 기계어 그리고 그에 선행하는 포트란(FORTRAN)이나 베이식(BASIC) 같은 절차 언어(procedural language)와 엄청나게 달라진 관점의 변동을 예화한다. 절차 언어가 기계에 명령어로 작용하는 모듈화된 절차들의 흐름(흔히 흐름도로 도표화된다)으로 프로그램을 개념화하는 반면, 객체 지향 언어들은 자연어를 본떠 만들어지며 명사(즉, 객체)나 동사(시스템 디자인의 프로세스들)에 상응하는 것을 이용하는 문법을 만들어 낸다.

이러한 개념화 방식의 큰 이점은 브루스 에켈이 ≪C++로 생각하기≫에서 설명하듯 프로그래머들에게 문제를 설명하는 데 사용하는 것과 같은 용어로 해결책을 개념화할 수 있게 해 준다는 것이다. 절차 언어에서는 문제가 현실 세계의 용어로 서술되는 반면(에켈은 "쇠고리를 휴지통에 넣어라"를 예로 든다), 해결책은 기계가 실행할 수 있는 행동들로 표현되어야 한다["계전기(relay)가 닫힘을 의미하는 칩에 비트를 설정하라", 43]. C++는 기계의 행동과 인간의 인식 사이에서 번역 작업을 수행하는 언어 구조를 바탕으로 문제와 해결책 모두를 동일한 용어로 표현할 수 있게 해 이러한 개념적 부담을 줄여 준다.

이러한 혁신의 핵심은 프로그래머가 특징(데이터 요소들)과 행동(기능) 둘 다 갖는 클래스(class)나 추상 데이터형(abstract data type)#을 정의함으로써 문제를 어떻게 이해하

프로그래밍 언어에서 사용되는 데이터형을 정의할 때 그 데이터형에 적용 가능한 연산 형식과 제약 조건 등만을 보여 주고 실제로 그 연

고 있는지 표현할 수 있다는 데 있다. 클래스에서 객체들의 집합은 위에서 언급한 명사들처럼 특정한 이형(variant)으로 일반적인 아이디어를 예화한다. 예를 들어 클래스가 '형태(shape)'로 정의된다면, 그 클래스에서 객체는 삼각형, 원, 사각형 등이 될 수 있다(37~38). 게다가 객체는 데이터만이 아니라 데이터에 작용하는 기능까지 포함한다. 즉, 객체는 그것을 하나의 유닛으로 정의하는 제약들을 포함하며, 그 유닛에 적합한 행동들을 그 안에 압축해 넣는다. 예를 들어 '형태'로 정의된 클래스에서 각각의 객체는 이동하고, 삭제하고, 다른 크기로 만드는 등의 기능을 상속할 수도 있지만, 각 객체는 클래스의 특징에 각각 해석을 부여하기도 한다. 이러한 기법은 최초 설계와 대규모 시스템에 불가피하게 요구되는 수정·변경·유지를 최대한 유연하게 할 수 있게 한다. 이때 '동사'는 객체들이 서로 그리고 시스템 디자인과 상호작용할 수 있게 하는 프로세스가 된다.

또 이전 객체를 변경하지 않고서 새로운 객체를 클래스에 추가할 수 있으며, 새로운 클래스와 메타클래스 또한 추가할 수 있다. 게다가 새로운 객체들은 상속을 통해서, 이미 존재하는 객체를 기반으로 부가적 행동이나 특성이 덧붙여지며 만들어질 수 있다. 클래스를 효과적으로 정의하면 그 정의 자체가 문제를 설명하므로, 프로그램과 무관한 문서를 만들

산이 어떻게 구체적으로 표현되어 있는지는 알 수 없게 하는 것.

필요가 줄어든다. 따라서 객체 지향 언어에서 프로그램은 절차 언어의 경우보다 훨씬 더 자기 자신에 대한 설명문으로서 역할을 한다. C++의 또 다른 큰 이점은 데이터와 기능을 객체 안에 '숨기고', 이들 요소를 고려하지 않으면서 한 단위처럼 다룰 수 있다는 것이다. 앤드루 케니그와 바버라 무는 ≪액셀러레이티드 C++≫에서 "추상화는 선택적 무지다"라는 강력한 경구를 제시하면서 특별히 알릴 필요가 없는 한 큰 시스템에서 세부 사항을 숨기는 것이 얼마나 중요한지 강조한다.[28] (클래스를 정의하는) 추상화(abstraction), (객체 안에, 메타 레벨에, 클래스 안에 세부 사항을 숨기는) 캡슐화(encapsulation), (기존 객체들을 기반으로 새로운 객체를 얻는) 상속은 객체 지향 프로그램을 더 유연하고 설계하기 쉽게 해 주는 전략들이다.

이제 우리는 객체 지향 프로그램이 해결해야 할 문제들을 해부하는 방식, 즉 세계를 조각내는 방식을 통해 대체로 유용해진다는 사실을 알 수 있다. 적절한 클래스와 객체를 선택하는 데에는 확실히 엄청난 기술과 직관이 투입된다. 문제를 진술하고 적절한 방식으로 추상화를 성취하는 기교가 필요하다. 이를 위해서는 여러 차례 수정이 필요하므로, 수정의 편의성은 대단히 중요하다.

C++가 언어와 같은 유연성을 갖추기 위해 이용하는 몇 가지 전략을 보면 말하기나 글쓰기에는 나타나지 않고 코딩 시스템에만 있는 특질들이 어떻게 이용되는지 알 수 있다.

절차 언어들은 '초기 바인딩(early binding)'#이라 불리는 프로세스에 의해 작동한다. 이 프로세스에서 컴파일러(고급 명령어를 기계어로 번역하는 코드 계층의 일부)는 연결기(linker)##와 함께 작동하고, 실행될 코드의 절대 주소(absolute address)###로 함수 호출(function call, 특정한 함수를 실행시키라는 메시지)을 보낸다. 컴파일링 시점에서 초기 바인딩은 프로그램이 실제로 실행되기 전에 프로그램, 컴파일러, 주소 사이의 직접 연결을 활성화해 이들 요소를 연결한다. C++는 이와 대조적으로 '후기 바인딩(late binding)'을 사용하는데, 이 경우에는 컴파일러가 기능이 존재하는지, 그 형태가 정

컴퓨터 프로그래밍에서 각종 값들이 확정되어 더 이상 변경할 수 없는 구속(bind) 상태가 되는 것을 바인딩이라 한다. 프로그램 내에서 변수, 배열, 라벨, 절차 등의 명칭 즉 식별자(identifier)가 그 대상인 메모리 주소, 데이터형 또는 실제 값으로 배정되는 것이 이에 해당한다. 원시 프로그램의 컴파일링 또는 링크 시에 확정되는 바인딩을 정적 바인딩(static binding) 또는 초기 바인딩이라 하고, 프로그램이 실행되는 과정에서 바인딩이 되는 것을 동적 바인딩(dynamic binding) 또는 후기 바인딩이라고 한다. 프로그래밍에서는 바인딩을 가급적 뒤로 미루도록 권고된다.

부차적 프로그램과 주 프로그램을 연결해 주는 컴퓨터 시스템 프로그램.

컴퓨터 기계어 명령 속 연산 대상의 물리적인 기억 장소를 지시하는 주소.

확한지 확인하지만 프로그램이 실행되기 전까지 코드의 실제 주소는 사용되지 않는다.[29] 후기 바인딩은 다른 객체들에 대한 간섭을 최소화해 객체들이 자립적일 수 있게 한다.

이 다소 기술적인 논의의 요점은 간단하다. 글쓰기나 말하기에는 컴파일링에 상응할 만한 것이 없으며, 하물며 컴파일링과 실행 시간(run-time)의 구분도 있을 리 없다. 아마도 이와 가장 근접한 비유는 말소리나 그래픽 문자를 인간 두뇌의 시냅스로 번역하는 것이겠지만, 이러한 비유를 제시하는 것조차 말하기와 글쓰기의 **생산**을 인간 이용자에 의한 **해석**과 혼동하게 할 위험이 있다. 말하기와 글쓰기처럼 컴퓨터의 행동은 여러 수준에서 다양한 방식으로 인간 사용자들에 의해 해석될 수 있으나, 이러한 해석 활동은 컴퓨터가 코드를 컴파일하고 프로그램을 실행한 이후(혹은 이전)에 잇따른다.

컴파일링(그리고 '해석하기'에 대해서도 유사한 주장을 할 수 있다)은 인간과 기계 사이를 매개하는 프로세스, 이벤트, 인터페이스의 복잡한 그물망의 일부이며, 그 구조는 그 처리 과정과 관련된 인간과 기계 쌍방의 요구를 보여 준다. 말하기와 글쓰기에도 이런 점들이 없지는 않지만, 디지털 기술에서 컴파일링(과 해석하기)이 중요하다는 것은 네트워크화되고 프로그래밍할 수 있는 매체 고유의 방식으로 작용하는 코드에서 새롭게 주목해야 할 점들이 나타난다는 사실을 분명히 보여 준다. 이로써 인간 지능에 고유한 자연어와 김퓨터에 고유한 이진 코드를 매개해야 할 필요성이 강력하게 대두된다. 결과적으로 코드는 인간과 컴퓨터의 언어적 실천이 서로 영향을 주고 상호 침투하는 동반자 관계를 시사한다.[30]

C++의 진화는 바로 이러한 종류의 상호 침투를 통해 이루어졌다. C++는 의식적으로 자연어를 본떠 만들어지며, 일단 널리 이용되기 시작하면 자연어가 이해되는 방식에도 영향을 미친다. 우리는 에켈의 다음과 같은 논평에서 이러한 양방향의 흐름을 볼 수 있다. 에켈은 컴퓨터를 인간 마음의 확장으로 생각한다. 에켈은 이렇게 쓴다. "컴퓨터 혁명의 기원은 기계에 있었다. 그래서 우리 프로그래밍 언어의 기원은 그 기계와 유사해 보인다. 그러나 컴퓨터는 기계라기보다는 마음을 확장한 도구며, 다른 종류의 표현 매체다. 그 결과 이 도구는 기계처럼 보이기보다는 우리 마음의 일부나 글, 그림, 조각, 애니메이션, 영화 제작과 같은 다른 표현 매체처럼 보이고 있다. 객체 지향 프로그래밍은 표현 매체로서 컴퓨터를 향한 이러한 움직임의 일부다."(≪C++로 생각하기≫, 35) 컴퓨터가 점차 글쓰기와 같은 '표현 매체'로 이해되면서(그리고 그것을 본떠 만들어지면서), 사고를 표현할 뿐 아니라 능동적으로 구성하는 글쓰기의 익숙하고도 강력한 능력들을 습득하기 시작한다. 고급 컴퓨터 언어가 자연어에 가까워질수록, 이 두 언어가 서로 영향을 주고받는 상호매개의 프로세스는 가속하고 심화한다. 레일리는 영어의 확산과 영

어의 문법, 구문, 어휘를 가진 프로그래밍 언어의 상호 침투간 관계에 대해 글을 썼다.[31] 더 나아가 MEZ, 메모트, 앨런 손드하임과 같은 예술가들이 실행하는 창의적인 글쓰기 실천인 '코드워크(codework)'는 두 개의 자연어가 비슷하게 뒤섞이는 데서 유추해, 코드와 영어를 뒤섞어 크리올어(creole)라 부를 만한 혼성언어(pastiche)를 만들어 낸다.[32]

이러한 프로세스들과 연관된 궤적들이 모두 같은 방향을 가리키지는 않는다. 8장에서 살펴보겠지만, 계산적 시뮬레이션을 우리와 같은 생물체로 (오)인식하는 시각화는 시뮬레이션을 의인화하고 인간을 '계산화'한다. 7장에서 살펴보겠지만 이진 코드가 복잡한 창발적 프로세스의 밑에 자리 잡고 있다는 인식은 인간 의식이 이와 비슷한 기계적 프로세스에서 출현한다는 관점을 강화한다. 이처럼 컴퓨터의 작용을 신비화하면, 사용자가 소프트웨어가 실제로 어떻게 작동하는지 더는 고려하지 않게 되어(혹은 아예 전혀 모르게 되어) 마이크로소프트와 같은 탐욕스러운 회사들의 손아귀에 떨어지게 될 우려가 불거질 수 있다. 이는 기업들이 '밥을 떠먹여 준다'는 비유를 사용자들이 액면 그대로 쉽게 (혹은 불가피하게) 받아들이도록 만드는데, 이러한 우려는 6장에서 살펴보겠다. 이러한 역학은 컴퓨터가 더는 단순한 도구가 아니라 (한때는 그랬을지라도) 우리가 실재라 부르는 것을 구성하는 데 일조하는 조건, 이데올로기, 가정, 실천들을 점점 더 많이 생산해 내는 복잡한 시스템이라는 사실을 명료하게 한다.

디지털 컴퓨터에서 부각하는 '이산화'에는 분명 이데올로기적 함의가 있다. 웬디 희경 전은 이데올로기를 "주체가 자신의 존재의 실제 조건들과 맺는 상상적 관계의 재현"이라 본 루이 알뛰세르의 정의를 예로 들어, 소프트웨어는 이데올로기라고까지 말한다.[33] 웬디 희경 전이 지적하듯 '폴더', '휴지통' 등과 같은 데스크톱의 은유들은 기계의 실제 명령어와 사용자 간에 상상의 관계를 만들어 낸다. 다시 말해 기계의 명령어는 사용자의 행동을 읽고 이해하는 매개 변수들을 사실상 결정하는 '존재의 실제 조건들'이다. 다른 형태의 이데올로기에서도 그렇듯, 기계 시스템 속에 사용자가 삽입되는 것은 사용자의 의식적인 인식, 즉 자신이 특정한 주체가 되기 위해 어떻게 기계에 의해 훈육되고 있는지에 대한 의식적 인식을 요하지 않는다. 우리가 익히 알고 있듯, 삽입은 대개 무의식적일 때 가장 효과적이다.

왜 우리가 코드를 무시하거나 컴퓨터 프로그래머와 엔지니어들만의 관심사로 남겨 둘 수 없는지가 이러한 결론을 통해 매우 분명해진다. 거대 기업들의 헤게모니적 통제에 저항하고 이를 전복하기 위해 이용할 수 있는 코드를 깊이 있게 이해한다면, 여기에서 전략을 도출할 수 있다.[34] 그 전략 중 이데올로기 비평은 문화적 프로세스에 대한 코드의 영향을 탐구할 수 있으며, 이는 풀러가 촉구하고 커셴바움이 지지한 비판적 소프트웨어 연구를 위한 프로젝트가 이미 입증한다.[35] 또 중요 문학 텍스트를 읽음으로써 여러 사안들 중 특히 인간의 사고와 행위성(agency)에 코드가 미치는 영향을 탐색할 수 있다. 코드는 구세주도, 적도 아니다. 오히려 코드는 언어 속에 스며든 언어의 동반자로 점점 더 자리매김하고 있다. 인간의 사고와 기계 지능의 상호매개에는 그것이 암시하는 모든 위험과 가능성, 해방, 복잡성이 잠재해 있다.

03
정보의 꿈: 세 가지 소설에서 신체의 탈출과 구속

정보의 경제

2장에서 논한 말하기, 글쓰기, 코드의 세계관은 물론 단순한 이론적 모델이 아니다. 이 세계관들은 매체를 통해 실연되고, 매체는 다시 경제적·사회적 구조 속으로 깊이 파고든다. 상호매개하는 피드백들이 이들 장소 사이를 순환하면서 기술적 변화를 이론과, 이론을 경제와, 경제를 기술적 변화와 연결한다. 이 장에서는 19세기 말에서 1970년대로, 수동적인 전보 코드의 시대에서 실행 가능한 디지털 컴퓨터 코드의 시대로 나아가면서 이들 상호매개의 순환이 소설에서 재현될 때 신체와 주체성에 기록되는 효과들을 살펴보려 한다. 여기에서 문제가 되는 것은 텍스트 자체의 신체라기보다(다음 장들에서 다룰 주제다) 텍스트 안의 신체들과 그 신체들이 인간의 생활세계와 맺는 관계다. 이때 인간의 생활세계는 지능을 갖게 되면서 점점 더 인간 신체와 상호 침투하고 인간 신체를 구성하는 기계와 함께 인간이 삽입되면서 재구성된다.

19세기 말에서 1970년대 사이 내내 '정보'는 풍요롭고 무한히 마르지 않는 영역인 양 사람들을 유혹하며 '희소성의 체제'와 날카롭게 대조를 이루었다. 희소성의 체제는 에너지와 물질이 일정하게 보존된다는 근본적 가정에 기반을 두고 있다(예를 들어 남의 입속으로 들어간 파이는 내가 먹을 수 없다. 혹은 파이를 빼앗아 먹어 버리면 다시 먹을 수 없다). 희소성의 체제는 근대 역사에서 줄곧 지배적이었고, G. M. 포스터의 "한정된 재화(Limited Good)"에서 열역학의 제1법칙과 제2법칙까지(제1법칙은 에너지가 일정하게 보존된다는 것이다. 잘 알려져 있고 더 비관적인 제2법칙은 닫힌 계 안에서의 교환 모두에서 유용한 목적에 쓰일 에너지가 손실되는 경향이 있다는 것이다)[1] 아우르는 근본적 전제다. 예를 들어 '교환 가치'나 '잉여 가치' 같은 용어들을 생각해 보라. 이 용어들은 경제 구조 속에서 일어나는 물질과 에너지의 변형과 이동으로 인해 물질과 에너지가 보존되며, 그 균형이 맞추어져야 한다고 추정한다.

'정보의 꿈(dream of information)'은 이보다 훨씬 더 최신의 것이며, 희소성의 체제와 근본적으로 다른 정보의 경제에서 비롯한다. 마크 포스터와 다른 이들이 말했듯, 정보는 물질과 에너지를 지배하는 제약에 따라 작용하지 않는다.[2]

내가 디스켓을 한 장 갖고 있고 당신에게 복사본을 만들어서 준다면, 우리 둘 다 정보를 갖게 된다. 마치 우화 속의 마법 주전자처럼, 정보는 사실상 비용을 들이지 않고 확산될 수 있는 듯하다. 새로운 천 년의 시작과 함께 정보기술이 나노 부품, 광학 저장 매체, 광 교환기(photonic switches)로 발전해 나아가면서, 사람들을 매혹하는 노랫소리는 전례 없이 높아지고 있다. 근미래 기술 발전을 예측하는 컨설팅 회사 글로벌퓨처스의 선임연구원 찰스 오츠먼은 최근에 일단 나노 기술이 개발되면 모든 결핍이 사라질 것이라고 예측했다. "원료, 영토, 물질에 대한 갈망은, 필요한 것을 다 만들어 낼 수 있게 되면 갈망할 이유가 없어질 테니 더는 문제가 되지 않을 것이다. 전쟁, 정복, 노예화, 악의적 독재 등 탐욕 탓에 일어나는 그 모든 일은 완전히 사라질 것이다."[3]

내가 ≪우리는 어떻게 포스트휴먼이 되었는가≫에서 주장했듯, 즉각 드러나지 않을 수 있는 전제들을 통해 열역학 보존 법칙과 연결된 것으로 '자유주의적 주체'의 형성이 있다. 오츠먼의 예측처럼 비용을 거의 들이지 않고 원하는 것을 다 만들 수 있게 되면, 사유재산은 의미를 잃을 것이다(스티븐슨은 ≪다이아몬드 시대≫에서 이 유토피아적 비전을 받아들이는 동시에 이의를 제기한다).[4] 사유재산의 종말과 함께 자기 자신의 주인은 자기라는 관념, 즉 C. B. 맥퍼슨이 '소유주의적 개인주의(possessive individualism)'라 칭하며 자유주의 철학의 근본이라고 본 명제에 기반을 두는 자아 개념도 영향을 받을 것이다.[5] 이러한 제약 조건들이 사라진다면, 당연히 또 다른 귀결이 잇따를 것이다. 정보의 경제에서 우리는 사회적 지위와 경제적 계급이 더는 문제가 되지 않으리라고 꿈꿀 수 있고, 심지어 시공간상의 한 지점에서 하나의 육체로 살아가야 한다는 제약조차 느슨해지리라 꿈꿀 수 있다.[6] 이러한 유토피아적 비전들은 '정보 고속도로(information superhighway)'에 대한 로버트 마클리의 비판과 같은 저항적 독해를 불러일으킨다.[7] 마클리는 '공짜 정보(free information)'라는 수사를 적절하게 비판하면서 전 지구적 정보 네트워크를 개발하는 데 드는 생태적·사회적 비용을 지적한다. 이러한 비용에는 개발도상국들이 고철로 사들인 폐물 컴퓨터 모니터에서 지하수로 흘러드는 치명적 중금속부터, 정부와 대학 예산에 어마어마하게 추가되는 사회기반시설 비용, 닷컴 기업들이 파산하고 숙련된 기술직들이 인도와 중국 그리고 그 밖의 나라들로 옮겨 가면서 미국 경제에 일어난 대격변까지 포함된다.

그러나 정보의 꿈을 물질과 에너지를 지배하는 제약으로 되돌려 놓는 데만 주력한다면, 중요한 문제가 여전히 모호한 상태로 남게 된다. 여기서 작용하는 역학을 충분히 이해하려면 희소성의 체제를 정보의 경제와 연결하는 상호매개의 피드백 사이클을 들여다볼 필요가 있다. 이러한 역학은 어떻게 형성되는가? 자유롭게 흐르는 정보라는 꿈은, 한편으로는 희소성, 물리적으로 제약된 공간, 계급, 젠더, 체화, 시간, 필멸성에서 벗어나려 한다. 다른 한편으로는 기업의 이윤 추구, 계층화된 사회 구조, 물리적 제한, 젠더 불평등, 낙인찍히고 결함 있는 신체들 등이 불가피하게 존재할 수밖에 없다는 사실이 재천명된다. 복합적 피드백 루프가 이 두 측면을 연결한다. 정보의 꿈을 가능하게 한 것이 통신 기술이라는 점에서, 신체를 통신이라는 보철물(prosthesis)과 잇는 것이 하나의 피드백 루프를 이룬다. 한편 주체성은 정보의 경제를 위해 재설정된 다음, 이후 계속되는 상호매개의 사이클에서 신체와 주체가 에너지와 물질의 제약하에 다시 놓이며 재설정된다. 이때 주체성이 겪는 변화를 일으키는 것이 또 다른 피드백 루프를 이룬다. 2장에서 보았듯 의미 작용의 프로세스 또한 기호 변화의 역학과 연관된다. 의미 작용의 프로세스는 변동 없고 지속성 있는 인쇄의 기입에서 전자·전기 통신 기술 특유의 코드 계층들로 이동한다. 고정된 부호가 계층 구조로 변화하면서 그 인코딩/디코딩의 연쇄에 개입이 일어날 가능성이 열린다. 이러한 개입은 보통 통신 기술과 상호작용하는 인간을 필요로 하기 때문에, 의미 작용의 이 변화된 본질은 인간과 기계를 결합하는 보철물들과 묶인다. 의미 작용, 기술, 주체성은 공진화한다.

나는 20세기 전반을 거의 아우르는 소설 세 편을 이용해 이러한 상호매개의 역학을 살펴보려 한다. 1898년에 쓰인 헨리 제임스의 "전신 창구 안에서"는 정보 체제가 시사하는 바를 전신(telegraphy)을 통해 탐색한다. 소설 속 등장인물인 전신 창구의 여성은 전신기사로, 메시지를 보내고 상상력을 적극 발휘해 빈약한 코드로부터 위험한 불륜 관계를 재구성한다. 그러면서 한편으로 식료품 잡화상인 머지 씨와 장래에 결혼하는 것에 대해 숙고하는데, 이는 희소성의 제약에 굳게 뿌리를 두고 있는 거래다. 정보의 꿈과 에너지·물질의 제약 사이에서 흔들리면서, 이 여성은 자신의 상호작용들을 정보 체제 속에 기입하는 식으로 코드화하려 한다. 여성의 노력은 정보에 적합한 주체성을 수행한다기보다 희소성의 체제하에서 수행되는 행동들을 재해석해 그 의미가 희소성의 체제에서 벗어나게 하려는 것에 가깝다.

"전신 창구 안에서"가 발표되고서 약 70년 후에 쓰인 필립 K. 딕의 ≪파머 엘드리치의 세 개의 성흔≫에서 화두는 이런 재기입이 아니라 실체 변화, 즉 주체성의 본질을 근본적으로 변화시키는 정보의 경제로 옮겨 가려는 꿈이다. 소설 속 두 가지 약(하나는 전통적 주체들을 재배치할 뿐이고 또 하나는 주체성의 경험을 근본적으로 바꾸어 놓는다)의 공급자들 사이에서 벌어지는 기업 간 싸움은 수동적 코드로서 정보를 넘어 시뮬레이션으로서 정보로 나아가는 장을 마련한다. 정보가 일단 시뮬레이션으로 받아들여지면, 현실을 감염시키는 힘을 발휘해 현실 자체를 시뮬레이션처럼 보이게 바꾸어 놓는다. 이러한 식으로 ≪파머 엘드리치의 세 개의 성흔≫은 계산 체제를 예견한다. 계산 체제에서는 현실 자체가 보편 컴퓨터에서 실행되는 일종의 시뮬레이션으로 개념화된다.

마지막 텍스트는 제임스 팁트리의 "플러그에 연결된

소녀"로, 제목부터 헨리 제임스의 '전신 창구 속 여성'을 떠올리게 한다. 이 단편은 딕의 소설보다 더 후인 1973년에 나왔기 때문에, 정보의 경제는 현실과 경쟁하기보다 현실과 상호 침투해 현실과 구분할 수 없게 된 것으로 그려진다. 이 점에서 팁트리의 소설은 제임스의 이야기를 되풀이하는 것 같지만, 주체성이 두 개의 신체로 분열된다는 중요한 차이가 있다. 한 신체는 희소성이 약해지는 현실의 꿈속에 존재하고, 다른 신체는 그 꿈에 참여하면서 동시에 극단적인 신체적 구속을 받는다.

이 세 소설이 그리는 궤적은 명확한 패턴을 보여 준다. 처음에는 정보의 꿈이 탈출로 그려진다. 하지만 삶을 살아갈 실제의 장소로서 정보의 꿈이 존재력을 발휘하면 할수록, 그것은 탈출이 아니라 지배와 통제의 역학이 새로운 방식으로 실행되는 각축장에 지나지 않게 된다. 결국 변하는 것은 희소성의 체제가 아니라, 정보의 코드가 자리하고 또 통과하는 신체 안의 주체다.

재기입으로서 코드: "전신 창구 안에서"

"전신 창구 안에서"는 일상생활의 구속과 정보의 자유 간 대조를 극화하는 일련의 대비들로 구성된다. 소설 속 여성은 좁은 전신 창구 안에 갇혀 뭐든 꼬치꼬치 캐묻는 벅턴 씨와 팔꿈치로 찔러 대는 회계 직원을 견디면서, 자신의 신경계 그리고 특히 상상력이 전신 네트워크를 통해 밖으로까지 뻗어나가 때로는 "온 나라의 전신(電信)이 그가 생계를 위해 부지런히 일하는 이 좁은 구석 자리에서 시작되는 듯하다"고 느낀다(153).[8] 여성이 고객들에게서 받는 메시지는 모두 동일한 이중 논리에 따라 작동한다. 한편으로 메시지는 글자 수를 세어야 하는 단어, 회사에 돈을 벌어 주는 상품이다. 그러나 여성의 상상력으로 해독되면, 메시지는 여성의 서비스를 이용하는 상류층의 비밀스러운 생활의 징표가 된다. 여성은 상류층 사람들이 계산하는 일을 열정으로, 제약을 빛나는 자유로 탈바꿈하는 경제를 구성한다고 상상한다. "그 어느 때보다도 더, 이것이야말로 결국은 최고의 현실, 그가 지금까지 겨우 땜질만 하며 이어 오던 생생한 진실이라는 생각이 전신 창구의 창살을 통해 그에게로 흘러들어 왔다.… (그 속에서는) 행복의 모든 조건이 정말로 충족되었다."(146)

여성의 평범한 생활 경제와 대조적으로, 상상력이 작용하는 다른 경제는 여성의 상상이 미래에 미치는 다양한 효과들을 통해 예시되는데, 이는 약혼자 머지 씨의 미래와 대조된다. 정보의 경제에서 미래에 대한 상상은 미래를 가능성으로 꽃피운다. 여성은 위풍당당한 에버라드 대령의 방문을 간절히 고대한다. 여성은 에버라드 대령이 전보에서 '메리', '시시', '돌먼 양' 등으로 다양하게 인코딩하는 브래딘 부인과 불륜 관계에 있음을 직감한다. 이런 공상 속에서는 여성이 상상을 하면 할수록 더 많은 것이 존재하게 된다. 이는 머지 씨의 예견과 대조를 이룬다. 머지 씨는 미래를 계산하고 또 계산해 닳아빠지게 만드는 인물이다. 머지 씨의 상상적 삶은 마치 이미 누린 쾌락에서 예상 쾌락을 빼는, 수량의 균형을 엄격하게 맞추는 보존의 법칙을 따르는 듯하다.[9]

희소성의 경제에서는 소유에 특권이 부여된다. 소유는 현존과 부재의 변증법 속에서 발생한다. 누구나 돈을 얻거나 잃으며, 어떤 물건을 소유하거나 내준다. 반면 정보는 현존하지도 부재하지도 않으며, 그런 변증법 속에서 작용하지도 않는다. 오히려 정보는 패턴과 자의성, 신호와 소음의 변증법에서 출현한다.[10] 정보에서 문제는 소유가 아니라 접속이다. 제임스의 이야기에서는 전신 창구 안의 여성이 택하는 전략과, 어느 목사의 과부이자 남편이 죽기 전에 그럴듯한 사회적 지위를 얻고 싶어 하던 조던 부인이 택하는 전략 간의 대조가 펼쳐진다. 우리는 주인공 여성이 보호받고 싶어 하던 그의 아버지에게 정확히 무슨 일이 일어났는지 알 수 없다. 다만 아버지의 보호를 받지 못하게 되면서 여성과 그의 어머니, "사라진 오빠", 언니가 밑바닥을 향해 미끄러져 내려가기 시작했고 "그만이 홀로 다시 일어섰다"는 사실만 안다(141). 조던 부인은 부자들을 위해 꽃꽂이를 해 준다는 구실로 그들의 집에 출입함으로써 지위를 되찾고 싶어 한다. 조던 부인의 설명에 따르면 이처럼 부에 물리적으로 가까워지면 여성이 누리는 것보다 더 나은 기회를 얻을 수 있다.

조던 부인은 부자 남편을 찾으려면 이 방법밖에 없다고 넌지시 암시하며 여성에게 자기 사업에 동참하기를 권한다. 전신 창구 안에 갇힌 여성은 부와 특권의 공간에 실제로 들어갈 수는 없지만 그들이 보내는 메시지에는 접근할 수 있다. 여성은 조던 부인과 함께할지 계속 메시지를 보내는 일을 할지 망설이다가, 정보의 꿈이 정확하게 자신에게 어떤 것을 해 줄 수 있는지 대면하게 된다.

여성이 전신 창구 밖에서 에버라드 대령과 만나면서 사태는 정점으로 치닫는다. 몇 주 동안 여성은 집으로 돌아갈 때 길을 돌아 대령의 하숙집을 지나가다가 드디어 그의 집 밖에서 "우연히" 그와 마주친다. 그들은 함께 공원으로 산책하러 가서 벤치에 앉는다. 이 만남에서 여성의 행동이 기입될 체제는 여성에게 위험하다. 희소성의 체제에서 이러한 행동이 일어나는 경우, 이는 여점원이 신사에게 접근한 것으로만 읽힐 수 있다. 여성은 이러한 접근이 성적인 만남으로까지 진행된다 해도, 대령 쪽에서는 그의 애인인 브래딘 부인에 대한 배신으로 여길 만큼 의미 있는 것으로 생각하지 않으리라는 것을 깨닫는다. 만남은 쉽게 즉석 매춘으로 이어질 수도 있었다. 이에 대해 랠프 노먼이 꼼꼼한 독해를 통해 보여 주듯, 여성은 잠시 협박을 할까 하다가 이내 자신의 생각을 뿌리치고 매춘에 대한 은밀한 환기로 넘어간다.[11] 사실상 이 만남 이후 대령은 여성에게 성적 호의를 기대하듯 돈을 건네려 한다. "여성의 미친 듯한 상상력 탓인지 아니면 대령이 당혹스러운 열정으로 혼란에 빠진 탓인지, 여성은 한두 번인가 그가 과한 돈을 (약간의 급료쯤은 언제나 부담 없이 줄 수 있는 군주처럼) 내놓는 상상을 했다. 여성은 그에게 어떤 신호를 보내 돈을 슬쩍 내놓게 할 수도 있었다."(215) 노먼은 또한 에버라드와의 만남에서 여성의 궁극적 목표는 그가 자신과 결혼하게 만드는 것이라고 주장한다. 실제로 여성에게 그러한 의도가 조금은 있었을지도 모르지만, 만남이 진전되면서 그에 못지않게 (실은 그보다 훨씬 더 강하게) 그의 정부가 될 가능성이 더 뚜렷해진다. 그러나 그렇게 되면 브래딘 부인처럼 추문을 모면할 지위도, 재정적 자원도 없는 여성은 파멸할 것이다. 여성은 자신들의 관계가 그런 식으로 해석될 소지를 어떻게든 줄여 보려고 자신들의 상호작용이 일어나는 영역을 희소성의 체제의 바깥에 있거나 그것을 넘어서 있는 영역으로 정의하려 애쓴다. 그 영역에서는 여성이 거꾸로 대령에게 관대함을 베풀어 줄 수 있는 위치에 있고, 그들의 관계가 "조금도 흉하거나 천박해 보이지 않을" 것이다.

의미심장하게도 이 영역은 정보의 꿈으로 드러난다. 여자는 브래딘 부인이 대령에게 보냈으나 중간에서 누군가 가로챈 전보를 대령을 위해 기억해 냄으로써 자신의 너그러움을 보여 줄 기회를 얻는다. 모스 부호로 옮겨져야 하는 전보는 교환의 정보적 본질을 부각한다. 전보는 비밀 부호 매김 규칙을 통해 물리적 세계에서 사건들과 상관관계를 맺는 일련의 숫자인 코드로 작성된다. 여성은 브래딘 부인의 코드를

'돌먼 양'이라는 가명과 일치하는 지명으로 고치면서 이미 코드의 연쇄(coding chains)에 개입한 바 있다.[12] 이 '수정'이 전보를 중간에 사라지게 한 실수였는지는 알 수 없다.[13] 설사 그렇더라도, 대령이 "그것이 틀렸어도 괜찮다"고 말할 때 코드의 자의적 성질이 부각된다. 아마도 그 실수로 인해 그가 알 수 없었던 정보를 숫자 코드를 통해 전달받았기 때문일 것이다(223).

소설의 화자가 남겨 두는 이러한 미스터리들은 코드의 자의성이 부각되는 효과를 낳는다. 여기서 자의성이 기표와 기의의 관계가 자의적이라는 소쉬르의 주장과 다른 성격의 자의성이라는 점에 주목할 필요가 있다. 2장에서 논한 바와 같이 소쉬르는 단어와 사물 간에 '자연적' 관계가 존재한다는 사실을 부인했다. 소쉬르가 기표와 기의를 관념적으로 구분한 이후 기표가 점점 더 강조되었고, 급기야 기의는 시야에서 멀어지는 듯했다. 그러나 우리가 보아 왔듯 코드에서 기의는 사라지지 않는다. 오히려 모든 단계에서 기표와 기의의 관계는 인코딩과 디코딩의 변화를 지배하는 규칙들에 의해 정확히 명시된다. 그럼에도 오류가 발생하며, 목적 코드(object code)의 상징이 대상 코드(target code)에 상응하는 상징과 부정확하게 연관될 수도 있다. 이러한 오류들은 해체이론 독법이 보여 주듯 기표와 기의, 부호와 개념 간의 관계에서 피할 수 없는 결정불가능성을 증명하는 것이 아니다. 그보다 코딩 오류는 시스템에서 노이즈가 불가피하다는 사실을 나타낸다. 코딩 오류는 여러 단계의 코드들 사이에서 일어나는 일련의 변형의 산물로, 기호의 개념화와 밀접하게 연관된다.

언어의 자의성에서 코드의 노이즈로의 이러한 전환은 의미를 생산하는 언어의 한계로부터 메시지를 정확하게 전송하지 못하는 코드의 한계로 강조점이 옮겨 가고 있음을 보여 준다. 언어의 자의성은 언어가 본래적 의미에 자기 스스로를 근거로 삼을 수 없음을 의미하는 반면, 코드의 자의성은 코딩의 연쇄에 개입할 수 있는 지점이 많다는 것을 뜻한다. 그래서 코드의 자의성에서 초점은 메시지를 인코딩해 통신 채널을 통해 보내고 인간과 기계 간의 보철적 접합(prosthetic articulation)을 통해 디코딩할 때 메시지가 취약해진다는 점이 된다. 해체주의가 대리보충#의 경제(economies of supplementarity)에 초점을 맞춘다면, 코딩 이론은 통신 기술과 유기적 구성 요소들을 접목하는 대리보충의 테크닉에 초점을 둔다. 해체주의가 말하는 주체의 권위에서 글 쓰는 주체의 불안정함으로의 전환을 시사한다면, 코딩 이론은 글 쓰는 주체에서 인코더·디코더의 포스트휴먼 집단으로의 변

원본을 대신하고 보충하는 것을 가리킨다(예컨대 '말'을 대신하는 '문자'). 데리다에 따르면 '순수한 원본'이란 추상적 환상일 뿐이며, 오히려 원본의 원리보다 이를 대신하는 대리보충의 원리가 더 핵심적이다.

환을 시사한다.

제임스의 단편에서 여성이 발신자로 일하는 모습이 아주 드물게만 묘사된다는 사실은 의미심장하다. 여성은 기계와 매끄럽게 통합되기 위해 노력하기보다 그 반대 방향으로, 즉 상품의 말들을 직관으로 바꾸려 한다. 전보가 코드로 번역되기 전에 여성은 그것들 중 일부를 선별해 다른 조합으로 인코딩한다. "구성 요소들 대부분은 바로 흩어져 바닥없는 공유지 속으로 사라졌고 페이지는 깨끗하게 유지되었다. 그러한 깨끗한 상태에서 그가 남겨 둔 것이 눈에 확 띄었다. 그는 그것을 집어내고 뒤집어 뒤섞었다."(156) 여기에서 여성의 선별적 관심사는 코딩 작업으로 재현된다. 즉 코딩 작업은 '구성 요소들' 중 일부는 삭제하고 나머지는 의미와 공명하는 기표로 만드는 것, 페이지 위 부호들을 물리적으로 재배열하는 것이다. 이는 여성이 나중에 브래딘 부인에게서 전보를 받아서 단어들 중 하나를 삭제하고 다른 단어로 바꿔 넣을 때 물리적으로 실행하는 환각적 행동이기도 하다. 제니퍼 위크는 위의 구절이 마치 전보처럼 고도로 압축된 산문이라고 평하면서, 여성이 코딩 순서에 개입한 행동의 중요성을 지적한다. "이러한 식으로 일어났으리라 추정되는 행동은 전보 발신 과정을 혼란스럽게 만드는 한편으로 그 과정을 변경하고 다시 생산하므로, 통신 프로세스의 이름 없는 중재자는 제임스의 표현대로 전신 창구를 끊임없이 넘나드는 정보를 재조직한다."[14]

언어를 부유하는 기표들의 느슨한 네트워크라기보다 코드라고 보는 것은 다른 독해 기술을 필요로 한다. 이때 문제가 되는 것은 의미하는 바를 명확하게 말할 수 없는 언어와, 인코딩되거나 디코딩될 때마다 어떠한 개입 때문에 코드가 왜곡되어 시스템에 노이즈가 생기면서 변형이 일어나게 되는 메시지 간의 차이다. 그러므로 코드에서 검토 가능한 것은 의미의 모호성이 아니라 (전보에서 숫자들이 무엇을 말하는지는 절대 알아내지 못한다) 여성이 전보를 변환할 때처럼 코딩의 연쇄에 개입이 일어나는 텍스트상의 지점들이다. 자연어와 구별되는 코드의 특성은 단 한 번의 키 입력으로 화면상의 텍스트 외관 전체가 바뀐다거나, DNA 코드를 옮겨 쓰던 중 단 한 번의 실수로 유전자가 유기체에 표현될 때 신체적 구조 자체가 완전히 뒤바뀌어 버리는 것처럼 다양한 코딩 간의 상관관계에서 발생하는 작용에 있다. 제임스의 단편에는 이러한 특성이 인코딩된 전보가 어떻게 바뀌는가에 따라 에버라드 대령과 브래딘 부인의 운명이 달라지는 플롯에 삽입된다. 소설의 클라이맥스가 언어의 모호성이 아니라 코딩 순서의 실수에 달려 있다는 사실은, 주인공의 소망처럼, 이야기가 정보의 경제 속에 놓여 있다는 사실을 시사한다.

그러나 문제는 그리 단순치가 않다. 19세기 말, 정보의 경제는 그 자체를 분리된 공간으로 유지할 만큼 사회의 하부구조 속으로 충분히 깊이 침투하지 못했다. 이야기의 클라이맥스에서 대령이 필사적으로 되찾으려 하지만 그의 손이 닿지 않는 곳에 있는 메시지를 여성이 내보이며 자기 힘을 과시할 때, 정보의 힘은 입증된다. 하지만 이는 정보의 경제를 사람이 살 수 있는 장소로 확립할 정도는 아니며, 만족스러워 보여도 일시적 승리에 불과하다. 이야기의 결말에서는 약간 유보적이기는 해도 희소성의 체제가 다시 힘을 발휘한다. 그 힘은 조던 부인이 여성에게 자신이 곧 결혼한다고 말할 때 드러나며, 이 만남은 브래딘 부인과 에버라드 대령 사이의 불륜 관계에 대해 누가 더 많은 정보를 알고 있는가에 대한 경쟁으로 비화한다. 여성은 모르지만, 조던 부인은 정보가 실재/부재와 관계있음을 알고 있다. 조던 부인은 여성에게 브래딘 부인이 어떤 물건을 손에 넣어서("심지어 브래딘 부인이 그것을 훔쳤다는 소문도 있어!") 에버라드 대령에게 주었다는 사실을 남편인 브래딘 경이 알아챘다고 말한다(240). 그러나 여성은 조던 부인이 그의 말("뭔가가 사라졌다. 뭔가 발견되었다")에서 언급한 물건이 전보라는 것을, 더 정확히는 전보에 담긴 메시지라는 사실을 알고 있다(240). 여성은 자신의 직무에 따라 전보 사본을 폐기했고, 오직 상상 속에서 해독하고 흥분하면서 생생하게 박힌 기억을 통해서만 대령을 위해 숫자 배열을 기억해 내고 재생할 수 있었다. 이때 만들어지는 것은 실재도 부재도 아닌 패턴이며, 여기서 중요한 문제는 코드에 오류가 있었는지 여부다.

조던 부인은 브래딘 부인이 대령이 자신과 결혼하겠다는 내용이 담긴 물건을 '훔쳐' 내 대령을 구할 수 있었냐고 믿지만, 여성은 대령과 브래딘 부인을 구해 준 메시지를 만들어 낸 사람이 브래딘 부인이 아니라 바로 자신이라는 달콤쌉싸름한 사실을 알고 있다. 여성은 이 정보를 대령에게 넘겨 준 동시에 간직하고 있다. 이는 정보의 경제 안에서만 가능한 교환이다. 그러나 이러한 이중성은 오래가지 못한다. 정보의 꿈은 그 힘을 유지할 수가 없고, 삶을 살아갈 진짜 공간을 제공할 수 없기 때문이다. 여성의 신나는 이중생활의 한쪽 가닥은 미스터리와 무한한 팽창의 약속으로 충만한 정보의 영역과 엮여 있지만, 이는 곧 희소성의 체제에서는 어떻게 풀려 갈지 너무나도 쉽게 예견되는 단일한 인생 노선으로 붕괴된다. 여성과 조던 부인이 비밀을 교환할 때, 여성은 대령을 구한 사람이 바로 자신이라는 정보를 숨긴다. 이 행동은 여성이 희소성의 체제로 도로 물러났음을 보여 준다. 조던 부인에게 이 사실을 말하면 주변 사람들이 모르는 것을 혼자 아는 데에서 누리는 우월감을 잃게 될 것이기 때문이다. 여성은 머지 씨가 사는 세계의 주민이 된다. 그곳에서 여성의 비밀은 머지 씨의 미래에 대한 예견처럼 너무 자주 매만져서 닳아빠진다. 희소성의 영역으로 복귀해야만 하는 현실을 받아들인 여성은 더는 결혼을 미루지 않고 서두르기로 마음먹는다. 희소성이 다시 영향을 발휘하면서 발생한 희생자는 여성만이 아니다. 조던 부인은 한 집사와 결혼하게 될 것이다. 경솔한 태도로 감정을 쏟아 내며 스스로 시인하듯 "그 덕분에 굶주리지는 않을 것"이기 때문이다. 대령은 브랜드 부인과 결혼하게 되겠지만 권위를 크게 손상당할 것이다. 대령이 빚더미에 앉아 있는 반면 브랜든 부인은 재산을 지녔기 때문이다.

정보의 영역을 활짝 열어 그 역학과 가능성을 탐색한 끝에 결국 '보존'에 기반한 체제로 정보의 영역을 다시 접어 넣으면서, 제임스는 20세기 정보 이야기의 소위 프리퀄에 해당하는 것을 쓴다. 여자는 자기 삶에서 이중성을 느낄 수는 있지만 자신의 신체가 어디에 위치하는지, 일반적 의미에서 자신의 정체성이 무엇인지 같은 근본적 사실은 결코 의심하지 않는다. 나중에야 정보의 경제가 그 힘과 범위를 확장하고 통신 기술이 사회의 하부 구조 속으로 더 깊이 파고들면서, 일상의 물리적 현실에 내려진 이러한 닻들은 표류하기 시작하고 결국 밧줄이 풀린다. 전보의 수동적 코드는 메시지의 전송과 개입과 관련한 문제들을 제기했지만, 다음 세기에 출현한 지능 기계처럼 주체들의 신체 속으로 깊이 파고들지는 못했다. 20세기가 진행되면서 정보는 점차 주체를 구성하게 되고, 1장에서 보았듯 현실 자체를 구성하게 된다. 이러한 발전을 예견했을 뿐 아니라 열렬한 태도로 전념하며 이에 대해 글을 쓴 작가가 필립 K. 딕이다.

실체 변화로서 코드: ≪파머 엘드리치의 세 개의 성흔≫

1965년 출간된 ≪파머 엘드리치의 세 개의 성흔≫은 환각유발 약물을 두고 당시 미국에서 대두한 인식을 반영한다. 딕은 약물을 통신 기술로 만드는 자신만의 방식으로 이런 인식을 뒤튼다. 화성 식민지 주민들은 삭막한 외계 행성의 참을 수 없이 황량한 생활을 달래고자 캔-D(Can-D)라는 약물을 복용한다. 너무나도 비참해 가축우리라고 부를 만한 지하 거처가 그들의 집이다. 불법 약물인 캔-D의 영향 아래 식민지 주민들은 마론인형인 '바비(Barbie)와 켄(Ken)'을 모델로 한 미니어처 인형 퍼키 팻(Perky Pat)과 월트(Walt)에 집단적으로 의식을 투사한다. 인형 안에 있는 동안 개개인은 같은 인형을 공유하는 다른 사람들의 생각을 안다. 커뮤니케이션 도구로서 약의 기능이 여기서 두드러진다. 암호화된 메시지로 약물을 밀매하고 다음번 약물 투하 시기를 식민지 주민들에게 알려 주는 위성방송에서 약물과 커뮤니케이션 기술의 관계는 더욱 밀접해진다. 식민지 주민들이 일상에서 살아 내는 희소성의 경제와 확연히 대조적으로, 약물은 약속의 공간 그리고 정보 영역의 특성인 무한한 확장을 불러일으킨다. 퍼키 팻 월드에서 여자들은 모두 풍만하고 아름답고, 남자들은 빠른 스포츠카를 몰고 다니며, 매일이 토요일이다. 게다가 그들은 개인의 정체성을 희생하지 않고서도 이러한 공동의 재화를 얻을 수 있다.

여자들은 모두 퍼키 팻에, 남자들은 모두 월트에 들어가지만(딕은 성별의 경계를 넘지는 않는다), 각 개인은 자아 감각과 개인 행위성은 그대로 지닌다. 지구의 인공물을 정확히 닮도록 '축소한' 아주 사실적인 미니어처 세트에서 인형들은 인형을 점유한 사람들 중 다수가 욕망하는 대로 움직인다. 여자들 중 두 명이 퍼키 팻이 수영하러 가기를 원하고 한 명이 원치 않는다면 퍼키 팻은 수영을 하러 간다. 월트는 남자들 중 다수가 동의할 때에만 팻을 따라 물에 들어간다. 그래서 약물은 환각을 유발하는 특성을 띠고 있음에도 소유에 기반한 개인 정체성의 감각과 행위성을 포함해 자유주의적 주체의 기본적 측면은 그대로 보존한다. 퍼키 팻 세계가 진짜처럼 보이는 것은 주로 상품들의 전시와 소비를 통해서다.

그럼에도 소설의 서사적 시선은 퍼키 팻의 환상 세계와 식민지 주민의 일상 현실 사이에 분명한 경계를 긋는다. 식민지 주민들이 스스로를 매혹적인 팻과 월터로 체험하는 동안, 화자는 캔-D를 씹느라 입에서 침을 질질 흘리며 헛간에 널브러진 그들의 모습을 객관적으로 묘사한다. 약 기운이 떨어지면 식민지 주민들 역시 화자가 묘사한 장면과 마주하고, 절대 벗어날 수 없는 현실로 퍼뜩 돌아온다. 제임스의 단편에서처럼 정보의 꿈은 불가능한 탈출을 약속한다. 희소성의 현실이 갖는 이러한 단단한 기반은 퍼키 팻 인형과 캔-D를 연결하는 자본주의 시장에 의해 강화된다. 식민지 주민들이 합법적인 도박 용품과 불법적인 약물을 사기 위해 트러플 껍질을 모으려고 다툴 때(딕이 풍자적으로 묘사한 이 세계의 경제에서는 트러플 껍질이 제대로 모사할 수 없는 유일한 물건이라는 점 때문에 화폐로 유통된다), 자유주의적 주체성, 자본주의, 본질적 자아, 서사적 사실주의가 모두 똑같은 문화적 배치(보존의 법칙과 이에 상응하는 전체적 불평등에 기반한 배치)의 일부라는 사실이 분명해진다.[15] 지구의 높은 생활수준이 유지되려면 화성 식민지 주민들의 비참한 삶이 필요하다. 일부 사람들을 화성으로 강제 이주시켜야만 잉여 인구를 덜어 낼 수 있고, 퍼키 팻과 캔-D 같은 상품을 위한 시장을 계속 튼튼하게 유지할 수 있기 때문이다.[16]

제임스의 소설에서는 정보의 꿈이 붕괴하면서 이야기가 끝나지만, 딕의 소설에서는 오히려 정보가 희소성의 체제 안으로 다시 접혀 들어가면서 이야기가 시작된다. 캔-D에는 라이벌 상품인 츄-Z(Chew-Z)가 있다. 다코 수빈의 표현대로 (미친 과학자가 아니라) “미친 자본주의자”인 파머 엘드리치는 십 년에 걸친 태양계 너머로의 여행 끝에 캔-D 결핍증을 치유할 수 있고 나아가 종교라는 궁극적 포상도 제공하는 새로운 약을 가지고 돌아온다. 츄-Z는 슬로건으로 “신이 영원한 생명을 약속하셨고, 우리는 그것을 가져다줄 수 있다”(160)고 내세운다. 이 약속은 캔-D와 츄-Z의 두 가지 중요 차이 중 한 가지에 기반한다. 캔-D에서는 전통적인 시간 인식이 유지되지만, 츄-Z는 실제 시간의 경과보다 훨씬 더 긴 주관적 시간 인식을 만들어 낸다. 츄-Z를 씹는 동안에는 현실 세계에서 불과 몇 초가 흐르는 동안 몇 시간, 며칠, 심지어 몇 달의 시간도 경험할 수 있다. 그러나 사용자들이 곧 실망하게 되는 사실은, 시간은 그 자체로 거의 무의미하다는 것이다. 시간이 악몽의 세계에서 흐른다면, 시간의 긴 지속은 축복이 아니라 저주다. 사용자들은 츄-Z 세계가 왜 그렇게 불쾌한지 점차 알게 된다. 캔-D 세계에서의 행동은 모든 사용자 행위성의 최종 결과인 반면, 츄-Z 세계에서는 단 한 명만이 세계를 움직이는 규칙을 결정한다. 바로 파머 엘드리치다. 게다가 츄-Z 세계에서 죽으면 현실 세계에서도 죽기 때문에 위험성이 더욱 높다.

퍼키 팻과 캔-D를 상호 의존적 상품으로 출시한 대기업 총수 레오 불레로는 성인으로 추대될 만한 인물은 결코 아니다. 그러나 츄-Z를 이용해 화성은 물론이고 지구까지 무자비하게 손에 넣으려는 파머 엘드리치에 비하면 레오의 사리사욕은 대수롭지 않다. 이 시기부터 딕의 작품은 두 가지 유형의 자본주의를 대비한다. 둘 중 더 선한 쪽은 가족관계의 요소를 기업에 뒤섞고 고용주와 고용인 간의 유대관계에 충성과 우정의 권리를 포함한다. 레오와 바니 메이어슨이 그런 경우다. 바니는 레오의 '유행 예측(pre-fash)' 컨설턴트로, 지구의 상품 중 어느 것이 화성 시장에서 히트할지 예측하고 그것을 '축소해' 화성 시장에서 준비하는 일을 한다. 유행 예측 컨설턴트이면서 가끔 바니와 관계를 맺는 로니 퍼게이트는 바니의 자리를 노린다. 레오, 바니, 로니, 이 세 사람의 토론은 자연스럽게 회사 사업에 집중되지만, 그들의 공통 관심사는 유대, 특히 충성이나 배신을 암시하는 행동들이다. 그들에게 이윤 동기가 없는 것은 아니지만, 다른 고려 사항들로 완화된다. 딕의 작품들에서 주체의 안정성은 이처럼 자본주의와 밀접하게 얽혀 있는데, 딕은 자유주의적 주체, 자본주의, 가족이 퍼키 팻과 캔-D처럼 떼려야 뗄 수 없이 뒤엉켜 있다는 사실을 직감한 듯하다.[17]

반면 파머 엘드리치의 더 탐욕스러운 자본주의는 충성하거나 배신할 수 있는 존재로서의 주체 따위는 전혀 고려하지 않는다. 엘드리치의 목적은 이윤을 내는 것 정도에 그치지 않는다. 엘드리치의 목표는 태양계의 모든 사람을 자신으로 물들이는 것, 마치 안에서부터 그들을 먹어 치우며 그들의 주체성을 자신의 주체성으로 대체하는 것이다. "어디에나 있으면서 미친 잡초처럼 자라고 또 자라는 것이 바로 파머 엘드리치다." 레오는 엘드리치에게 붙잡혀 강제로 츄-Z를 투약당하면서 이렇게 생각한다(196). 엘드리치의 비인간적 야심은 그가 여러 차례 겪은 사고의 결과 자랑스레 쓰고 있는 보철물들, 즉 거대한 금속 이를 덮은 팽창한 턱선, 인공 팔뚝과 손, 홍채 대신 수평으로 가느다란 구멍이 뚫린 인공 눈에서도 드러난다. 이들이 엘드리치의 '세 개의 성흔'이다.

엘드리치가 사람들을 안에서부터 먹어 치우듯, 츄-Z는 현실을 안에서부터 먹어 치운다. 레오는 츄-Z 세계에 들어갔을 때 처음으로 그 힘을 알게 되며, 츄-Z 세계의 사건들이 주관적 영역에서 일어난다는 것을 깨닫고 자신이 사무실로 가는 계단에 있다고 생각함으로써 츄-Z의 세계에서 벗어난다. 레오는 무사히 책상으로 돌아와 평소처럼 업무를 보려 하지만, 비서의 평범한 모습에서 엘드리치의 세 개의 성흔이 언뜻 비치는 것을 본다. 현실은 마치 언제라도 사라질 수 있는 껍질에 불과해지고, 츄-Z 세계가 그 밑에서 모습을 드러낸다. 캔-D 세계가 환각이라는 사실을 폭로하던 서사적 시선은 츄-Z의 세계에서는 무력해 보인다. 캔-D 사용자들은 약이 유발한 외관은 '비본질'이고 그 내부인 현실이 여전히 '본질'이라고 봤다. 그러나 이런 규정이 츄-Z 세계로 확장되면 당혹스러운 암시가 이어진다. 츄-Z의 세계에서는 현실이 표면의 껍질에 불과하고 시뮬레이션이 그 밑에서 계속해서 뚫고 나오는 본질이 되기 때문이다. 인간의 가장 깊은 욕망을 만족시켜 줄 수 있는 정보의 꿈인 척하는 츄-Z 세계는 도피처가 아니라 자유주의 주체의 자율성과 세계 자체의 자율성을 잡아먹는 탐욕스러운 역학임이 드러난다.

이러한 악몽 같은 비전은 일단 만들어지면 이 소설의 내러티브가 일련의 전략들을 써서 아무리 벗어나려 해도 결코 완전히 벗어나지 못하는 것이 된다. 내러티브는 이 비전이 너무나 끔찍해서 견딜 수 없다는 듯 반응하지만, 내러티브가 이 비전의 힘을 충분히 다루는 데 실패하기 때문에 이를 완화하려는 어떤 시도도 만족스러울 수 없다. 다음에 이어지는 사건들을 생각해 보자. 레오는 바니의 충성심을 이용할 생각으로 바니에게 뇌를 썩게 하는 화학 물질을 주고 이를 츄-Z의 부작용인 것처럼 꾸민다. 이 계획의 일부로, 이제 화성에서 살게 된 바니는 방송사에서 받은 암호 책을 이용해 위성 방송국과 통신을 하려 한다. 그런데 바니가 열어 본 책은 텅 비어 있었다. 아마 바니가 츄-Z 세계의 주민이 되었거나, 아니면 이미 그 세계에서 죽 살아 왔기 때문일 것이다. 엘드리치가 바니의 인식에 개입했으므로 바니는 암호를 읽을 수가 없다. 제임스의 단편에서처럼, 이 사례는 암호화된 기표들의 연쇄에 개입하는 일이 플롯상의 결정적 전환을 유발하는 듯 보인다.

딕의 텍스트와 제임스의 인식론적 가정의 차이는 이다음에 어떤 일이 일어나는지를 통해 가늠할 수 있다. 츄-Z의 영향하에 바니는 미래로 시간 여행을 하는데, 자신이 뇌를 썩게 하는 레오의 화학 물질을 복용하기를 거부한 일이 결국은 별로 중요하지 않았다는 사실을 깨닫게 된다. 점점 더 많은 사람들이 츄-Z를 복용하게 되면서 츄-Z가 속임수였음을 깨닫게 되고, 바니가 굳이 애쓰지 않아도 츄-Z는 사라지게 되기 때문이다. 소설의 플롯은 충성이냐 배신이냐가 문제가 되는 사건의 연쇄를 따라가는 대신, 방향을 틀어 다른 지점에 역점을 둔다. 이상의 정보를 바니에게 폭로한 인물은 미래의 바니 본인이다. 미래의 바니는 현재의 바니가 겪고 있는 경험들이 곧 사라질 환각이라고 안심시킨다. 여기서 쟁점은 내러티브가 존재론적 안정성을 되찾을 수 있을 것인지다.

미래의 바니는 주체성과 시간을 합치시켜서 안정성을 얻으려고 시도한다. 미래의 바니는 자기가 자신의 시간에 있으므로 진짜이지만, 현재의 바니는 자기 시간을 벗어났기 때문에 환영이라고 주장한다. 그러나 이렇게 미래의 바니가 불안을 없애 주는 해석을 내놓고 자기 둘을 환상과 현실이라는 범주로 깔끔하게 나눈 후, 미래의 바니가 엘드리치의 성흔을 내보이기 시작한다. 미래의 바니는 어느 바니가 환영이고 어느 쪽이 진짜인지(어느 한쪽이 진짜이기는 한 것인지) 의문을 제기한다. 게다가 미래의 바니는 츄-Z 세계가 곧 사라질 것이라 장담하지만, 그가 츄-Z 세계의 하수인이라는 점을 생각하면 그 말을 믿기는 어렵다. 결국 위장이 벗겨지고 그 밑에서 모습을 드러낸 엘드리치는 바니에게 약효가 사라지기 전에 영겁의 시간을 누릴 수 있는 최선의 길은 생명 없는 물체가 되는 것이라고 말한다. 바니가 자신의 의식을 벽의 명판에 투사하는 순간, 엘드리치가 끼어들어 바니와 신체를 맞바꾼다. 개입의 장소가 처음에는 암호 책, 그다음은 신체다. 첫 번째 개입은 다른 단계의 기표들을 상호 연관되게 하는 암호를 파괴했다. 두 번째 개입은 마음과 육체를 통합하는 해독 불가능한 복잡성들을 깨뜨린다. 체화된 물리성의 기반에서 풀려난 '자아'는 존재론적 안정을 되찾으려던 내러티브의 그 이전 시도를 전복하면서 점점 불안정해진다.

신체의 뒤바뀜은 소설의 클라이맥스를 이룬다. 이 뒤바뀜은 치명적인데, 신체가 바뀌는 순간 '실제' 시간의 엘드리치는 무방비의 우주 화물선에서 중무장한 레오 불레로의 헬리콥터에 의해 산산조각 날 위기에 처해 있다. 죽음이라는 최후가 세계의 진실성을 보장하므로, 이 세계는 실제 세계처럼 보인다. 또다시 내러티브는 이전과 다른 시간과 장소에서 진행됨에도 단단한 존재론이라는 안정성에 도달한다. 그러나 치명적 일격이 발사되기 직전, 약의 효과가 가시면서 바니는 화성의 오두막에 있는 자신의 육체로 되돌아온다. 다시 자신의 시간과 공간에 있게 된 바니는 이것이 현실이라고 확신한다. 하지만 나중에 바니는 자신의 '실제' 육체로의 복귀가 완전하지 않다는 사실을 알게 된다. 자신 안에 엘드리치의 흔적이 일부 남아 있고, 마찬가지로 바니 또한 엘드리치 안에 자신의 흔적을 남겼기 때문이다. 주체성이 한 신체에서 다른 신체로 전송되면 어떤 식으로든 변화가 일어나는 듯하다. 채널의 노이즈가 정체성을 돌이킬 수 없게 변화시키기 때문이다. 현실은 확실히 회복되었을 때조차 개입이 일어나기 전과 어느 정도 다르다. 판타지와 멜로드라마가 섞인 이 스페이스 오페라(space-opera)에서는 플롯이 급격하게 전환되기보다 어느 세계가 진짜이고 어느 세계가 가짜인지, 어느 주체가 시뮬라크르고 어느 주체가 진짜 사람인지를 놓고 아찔한 반전이 일어난다. 존재론적 안정을 향하다가 이제 불안정을 향해 거침없이 나아가는 내러티브의 최종 결과, 가짜와 진짜를 별개의 범주로 구성하는 차이들이 무너진다. 가짜와 진짜는 쉽게 가늠할 수 없을 정도로 서로에게 스며든다. 의미심장하게도 진짜와 시뮬레이션의 차이는 통신 매체로 기능하는 약물이 신체에 흡수되면서 부식된다. 계산 체제에 대한 예견을 파괴적인 자아 해체와 뒤섞는 이 내러티브 안에서 통신 기술은 주체의 구성과 그야말로 구분할 수 없게 된다.

정체성을 보증하면서 본질적 자아가 거주하는 물리적 현존인 '신체'의 위상 또한 전복된다. 엘드리치의 신체는 처음부터 위상이 특이했다. 우리는 엘드리치가 그에게 사로잡힌 레오를 심문할 때 그를 처음 보게 된다. 그러나 심문은 육체를 가진 엘드리치가 아니라 엘드리치의 신체를 대신하는 기계 부속으로 싸인 전자 상자를 통해 이루어진다. 엘드리치가 바니와 대화하기 위해 화성에 나타났을 때에도 비슷하게 이상한 일이 일어난다. 바니가 엘드리치를 공격할 궁리를 하고 있을 때, 엘드리치의 신체가 마치 풍선인 양 허공으로 높이 튀어 올라 사슬에 이끌려 우주선 속으로 사라진다. 이러한 사건들은 여러 인물로 하여금 긴 성간 여행 중 외계인이 엘드리치를 안에서부터 먹어 치우고 신체를 차지했다는 의혹을 점점 강하게 (그리고 정확하게) 품게 한다. '파머 엘드리치의 세 개의 성흔'은 신체의 자연스러운 인공보조물이기보다 엘드리치의 몸 전체가 외계인에 의해 조종되는 보철물이라는 기표다. 신체 자체가 통신의 보철물인데, 엘드리치의 신체와 신체의 대리자들은 주로 엘드리치가 누군가와 소통하려 할 때 활동한다. 즉 이 소설에서는 소유주의적 개인주의가 더 이상 주체성의 토대로 기능하지 않을 때 자유주의직 주체에 가해지는 암묵적 위협이 외계인이라는 과학소설의 비유로 묘사된다. 이러한 전복이 끝없는 풍요로움이라는 정보의 꿈이 실현되지 않은 채 발생한다는 점이 아이러니하다. 자유주의적 주체는 안에서부터 먹혀 버릴 수 있다. 하지만 자본주의는 그 어느 때보다 탐욕스럽게 계속된다. 킴 스탠리 로빈슨은 엘드리치의 신체를 차지한 외계인이 "츄-Z가 궁극의 소비재로 생각될 수 있듯 자본주의 정신을 재현하는 것"으로 볼 수 있다고 시사했다.[18]

소설의 내러티브가 이렇게 존재론적 안정과 불안정 사이에서 거칠게 질주하면, 양자택일로 해답을 얻기가 어렵다. 둘 사이를 오가는 움직임은 반대쪽 결과 역시 타당성이 있다고 암시하며, 이때 해답은 검은색이 아니라 빨간색에서 멈추는 룰렛 휠 정도의 권위밖에 갖지 못한다. 이 대신 이 텍스트는 진짜 아니면 가짜로 확실하게 범주화할 수 없는 세계를 다루는 다른 전략을 제시한다. 바니가 외계인의 몸속으로 옮겨지는 순간, 그는 잠깐 엘드리치의 의식을 공유한다. 바니는 외계인이 엄청나게 나이를 먹었음을 감지한다. 너무 나이가 많기 때문에 바니는 외계인이 인간들이 '신'이라고 불러온 존재가 틀림없다고 판단한다. 신이라는 최종 기표로 인정받으면서 외계인은 명확하게 명명된 것으로 여겨지며, 그리하여 존재론적 불확실성으로의 퇴행은 멈춰진다. 그러나 식민지 주민들을 자기 종교로 개종시키려고 마음먹고 화성에 온 순례자이면서 레오의 첩자인 듯 모호하게 그려지는 인물

앤 호손은 바니의 의견에 동의하지 않는다. 앤은 이렇게 주장한다. "핵심어는 '이다(is)'예요. 바니, 파머 엘드리치에게 들어간 것이 무엇이든 간에 그게 신'이다'라는 소리는 집어치워요. 신에 대해 알지도 못하면서. 아무도 알 수 없어요. 행성계 간(intersystem) 공간에서 온 그 살아 있는 존재가 우리처럼 신의 형상을 본떠 만들어졌을 수는 있겠지요. 신이 우리에게 자신의 모습을 보여 주려고 했던 식으로요. 지도가 영토가 아니듯이, 도자기가 곧 도공은 아니에요. 그러니 존재론 얘기는 그만둬요, 바니. '이다'라고 하지 말아요."(232) 여기에서 동요는 사그라든다기보다는 삶과 무관해진다. 존재론적 안정은 희생되지만, 앤은 그러한 안정 없이도 완벽하게 만족스러운 삶을 살 수 있다고 암시한다. 외계인/엘드리치를 침착하게 받아들이는 태도에서 핵심은 앤의 기대치가 높지 않다는 데 있다. '이다'와 '인 것 같다(appears)', 존재론과 경험 사이의 핵심 차이는 엘드리치라 불리는 기표 속에 있지만, 이 기표는 다른 신체에 복제된 성흔이 보여 주듯 그 신체에 한정되지 않는다. 성흔은 신의 현현이 아니라 존재론이 명확하게 안정화할 수 없는 현실의 징후다. 앤 또한 때때로 성흔을 보이지만, 역설적으로 존재론을 포기하게 하는 그의 신앙에 힘입어 경험과 궁극적 현실 사이의 간극을 메울 능력이 없다고 괴로워하지 않게 된다.

레오는 계속되는 경쟁과 개인적 힘의 행사에 기반해 다른 전략을 구사한다. 주장이 더 거창해지거나 프로젝트가 더 야심만만해질수록, 성흔은 더 자주 나타난다. 상황을 수용하는 앤과는 달리 레오는 엘드리치를 이길 수 있다고 믿는다. 레오는 덴크멀 박사의 진화 클리닉에서 E-치료 방사선 요법을 받아 왔기 때문에 자신의 사고 수준이 보통 사람보다 높다고 믿는다. 레오는 자신의 뇌가 남들보다 더 진화했다고 믿고, E-치료를 통해 진화한 다른 인간들을 모아 엘드리치로부터 지구를 지키는 감시 단체를 만들어 지구의 수호자가 될 계획을 세운다. 레오 역시 성흔이 있지만 그는 내면이야말로 진본성의 핵심이라고 확신한다. 내면은 그의 개인 정체성을 초월하므로, 즉 "내가 아니라서, 내가 잃을 수 있는 내 것이 아니기 때문에, 엘드리치조차 손에 넣어 소모할 수 없는 내 안의 그 어떤 것"을 구성한다고 믿는다. "나는 그것이 자라나는 것을 느낀다. 외부의 비본질적인 변화인 팔, 눈, 이를 견뎌 내면서. 소외, 흐릿한 현실, 엘드리치가 가지고 돌아온 절망이라는 사악하고 부정적인 삼위일체, 그 세 가지 중 어느 것도 이 내면을 건드리지는 못한다."(244) 레오는 자기 자신과 지구를 구하기 위해 이 핵심에 의지하려 한다. 그러나 레오가 "인공물이 아닌 자신의 팔꿈치로 자기 옆의 반사물(semi-thing)(역시 성흔이 나타나는 레오의 부관 펠릭스 블로)"을 찌르고 펠릭스가 간결하게 "말씀하시는 대로 하겠습니다. 레오"라고 답하지만 레오는 자기 자신의 이름조차 인식하지 못한다(245). 자신의 프로젝트가 성공하리라는 레오의 주장을 받아들인다 해도 (텍스트는 펠릭스의 대답을 통해 레오의 주장을 효과적으로 깎아내린다) 그는 기껏해야 전투에서만 이길 수 있을 뿐이다. 인간 정체성을 유지하는 전쟁에서 레오는 이미 패한 것이다.

바니가 결심한 온건한 계획은 이보다 성공적이다. 엘드리치의 마음을 공유한 그 짧은 순간 바니는 외계인이 화성에서 바니의 삶을 차지하고 며칠 보낼 생각임을 알게 된다. 외계인은 그 생활을 참을 수 없어하기는커녕, 잘 양념된 달걀 같은 사소한 즐거움에도 기뻐한다. 바니는 화성에서의 삶이 외계인에게 살 만하다면 자신에게도 괜찮을 것이라고 생각하고 이를 즐기기로 마음먹는다. 정보 영역의 파멸적 매력과 환상에 불과한 약속에 비교해 볼 때, 희소성의 체제도 결국 그리 나빠 보이지는 않는다. 바니가 이러한 삶을, 궁극적 현실은 결코 파악할 수 없음을 인정한 순례자 앤과 공유하기로 마음먹은 것은 의미심장하다.

이처럼 온건한 타협책에도 불구하고 ≪파머 엘드리치의 세 개의 성흔≫은 제임스의 "전신 창구 안에서"보다 더 심하게 관습적 현실을 전복한다. 정보가 약속하는 손쉬운 풍요로움의 꿈이 공허한 것임을 폭로하는 것 이상의 문제가 여기에 있다. 캔-D가 환상의 달콤함을 가리킨다면, 츄-Z는 사람이 약을 먹는 것이 아니라 약이 사람을 먹어 버릴 더 무시무시한 가능성을 보여 준다. 츄-Z와 더불어 시뮬레이션 공간은 그 자체로 행위성을 획득하며, 그중에는 현실을 빼앗는 힘이 포함된다. 그럼에도 이러한 탈취가 절대적인 것은 아니다.

성흔은 끔찍하지만, 내러티브에 어느 정도의 인식론적 안정성을 가져온다. 성흔은 인물들이 활동하는 영역을 어느 정도 보장하는 표식으로 기능하기 때문이다. 성흔이 없으면, 그 인물은 보통의 현실 안에 있거나 캔-D의 번역된 세계 안에 있는 것이다. 성흔이 있으면, 그 인물은 츄-Z의 세계 안에서 움직이고 있는 중이다. 츄-Z의 세계는 엘드리치가 규칙을 만들고 자신의 외계인 정체성으로 모든 주체성을 감염시키는 세계다. 그러므로 성흔은 시뮬레이션의 공간을 표시하고 그 공간을 구별되는 현상으로 구성하는 효과를 띤다. 이다음 단계의 소설에서는 이러한 표식들이 사라지고 시뮬레이션과 현실 간에 어떤 구분도 없어진다.

팁트리의 "플러그에 연결된 소녀"가 바로 그다음 단계다. 자아는 인코딩되고 디코딩되는 메시지가 되지만, 수신자가 디코딩하는 자아는 결코 발신자가 인코딩한 그 자아가 아니다. 자유주의적 주체는 노이즈가 낀 채널로 연결된 특권화된 신체와 낙인찍힌 신체 사이에 분산되어 있으며, 상실되기보다는 '기계의 꿈(dream of the machine)'에 의해 재구성된다. 초점은 자아가 자신의 행위성을 어떻게 표현하는가에서 누가 기계를 제어하는가의 문제로 옮아간다.

(재)현현으로서 코드: "플러그에 연결된 소녀"

팁트리의 단편 속 근미래 세계에서는 광고가 금지되어 있다. 거대 통신 복합 기업 GTX는 전 세계의 아름다운 사람들을 뒤따라 다니는 쇼를 방영하는데, 쇼의 진짜 목적은 작품 속에서 전략적으로 제품을 광고하는 것이다. 하지만 아름다운 사람들은 상업적 관점에서 믿음을 주지 못하는 경우가 있어서, GTX는 새로운 아이디어를 짜낸다. GTX는 유전공학적으로 처음부터 뇌 기능이 없는 아름다운 신체를 가진 사람을 만들어, 사이버네틱적으로 변형된 인간이 그 신체를 '왈도(waldo)'#로 제어하게 하려 한다. GTX는 그 오퍼레이터로 P. 버크를 이용한다. P. 버크는 거리에 사는 기형의 비참한 여인이어서 미인들을 신처럼 우러러본다. P. 버크는 하이테크리서치센터 중심부의 지하에 감금되어 신경과 감각기관을 전선에 연결해 확장하는 수술을 수차례 받는다. 여러 달을 연습한 끝에 P. 버크는 GTX의 광고 귀재들이 '델피'라고 이름 지은 아름다운 열다섯 살 소녀의 몸에 제 몸처럼 깃들 수 있게 된다. P. 버크는 자기 몸도 돌봐야 하기 때문에, 델피가 '잠들어' 있을 때에는 (오퍼레이터가 철수하면 델피는 식물인간 상태로 돌아간다) 혐오스러운 자기 몸으로 돌아가

로버트 하인라인의 SF 소설에서 발명가 왈도 F. 존스의 이름을 따서 만들어진, 원격으로 조종할 수 있는 장치.

먹고, 운동하고, 배설하며 계속 살아가기 위해 필요한 일상적 일을 한다.

딕의 소설이나 제임스의 단편처럼 팁트리의 소설은 보존의 법칙에 따라 움직이는 엄격한 제약의 '실제' 세계와 정보의 영역을 뚜렷하게 대비시킨다. 델피는 번쩍이는 부와 특권을 과시하며 펼쳐지는, 끝없어 보이는 가능성의 세계에 산다. 반면 P. 버크는 생리학적 반응을 포함해 모든 행동 하나하나를 철저히 감시받는 지하 건물에서 가혹하게 통제받으며 스파르타식 생활을 영위한다. 하지만 딕의 소설과 팁트리의 소설 사이에는 중요한 차이가 있는데, 퍼키 팻과 델피를 비교해 보면 이런 차이가 잘 드러난다. 퍼키 팻과 델피의 화려한 삶은 모두 상품을 팔기 위한 것이다. 하지만 인형들은 생명이 없고 참여자들의 약물로 강화된 상상력으로만 움직이는 반면, 델피는 잡담을 나누고 과시적 소비를 하면서 주변인들에게 보통 사람처럼 보인다.

딕의 단편에서 식민지 주민들이 인형에 마음을 투사할 동안에도 개인의 정체성 감각은 유지한 것을 떠올려 보자. 그들은 어느 정도 '진짜' 신체와 인형의 몸 사이의 차이를 알고 있었다. 반면 P. 버크는 자신을 델피의 몸으로 완벽하게 투사할 수 있어서 그것을 자기 몸처럼 느낀다. 투사하는 동안 P. 버크는 델피의 정체성을 자신의 정체성으로 경험한다. 델피는 P. 버크가 되고 싶지만 고통스럽게도 그렇게 될 수 없는 모든 것이기 때문에, 이 경험은 한층 강렬하다. 퍼키 팻의 경우 서사적 시선은 움막의 황량한 모습과 퍼키 팻의 특권을 누리는 세계 사이에 날카로운 대조를 만들어 냈다. 반면 팁트리의 단편에서는 P. 버크의 기형 육체와 델피의 천사 같은 외모가 분명하게 구분된다. 딕의 소설에서 식민지 주민들의 움막에서의 삶과 퍼키 팻 세계의 확장된 존재 간 이분법은 전자는 진짜를, 후자는 환각을 나타내기 위해 이용되었다. 츄-Z 세계가 실제 세계의 자율성을 대치하려 위협할 때조차 여전히 현실과 환상 혹은 그 자체로 존재하는 세계와 엘드리치의 마음이 만들어 낸 세계는 개념적으로 분명히 구분되었다.

이와 달리 팁트리의 단편에서는 양쪽 공간이 모두 실재다. 어떤 면에서 델피는 리서치센터의 비밀 공간에 있는 P. 버크보다 더 '실제' 같은 삶을 산다. 각종 미디어에서 촬영하고 전 세계 통신 네트워크로 방영되는, 사회적으로 구성된 공간 속에서 움직이며 자유주의적 주체의 자율성, 자유, 행위성의 전형을 보여 주기 때문이다. 아이러니는 이 세계의 허구적 성격이 아니라, 델피가 P. 버크처럼 끊임없이 감시와 훈육을 받으면서도 자유와 사치를 누리는 모습으로 전 세계에 방송된다는 데 있다. 이는 GTX가 "세계를 왜곡으로부터 자유롭게 하는" 데 헌신한다는 사실에 비추어 보면 특히 아이러니하다(46). 그렇다면 문제는 어느 세계가 진짜인지가 아니다. 델피의 잘나가는 삶이나 P. 버크의 가혹한 신체적 존재 둘 다 실제의 시간과 공간 속에 있기 때문이다. 그보다는 두 신체를 통합된 사이버 시스템으로 만드는 연결들, 즉 신체들에 가해진 훈육, 감시, 처벌과 사이버 시스템에서 두 위치에 분산된 행위성에 초점을 맞춰야 한다.

두 신체 간의 연결이 아주 매끄럽지는 않다. P. 버크가 명령어를 생각하고 델피의 신체가 이를 실행하기까지 몇 초의 간격이 있다. 그들을 분리하는 물리적 거리가 시간상에 반영되는 것이다. 델피의 신체 또한 다른 인간 신체와 완전히 똑같은 식으로 움직이지 않는다. 델피는 보통 인간들처럼 보고 듣지만, 기술자들은 대역폭을 아끼느라 델피의 촉각과 후각은 거의 남겨 놓지 않았고, 운동 감각은 신체가 정확히 움직일 수 있을 만큼만 남겨 놓았다. 텔레비전 네트워크와의 광대역 통신에 필요한 감각들은 그대로 두었으나, 쾌락과 가장 깊이 관련된 은밀한 감각들은 최소화했기에 델피에게는 섹스가 거의 뇌 안의 경험이 된 것도 결코 우연이 아니다. 게다가 델피가 자고 깨는 하루 패턴은 신체의 원기 회복이라는 측면이 아니라 엄격한 보존의 법칙에 따라 두 신체 사이에서 이루어지는 행위성, 의식, 주체성의 배분을 반영하고 실행한다. 의식이 델피의 몸에 있는 동안은 P. 버크의 신체가 '잠을 자야' 하고, 의식이 P. 버크의 신체로 돌아오면 델피의 몸이 '잠을 자야' 한다. GTX의 기업 구조와 정책은 미디어에서 구축된 델피의 공적 세계와 연구센터의 지배를 받는 P. 버크의 은밀한 존재 양쪽에 다 개입하는 것이다. 이 거대 복합 기업은 메시지-로서의-주체성(subjectivity-as-message)이 흐르는 통신 채널을 제어하며 주체성을 어떻게 배분할지 결정한다. 따라서 여기서 '시간차'는 행위성의 분배 이상을 의미한다. 그것은 기업이 다양한 위치에서 개입할 수 있음을 보여준다.[19] GTX는 더 이상 신체들을 직접 훈육할 필요가 없다는 것을 알게 된다. 신체들 사이를 흐르는 메시지에 개입함으로써 델피/P. 버크를 더 효과적으로 통제할 수 있다.[20]

델피가 GTX의 최고 경영진의 아들 폴 아이셤의 관심을 끌게 되면서 훈육이 필요해진다. 1960년대부터 이어진 익숙한 각본대로, 폴은 집안의 연줄로 얻은 권력과 기회를 이용해 자본주의와 지배 이데올로기를 비판하는 풍자적 텔레비전 프로그램을 만들려 한다. 폴은 델피에게 순수함과 섹시함이 매혹적으로 결합되어 있을 뿐 아니라, 델피가 자기 자신이 광고하는 상품이 기대에 부응하지 않으면 항의할 만큼 순진하기 때문에 관심을 가진다. 마찬가지로 폴에게 푹 빠진 델피는 기꺼이 폴과 낭만적인 여행을 함께하기로 하고, GTX는 시청률에 영향이 가지 않을 만큼 델피에게 허용할 수 있는 자유를 정확히 계산해 이를 눈감아 준다. 폴은 회사를 약 올리려고 일부러 델피의 촬영 일정에 방해가 되도록 계획을 짠다. 결국 GTX의 '족제비상'을 한 어느 얼간이가 승진할 욕심에 P. 버크/델피를 훈련하도록 허락해 달라고 상사들을 설득한다. 이 훈련은 신체들 사이에 흐르는 통신을 제어하는 다이얼을 돌려 둘 다 극심한 고통을 겪게 한다. 폴은 델피가 고통에 몸부림치는 모습을 보고 델피의 뇌 속에 뭔가가 이식되어 있다는 잘못된 결론에 이른다. 자신의 욕구를 훼방하고 사랑하는 대상을 모독하는 데 분개한 폴은 델피를 감금에서 '자유롭게' 할 계획을 짠다.

폴은 델피의 뇌에 보내지는 신호를 차단하기 위해 만든 철망 우리를 사용하면 델피를 자유롭게 할 수 있다고 생각한다. 마치 제임스의 단편을 아이러니하게 뒤집은 것처럼, 이는 델피를 철망 속에 넣어 정보의 영역에서 구하려는 것이다. 폴은 작은 비행기를 조종할 조종사를 고용해 델피를 감시자들로부터 빼낸다. 자유를 향한 거친 질주는 GTX가 컴퓨터를 통해 비행기의 정확한 위치를 추적함으로써 가로막힌다. 폴이 그의 '새'(폴은 델피를 그런 식으로 생각한다)에게 철망을 씌우려 하자, 델피는 그 속에 들어가면 자신이 더는 폴이 사랑하는 사람이 아니게 된다는 것, 사실상 인간 자체가 아니게 된다는 것을 알기에 저항한다. 자신이 개입해서 델피를 자유롭게 해 줄 수 없다는 사실에 놀란 폴은 연구자들이 이식 장치를 제거하게 하기 위해 비행기를 연구센터 쪽으로 돌린다. 폴의 실수는 델피가 자율적 주체이며 단지 자유의지를 일시적으로 방해받았을 뿐이라고 생각한 것이다. 사실 델피의 주체성은 P. 버크도 포함된 통합된 사이버 시스템에서 분리될 수 없다. 아이러니는 델피의 이름에도 있다. GTX는 P. 버크의 'P'가 자유의 종(Liberty Bell)과 미국 개인주의의 발상지인 필라델피아(Philadelphia)를 상징한다는 것을 참고해 델피라는 이름을 지었다.

폴이 연구센터로 뛰어들어 델피를 '자유롭게' 해 주라고 명령하는 대목에서 소설은 클라이맥스에 이른다. 델피의 몸에 깃든 P. 버크는 폴이 올 것을 안다. 폴이 P. 버크의 방이 붙어 있는 안쪽 구역으로 들어오자, P. 버크는 거의 알아듣지 못할 목소리로 폴의 이름을 외치며 문을 박차고 나온다. 잔뜩 긴장한 폴은 P. 버크가 델피가 포함된 사이버 시스템의 일부임을 알아차리지 못하고, 참을 수 없이 흉측한 독립적 생명체로만 본다. 수술로 변형된 몸과 몸에 매달린 장비들 때문에 P. 버크는 인간으로 보이지 않는다. 폴의 반응은 P. 버크를 쏘는 것이었다. 이로써 델피의 신체를 조작해 줄 사람이 없어졌으므로, 델피 역시 쓰러진다.

그러나 반전이 있다. 델피/P. 버크가 폴과 사랑에 빠진 후 기술적으로는 불가능한 이상한 일들이 일어난다. 델피는 마치 왈도가 스스로 의식을 갖고 깨어나기라도 하듯 '잠' 속에서 움찔거리며 한두 번 폴의 이름을 웅얼거린다. P. 버크는 위기가 닥쳐올 것을 알고 온 힘을 다해 자신의 육체를 떠나 델피의 몸속으로 들어가려 애썼다.[21] 소설의 내러티브는 이러한 시도가 한쪽 또는 양쪽에서 어느 정도 성공했다고 암시한다. P. 버크가 죽은 후에도 델피에게는 의식이 남아 있어서, 깨어나면서 "저는 델피예요"라고 슬프게 말하며 자신이 결코 될 수 없는 자율적 주체가 될 권리를 주장한다(78). 이는 소유주의적 개인이 잠깐 동안일지라도 어느 정도는 살아남을 수 있음을 의미한다. 기업이 신체를 훈육하려고 채널에 개입할 수 있다면, 신체들 또한 기업이 승인하지 않은 메시지를 보내기 위해 채널에 개입할 수 있을 것이다. 아무리 일시적일지라도 이러한 개입은 결코 사소하다 할 수 없다. GTX에 "악몽은 정보의 대량 손실, 엉망이 된 채널, 잘못 실행된 계획들, 스며들어 오는 왜곡"이기 때문이다(46).

내러티브가 결말을 향해 달려가면서 소설 속 화자는 델피라는 이름에 이중의 의미가 있음을 밝힌다. 족제비상의 얼간이는 회사 연구실에서 그다음의 거대한 기술적 진보인 '시간 여행' 능력을 탐색하면서 자신의 커리어를 되살리려 한다. 고전 신화에서 델피(Delphi)는 미래를 들려주는 목소리인 신탁이 있는 곳이다. 화자는 내내 델피의 이야기를 미래에 대한 이야기라고 했다.[22] 화자의 아이러니한 어조는 마치 이 장 서두에서 소개한 글로벌퓨처스 선임연구원 찰스 오츠먼의 유토피아적 비전을 예견하기라도 하듯, 통신 기술이 곧 정보의 영역을 창조해 끝없는 풍요를 내려 줄 것이며 자신은 운 좋게 거기 들어갈 수 있으리라 믿는 독자를 조롱한다. 미래는 그 자체로 상품, 즉 통신 기술의 기적을 통해 판매할 수 있는 많은 장소들 중 하나가 되었다. 주체성과 마찬가지로 시간은 이제 전선을 타고 보내질 수 있으며, 기업의 필요에 따라 주체성도 역시 분배된다. 이는 주체성과 시간 자체가 전송될 수 있어도 자본주의는 여전히 건재하다는 점을 시사한다.

여성 주체성으로서 코드
: 여자는 정말로 필요할 때 무엇을 팔 수 있는가

"전신 창구 안에서", ≪파머 엘드리치의 세 개의 성흔≫, "플러그에 연결된 소녀"가 그린 궤적을 고찰하는 또 다른 방법은, 여성 인물들이 어떤 방식으로 제한적이나마 거래(commerce)에 개입할 수 있는지 추적해 보는 것이다. 우리가 보았듯 전신 창구의 여성은 매춘을 대안으로 잠시 고려한다. 매춘은 여성에게 '끔찍하고 천박한' 것이지만, 그럼에도 소유주의적 개인주의에 굳게 기반을 둔 거래다. 여성은 자기 몸을 소유하고 있으므로, 자신이 붙잡혀 있는 자본주의 체제가 법적으로 금하는 방식이라 해도 그것을 팔 권리가 있다고 생각한다. 여러 역사가가 주장했듯 빅토리아 시대 런던의 사회적 배치는 사실상 매춘을 요했다. 그러지 않았다면 수많은 '잉여' 여성들이 굶주렸을 것이다. 침대는 전보 사무소보다 악명 높은 정보 교환 장소다. 제니퍼 위크에 따르면 제임스의 단편에서 "여자들은 교환을 중개한다. 전신상으로 혹은 다른 발전된 방식으로 소통이 그들을 통해 흐른다. 계급 선을 따라 이동하는 정보가 여자들을 통해 서로 연결된다. 리비도적 상품 욕망을 대중적으로 전이하는 메커니즘이 교환점인 '여성'과 더불어 세워진다".[23]

여성 주체의 위치에 놓이는 사람이라면 누구에게나 이 사실이 적용된다는 데 주목해 이 수상을 일반화할 수 있다.

제임스가 단편을 썼을 때 전신회사 사환 소년들이 매춘에 연루되었던 당시의 추문을 알고 있었으리라는 역사적 증거가 있다. 릭 사보이는 이 단편을 읽으면서 매춘에 대한 암시가 남성 동성애 매춘이라는 더한 추문의 가능성과, 전신회사의 하층민 사환들이 귀족 고객들에게 불리한 증언을 하리라는 공포를 나타낸다고 본다.[24] 이렇게 읽으면 매춘은 이야기의 역학에서 중심에 놓이며, 단지 주인공 여성의 스쳐 가는 생각이 아니라 결론상 결정적인 것이 된다. 이 주장을 어떻게 이해하건 간에, 여성이 시장경제 속에 끼워 넣어질 수 있는 것은 자신의 몸을 소유하고 있기 때문이라는 사실은 변함이 없다. 마찬가지로 이 소설의 내러티브는 '메시지'나 '채널'보다 여성의 '의식' 안에 복잡성을 위치시킨다. 복잡성의 장소, 행위성, 소유를 (의식적인) 마음 안에 둔다는 것은 자유주의적 주체가 이 소설에서 거의 온전한 상태로 남아 있음을 시사한다.

딕의 소설에서는 실제 세계와 가상 세계 양쪽에서 상품과 섹스를 맞바꾸는 암묵적 거래가 일어난다. 로니 퍼게이트는 바니 메이어슨과 자고, 자기 일을 성공적으로 완수할 정보를 얻기 위해 이 관계를 이용한다. 우리는 남성인 바니의 의식을 통해 이 사건들을 보기 때문에, 여성인 로니는 내러티브상에서 때로는 바니에게 충실하고 도움이 되는 듯 보이고 때로는 바니를 희생시켜 자신의 성공을 얻으려 하는 믿을 수 없는 존재, 유혹과 위협이 뒤섞인 인물로 보인다. 앞서 보았듯 이러한 충성과 배신 사이의 동요는 딕이 친밀한 관계와 기업이 겹쳐 있는 상대적으로 온건한 자본주의를 재현할 때의 특징이다. 그러나 남성 인물과 여성 인물 간에는 상당한 차이가 있다. 내러티브가 남성 인물들의 의식에 초점이 맞춰져 있어서 그들의 행동을 인정할 수는 없되 이해할 수는 있게 하는 반면, 여성인 로니의 마음속으로는 절대 들어가지 않는다. 서사적 시선에 칸막이가 쳐진 탓에 로니의 동기는 모호해지고 행동은 더 위협적으로 비쳐진다.[25] 레오 역시 바니처럼 로니가 매혹적인 동시에 위협적이라는 것을 알게 된다. 레오는 츄-Z 세계에서 돌아온 후 로니를 자기 정부로 삼고 우주 위성의 자기 영지에 살 곳을 마련해 주겠다고 제안한다. 로니가 거절하자 레오는 츄-Z에 감염된 이들에게는 생각으로 현실을 창조하는 힘이 있음을 '까먹고' 복수심에 로니가 100살이 되었으면 좋겠다고 생각한다. 소원의 결과로 로니는 살아 움직이는 공포물이 된다. 로니는 100살에 이르기 전에 죽지만, 로니의 썩은 육체는 악몽 같은 산 주검으로 재조합된다. 로니가 레오의 제안을 거부한 것은 그의 '거품머리(bubblehead)'가 매력적이지 않았기 때문이다. 로니의 거절은 개인 행위성의 실천이면서 동시에 자기 자신의 욕망을 주장한 것이었다. 그 벌로 로니는 더는 자기 몸을 소유하지 못하는 세계 속으로 끼워 넣어진다. 그곳에서 로니의 신체는 상품조차 되지 못하고 앙심을 품은 남자의 통제 아래 놓인 생각의 대상이 되고 만다. 개인이 없으므로, 소유주의적 개인주의는 유지되지 않는다.

섹스에 관한 남자와 여자의 거래를 전면에 드러내는 또 다른 장면은 화성의 움막에서 샘이 프랜에게 각자 월트와 퍼키 팻에 들어가 가상섹스를 하자고 설득할 때다. 샘은 프랜을 유혹하기 위해 프랜에게 캔-D를 선물로 준다. 프랜은 이를 받아들일지 말지 선택할 수 있다. 그러나 일단 캔-D의 세계에 들어가면 가상섹스를 하는 프랜의 행위성은 덜 명확해진다. 그들이 각자 자기 생각을 가진 다른 식민지 주민들과 결합되기 때문이다. 그럼에도 앞서 보았듯 캔-D 세계는 소유주의적 개인주의를 근절하기보다는 복잡하게 만든다. 한편 캔-D의 세계가 츄-Z의 세계로 대체되면, 매춘은 주체성의 구성으로 대체되고 권력이 있는 남성들은 거래를 할 필요가 없어진다. 자신들이 원하는 대로 복수든 쾌락이든 생각할 수 있기 때문이다. 레오가 츄-Z 세계에서 시간을 보낸 후, 로니의 위협적인 독립성을 참아 줄 필요가 없다고 판단하고 로니를 해고하기로 결심하는 것도 우연이 아니다. 여기서 내러티브는 실제 영역과 시뮬레이션된 영역 사이를 미결정 상태로 오가며 복잡성을 생성하는데, 이 모호함은 엘드리치의 성흔을 지닌 주체들의 신체가 불확실하게 융합하는 것을 반영한다. 자율적 자아의 전복은 자율적 세계의 전복과 병행한다.

팁트리의 단편에서 P. 버크는 완벽하게 GTX의 지배 아래 있다. GTX는 P. 버크의 몸을 살 필요조차 없다. P. 버크는 자신의 의식을 델피의 아름다운 몸에 투사하는 대가로 자신의 몸을 그들에게 공짜로 내준다. P. 버크가 죽은 후 기업은 이 값비싼 상품을 가져와 다른 오퍼레이터와 연결한다. P. 버크가 왈도를 소유한 것이 아니라면, 자신의 몸도 소유한 것이 아니다. P. 버크가 여러 차례 받은 수술과 그의 보철물은 GTX가 그 생명을 유지시켜 주는 한에서만 P. 버크가 살아 있을 수 있음을 뜻하기 때문이다. 폴이 연구센터로 뛰어 들어오는 결정적 순간에 족제비상의 얼간이는 P. 버크에게 치사량의 약물을 투여하라는 명령을 내린다. 소설의 화자는 P. 버크가 살해당한 후 죽어 가는 델피를 '그것(it)'이라는 대명사로 부르지만, 담당 여자 간호사는 계속해서 P. 버크를 '그것'이 아니라 '그녀(she)'로 보기 때문에 얼간이의 명령을 거부한다. 이 때문에 P. 버크는 자신의 아이러니한 운명을 마주하고 죽는다. 이 극적인 클라이맥스는 P. 버크가 더는 개인이 아니게 되었음을 분명히 한다. '그녀/그것'은 사이버 시스템의 한 구성 요소다. P. 버크를 훈련시켰고 홀로 그 죽음을 애도하는 남성 기술자는 P. 버크가 그렇다고 생각한다. 전 지구적 네트워크뿐 아니라 신경과 근육의 깊은 영역에 작동할 만큼 막강한 기업 자본주의와 통신 기술의 병합은 자아의 소유권에 기반한 소유주의적 개인주의에 대한 모든 요구를 이로써 흡수해 버린다. 이러한 침투와 병행해, 소설의 내러티브는 발신자나 수신자가 아니라 훈육, 노이즈, 시간 지연(그리고 결과적으로는 시간 조작) 같은 결정적 일들의 중심인

'채널'에 복잡성을 위치시킨다.

이 이야기들에서 매춘의 비유와 복잡성의 처소를 따라가다 보면, 젠더 위계질서의 영속적 힘이 드러난다. 이 힘은 소유주의적 개인주의의 붕괴와 더불어 사라지기보다는 남성 인물과 여성 인물에게 각기 다른 식으로 계속 작용한다. 두 젠더 모두 소유주의적 개인주의의 붕괴로 위협받는다 해도, 남성은 여전히 여성보다 더 많은 힘과 자율성, 개인적 선택권을 행사한다. 바뀐 것은 젠더 간 역사적 권력 차이가 아니라, 계산 체제와 관련된 주체성들의 분산이다. 정보는 제임스의 단편에서는 상상된 풍요의 영역이었다가, 딕의 소설에서는 현실과 상호 침투하는 얼룩진 영역이 되고, 팁트리의 소설에서는 현실이 된다. 1장부터 초점으로 삼아 온 것 중 하나인 복잡성의 변화하는 처소는 이 장에서 정체성과 현실 모두가 점점 더 통신 매체와 뒤얽히고 있음을 보여 준다. 티머시 르노어가 말했듯 하이퍼리얼리티가 리얼리티를 대체한다는 장 보드리야르의 예측은 변화를 가져오는 정보 기술의 힘을 파악하기에 너무 보수적이다.[26] 팁트리의 이야기는 이처럼 진행 중인 변화에서 출현하는 것을 '하이퍼리얼리티'가 아닌 '리얼리티'라고 불러야 한다는 사실을 보여 준다. 이러한 의미에서 계산 체제는 말하기와 글쓰기에서 발생하는 복잡성이 계산의 창발적 결과로서 복잡성으로 이행하는 것을 나타내며, 이러한 소설들이 실연하는 궤적 속에 내재해 있다. 이 소설들에 각기 다른 비전을 제공하는 서로 다른 역사적 맥락과 저자의 목소리에도 불구하고, 이 세 작품은 정보의 영역이 희소성의 제약을 벗어날 수 있다는 꿈을 망쳐 놓는다는 점에서 일치한다. 결국 바뀌는 것은 희소성과 시장의 관계가 아니라, 그것들에 어떻게 참여하는지에 의해 제약받고 정의되는 주체들이다.

2부

저장하기

인쇄 텍스트와 전자 텍스트

04
매체 번역하기

인쇄에서 전자 텍스트로

보르헤스는 단편소설 "≪돈키호테≫의 저자, 피에르 메나르"에서 존재하지 않는 책을 비평하는 기법을 이용해 20세기에 ≪돈키호테≫를 재창조하려는 피에르 메나르의 환상적 기획을 설명한다.[1] 메나르가 창조한 것은 세르반테스의 걸작을 자자구구 똑같이 재생산한 것이다. 하지만 보르헤스는 그것이 완전히 다른 작품이라고 말한다. 문화적 맥락이 변하면서 세르반테스에게는 진부하던 생각이 20세기 지식인에게는 도저히 생각해 낼 수 없는 것이 되었기 때문이다. 진지한 듯 전개되는 보르헤스의 이 판타지는 지구상에서 매일매일 수행되는 일상적 작업을 상기시킨다. ≪돈키호테≫가 새로운 시간대가 아니라 새로운 매체로 옮겨지고, 세르반테스의 원래 인쇄본과 컴퓨터 화면에 배열된 말이 똑같다고 가정해 보자. 이 전자본은 인쇄본과 같은 작품인가? 보르헤스 소설만큼이나 전복적인 이 질문은 텍스트성에 대한 우리 시대의 개념들을 가로지르는 주요한 단층선#들을 폭로하는 위협적인 질문이다.

이 복잡한 문제를 살펴보기 위해 나는 인쇄 문서를 전자 텍스트로 변형하는 것을 일종의 번역, 즉 '매체 번역(media translation)'으로 보자고 제안한다. 번역은 필연적으로 해석 행위이기도 하다. 번역이라는 비유를 끌어들이는 것은 딘 그리거의 주장에 동의하는 셈이 되는데, 그리거는 번역에서 무엇인가가 손실되기도 하고 획득되기도 한다는 격언이 인쇄 문서가 웹으로 옮겨질 때 특히 잘 들어맞는다고 말한다.[2] 여기서 쟁점은 이 손실과 획득이 무엇을 수반하는지, 특히 읽기와 쓰기의 근본적 전제들에 관해 어떤 점을 드러내는지 철저하고 정확하게 살펴보는 일이다. 비록 잘 인식되지는 않지만, 나는 텍스트성에 대한 우리의 개념이 인쇄 매체에 특정적인 가정으로 가득 차 있다는 사실이 이 손실과 획득에서 드러난다고 주장하려 한다. 전자 텍스트성의 도래는 텍스트에 관한 근본 개념을 재형성하고, 그 과정에서 인쇄 텍스트와 전자 텍스트를 새로운 눈으로 볼 수 있는 전례 없는 기회를 제공한다. 이론적으로 보면 바로 이것이 매체 번역이 제공하는 '획득된 것'이며, 우리가 거절하기 어려운 선물이다.

윌리엄 블레이크 연구자들과 편집자들 중 가장 탁월한 세 명이 고안한 훌륭한 웹사이트 <윌리엄 블레이크 아카이브>를 통해 이러한 문제들을 살펴보자.[3] <윌리엄 블레이크 아

의견이 첨예하게 대립되는 지점.

카이브>는 문학 웹사이트의 최적 기준을 수립했다고 해도 과언이 아닌 사이트다. 이 사이트는 선구적 편집 정책으로 구성된다. 여기서 편집자들은 '작품(work)'이란 유일무이한 물리적 객체로 간주되는 책(book)이라고 명시하고, 이로써 제롬 맥건이 주장하는 것처럼 텍스트의 물리적 특징(페이지 크기, 폰트, 제본 시 좌우 양 페이지 사이의 여백, 행간 등)이 언어적 코드와 마찬가지로 중요한 의미화 요소, 즉 "서지적 코드(bibliographic code)"라고 넌지시 언명한다.[4] 편집자들은 화면상의 디스플레이를 가능한 한 인쇄된 책처럼 보이게 하기 위해 컴퓨터 시뮬레이션을 영리하게 활용한다. 보정 애플릿(calibration applet)#을 제공해 사용자들이 화면 해상도를 설정하고 페이지를 원래 크기대로 재현할 수 있게 했다. 사이트의 기능과 성능을 보여 주기 위한 페이지들을 예시하는 그래픽 도움말 시스템도 갖췄다. 이 사이트 구축에 분명 엄청난 생각과 시간과 돈이 들어갔을 것이다.

이 아카이브의 편집자들은 무척이나 세심하게 아주 작은 물질성의 차이조차도 의미에 잠재적 영향을 미친다고 주장한다. 이들은 서로 다른 작품들을 모으면서 동시에 같은 작품의 현존하는 사본들도 모으는 수고도 마다하지 않았다. 하지만 물질성 면에서 보면 인쇄된 사본들 간의 차이보다 이들

일반적으로 특정 장치나 시스템의 설정이나 파라미터를 조정하거나 세밀하게 조절하기 위한 소프트웨어 용용 프로그램을 말한다.

사본을 화면상에 보이게 하는 기술과 인쇄 간의 차이가 훨씬 더 크다. 컴퓨터가 인쇄 문헌들을 정확하게 시뮬레이션할 수 있는 것은 컴퓨터의 구조와 기능이 인쇄의 그것과 전혀 다르기 때문이다. 시각적으로 정확한 시뮬레이션은 블레이크의 작품에서 중요한 시각적 차원을 억압하는 '텍스트 중심 판본들(text-only versions)'에서 블레이크를 구제해 낸다는 점에서는 복제본 그리고 기타 다른 판본들과 유사하다. 하지만 이는 사이버네틱스적 차이를 희생하고 이룬 성취다. 예를 들어 사용자가 한 작품의 여러 사본과 판본을 비교하기 위해 여러 이미지를 화면에 나란히 병치할 수 있게 하는 '내비게이션 기능'을 생각해 보자. 그와 유사한 (똑같지는 않은) 효과를 인쇄물에서 얻으려면(혹시라도 그것이 가능하다면) 희귀본 서가에 가서 페이지를 수없이 넘기며 책들을 계속해서 바꿔 보아야 할 것이다. 잠깐만 생각해 보아도 작품을 내비게이션하는 장치가 바뀌면 작품도 바뀐다는 것을 알 수 있다. 예를 들어 두루마리 위의 단어를 필사본으로 번역하면 독자가 그 작품을 대면하는 방식이 근본적으로 바뀐다. 즉, 작품이 **의미하는 방식**을 바꾸면, 작품이 **의미하는** 바가 바뀐다. 전자 텍스트의 특성에서 분명하게 통찰할 수 있는 것은 내비게이션 기능이 단지 작품에 접근하는 방법이기만 한 것이 아니라 의미화 구조의 일부이기도 하다는 사실이다. 백과사전의 의미화 방법이 리얼리즘 소설의 그것과 다른 이유는 백과사전의 내비게이션 기능이 소설과 다른 읽기 패턴을 기대하며 다른 읽기 패턴을 구조화하기 때문이다(밀로라드 파비치가 ≪하자르 사전: 렉시콘 소설≫에서 흥미진진하게 활용한 것이 바로 이러한 관습들의 충돌이다).

<윌리엄 블레이크 아카이브>를 두고 이런 질문을 할 수 있다. 약간의 색채 변화가 의미에 영향을 미친다면, 이 사이트의 복잡한 기능에 대한 내비게이션이 텍스트 의미화에 미치는 영향은 얼마나 더 클까? 물론 편집자들은 자신들이 인쇄 텍스트들을 재현하는 것이 아니라 시뮬레이션하고 있음을 알고 있다. 이들이 이 사이트의 섬세한 디자인과 기능을 만들기 위해 얼마나 많은 편집회의를 거쳤을지 상상할 수 있고, 어느 누구보다 인쇄된 블레이크 작품과 전자 블레이크 작품 사이의 큰 차이를 잘 알고 있다는 것은 분명하다. 그럼에도 이들은 이러한 차이를 경시하는 수사적 선택을 한다. 예를 들어 화면에 디스플레이를 생성하기 위해 역동적으로 데이터를 배열했다고 설명하는 섹션은 있지만, 인쇄된 원본 대신 이러한 방식으로 생산된 전자 텍스트를 읽는 것이 어떤 의미인지 이론적으로 탐구하는 작업은 거의 혹은 전혀 없다. 언어적이고 서지적인 코드와 의미의 관계에 대해서는 아주 많은 관심을 보이지만, 디지털 코드와 의미의 관계에 대해서는 거의 관심을 보이지 않는다. 이런 면에서 전자 매체에서 "1세대 객체들의 물질성"을 철저히 재고하자는 커셴바움의 호소는 정곡을 찌른다.[5] 커셴바움은 (디지털 작품에 초점을 맞추는) 전자 텍스트성 연구와 (전통적으로 인쇄에 초점을 맞

추었던) 텍스트 연구를 더 밀접하게 관계 지어야 한다고 주장하면서 서지적 용어로 전자 텍스트를 논하기 위한 틀을 만든다. "레이어(layer), 판본(version), 릴리스(release)", "객체(object)", "상태(state)", "인스턴스(instance)"# 그리고 "사본(copy)" 같은 명명이 여기 포함된다.[6] 커셴바움의 주장이 분명하게 보여 주듯 전자 텍스트에는 보통 한 작품의 인쇄본과 전자적 인스턴스 사이의 차이뿐 아니라, 의미에 물질적으로 영향을 미치는 복잡한 서지적 역사도 담겨 있다. <윌리엄 블레이크 아카이브>처럼 인쇄 텍스트들 간의 물질적 차이가 의미에 어떤 영향을 미치는지에만 초점을 맞추는 것은 마치 코끼리의 꼬리가 다른 부분과 어떻게 다른지는 무시하고 코끼리 꼬리의 사소한 결의 차이만 느끼려는 것과 같다.

텍스트는 무엇인가

코끼리 전체를 다루려면 텍스트성의 본질을 재고해야 하고, '텍스트는 무엇인가'라는 기본 질문에서 시작해야 한다.

디지털 미디어와 컴퓨터과학에서 '인스턴스'는 시스템이나 프로그램 안에서 객체(object) 혹은 실체(entity)의 특정한 발생 혹은 예시를 의미한다. 예를 들어 동일한 유형의 이미지들이 여러 개 있다면 각각의 이미지는 그 특정한 이미지 유형의 인스턴스로 간주될 수 있다.

"텍스트 형성하기, 작품 수행하기"에서 안나 군데르는 전자 매체와 인쇄 매체 사이의 관계를 분명하게 하기 위해 텍스트 비평을 세심하게 살펴보면서 편집자들이 인쇄의 서지적 맥락에서 '작품(work)', '텍스트(text)', '문서(documentation)' 같은 기본 용어들을 어떻게 사용하는지 조사한다. 하나의 작품은 '하나의 추상적인 예술적 실체(abstract artistic entity)'로, 텍스트 편집자들이 예술적 창조라면 응당 그래야 한다고 여기는 최선의 상태에 도달하기 위해 여러 판본과 사본을 수집하고 분석하면서 향해 가는 이상적 구성물이다(86). 여기서 지적해야 할 것은 이때 작품이 플라톤적 의미에서 이상적인 것이 아니라는 점이다. 작품은 편집에 관한 가정들의 결과로, 그 가정들은 교섭과 도전, 공동체 규범과 문화적 전제에 구속된다. (저자의 '최종 의도'에 기반해 작품을 규정하는 원칙에 대한 맥건의 비판이 바로 그 사례다.)[7] 이러한 작품의 아래 단계에 '텍스트'가 있다. 군데르는 "작품 자체는 어떤 텍스트, 즉 특정 작품을 드러내도록 지정된 특정 기호 시스템을 통하지 않고는 결코 접속할 수 없다"(86)고 말한다. 텍스트들은 편집자가 그것에서 작품을 발굴해 내려고 분투하는 추상적 실체들이다. 이런 점에서 시 텍스트는 그림과 다르다. 어느 누구도 그림 작품을 그것이 체화된 기체(基體, substrate)와 분리해 말할 수 있다고 주장하지 않을 테지만, 편집자들은 텍스트를 그것이 물리적으로 체화된 인공물에서 분리해 말하는 것이 말이 된다고 가정한다. 우리가 텍스트적 위계의 제일 아래 차원인 '문서'에 도달했을 때에만, 그 물리적 인공물이 추상적 재현인 기호 시스템과 융합하고 있다고 간주된다.

군데르의 분석은 그가 조사한 편집자 중 한 명인 피터 실링스버그가 이 용어들을 사용하는 방식과 일치한다. ≪컴퓨터 시대의 학술 편집≫에서 실링스버그는 텍스트를 "필사본, 교정쇄, 책 같은 물리적 형태에 담긴 단어와 구두법의 실제 순서"로 정의한다. 오해를 미연에 방지하기 위해 실링스버그는 "텍스트(단어와 구두법의 순서)는 시간과 공간의 제약을 받지 않기 때문에 실체적 혹은 물질적 실존을 가지고 있지 않다.… 텍스트는 물리적 형태에 의해 제한되고 고정되지만 물리적 형태 그 자체는 아니다"(46)라고 분명하게 말한다. 용어의 경계를 확실하게 하기 위해 실링스버그는 다음과 같이 주장한다. "동일한 텍스트를 일련의 알파벳 기호나 점자 기호, 컴퓨터 테이프의 전자 기호나 테이프 녹음기의 자기파로 저장할 수 있다. 그러므로 텍스트가 기호들이나 저장 매체와 같다고 말하는 것은 정확하지 않다. 만약 텍스트가 다른 두 번째 저장 매체에 정확하게 저장된다면, **텍스트를 나타내는 기호는 다르지만, 텍스트는 여전히 같다.** 각각의 정확한 사본은 같은 텍스트를 담고 있고, 정확하지 않은 혹은 다르게 변이된 사본은 다른 텍스트를 담고 있다"(47, 강조는 저자). 100여 쪽 뒤에서 실링스버그는 "서지적 지향성(bibliographical orientation)의 지지자들은 책의 모양이 시용자에게 어느 정도 중요한 의미가 있다는 사실을 의문의 여지 없이 보여 준 것 같다"(150)고 인정한다. 하지만 물리적 형식과 의미의 겹침이 다른 텍스트성 개념을 필요로 한다고는 생각하지는 않았던 것이 분명하다. 실링스버그에게 공정하기 위해 언급하자면, 실링스버그는 이 이후로 '텍스트'를 물질과 개념과 행위의 복합체로 정의하기는 한다.[8] 그럼에도 많은 편집자와 학자(감히 말하자면 대다수)가 '작품', '텍스트', '문서'에 대해 실링스버그가 공식화한 정의를 받아들이고 있다. 심지어 실링스버그의 최근 분석에서는 '텍스트'와 '작품'에 대해 더 섬세한 설명이 전개되면서 관련 용어들이 놀라울 정도로 많아졌고 '작품', '텍스트', '판본' 등이 모두 여러 하부범주들로 쪼개졌다. 이러한 방식은 지구를 계속 우주의 중심으로 삼기 위해 원환들 위에 보조원환들을 쌓아 올린 프톨레마이오스 우주 모형을 떠올리게 한다. 프톨레마이오스 우주 모형의 문제는 그것이 천체의 움직임을 설명할 수 없었다는 것이 아니라, 지구 중심적 견해를 유지하기 위해 점점 더 복잡해졌다는 데 있다. 아마도 지금이 텍스트성에 대한 우리의 사유에 코페르니쿠스적 전환이 필요한 시기인 듯하다. 이런 혁명을 이루려면 근본 가정들로 되돌아가 다시 생각해 보아야 한다.

실링스버그의 정의가 인쇄와 전자 매체의 차이를 사소하게 만들고 매체의 특수성에서 비롯하는 중요 영향에서 '텍스트'를, 더 나아가 '작품'을 단절시키기 위해 참으로 정교하게 잘 만들어졌다는 사실에 주목하면서 재평가를 시작해 보자. 실링스버그가 든 예들을 다시 살펴보면, 그는 한 소설의 점자 판본은 인쇄 판본과 동일한 텍스트이지만, 두 형식의 감각적 자극은 전혀 다르다고 주장한다. 여기서 한 매체, 즉 '인쇄'가 정의의 기준선이 되고 있음이 분명하다. 실링스버그의 정의는 다른 매체도 아우른다고 상정되지만, 텍스트를 "단어와 구두법의 순서"로 생각하는 것은 내가 생각하기로는 인쇄 중심적 정의다. 이러한 정의는 책의 생산 수단인 활자의 배열과 인쇄소에서 곧장 비롯하는 정의이기 때문이다. 위의 인용에서 실링스버그가 "컴퓨터 테이프"라는 말을 한 것에서, 그가 어떻게 인쇄 중심적 개념을 전자 매체 안으로 들여오는지 엿볼 수 있다. 비록 실링스버그가 텍스트는 "시간과 공간의 제약을 받지 않는다"고 가정할지라도, 위에서 인용한 글에는 텍스트가 하나의 물리적 장소에 위치한다는 관념이 무의식적으로 담겨 있다("동일한 텍스트를 일련의 알파벳 기호나 점자 기호, 컴퓨터 테이프의 전자 기호나 테이프 녹음기의 자기파로 저장할 수 있다"). 전자 환경에서 텍스트가 생성될 때, 그 데이터 파일은 사용자의 컴퓨터에서 수백 마일 떨어진 서버에 담겨 있을 수 있다. 더 나아가 텍스트가 온더플라이(on the fly)# 방식으로 그때그때 역동적으로

즉석에서, 실시간으로 혹은 사전 준비 없이 즉각적으로 무언가를 처리하거나 생성하는 것. 여기서는 데이터베이스에 있는 항목들이 실

조합된다면, 이들 데이터 파일 안에는 '단어와 구두법의 실제 순서'로서 텍스트는 존재하지 않는다. 사실 텍스트는 하나의 인공물로 존재하기보다는 데이터 파일들, 그 파일들을 불러내는 프로그램들, 그 프로그램들이 실행되는 하드웨어를 포함하는 **프로세스**로서 존재한다. 프로세스는 또한 텍스트를 하나의 네크워크화된 컴퓨터에서 다른 컴퓨터로 전송하는 데 필요한 광섬유, 커넥션, 전환 알고리듬과 그 외 다른 장비들도 포함한다.

'텍스트'가 애니메이션, 마우스오버, 즉각 링크 연결 같은 전자적 효과는 말할 것도 없고 색채, 폰트 크기와 모양, 페이지 구성 같은 특질을 포함하지 않는다고 은연중 가정한다는 점에서 실링스버그의 정의는 더욱 문제가 심각하다. 현시대 대부분의 전자 문학에서 스크린 디자인, 그래픽, 복수의 레이어, 색채, 애니메이션 등의 다양한 의미화 구성 요소는 작품의 효과에서 매우 중요하다. '단어와 구두법의 실제 순서'에만 초점을 맞추는 것은 그림에서 색채와 질감, 구성과 관점 등을 배제하고 그림이 단지 형상으로만 구성되어 있다고 주장하는 것만큼이나 부적절하다. 그러한 주장은 전자 텍스트의 등장이 상황을 어떻게 변화시켰는지 재고하지 않고서 인쇄 환경에서 만들어진 텍스트성 개념을 그대로 화면상에

시간으로 필요한 순간에 선택되어 즉각적으로 텍스트가 생성되는 방식을 의미한다.

적용할 수 있다고 생각하며, 이를 적절히 검토하지도 않는다. 마치 '텍스트'가 이 그릇에서 저 그릇으로 옮겨 담아도 그 본질은 아무 영향을 받지 않는 비활성적·비반응적 실체인 듯 간주한다.

더욱이 전자 텍스트와 비교해 보면 '텍스트'에 대한 이런 정의가 심지어 인쇄 매체에도 상당히 제한적으로 적용된다는 사실이 드러난다. 실링스버그는 '서지적 지향성'을 가진 사람들을 인정하기는 하지만, 바이런 경에서 월리스 스티븐스에 이르는 시인들을 다룬 맥건의 훌륭한 독해도, 서지적 효과가 텍스트의 의미 유희를 촉발하는 핵심 요소라는 맥건의 거듭된 주장도 진지하게 다루지 않는다. '텍스트'가 의미하는 바에서 이러한 효과들을 배제하는 것은 예술 작품 창조에 사용된 자원과 비평을 단절시켜 비평을 빈약하게 한다. 이들 효과를 배제하는 방식으로 '텍스트'가 정의된다면, 텍스트 안에서 이들 효과를 어떻게 알아낼 수 있겠는가? '작품'에 대한 실링스버그의 정의는 완벽하게 플라톤적이지는 않지만, 체화된 세상의 소음에서 '작품'을 보호하려 한다는 점에서 플라톤적 열망을 드러낸다. 하지만 바로 이 소음이야말로 예술적 효과를 출현시키는 거품일 수 있다.

이상적 '작품'에 수렴하기 위해 무질서와 다양성을 억제하려는 욕망은 텍스트 비평에 깊이 배태되어 있다. 이러한 수렴을 촉진하는 기준들의 정의가 어떠하든, 텍스트 편집자들은 대체로 수렴이 이상적인 것이라는 데 동의한다. 한스

젤러는 1975년에 저자의 "궁극적 의도"에서 폭넓은 역사적 관점으로 편집 관점이 전환되어야 한다고 주장하면서, "편집자는 전달된 텍스트에서 하나의 진정한 텍스트, 그에 비하면 다른 모든 것은 텍스트적 타락인 하나의 진정한 텍스트를 찾는다"고 말한다.[9] 편집자들은 자신들이 하나의 권위 있는 텍스트에 도달하지 못하면, 독자는 복잡하게 상호 관련된 이형들이 가득한 생쥐 굴에 빠져 대부분이 건네받고 싶어 할 의미 있는 텍스트에 도달하기 위해 난장판을 뒤지며 선별하는 시지프스의 노동을 대신 떠맡게 될 것이라고 주장한다. 이 관점에서 보면 독자들은 자신들이 의미를 해석하고 예술적 전략을 해명하는 작업을 할 수 있게 비교적 겉으로 드러난 가치를 그대로 받아들일 수 있는 텍스트를 원하는 것으로 보인다. 여기서 편집을 번역에 비유하는 것은 특히 적절하다. 왜냐하면 편집자는 번역가처럼 원칙들에 대한 명시적 진술이 결코 다 다룰 수 없는 수많은 결정을 내리기 때문이다. 맥건이 지적하듯 이러한 결정은 어느 해석적 가능성은 전면에 내세우고 다른 가능성들은 억제하는 방식으로 텍스트를 그야말로 구축하기 때문에, 필연적으로 해석으로 기능한다.

'작품'을 비물질적 언어 구축물로 규정하려는 시도, 인쇄에서도 이미 문제적이었던 이 시도는 텍스트를 전자 환경 안으로 번역할 때는 더 많은 복잡성과 모순으로 가득한 판도라의 상자를 여는 일이 된다. 텍스트인코딩이니셔티브(Text Encoding Initiative, TEI)를 고안하려 한 관련 커뮤니티 내부 논쟁이 이를 잘 보여 준다. TEI는 인쇄 문서의 핵심 특징을 잘 보존해, 그것들을 플랫폼과 브라우저를 막론하고 어떤 복잡한 네트워크 환경 안에서든 비교적 같아 보이는 전자 형태로 코딩하기 위한 원칙들을 찾아내는 데 목적을 두고 있었다. 이를 위해 커뮤니티(정확히는 영향력 있는 대표들)는 OHCO(Ordered Hierarchy of Content Objects)#의 잘 알려진 원칙, 즉 텍스트를 콘텐츠 객체들의 질서 있는 계층으로 인코딩할 수 있다는 생각에 도달했다. 이 과정을 분석한 중요 연구에서 앨런 레니어는 인쇄를 디지털 매체 안으로 들여오려면 텍스트가 무엇인지 암묵적으로 정의할 필요가 있다고 지적했다.[10] 마츠 달스트룀은 이 주장을 확장하면서 마이클 스퍼버그매퀸을 따라 한 텍스트의 마크업(markup)##은 "그 [특정한] 텍스트에 관한 이론이며, 일반 마크업 언어는 텍스트에 대한 일반 이론 즉 개념이다"[11]라고 말한다.

텍스트나 문서를 전자 형식으로 인코딩하는 데 사용되는 접근 방식 혹은 원칙. 콘텐츠를 구조화된 계층 구조로 조직함으로써 정보를 색인화하고 검색하고 조작하는 것을 간편하게 한다.

문서 처리를 지원하기 위해 문서에 추가되는 정보. 마크업 정보는 문서의 논리적 구성이나 체제와 같은 문서의 포맷을 지정하거나, 문서 내용의 찾아보기 또는 찾아보기 작업(indexing) 방법을 지정하거나, 문서 내용 중의 요소와 같은 문서 또는 다른 문서 중의 다른 요소와의 연결(link)을 지정한다. 마크업 정보를 표현하는 언어를 마크업 언어라고 한다.

레니어는 OHCO의 일반론을 다루면서 텍스트 인코딩 커뮤니티 내부에 세 가지 다른 입장이 있으며, 각각의 입장이 세 가지 역사적 단계에 대략 대응한다는 사실을 발견했다. 첫 단계에서는 텍스트가 장, 절, 하위 절, 문단, 문장 같은 콘텐츠 객체들의 계층적 집합으로 구성되어 있다고 주장된다. 이 관점은 계층(hierarchy)이 텍스트 생산에 핵심적이므로, 그만큼 인쇄 텍스트를 디지털 코드로 변환할 때 계층이 중심이 되어야 한다고 주장한다. 계층에 대한 이러한 확신은 콘텐츠 객체들을 디지털 매체에서 인쇄와 똑같은 계층으로 재현할 프로토콜과 기준들을 만들기 위해 이 커뮤니티가 SGML(Standard Generalized Markup Language)을 어떻게 사용했는지 알려 준다.[12] 이들 대부분은 자신이 이론가가 아닌 실천가라고 생각했지만, 레니어의 지적처럼 그들의 결정은 사실상 텍스트성에 관한 이론이 되었고, 한 텍스트의 '플라톤적 실재(Platonic reality)'가 실제로 콘텐츠 객체들의 질서 있는 계층으로 존재한다는 그들의 암묵적 가정이 그 이론을 재강화했다.

레니어가 다원주의(pluralism)라고 정의한 그다음 입장은 많은 텍스트가 하나의 계층이 아니라 여러 개의 상호 침투적 계층으로 구성되어 있다는 깨달음으로 촉진되었다. 대표 예가 극시(verse drama)다. 극시는 문장(sentence)과 운율 행(metrical line)으로 분해될 수 있다. 이러한 깨달음은 인식론적으로 텍스트들을 질서 있는 계층들의 시스템으로 보게 했고, 시스템에 더 많은 유연성을 도입하기 위해 문서형식 정의(Document Type Definitions, DTDs) 같은 세심한 개선책이 고안되었다.

레니어가 반실재론(antirealism)라고 부른 세 번째 입장은 텍스트가 인코딩 이전에 안정된 존재론적 객체로 존재하는 것이 아니라 인코딩 절차들을 통해 실현되는 암암리의 가정들을 통해 존재하게 된다는 결론을 이끌어 낸다. 레니어는 알로이스 피클러의 말을 인용해 이 접근 방법의 예를 보여준다. "옮겨쓰기(transcription)의 목적은 원본을 가능한 한 정확히 재현하는 것이 아니라 원본에서 또 다른 텍스트를 마련해 그 텍스트의 어떤 관심사에 가능한 한 정확하게 기여하는 것이다."[13] 자신을 다원주의자(pluralist)로 정의하는 레니어는 반실재론의 입장이 지닌 동어반복과 모호성을 예리하게 지적한다. 예를 들어 기여해야 할 '텍스트의 어떤 관심사'가 어떤 것인지는 정해져 있지 않다.

나는 이 논란의 또 다른 면에 관심이 있다. 나에게 인상적이었던 것은 이 세 가지 입장(플라톤주의, 다원주의, 반실재론)이 거의 전적으로 언어적 코드에만 초점을 맞춤으로써 문서를 인공물로 고려하지 않게 되었다는 것이었다. 이러한 배제가 의미하는 바를 살펴보기 위해 <윌리엄 블레이크 아카이브>로 되돌아가 보자. 우리가 보았듯 이 아카이브의 편집자들은 책을 물리적 객체로 고려한다. 하지만 그들의 인코딩 실천은 암암리에 '서지적인 것'을 거의 전적으로 '시각적인 것'으로 이해한다. 물리적 객체인 텍스트의 다른 측면들, 예를 들어 가죽 바인딩의 사랑스러운 느낌, 오래된 종이의 퀴퀴한 냄새 등은 디지털 코드로는 재현되지 않는다. 디지털 매체에서 책을 서지적으로 완벽하게 코딩하려면 보르헤스의 "바벨의 도서관"에 상응하는 디지털 도서관을 상상해야 할 것이다. 우리가 책을 감각적 현상으로 처리하는 방식은 어마어마하게 다양한데, 이를 모두 재현하려면 그에 해당하는 엄청나게 많은 수의 코드를 포함시켜야만 한다. 이러한 불가능한 시도를 감당 가능한 정도로 축소하려면 편집자들은 특별히 관심 가는 몇몇 특징을 골라야 한다. 그러므로 블레이크의 작품에서 시각적 측면을 강조한 것은 아주 타당하다. 하지만 이 과정을 자연스러운 것으로 여기게 되면 우리는 중요한 통찰을 잃게 되고, 블레이크의 책이 (혹은 어떤 책이라도) 디지털 매체로 충실하게 재현되었다는 환상을 품게 된다. 실제로는 책의 어떤 면을 인코딩할 것인지에 대한 선택들이 있었고, 이 선택들은 서지적인 것보다 언어적인 것에 심히 편향되어 있다. 나아가 그 선택들은 그것들이 언어적, 서지적, 디지털적 코드 사이에 수립하는 상관관계에 영향을 미친다. 디노 부제티는 SGML과 같은 마크업 언어들이 내용과 표현(한 텍스트의 물리적 인스턴스) 사이의 옐름슬레우식 구별(Hjelmslevian distinctions)#과 어떻게 관련되는지 철저

소쉬르가 '기표'와 '기의'의 측면에서 기호를 분석한 반면, 루이 옐

하게 분석하면서, 이러한 마크업 언어들이 텍스트를 추상적 실체로 생각할 때 야기되는 문제를 해결하지 못하며 오히려 내포된 문제들을 증폭시키고 상황을 더 복잡하게 한다는 것을 보여 준다.[14] 언어적 코드, 서지적 코드, 디지털 코드 사이의 상호 관계에 주의를 기울일 때에만 책이 디지털 매체 안으로 번역될 때 겪는 변모의 의미를 완전하게 파악할 수 있다.

인코딩에 대한 논의들은 인쇄에서 디지털 매체로 옮겨질 수 있는 텍스트에 어떤 본질이 있다고 암암리에 상정한다. 심지어 반실재론조차 본질을 가정한다. 그것이 편집자에 의해 창조된 것일지라도 말이다. 세 입장은 모두 전자 텍스트에서 책의 물질성과 물리적 차이를 삭제한다. 더 정확하게 인식하려면 늘 맥락적이고 '특정 관심사'로 추동되는 편집의 선택 과정에 초점을 두어야 한다. 이 관심사들이 텍스트 안에만 있는 것이 아니라 텍스트, 편집 과정, 문화적 맥락의 결합 속에 있더라도 그렇다. 내 생각에 '존재론'이라는 카드는 적절하지 않다. 텍스트의 플라톤적 실재라는 것은 없다. 오직 책과 컴퓨터, 관심의 초점들, 관심을 끌고 가고 물질적 작동을 조직하는 코드 같은 물리적 객체들이 있을 뿐이다. 어떤 인쇄본도 디지털 매체로 완벽하게 인코딩될 수 없기 때문

름슬레우(Louis Hjelmslev)는 '표현'과 '내용'의 측면에서 기호를 분석했다.

에 우리는 존재론보다 상응(correspondence)에, 고립된 객체들보다는 조율 프로세스(entraining processes)#에, 한 객체를 다른 객체 위에 매핑하기(mapping)##보다는 재현 매체들을 가로지르며 공동 작용하는 코드에 더 관심을 두어야 한다.

문제의 핵심은 우리가 텍스트를 무엇이라고 생각하는지다. 그중에서도 핵심은 '작품'과 '텍스트'가 비물질적 구성물이라는 믿음, 그것들을 실체화한 기체와는 독립적인 것이라는 믿음이다. 이 가정을 긴급하게 재고해야 하는 이유는 이 가정이 그대로 유지되는 한 인쇄와 전자 매체에 각각 특정적인 특징들을 설명하려는 노력이 좌절될 것이기 때문이다. 인쇄와 전자 매체의 차이와 유사성을 섬세하게 분석하지 않으면 '인쇄의 시대(Age of Print)'가 막을 내리고 (여전히 견고하고 다재다능하고 복잡한) 인쇄가 21세기의 역동적인 미디어 생태계 안에 자리를 잡으려 하면서 겪고 있는 엄청난 변화들의 의미를 충분히 파악하지 못하게 될 것이다. 이러한

'공정을 조율한다' 혹은 '과정을 동조시킨다'라는 의미로, 시스템 내의 서로 다른 요소들 혹은 구성 요소들 간의 상호작용과 정렬에 초점을 맞추면서 조정하거나 동기화하는 것을 말한다.

하나의 값을 다른 값으로, 한 데이터 집합을 다른 데이터 집합으로 번역하거나 두 개의 데이터 집합 사이에 일대일 대응 관계를 설정하는 것을 말한다.

변화를 이해하려면 전통 텍스트성 이론의 물질성 인식보다 인쇄와 전자 매체 각각에 더 특정적인 물질성 인식이 필요하다. 기존의 텍스트성 이론은 물질성을 들먹이되, 이상적 작품을 창조하고 나서 버리고 갈 것으로 일축할 뿐이다.

물리성, 물질성, 체화된 텍스트성

물론 편집자들이 작품의 '물리적 예화(physical instantiation)'와 '작품' 개념을 분리하려 한 데에는 타당한 이유가 있다. 만약 '작품'이 물리적 형태로 예화되는 것이라면, 각각의 판본은 정의상 또 하나의 '작품'을 생산한 것이 될 것이며, 텍스트 형식은 결코 안정되지 않을 것이다. 텍스트 형식이 안정되어야 하는지 여부는 ≪빛나는 텍스트성≫에서 맥건이 논한 "실패한 실험들"에서 핵심에 해당하는 질문이다. 달스트룀과 맥건이 모두 지적하듯 대부분 텍스트 비평을 이끄는 두 가지 명령은 모순적이지는 않아도 최소한 서로 갈등상태에 있다. 즉 편집자들은 이상적 작품에 수렴하기를 원하면서 동시에 텍스트 이형들에 대해 가능한 한 많은 정보를 독자들에게 제공하려 한다.[15] [월드 와이드] 웹은 이 이중의 명령을 그 어느 때보다 더 성공적으로 통합할 수 있다고 약속한다. <윌리엄 블레이크 아카이브> 그리고 맥건의 <D. G. 로제티 하이퍼미디어 아카이브> 작업이 이를 보여 준다. 이와 동시에, 아마도 반어적으로, 웹의 주목할 만한 유연성 그리고 텍스트성의 근본적으로 다른 예화는 이상적 '작품'에 수렴하는 것이 가능한지 혹은 바람직한지 문제를 제기하게 한다. <D. G. 로제티 하이퍼미디어 아카이브> 작업을 통해 배움을 얻은 맥건은 비판적이고 이론적인 원리로서 수렴에 반대하고, 시 작품들을 설득력 있게 독해하는 등 여러 전략을 통해 텍스트가 결코 자기 동일적이지 않다는 사실을 보여 주려 한다.[16]

맥건은 자신이 '데포르마시옹(deformation)'이라고 부르는 방식을 주장한다. 데포르마시옹은 의미를 찾는 전략을 텍스트에서 해방시키려는 독해 방식이다. 맥건은 1960년대에 글을 쓴 이탈리아 비평가 갈바노 델라 볼페의 생각을 따라 의미란 비평적 해설의 목표가 아니라 비평적 탐구가 마무리된 후 남겨진 잔여라고 주장한다. 의미 자체는 비평적 해설의 목표가 될 수 없다. "그렇게 되면 해석이 포이에시스(poiesis)# 에 적합한 것이 될 수 있다고 시사하는 위험을 감수하게 되기 때문이다. 그렇게 될 수는 없다."(≪빛나는 텍스트성≫, 130) 실제로 해설을 통해 해설 자체를 이해하는 것조차 쉽지

고대 그리스 철학에서 비롯된 용어로, 예술, 문학, 철학 분야에서 창조하거나 생산하는 과정을 가리킨다. 포이에시스는 흔히 무언가를 만들거나 존재하게 하는 과정을 의미하며, 예술적 혹은 지적 창조의 창조적이고 생성적인 측면을 강조한다.

않다. 해설을 이해하려면 그 해설에 대한 해설이 또 필요한데, 그것은 다시 두 해설이 비교될 때 남겨지는 잔여에 도달하려 하는 또 다른 해설을 요하며, 이러한 과정은 무한히 혹은 비평적 의지가 소진될 때까지 계속된다. 이 주장의 바탕에는 암묵적 유비가 있다. 전통적으로 텍스트 비평이 이상적 작품에 수렴하려 했듯, 해석학적 비평은 이상적 의미에 수렴하려 한다. 자신이 인정하는 것 이상으로 해체 이론과 공명하면서 맥건은 묻는다. 이 두 종류의 기획 모두가 수렴을 향한 운동을 멈추고, 그 대신 일련의 데포르마시옹을 통해 텍스트의 복수성을 해방하려 하면 어떤 일이 일어날까? 이처럼 맥건은 <윌리엄 블레이크 아카이브>가 종이 문서의 크기와 색조들을 시뮬레이션하면서 성취한 것보다 <D. G. 로제티 하이퍼미디어 아카이브>의 이미지들이 포토숍으로 형태가 변화하면서 드러내는 것에 (최소한 이론적으로) 더 관심을 둔다.[17]

맥건의 주장은 인쇄와 전자 텍스트성 간 물질성 차이를 전문적으로 탐구할 길을 연다. <D. G. 로제티 하이퍼미디어 아카이브>의 편집자로서 맥건은 인쇄와 전자 텍스트 간 차이를 맛볼 기회를 고통스러울 정도로 넘치게 가졌다. 사실 바로 이 간극 때문에 맥건은 존 언스워스의 에세이 "실패의 중요성"을 그토록 중시하게 되었다. 맥건의 프로젝트는 '데포르마시옹'을 비평적 통찰의 도구로 사용해, 전자 텍스트성이 인쇄의 적확한 복제가 되지 못하는 실패를 비평의 동력으로 삼으려는 것이었다. 맥건은 전자 텍스트성을 이론화하려면 반드시 그것을 실제로 경험해 볼 필요가 있다고 주장하면서 **해 보기**(doing)와 **만들어 보기**(making)의 중요성을 강조한다. 이러한 의미에서 맥건의 작업은 <윌리엄 블레이크 아카이브>의 수사학을 넘어서는 (기술적 성취까지 넘어서는 것은 아니지만) 중요한 진전을 나타낸다. 전자 텍스트성이 인쇄의 시뮬라크르 이상의 것이 될 수 있다고 보기 때문이다. 맥건은 전자 텍스트성이 인쇄 매체의 자원들을 재고하게 하는 관점을 제공할 수 있다고 본다.

맥건이 자신의 경험에서 받은 영향은 그가 인쇄 텍스트를 전자 텍스트에 충분히 비견될 만한 것으로 새롭게 기술한다는 점에서 잘 드러난다. 예를 들어 맥건은 모든 텍스트는 '마크'되어 있다고 주장하면서, 문단 들여쓰기와 구두법이 문서를 전자 환경에 맞게 포맷하는 하이퍼텍스트 마크업 언어(Hypertext Markup language, HTML)에 해당되는 마킹 형식이라고 본다. 더 나아가 맥건은 모든 텍스트가 알고리듬적이며, 그 자신을 디스플레이하는 명령을 그 자체 안에 담고 있다고 말한다(여기서 문서 디스플레이 형식은 데이터와도, 그것을 만들어 내는 알고리듬과도 다르다). 맥건의 재서술이 너무 광범하고 상세해서 과연 전자 텍스트에 자체의 다른 특징이 있는지 의심스러울 정도다. 맥건은 전자 텍스트가 특별히 다르지 않다고 시사하는 듯한데, 재닛 머리와 올세트가 제시한 전자 텍스트성의 특징들을 아무렇지도 않은 듯 간과

하는 것을 보면 이러한 함의가 짙어진다.[18]

논의를 픽셀(pixel)의 문제로 더 밀고 나가면, 맥건이 근본적으로 전자 텍스트성보다 인쇄를 중시한다는 점이 더 분명해진다. 맥건은 반복적으로 전자 매체의 자원들이 인쇄에 비해 빈약하다고 주장한다.[19] 특히 ≪빛나는 텍스트성≫에서 맥건은 소설을 언급하면서 "종이에 기반한 허구 작품들의 복잡성과 풍부함은 그것의 디지털 대응물인 하이퍼미디어 소설에는 비할 수가 없다"(130)고 말한다. 비록 맥건이 영리하게도 스튜어트 몰스럽과 이탈로 칼비노를 직접 비교하지는 않지만, 그다음 문장에서 이 둘을 병치해 현시대 전자 하이퍼텍스트의 선구자인 몰스럽이 칼비노만큼 좋은 작가가 아니라고, 혹은 적어도 그 정도의 질을 갖춘 문학을 생산하지 않는다고 암시한다. 인쇄의 우월성을 증명하기 위해 맥건이 쌓아 올린 여러 주장처럼, 여기에 암시된 인쇄 문학과 전자 문학 사이의 비교에는 심각한 결함이 있다. 15년 동안 존재해 온 문학 매체를 500여 년 동안 발전해 온 인쇄 형식과 비교하는 것은 명백히 부적절하다. 더 공정하게 비교하려면 인쇄 문학의 관례가 발생하던 시기인 1550년에서 1565년까지 생산된 인쇄 문학과 1985년에서 2000년까지 생산된 전자 문학을 비교해야 한다. 양쪽 정전(canon)을 모두 잘 아는 사람이라면 인쇄 문학의 정전을 근거로 삼아 인쇄가 문학 창조와 표현의 매체로서 더 우월하다고 결론을 내리지는 않으리라고 나는 믿는다. 500년의 시간이 주어진다면 (우리가 이 정도로 멀리까지 상상력을 펼칠 수 있다면) 전자 문학은 인쇄 문학에 버금가는 혹은 우월한 매체임을 증명할 정도로 발전할지 모른다.

말라프롭 부인(Mrs. Malaprop)#이 말했듯 비교라는 것이 '냄새나는(odorous)' [즉 끔찍한(odious)] 일이라면, 맥건의 비교는 특히 그러하다. 맥건이 인정하듯 비교는 하나의 매체를 다른 매체에 견주는 것이 아니라 각각의 특징을 이해하는 것이어야 한다. 전자 텍스트성을 이용해 인쇄를 더 잘 이해하려 했던 맥건은 그 가능성에 대한 중요한 통찰을 제시했지만, 불행하게도 인쇄를 이용해 전자 텍스트성의 특성을 이해하는 데는 그만큼 성공하지 못했다. 맥건의 주장에서 생기는 문제는 거의 언제나 바로 여기서 비롯한다. 예를 들어 맥건은 인쇄 텍스트가 자기 동일적이지 않다고 강조하면서 면밀한 읽기를 통해 이를 논증한다. 하지만 맥건의 주장은 독자의 마음에서 일어나는 일과 특정 문서의 인쇄상 안정성을 혼돈하고 있다. 맥건은 문서의 차원에서조차 인쇄가 안정적이지 않다는 것은 보여 주기 위해 문서를 광학문자판독기(optical character reader, OCR)로 스캔하고는 기계가 서로 다른 스캔본들에서 서로 다른 읽기를 제공한다고 주장한다. 하지만 이 실험은 인쇄가 자기 동일적이지 않다는 것이 아

리처드 셰리든의 희곡 <연적>의 등장인물. 발음은 비슷하지만 뜻은 다른 말을 일부러 오용하며 말장난을 하는 인물이다.

니라, 단지 인쇄와 전자 텍스트 사이의 번역이 불안정하다는 것을 보여 줄 뿐이다.

맥건은 또한 텍스트의 불안정성(예를 들어 한 판본의 여러 사본들 사이의 변이 혹은 다른 판본들 사이의 변이)을 인쇄 문서의 불안정성에 융합시키고는, 또다시 인쇄가 전자 텍스트처럼 유동적이고 불안정하다고 주장한다.[20] 하지만 변함없이 확고한 사실은 일단 잉크가 종이에 인쇄되면, 그것은 비교적 움직임 없이 안정된 상태로 유지된다는 것이다. 몇몇 예외(손의 열에 의해 색이 바뀌는 감온성 잉크로 제작한 아트북 혹은 움직이는 조각에 찍힌 인쇄)를 떠올릴 수는 있다. 하지만 문서는 (어느 정도) 오랜 시간 동안 안정적인 반면 컴퓨터 화면은 초당 여러 번 계속해서 새롭게 만들어진다는, 이 극적으로 대조되는 상황에 대한 일반적 소견이 이들 예외 때문에 간과되어서는 안 된다. 더욱이 인쇄는 일단 종이 섬유 위에 인쇄되면 보통 그대로 있다. 이것 역시 애니메이션, 롤오버 등 전자 문학의 특징과 대조된다. 어떤 인쇄 문서도 일단 종이 위에 잉크로 인쇄되면 재프로그래밍될 수 없는 반면, 전자 텍스트들은 정기적으로 재프로그래밍될 수 있다. 물론 이러한 차이가 인쇄가 전자 텍스트보다 열등하다는 것을 의미하지는 않는다. 단지 서로 다르다는 것이다. 이러한 차이를 인정한다고 해서 전자 텍스트와는 다른 원천에서 비롯하는 인쇄본의 복잡성과 유연성이 감소하지는 않는다. 차이를 인정하면 전자 텍스트성의 특징을 이해할 수 있고,

전자 텍스트성의 자원을 좀 더 완전하게 이해하고 인정할 수 있다.

그렇다면 이 둘의 차이는 무엇이며, 이 차이가 텍스트성 이론에서 함의하는 바는 무엇일까? 달스트룀은 '학술판(scholarly edition)'이라는 개념이 전자 텍스트성과 더불어 어떻게 변하는지 탐색하면서 이 문제를 다룬다.[21] 달스트룀은 군데르 또한 "텍스트 형성하기, 작품 수행하기"에서 주목했듯 전자 텍스트들에서는 저장 장치와 전달 수단이 개념적으로(흔히 실제적으로도) 구별되지만, 인쇄물에서는 저장 장치와 전달 수단이 동일한 하나라고 주장한다. 전자 텍스트의 경우 데이터 파일이 한 서버에 있고 이를 디스플레이하는 기계는 전혀 다른 장소에 있을 수 있다. 즉 전자 텍스트는 분산된 현상으로 존재한다. 이 분산이 인쇄에는 존재하지 않는 자원들, 전자 텍스트 생성에 변이를 일으키는 자원들을 상당수 들여온다. 예를 들어 어느 사용자의 브라우저가 보여 주는 텍스트 색채와 그 텍스트를 창조한 작가가 자신의 기계에서 보았던 색채는 다를 수 있다. 더 근본적으로, 텍스트는 한 기계에 넣어져 있을 때조차 분산된 방식으로 존재한다. 데이터 파일과 그 파일을 불러내고 처리하는 프로그램, 그 프로그램을 해석하거나 컴파일하는 하드웨어 기능 등이 전자 텍스트를 생성하는 데 모두 있어야 한다. 이 중 어느 하나라도 없으면 텍스트는 그야말로 생성될 수 없다. 이러한 이유로 전자 텍스트는 객체라기보다는 **프로세스**로 불려야 마땅하며,

디스켓 혹은 시디롬과 동일시될 수 없다. 적절한 하드웨어에서 적절한 소프트웨어로 수행되지 않으면 디스켓이나 시디롬만으로는 결코 텍스트가 생성되지 않기 때문이다.

나는 이러한 프로세스 과정이 반드시 사용자가 텍스트를 읽고 해석할 때 수행하는 어떤 인지적 프로세스 과정보다 앞서 존재해야 한다는 사실을 강조하려 한다. 인쇄된 책을 읽을 때 독자들은 정교한 인지적 활동을 수행하는데, 인쇄된 글자들은 책이 열리고 읽히고 이해되기 이전이나 이후에나 똑같은 상태로 존재한다. 이와 달리 전자 텍스트는 독자가 읽기 이전에는 존재하지 않는다. 전자 텍스트는 컴퓨터 어디에도, 네트워크 시스템 어디에도 화면에 디스플레이될 때의 형태로 존재하지 않는다. 물론 전자 텍스트가 디스플레이된 이후에는 인쇄에서와 마찬가지로 독자의 독해 프로세스 과정이 발생할 수 있다. 하지만 우리는 (텍스트를 창조하는 프로그램이 활성화되었을 때에만 일어나는 프로세스인) 디스플레이 생성이 독자의 인지적 프로세스와 똑같이 작동한다고 가정하며 논리적 혼란에 빠져서는 안 된다. 이러한 면에서 전자 텍스트는 인쇄보다 더 프로세스적이다. 사용자가 어떻게 상상하든, 어떻게 처리하든, 전자 텍스트는 본성 자체가 수행적이다. 판본들과 사본들 사이의 이형들이 어떠하든 상관없이 그러하다.

달스트룀은 이 차이를 인정하면서 전자 텍스트를 근본적으로 이진 코드, 모든 언어 아래 놓여 있는 '1'과 '0'의 연속들로 구성된 것으로 이해해야 한다고 주장한다. 하지만 키틀러가 "소프트웨어는 없다"[22]에서 한 주장을 상기시키는 이러한 방식으로 전자 텍스트를 정의하는 것은 사용자가 읽을 수 있는 문서인 텍스트의 생성에 필요한 것들 중 그 무엇보다 이진 코드에 불가해한 특권을 주는 셈이 된다. 더 나아가 전자 텍스트가 패턴이라고 주장하는 달스트룀의 주장은 위험하게도 텍스트를 단어와 휴지(pause)의 연속으로 보는 실링스버그의 '텍스트' 정의에서 두드러지는 탈물질화를 재기입한다. 만약 인쇄 텍스트가 탈물질화된 실체라는 착상이 (아무리 편리해도) 이미 허구적이라면, 코드가 저장·처리·디스플레이되는 방식이 하드웨어와 소프트웨어의 성격에 전적으로 의존하는 상황에서 '이진 코드로서 전자 텍스트'라는 착상은 또 얼마나 더 허구적인가? 아마도 이제는 생각할 수 없는 것을 생각할 때인 듯하다. 즉 탈물질화되지 않은 '텍스트' 개념, 텍스트가 그것이 예화된 기체에 의존한다고 보는 개념을 제기할 때다. 탈물질화라는 허구에 계속해서 무리하게 매달리기보다는 물리성과 정보 구조의 뒤엉킴 위에서 번성하는 텍스트의 가능성을 탐색하는 것이 어떨까?

내 생각엔 바로 여기가 맥건이 텍스트는 결코 자기 동일적이지 않다고 주장하면서 나아가려는 지점인 듯하다. 맥건은 이 통찰을 텍스트성의 양자적(quantum) 속성(즉 독자가 그것과 특정한 방식으로 상호작용하기 전까지는 답할 수 없는 모호한 텍스트성)에 대한 최근의 작업에서 더 발전시키고 있다. 지금까지 보았듯 텍스트의 물리성을 인정하면, 두 물리적 객체 사이에는 아무리 사소하더라도 늘 차이가 있기 때문에 어떤 텍스트도 다른 텍스트와 동일하지 않은 무한한 차이의 배열을 향한 문이 열린다. 맥건이 전자 텍스트성에 대해서는 이 점을 충분히 발전시키지 않지만, 텍스트가 물리적으로 자기 동일적이지 않다는 주장(대체로 인쇄에 적용하는 주장)은 전자 텍스트에서는 상식에 불과하다. 예를 들어 이미지를 멀리 있는 서버에서 가져와 화면에 나타나게 하는 데 걸리는 시간을 생각해 보자. 분명 시차(time lag)는 전자 텍스트의 중요한 구성 요소다. 사용자가 어떤 순서로 자료를 볼 것인지가 시차에 의해 결정되기 때문이다. 긴 로딩 타임을 초조하게 기다려 본 사람이라면 누구나 알듯 많은 경우 시차는 사용자가 이미지를 볼 것인지 말 것인지를 좌우한다. 시간이 얼마나 걸릴지 예상하기 어려운 이유는, 개별 컴퓨터의 처리 속도, 웹상의 트래픽(traffic),# 하드드라이브 데이터 분산의 효율성 그리고 다른 가늠하기 어려운 요소들에 따라 소요 시간이 달라지기 때문이다. 전자 텍스트성의 이러한 측면(다른 많은 측면과 더불어)은 전달 장치와 분리될 수 없는데, 이는 전달 장치가 전자 텍스트성을 사용자가 상호작용할 수 있는 프로세스로 생성하기 때문이다. 더욱이 텍스트가 네트

특정 통신 장치나 전송로상에서 일정 시간 동안 흐르는 데이터의 양, 곧 전송량.

워크화된 경우 전달 장치는 계속 달라진다. 데이터 패킷이 전송되는 순간의 트래픽에 따라 한 노드에서 다른 노드로 재빠르게 넘어갈 때, 그 순간의 배치(configurations)에 전달 장치가 존재하기 때문이다. 프로세스로서 전자 텍스트는 특정 하드웨어와 소프트웨어의 구성에 절대적으로 의존할 뿐 아니라 시간적이고 공간적인 맥락에 따라 세세하게 달라진다. 레일리는 수행성을 강조하며 전자 텍스트성의 이러한 측면을 지적한다. 레일리는 인쇄 텍스트와 전자 텍스트의 차이를 추적하면서 "하이퍼텍스트의 작동적 차이는 그 자체의 예화 속에서만, 스스로를 수행하고 추적할 때에만 드러날 수 있다"고 말한다.[23]

텍스트성이 탈물질화된 것이 아니라 예화된 것, 단일한 것이 아니라 분산된 것, 객체 같은 것이 아니라 프로세스적인 것, 견고하게 인쇄된 것이 아니라 명멸하는(flickering, 깜박거리는) 것이라는 생각의 귀결은 무엇일까? 텍스트가 나타날 때마다 각각은 다른 텍스트일 것이므로 '텍스트'를 전혀 정의할 수 없다는 악몽이 텍스트 비평을 쫓아다닌다. 전자 텍스트들과 더불어 생겨난 이 문제는 인쇄 텍스트 개념 역시 흔든다. 물리적 객체인 인쇄 텍스트들 역시 서로 다르기 때문이다. 하지만 우리가 물질성 개념을 재정의하고 수정한다면 이러한 상황이 파국으로 치닫지는 않을 것이다.

물질성에 대해 다시 생각해 보기 위해 한 권의 책(혹은 다른 어느 텍스트라도)이 물리적 객체로서 정확히 무엇인지 상술하는 것이 불가능하다는 점에 주목하면서 시작해 보자. 텍스트의 물리적 특성을 묘사하는 방법은 무한하다. 전자 텍스트를 말하면서 플라스틱 케이스를 만드는 중합체(polymers, 重合體)나 파워 코드(power cord)에 사용되는 팔라듐(palladium)에 초점을 맞출 수 있다. 텍스트의 물리적 예화는 이러한 면에서 늘 비결정적이다. 하지만 문학을 이해하는 데 중요한 것은 텍스트가 어떻게 물리성의 특정 측면을 동원해 의미의 가능성들을 창조하는지다. 그 가능성들은 필연적으로 텍스트를 구성하는 모든 특징의 작은 부분 집합일 것이다. 어떤 텍스트들, 예를 들어 에드윈 슐로스버그의 아트북 ≪단어들단어들단어들≫ 같은 텍스트들에서는 활성화된 물리적 특징에 '단어가 인쇄된 종이'를 포함할 수 있는 반면, 다른 텍스트들에서는 종이의 기여가 무시할 만한 것일 수 있다.

다음 정의는 무한한 차이의 카오스에 빠지지 않고 체화된 실체로서 텍스트를 생각할 길을 마련해 준다. **체화된 텍스트의 물질성은 곧 그 물리적 특징과 의미화 전략의 상호작용이다.**[24] 인공물에 중심을 두는 이 물질성 개념은 개별 객체를 넘어 확장한다. 텍스트의 물리적 특징들은 그 텍스트를 존재하게 한 사회적·문화적·기술적 과정의 결과이기 때문이다. D. F. 매켄지가 "사회적 텍스트(social texts)" 편집 이론의 맥락에서 주장했듯 사회적 과정도 텍스트 물질성의 일부이므로, 이는 서지적 관심과 해석적 관심을 견고하게 구별하는 것은 불가능하다는 결론으로 귀결한다. 매켄지의 영향력 있는 파니치(Panizzi) 강연#이 수록된 ≪텍스트들의 사회학과 서지학≫에서 매켄지는 "그러한 경계는 없다는 것이 나의 견해"(23)라고 말한다. 이 관점에서 보면 물질성은 텍스트의 내용과 밀접한 관련이 있기 때문에, 물질성이 내용과 무관하게 존재했던 것처럼 미리 상술될 수는 없다. 오히려 물질성은 **창발적으로 출현하는** 특성이다. 무엇이 주어진 텍스트의 물질성을 구성하고 있는지는 늘 해석과 비평적 토론의 문제가 될 것이다. 어느 독자에게는 작동하는 것으로 보이는 물리적 속성이 다른 독자에게는 그리하게 보이지 않을 수 있다. 하지만 그렇다고 기존에 텍스트 비평이 알던 세계가 끝난 것은 아니다. 사실 하나의 '텍스트'를 독자 공동체에서 교섭된 것, 끝없이 해석하고 논의할 수 있는 것으로 간주해 온 문학 연구자들에게 이 과정은 늘 있는 평범한 과정이다. 매켄지의 '텍스트' 정의는 "언어적·시각적·구어적·숫자적 데이터를 포함하며, 그 형태는 지도, 인쇄, 음악, 기록된 사운드 아카이브, 영상과 비디오 그리고 컴퓨터에 저장된 정보가 취하는 **모든** 형태다"(5). 나아가 매켄지는 인쇄 작품에서 일어난다고 간주되는 교섭이 전자 작품에도 확장되어야

파니치 강연은 영국에서 도서관의 대중화에 기여한 앤서니 파니치 경(Sir Anthony Panizzi)을 기려 매년 대영박물관에서 열리는 학자들의 강연 시리즈다.

한다고 강조한다.

아상블라주로서 작품

서로 다른 문서들이 같은 텍스트를 구성한다고 주장할 수 없다는 악몽은 이제 덜 위협적으로 보인다. 어느 두 문서를 서로 다른 텍스트로 인정할 만큼 충분한 물질성[materiality, 이 정의에서 물질성은 물리성(physicality)으로 단순히 축소되지 않는다]의 차이가 둘 사이에 있는지 비판적으로 탐구해 보자. 두 문서에서 물질성이 동원되는 방식이 다르다는 것을 강력하게 논증할 수 있다면, 두 문서는 각각 다른 텍스트로 간주될 수 있다. 영국 대영박물관의 희귀본 서가실에서 적절한 의식을 거쳐 멋진 붉은 표지로 제본되고 서명된 1페니짜리 브로드사이드판 신문과, 셰익스피어가 살던 런던에서 재빠르게 복사되고 빈민가 사람들이 채 가던 브로드사이드판 신문이 서로 다른 텍스트라는 가정은 상식에 반하지 않는다. 두 문서의 서로 다른 물리적 예화들이 각각의 문서가 어떻게 그리고 무엇을 의미하는지에 영향을 미치지 않았다고 가정하는 것이 더 신빙성이 없다(여기서 차이는 문화와 언어 등이 불가피하게 도입하는 차이가 아니라 물리적 차이만을 의미한다. 물론 문화와 언어 등이 물질성의 창발에 기여하는 것은 분명하지만 말이다). 체화된 텍스트성에 대한 이러한 설명 방식에 따르면, 텍스트들은 유사성과 차이의 스펙트럼을 따라 널리 퍼지고, 그 무리인 클러스터들(clusters)이 출현할 것이다. 서로 약간만 다른 텍스트들(물리적 특징이 아주 비슷한 판본들)은 인접해 있을 것이며, 클러스터의 주변부에는 다른 매체의 텍스트들(인쇄가 아닌 점자, 인쇄 텍스트의 전자 버전, 소설의 영화 버전 등)도 있을 것이다.[25] 이러한 클러스터들이 '작품'을 구성한다고 간주하는 것이 '작품'을 하나의 수렴된 객체로 보는 것보다 유용하다. 편집자들은 어느 판본이 클러스터의 중심에 위치하고 있으니 특권적이라고 주장할 수도 있고, 어느 판본을 가중 평균 같은 개념으로 논할 수도 있다. 물론 어떤 의미에서 편집자들은 이미 이러한 방식으로 작업하고 있다. 달라진 것은 편집 방식이 아니라 어느 판본을 설명하고 정당화하기 위해 의지하는 어휘와 개념 틀이다.

이 새로운 개념 틀에서 비롯하는 가장 중요한 결과는 아마도 물리적 객체로서 텍스트 개념이 점점 희박해져 사라지는 것을 막아 내는 것이겠다. 새로운 개념 틀에서 텍스트는 으레 개념적 내용과 물리적 체화 **양쪽 모두**의 면에서 논의될 것이다. 어떤 경우에는 문서 사이의 물리적 차이가 의미화 요소로 중요하지 않다고 합의하거나 텍스트가 여러 문서들에서 비교적 일정한 상태로 유지된다고 주장할 수도 있다. 다른 경우에는 문서의 수만큼 많은 텍스트가 있다고 주장할 수 있다. 하지만 문서, 텍스트, 작품 중 그 어느 것도 비물질적인 것으로 간주되지는 않을 것이다. 그들 각각의 물질성에 미묘하게 다른 의미가 부여될 것이다. 이러한 관점은 물리적 특징, 언어적 내용, 비언어적 의미화 전략들이 어떻게 함께 작용해 '텍스트'라고 불리는 객체를 생산하는지에 대한 토론을 더 활성화하며 전면에 부각할 것이다.

작품, 텍스트, 문서의 뜻이 변하면 현재 군림하는 이데올로기들이 감추고 있는 혹은 보이지 않게 하는 현상을 볼 수 있다. 예를 들어 웹이 등장하면서 텍스트들이 서로 역동적인 상호매개로 순환하는 소통 통로가 마련되었다. 이는 '아상블라주(Assemblage)'#로서 작품이라고 부를 수 있는 것, 즉 서로를 인용하고 해설하고 확장하고 상호매개하는 상호 관련된 텍스트들의 클러스터를 초래한다. 이러한 아상블라주의 한 형태로 L. J. 윈도의 <어두운 레테 강>이 있다. <어두운 레테 강>은 공상과학소설 웹사이트로 공동 작업자들이 여기에 서로 헐겁게 연결된 이야기들을 기고한다. 또 다른 예로 데이비드 실버가 제창한, 컴퓨터 게임 <미스트>와 관련된 텍스트 클러스터가 있다. 이 텍스트 클러스터는 <미스트>, 그것의 짝이 되는 게임인 <분열>, 이들 게임의 헌신적 추종자들의 웹사이트 외에도 게임들의 내러티브들을 기반

여러 물체를 한데 모아 미술작품을 제작하는 기법 또는 작품을 뜻하는 미술 용어. 질 들뢰즈는 이를 파편들 간의 간격을 횡단하며 생산되는 새로운 관계로 재정의했다.

으로 확장된 인쇄 소설들, 게임에는 없는 뒷이야기와 다른 플롯의 세부사항을 제공하는 관련 인쇄 소설들을 포함하고 있다.[26]

또 다른 사례로 마크 다니엘레프스키의 멋진 현대 인쇄 소설인 ≪나뭇잎 집≫을 둘러싼 텍스트 클러스터가 있다. ≪나뭇잎 집≫은 웹에 게재된 이후 인쇄로 예화되었다. 인쇄 소설 자체가 네 가지 다른 판본으로 존재하며, 각 판본은 서로 많이 다르다. 이 클러스터에는 소설에 대한 웹사이트가 포함되며, 독자 수백 명이 인쇄 소설의 자세한 내용을 탐색해 포스팅을 올린다. 이제는 흔해졌지만, 새로운 영화가 개봉하며 웹사이트가 만들어지는 경우도 이러한 사례에 포함된다. 비록 이들 사이트 대부분은 단지 홍보 수단이지만, 사이트 자체가 영화 자료를 변형하고 전복하고 유희하며 매체 특정 전략(media-specific strategies)을 촉발하는 독립적 미학 생산지로서 새로운 장르를 출현시키고 있다. <꿈을 위한 진혼곡>의 매혹적 웹사이트는 가짜 광고(pseudo advertisements),# 영화 장면과 인물의 그래픽 변형물, 극 중 대화의 의미를 탐구하기 위해 시각적·언어적으로 대화 일부를 재맥락화해 재기입한 것 등을 포함한다. 잭 포스트는 이러한 아상블라주가

실제 광고와 유사한 스타일, 형식, 외양을 취하지만 실제 상품이나 서비스를 홍보하기 위한 것이 아니라 예술적 목적이나 허구적 목적을 위해 만들어진 광고나 홍보 자료.

새로운 예술 형식이라고 설득력 있게 주장한다.[27]

'아상블라주로서 작품(Work as Assemblage)'이라는 개념은 변화된 주체성의 구성과 병행한다. 문학 작품을 이상적인 비물질적 구성으로 보는 인식은 주체를 단일한 것으로 보는 인식에 깊이 영향받았다. 편집자들이 작가의 '최종 의도'를 알아내 작품에 도달하려 했던 시기에는 특히 그러했다. 이러한 원리를 이용해 표현된 작품은 다시 저자를 문학적인 인물로 보는 특정 관점을 재강화한다. 저작권의 역사에 대한 6장의 논의가 (다른 맥락에서) 분명하게 보여 주겠지만, 단일한 작품과 단일화된 주체는 서로를 재강화하고 조건 짓는다. 여러 비판 이론과 문화 연구가 단일화된 주체를 해체하고 단일화된 주체에 기반을 두었던 문제적 이데올로기를 폭로하면서, 편집 비평도 그와 유사하게 수정되었다. 특히 '사회적 텍스트'에 대한 맥건의 주장이 그러하다.[28] 아마 이제는 분산되고 파편화되고 이질적인 주체 개념이 어떤 종류의 텍스트성을 함의하는지 생각해 볼 때가 된 듯하다.

질 들뢰즈와 펠릭스 가타리의 리좀적인 '기관 없는 신체(Body without Organs, BwO)'에서 이에 관한 적절한 모델을 찾아볼 수 있겠다. 기관 없는 신체는 늘 항구적으로 탈영토화와 재영토화를 한다는 점에서 통일된 본질도 확인할 중심도 없으며, 단지 충만한 욕망의 벡터를 따라 요소들이 움직이는 탈주선과 일관성의 평면(plane)만을 가진 구조물이다.[29] 여기서 불러낸 다소 난해한 이들 어휘는 객체에서 프로세스로,

위계적 구조에서 리좀적 구조로 강조점을 옮기려는 들뢰즈·가타리 기획의 일부다. 앞에서 살펴본 아상블라주로서 작품[BwO와 유사한 방식으로 WaA(Work as Assemblage)로 축약할 수 있겠다]의 사례들은 독특한 리좀적 덩굴손 형식을 취하고 프랙탈적 복잡성을 가진 패턴으로 서로에게 가지를 뻗어 나가는 텍스트 클러스터를 잘 보여 준다. 이 관점에서 보면 WaA는 일탈이 아니라 모든 체화된 텍스트에서 작동하는 상호매개의 역학과 미디어 특정성을 폭넓게 드러내는 전형적 배치(paradigmatic configuration)다. WaA는 텍스트 비평이 찾아내 고정하려고 하는 비물질적 본질을 가진 작품에 구속되기보다, 그것을 만들어 낸 헐겁게 형성된 집단들의 욕망에 따라 성장하고 축소되고 수렴하고 분산되면서 변이를 일으키고 변형되는 자체의 능력에서 에너지를 얻는다. WaA의 구성 요소들은 매체들 사이에서, 매체들을 횡단하며 유동적으로 움직이면서 그 자신이 그 안에서 번성할 수 있는 매체에 고유한 형태를 취한다. 그래서 매체의 구체적 특징들은 WaA의 그 변화하는 배치를 이해하는 데 필수적이다.

그 가능성을 확인하려면, 즉 아상블라주로서 작품을 가시화하려면, 작품을 비물질적 언어 구축물로 보는 생각을 뒷받침하는 저자성(authorship)과는 근본적으로 다른 관점에서 저자성을 살펴봐야 한다. WaA에 내포된 주체성은 아무리 상상력을 발휘해도 단일한 것으로 간주할 수 없다. 이는 들뢰즈와 가타리가 여러 맥락에서 일관된 주체를 기관 없는 신체와 연결된 욕망의 흐름으로 대체하면서 강조한 바다. 이와 유사하게 WaA를 생산하는 주체들은 여러 의미에서 복수다. 그 주체들은 그 자체로 집단이자 같이 모여서도 집단이고, 또한 인간 행위자만이 아니라 비인간 행위자도 포함하기 때문이다. 이러한 역학에 대해서는 6장에서 셸리 잭슨의 <패치워크 소녀>의 괴물처럼 파편화되고 분산된 화자를 고려하며 살펴볼 것이다. 이 작품이 강조하듯 전자 텍스트에서는 컴퓨터도 저자다. 컴퓨터가 텍스트를 프로세스와 디스플레이로 생산하기 위해 실행하는 소프트웨어 프로그램도 복잡하고 복수적인 저자성을 띠고 있다(비트 스트림을 만들기 위해 논리 게이트를 구성하는 하드웨어 엔지니어들이 하는 저작 행위 또한 두말할 필요 없다). 물리성과 텍스트성 사이의 재귀적 루프에 초점을 맞추는, 물질성에 대한 탄탄한 설명은 WaA의 역학을 이해하는 데 중요하다. 일단 문학 작품이 어떤 비물질적 본질의 표현이라는 가정(최소한 18세기 이래 문학 비평에서 지배적인 사유)을 버리고 나면, 우리는 새로운 형태의 텍스트성을 볼 수 있다. 텍스트 이론을 앞지르는 이 새로운 텍스트성 형식들은 이미 다양한 매체를 순환하고 있으며, 오래된 판본들에 반하면서 새로운 것을 생성하는 열광적이고 흥겨운 성과를 내고 있다.

지금 이 순간은 인쇄 기술을 둘러싼 응고된 가정들, 수 세기 동안 지속적으로 발전하고 개선되고 사용되며 그 의도가 명백해진 가정들을 깨고 나올 드문 기회다. 이 기회는 인쇄 텍스트성과 전자 텍스트성이 암암리에 병치되는 상황에 존재한다. 우리가 해야 할 일은 인쇄 텍스트성과 전자 텍스트성 양자를 그들의 유사성과 차이를 통해 더 깊이 이해하는 것이다. 전자 텍스트에 대해 쓰이는 용어로 인쇄를 다시 설명해 우리의 이해에 활력을 불어넣으려는 맥건의 기획은 선구적이고 중요한 기여다. 이러한 '포괄성'은 그 자체로 맥건의 새로운 설명을 가치 있게 만든다. 그러나 이 두 매체의 '차이'를 모호하게 만드는 것도 사실이다. 차이들을 섬세하게 이해하는 것은 유사성들을 깊이 인식하는 것만큼이나 중요하다.

인쇄와 전자 텍스트의 주된 차이점은, 전자 텍스트의 경우 지능적인 기계에 의해 처리된 다층의 코드를 통해 생성된 이후에야 인간 독자가 정보를 해독한다는 사실이다. 맥건은 인쇄된 텍스트도 코드화된다고 주장한다. 그러나 이 주장은 컴퓨터에 적용되는 좁은 의미에서의 코드와, 롤랑 바르트가 말하는 더 일반적인 코드 즉 '사회적 예의', '패션', '정중한 대화' 등의 코드를 포함하는 더 일반적인 의미에서의 코드 사이에 존재하는 차이를 미묘하게 미끄러지게 함으로써 가능해진 것이다.[30] '컴퓨터에서 코드가 작동한다'고 할 때, 좁은 의미에서의 코드는 한 기호 집합의 요소들을 다른 기호 집합에 관련짓는 대응 체제로 정의될 수 있다. 예를 들어 모스 부호는 점과 선을 알파벳 문자와 관련짓는다. 하지만 모스 부호와 달리 컴퓨터 안의 코드는 **능동적**(active)이다. 그것은 그

체제의 작동을 변화시키는 지시어로 기능하기 때문이다.

작가들은 이러한 지시어로 작업하면서 자체의 문체적 우아함과 형식적 가능성을 가진 글쓰기 형식이라는 미묘한 의미를 코드에 덧붙여 나간다. 전자 문학 작가들은 점점 더 코드를 의미화 실천의 자원으로 본다. 유명한 전자 시인이면서 비평가인 글라지에는 몇몇 전자 문학 작품을 살펴보면서 프로그래밍 자체가 글쓰기라고 말한다(존 게일리가 지적한 점이기도 하다).[31] ≪디지털 시학≫에서 글라지에는 전자 텍스트가 어떻게 작동하는지 이해하고 싶은 사용자라면 단순히 화면상의 텍스트라는 표면 차원에만 머무르면 안 된다고 주장한다. 이는 작가가 화면상의 텍스트가 어떻게 생성되고 디스플레이되는지 알아야 하는 것과 마찬가지다. 글라지에는 문학 언어의 결정적 특징이 자체의 가능 조건들을 탐구하는 충동이라는 맥건의 주장에 동의하면서 문학적 글쓰기를 "다른 목적에 기여하든 안 하든, 자체의 형식적 특질과 맞서는 글쓰기"(54)라고 명명한다. 글라지에는 인쇄 텍스트와 전자 텍스트 모두에서 "혁신적 문학"이 "의미 만들기, 즉 '의미'를 구성하는 의미 만들기의 절차와 과정과 교차로를 … 결정하는 조건들을 탐색해 왔다"(32)고 주장하면서 인쇄 텍스트와 전자 텍스트를 연속선상에서 본다. 글라지에가 지적하듯 인쇄 작가들도 이언 해밀턴 핀레이의 '타자기 시'부터 등사판 인쇄물 운동(mimeo movement)과 구상시(具象詩, concrete poetry)에 이르는 사례에서 알 수 있듯 매체의 물질성을 탐색해 왔다. 글라지에는 전자 매체의 특정성이 그것의 독특한 물질성에 있다고 암시한다. "혁신적 실천을 이해하는 열쇠는 물질성이다."(22)

글라지에의 유용한 통찰은 그가 선호하는 장르인 시와 문학적 전략들을 고평가하는 대신 '내러티브'와 '비혁신적 문학'을 저평가하는 경향 때문에 다소 빛이 바랜다. '비혁신적 문학'이란 말은 확실히 다른 문학적 전략들의 복잡성을 정당하게 평가하지 않는 역성어(back formation)#다. 글레이저는 전자 시의 가능성은 뚜렷하게 인식하지만, 비혁신적 문학에 대한 그의 언급은 너무 단조로워서 패러디인가 싶을 정도다. 글레이저는 말한다. "비혁신적 문학은 몇몇 눈에 띄는 텍스트적 특징을 띠고 있다고 말할 수 있다. 내러티브와 플롯, 인간 경험을 일화로 다시 말하기, 논리적 묘사들, 사건들의 연대기적 시퀀스, 사실적 정보에 의존하기, 언어를 의미의 투명한 (기껏해야 엷은 색조의) 운반자로 보기 그리고 모더니즘 미학에의 애착 등이 그에 속한다."(47) 글레이저가 보기에 이 모든 것 저변에 있는 범인은 "'나(I)'라는 위치"이며, 비혁신적 문학은 "권위 있는 형식들"을 구축하고 "자아와 세상 사이에 불투과적 (혹은 반투과적) 필터"를 창조해 이 위치를 구축한다(48). 글라지에가 비혁신적 문학의 특징을 그가 나쁜 문학의 동의어로 보는 내러티브와 동일시하는 경향

기존 단어의 앞이나 뒤를 잘라 내거나 대체해 새롭게 만든 단어.

이 있지만, 내가 보기에 그가 설명하는 비혁신적 문학이라는 집합은 비어 있다. 중요한 모더니즘 텍스트라면 어느 것이든 그것이 언어와 주체성과 의식을 불안정하게 만든다고 주장하는 설득력 있는 비평이 제시될 수 있다. 조해나 드러커는 글라지에의 책을 논평하면서 "글라지에가 의존하는 혁신의 전통들은 그가 20세기 말을 참조하면서 설명한 것보다는 흔히 훨씬 더 넓은 영역과 더 복잡한 발전 양상을 지닌다"고 말한다.[32]

이런 위험들에도 불구하고, 혁신적 문학이 자체의 물질성을 탐문하는 경향이 있다는 글라지에의 주장은 중요하다. 글라지에의 지적은 우리의 출발점을 더 긴급하게 되돌아보게 한다. 문학과 물질성이 정말로 밀접하게 서로 얽혀 있다면, 텍스트가 원래 그것이 창조되었던 매체가 아닌 다른 매체로 번역될 때 어떤 일이 벌어질까? 나는 이 장을 보르헤스의 "≪돈키호테≫의 저자, 피에르 메나르"를 언급하며 시작하면서 같은 순서로 등장하는 같은 단어들도 다른 맥락에 번역되어 들어가면 완전히 다른 것을 의미하게 된다고 넌지시 시사했다. 이런 의미에서 피에르 메나르의 기획은 문학 텍스트를 새로운 매체로 번역한 것과 같다. 메나르의 ≪돈키호테≫에서는 같은 단어들이 같은 순서로 등장하지만 원본에서와 아주 다른 것을 의미할 수 있기 때문이다. 다른 매체로 텍스트를 재창조하는 것은 너무나 상당한 변화이고 마치 한 언어에서 다른 언어로 번역하는 것과 마찬가지임을 시사하고자

나는 '매체 번역'이라는 말을 사용한다. 언어 번역은 피에르 메나르의 기획과 달리 단어들 그리고 단어들의 순서를 둘 다 변화시키며, 이런 의미에서 (대부분) 매체 번역과 다르다. 그럼에도 매체 번역을 언어 번역에 비유하면 매체 번역에 따라다니는 문제점과 가능성을 유용하게 통찰할 수 있다. 나는 이제 이 불완전하지만 도발적인 비유가 환기하는 울림을 더 깊이 탐색해 보려 한다.

언어 번역과 매체 번역 사이에서 상호매개하기 : 텍스트성에 대한 함의들

2장에서 살펴보았듯 네트워크화되고 프로그래밍할 수 있는 매체의 수행력은 인쇄 텍스트를 매우 성공적으로 시뮬레이션할 수 있게 하는데, 이 수행력은 레일리가 "프로그래밍 언어들의 탑"이라고 부른 것과 깊은 관련이 있다. 이는 존 케일리가 "기계 코드, 토큰화된 코드(tokenized code),# 저급 언어, 고급 언어, 스크립팅 언어, 매크로 언어, 마크업 언어, 운영체제와 그것의 스크립팅 언어" 등 모두 다른 단계에 놓여 있는 언어와 코드를 언급하며 설명한 내용이기도 하다.[33] 레일리의 말이 넌지시 가리키는 것은 물론 '바벨탑'

자바나 C++ 명령어.

이다. 이 신화적 기원 이야기는 1949년 7월 15일 자 워런 위버의 선구적 보고서에서도 중요한 대목으로, 이 보고서는 이후 에세이로 출판되었다.[34] 이 에세이가 실린 책의 서문 "새로운 탑(The New Tower)"에서 위버는 언어들이 달라도 기계 번역 덕분에 "인간이 자유롭게 소통"할 수 있을 것이기 때문에 기계 번역을 "반(反)바벨탑"으로 간주해야 한다고 말한다.[35] 이 에세이에는 2차 세계대전 당시 터키어[튀르키예어]로 된 메시지를 성공적으로 해독한 암호 해독가의 일화가 나오는데, 이 암호 해독가는 원천 텍스트가 터키어로 쓰인 것도 몰랐고 터키어를 읽지도 못했다고 한다. 위버는 노버트 위너에게 기계 번역이 암호 해독의 문제로 간주되어야 한다고 편지를 보낸 일을 언급하면서 이렇게 썼다. "중국어 책은 단지 '중국어 코드'로 코드화된 영어 책이라고 말하고 싶다. 만약 거의 모든 암호 해독의 문제를 해결할 유용한 방법을 가지고 있다면, 번역을 위한 유용한 방법을 우리가 이미 가지고 있다고 해석할 수 있지 않을까?"(22)[36] 레일리가 올바르게 비판하듯 위버의 말에는 모든 언어가 어떤 의미에서는 이미 영어라는 헤게모니적 함의가 담겨 있고,[37] 나아가 W. J. 허친스가 위버의 보고서를 비판하면서 지적한 것처럼 위버가 암호 해독과 번역을 같은 것으로 보면서 비롯된 오류가 있다.[38] 암호 해독에 성공하면 암호로 작성되기 이전과 똑같은 메시지를 만들 수 있다. 하지만 어떤 번역도 그것이 아무리 성공적이어도 결코 원천 언어의 원본과 정확히 같은 것을 만들어 낼 수 없다. 문제는 언어와 문화가 서로 얽혀 있어 떼어 낼 수 없다는 사실이다. 즉 단어들은 미풍에 섞여 있는 향기처럼 떠다니는 함축들로 가득하며, 그 단어들이 지닌 모든 미묘함과 복잡성을 다른 언어로 복제할 수는 없다.[39]

위버에게 공평하게 말하자면, 그는 문학 언어를 특별한 경우로 인정했다. 위버의 제안은 비행기가 언제 뜨는지 혹은 기화기(carburetor)를 어떻게 장착하는지와 같은 정보만 중요한 실용적 텍스트를 목표로 한다. 그럼에도 이렇게 겸손한 기획에도 그것을 지탱하는 언어 이론이 있다. 바로 이 지점에서 위버의 기획은 컴퓨터가 모든 다른 매체를 용해하는 궁극의 매체라는 현시대의 주장을 상기시킨다. 위버는 바벨탑 은유로 되돌아가서 "높고 문 닫힌 일련의 탑들에 살고 있는 개인들을 생각해 보자"고 제안한다. "그들은 소통할 때 각자의 고립된 탑에서 서로 소리 지르고 듣는다. 제일 가까운 탑까지도 소리가 잘 가지 못해 소통은 잘 되지 않는다. 그런데 누군가 자기 탑 아래로 내려가 모든 탑에 똑같이 연결된 '거대한 개방형 지하실'을 발견한다. 여기서 그는 각자의 탑에서 내려온 사람들과 쉽고 유용하게 소통한다."(23)[40] 맥락상 위버는 '거대한 개방형 지하실'이 모든 언어에 공통된 보편적 기층이리라 생각하고 있다.[41] 언어 탑들의 '지하실'에서 작동하는 이진 코드로 다른 여러 종류의 문서들(단어뿐 아니라 사운드, 이미지, 영상 등)을 코딩하는 것에서 자신의 소망에 대한 또 다른 예화를 발견한 셈이다.

오늘날 코드와 언어 번역은 기계 번역에서 합쳐진다. 기계 번역은 보통 한 언어의 용어를 다른 언어에서 찾아내는 사전으로 구성되며 맥락 해석기가 붙어 있다. 기계 번역(위버의 아이디어를 훨씬 넘어 확장된 고도로 기술적인 영역)에 큰 진전이 있어도 많은 경우 인간 번역가가 여전히 필요하다. 하지만 여기서도 컴퓨터는 번역이 이루어지는 방식을 극적으로 변화시킨다. 네덜란드의 한 번역회사를 공동 소유하고 있는 쥘 반 리스하우트는 "새로운 연금술사들(The New Alchemists)"이라는 글에서 자동차 산업 관련 문서를 번역하던 자신의 경험을 흥미롭게 쓴다.[42] 반 리스하우트는 소프트웨어 산업의 실천 방식이 아주 빠르게, 니컬러스 네그로폰테의 말처럼 "비트들을 분배하기보다는 원자들을 제조하는" 회사들을 위한 사업 모델이 되고 있다고 말한다. 반 리스하우트의 말에 의하면, "우리는 소프트웨어를 사지 않고 엔지니어 혁신품이 아닌 패치(patch)#를 내놓는 베타(beta) 사회에서 초기 버전을 임대한다.## 실패작이어도 제품 리콜은

기존 버전의 문제를 고친 프로그램. 혹은 기능을 향상시키거나 정보를 업데이트하는 프로그램.

'beta'라는 용어는 소프트웨어 개발에서 특정 프로그램이 완전히 최종 단계에 이르지 않은 시험적 상태를 의미한다. 일반적으로 소프트웨어 개발에서는 알파(alpha) 단계에서 내부 테스트를 진행하고, 그 후 베타 단계에서 더 많은 사용자에게 공개해 피드백을 받는 과정을 거친다. 이때 '베타 버전'은 기능적으로는 대부분 작동하지만 여전히

없다. 구매자 스스로가 오류를 개발자에게 자동으로 보고하는 소프트웨어를 가진 무상 베타 실험자가 된다는 것이야말로 마케팅의 진정한 승리다"(1). 제조 산업은 소프트웨어 산업에서 힌트를 얻어 매체와 언어 사이를 마찰 없이 흐르고, 짧은 주기에 맞는 속도로 생산되고, 자본주의적 방식의 특징인 혁신과 진부화의 가차 없는 순환으로 추동되는 문서화(documentation)#를 꿈꾼다.

비용을 최소화하기 위해 제조업체들은 문서의 작성과 생산을 제어하고 규율하는 콘텐츠 관리 시스템, 워크플로 시스템 같은 소프트웨어를 사용한다. 새로운 버전의 문서가 필요하면 번역 메모리 시스템과 기계 번역 시스템 같은 소프트웨어를 사용해 변경이 필요한 점들을 찾아내고 추출한다. 이전 버전에서 새 버전으로 바로 변경하지 않는 것들은 재활용

버그가 있을 수 있는 상태로, 사용자의 피드백을 통해 개선되고 수정된다. 여기서 '베타 사회'라는 표현이 사용된 까닭은, 이러한 '베타 테스트' 방식이 소프트웨어 개발 영역을 넘어 사회 전반으로 확장되었기 때문이다. 제품이 완벽히 다듬어지기 전에 시장에 출시되고 사용자가 실사용 중 오류나 문제를 발견하고 보고하면서 제품 완성도를 높이는 과정에 참여하게 되는 방식을 비유적으로 나타내는 표현이다.

제품이나 프로세스와 관련된 모든 문서화된 정보를 뜻한다. 소프트웨어 산업에서는 소프트웨어 사용법, 설치 지침, 업데이트 기록 등을 포함하는 문서들을 의미하며, 제조업에서는 다양한 제품 매뉴얼, 가이드, 기술 사양서, 프로세스 문서 등을 포괄한다.

한다. 이러한 방식은 그 자체가 언어 사용에 영향을 준다. 제조업자들은 기술 문서 작성자들(technical writers)에게 절대적으로 필요한 것(예를 들어 잘못된 구두법이나 부적절한 문체)이 아닌 것은 어떤 것도 수정하지도 바꾸지도 말라고 지시한다. 모든 변경은 아무리 사소해도 인간 번역자에게 전달되고 돈이 들기 때문이다. 이렇게 언어는 번역자가 그것을 받기도 전에 이미 최소공통분모가 되도록 강제된다.

게다가 이제 번역자들이 받는 것은 단지 토막들이다. 흔히는 절 혹은 절의 일부, 때로는 한 단어인 경우도 있다. 맥락 전체가 고려되는 경우는 아주 드물다. 맥락에 따라 의미가 변하는 단어나 절을 정확하게 번역하는 것은 거의 불가능하다. 이전 문서화 버전에서 그 맥락을 찾아볼 수 있지만 시간과 돈이 들며, 제조업자들은 이 비용을 기꺼이 지불하려 하지 않을 것이다. 반 리스하우트의 말에 의하면 "단지 새로운 정보만 번역하는 문서화 번역은 제조업자가 비용 효율성과 시간 대비 시장의 요구를 충족하는 데 도움을 준다. 이 기저에 깔린 생각은 다음과 같다. '번역은 한 번만 하고 결코 되돌아보지 마라'"(2). 결과적으로 반 리스하우트는 다음과 같이 결론 내린다. "문서화는 연속적인 정보의 흐름이 되었다. 정보화란 시간과 돈을 아끼기 위해 가능한 한 많은 독자들이 정보를 가능한 한 여러 번 재사용하게 명하는 지속적 과정이다. 그 과정에서 문서화의 원자는 정보 개체, 정보 단위, 정보 블록이라고 불리는 것으로 축소된다.… 이는 한 모델에서 사용한 부품을 다음 모델에서도 사용하고, 서로 다른 모델 간에 부품들을 호환하고, 서로 다른 제품들이 같은 기반 구조나 설계를 공유하는 그런 방식의 문서화를 의미한다."(2) 프로그래밍 가능한 매체 안에서 높은 유연성을 제공하는 코드의 파편화가 이처럼 직간접적으로 언어를 파편화하면서 언어의 복잡성은 잘게 조각난다. 반 리스하우트의 명명법을 조금 수정해서 우리는 이러한 조각들은 BIT(Binary Digit, 이진수)의 거울 이미지인 TIB(The Information Block, 정보 블록)라고 부를 수 있다. 언어를 TIB라는 프로크루스테스 침대에 억지로 맞추는 이 방식은, 현재 문서화가 점점 사용자가 구매한 상품을 이해하려고 읽는 문서를 생산하기보다 법적 요구를 충족시키기 위해 이루어진다는 사실조차 없다면 더 처참한 결과를 가져올 것이다.

(기껏해야) 도구적 산문만을 생산하는 이 가차 없는 방식을 보면, 발터 벤야민이 유명한 에세이 "번역가의 임무(The Task of the Translator)"에서 취한 방침에 공감이 간다. 벤야민은 위버가 가장 중요하게 생각한 실용적 고려 사항을 기각하며 글을 시작한다. "문학 작품은 무엇을 '말하는가'? 무엇을 소통하는가? 문학 작품은 그것을 이해하는 사람들에게 거의 '말하는' 바가 없다. 문학 작품의 본질적 특질은 진술도 아니고 정보 전달도 아니다."(69) 오직 나쁜 번역만이 전달되는 정보를 "전송하는 기능을 수행한다"(69). 벤야민은 모든 언어가 역사적이고 문화적으로 특정한 관점을 체화하기

마련이라고 주장한다. 만약 언어들이 자체의 관점들을 통해 어떤 전체성을 구성한다면, 이 불가능하고 손에 잡히지 않는 실체는 언어 자체, 즉 "순수 언어"가 될 것이다(79). 벤야민이 보기에 번역가의 목적은 원천 텍스트에서 순수 언어의 메아리, 즉 반영을 발견해 부각하고 역사적으로 특정한 목표 언어 안에서 비슷한 공명을 활성화해 그것의 숨은 함축이 드러나게 하는 것이다. "번역가의 임무는 자신의 언어로 다른 언어의 구속하에 있던 순수 언어를 풀어 주는 것, 작품에 감금된 언어를 자신이 그 작품을 재창조하면서 해방시키는 것이다."(80) 벤야민은 번역이 이런 방식으로 **창발**을 창조함으로써 문학적 기획에 특별한 기여를 한다고 말한다. 여기서 창발이란 번역이 수행하는 원천 언어와 목표 언어의 연접 없이는 선명하게 볼 수 없는 순수 언어를 일별하는 것이다.

벤야민의 전망과 이를 표현하기 위한 은유를 지하실로 연결된 분리된 탑이라는 위버의 은유와 비교해 보자. 위버가 공통 요소를 찾기 위해 '내려가려' 했다면(보편 문법으로, 코드 요소로 혹은 현시대 용어로 BIT와 TIB로 내려가려 했다면), 벤야민은 적절한 행동은 위로 '올라가는' 것임을 시사하는 은유를 일관되게 사용하면서 "모든 단일 기능의 궁극적 목적은 자체의 영역이 아니라 더 높은 곳에 있다"(72)고 주장한다. 번역에서 "원본은 더 높고 순수한 언어의 하늘로 올라간다". 위버는 파편화와 그것이 주는 이익에 초점을 맞추지만, 벤야민은 파편들을 맞추어 더 큰 전체를 이루는 상상을 한다. "언어들은 서로에게 낯선 것이 아니라 모든 역사적 관계와 무관하게 그것들에 앞서서, 그것들이 표현하려 하는 것에서 서로 연결되어 있다."(72) 벤야민은 이 상호 연결을 깨진 그릇을 풀로 붙이는 일로 상상한다. 그릇 파편들은 "서로 같아 보일 필요는 없지만, 아주 작은 부분에서도 서로 맞는다. 같은 방식으로 번역은 원본의 의미를 닮기보다는 애정 어리게 그리고 자세하게 원본의 의미화 작용 양태를 받아들여 원본과 번역 둘 다를 더 큰 언어의 파편들로 인식될 수 있게 해야 한다. 마치 파편들이 한 그릇의 부분들인 것처럼"(78).

내가 보기에 이 이상주의적 견해의 문제는 끈질기게 '순수 언어'를 환기한다는 점에 있다. 이 초월적 의미화 양태는 너무 "순수해서" "모든 언어가 의미하는 그 무표정하고 창조적인 말씀 외에 다른 어떤 것도 더 이상 의미하지도 표현하지도 않는다"(80). 위버가 지하실로 내려가 바벨탑을 극복하자고 제안한다면, 벤야민은 바벨탑을 서브 텍스트로 환기하면서 우리가 분화된 언어들 이전의 '순수 언어'로 혹은 더 좋게는 신의 말씀에서 분리된 '인간'의 언어 이전으로 돌아갈 수 있다고 말하고 싶은 듯하다. 그러므로 벤야민이 '언어와 계시가 전혀 갈등하지 않고 하나'를 이루는 '성서(Holy Writ)'를 환기하며 자신의 에세이를 마무리하는 것은 별로 놀랍지 않다. 그 이상적 지점에서 매체는 중요하지 않다. 언어는 역사적 특정성, 문화적 관점, 물질적 예화에서 벗어나 참조와 의미화의 작동에 휘둘리지 않는 순수하고 완벽한 말씀이 될 것이기 때문이다. 문학, 번역, 언어 자체를 저급하고 도구적인 목적에서 구해 내려 하는 강렬한 욕망만이 이러한 신비주의적 비전을 정당화할 수 있다. 그러나 그 욕망을 아무리 이해할 수 있다 해도 벤야민의 이론은 실제로 작동하는 언어, 매체에서 예화되고 수행되는 언어를 묘사하는 이론이 아니다.

위버와 벤야민 사이 어딘가에 놓여 있는 사람이 호르헤 루이스 보르헤스다. 여기서 우리는 보르헤스의 번역 개념을 훌륭하게 다룬 에프레인 크리스털에게 도움을 받을 수 있다.[43] 크리스털은 보르헤스가 모든 글쓰기를 번역으로 생각했다는 사실을 설득력 있게 보여 주는데, 이는 '글쓰기가 경험의 번역'이라는 '옥타비오 파스'식의 강한 의미에서가 아니라 모든 글쓰기는 어둠 속에서 찌르는 것처럼 늘 어느 정도 규정하기 힘든 부분이 남아 있는 의미들을 말하는 것이라는 의미에서 그러하다.[44] 보르헤스는 보편 번역의 열쇠를 마련해 줄 공통된 기층을 바라거나 신의 말씀과 구별되지 않는 '순수 언어'를 환기하기보다 모든 글쓰기를 진행 중인 초고로, 그 글쓰기가 지향하는 의미화와 결코 완벽하게 하나가 되지 못하는 불완전한 예화로 생각하고는 했다. 이 관점에서 보면 텍스트들은 의미를 찾아가라는 촉구다(이는 맥건의 개념을 따르고 있다). 텍스트들이 어떤 말들로 (그리고 어떤 매체와 그 매체에서의 수행으로) 예화될 때, 텍스트들은 불가피하게 어떤 가능성은 실현하면서 다른 가능성은 상실한다.

그러므로 보르헤스에게는 원본 텍스트가 그 번역본보다 불충실한 (그 계승자보다 열등하다는 의미에서) 상황이 충분히 가능하다. 원본에 발생 초기 상태로 있던 가능성들을 번역이 더 완전하게 실현할 수도 있기 때문이다. 이러한 견해는 '원본' 개념 자체를 문제시한다. 원본이 단지 많은 초고들 중 하나로 간주되면, 시간적 우선성이 존재론적 우선성을 의미하지 않기 때문이다. 크리스털에 따르면 "어떤 경우 [보르헤스는] 때때로 원본보다 번역을 선호했고, 다른 때에는 번역보다 원본을 선호했으며, 그것들 각각이 가진 미학적 혹은 다른 상대적 장점들을 비교해 보기를 즐기곤 했다".[45]

보르헤스의 '원본' 개념, 즉 의미를 찾아가라는 촉구로서 '원본' 개념은 아상블라주로서 작품 개념과 잘 맞는다. 기관 없는 신체의 영토화와 탈영토화를 따라가는 탈주선 그리고 욕망의 쉼 없는 작동처럼 아상블라주로서 텍스트들은 어느 한 텍스트에 '원본'이라는 특권적 지위를 필연적으로 부여하지 않고 상호매개한다. 모든 것이 모든 다른 것의 번역이며 각각은 분명한 시작과 끝이 없는 리좀적 네트워크로 다른 것들과 결합한다. 보르헤스가 오직 인쇄물만 작업하면서 이런 견해에 도달했다는 사실은 인쇄에 견줘 전자 텍스트의 유동성을 지나치게 과장해서는 안 된다는 경각심을 불러일으킨다. 프로그래밍 가능한 매체에 장점이 있긴 하지만, 인쇄 자원들을 이용해 유동성과 불확정성을 성취해 온 역사는 길다. 이를 드러커는 자신의 비평에서 강력하게 주장하고, 창작 작품들을 통해 보여 준다.[46] 물론 인쇄 자원이 전자 텍스트성의 자원과 다르다는 점, 각각의 매체가 다른 매체들과 상호작용하면서 영향을 준다는 점은 여전히 사실이다.

보르헤스의 관점을 매체 번역에 적용하는 것이 가능할까? 이 관점에서 윌리엄 블레이크의 작품들을 다시 생각해 보자. 앞서 언급한 전문 번역가이자 블레이크 연구자이기도 한 반 리스하우트는 블레이크가 자신의 인쇄기로 자신의 책을 출판하면서 자유롭게 "작품들을 계속 재창조했으며, 그것도 의식적이고 의도적으로 그렇게 했다.… 블레이크는 컴퓨터가 예술가에게 제공하는 유연성과 가능성을 사랑했을 것이다.… 기본적으로 블레이크는 19세기 초에 포토숍을 하고 있었다"고 말한다.[47] 이러한 의미에서 <윌리엄 블레이크 아카이브>는 단지 블레이크의 인쇄 작품들을 충실히 재실연하고 있는 것이라기보다 전자 매체가 새로운 방법으로 부각시킨 의미를 새롭게 찾아보는 기회로도 볼 수 있다. 나의 UCLA 동료이며 낭만주의 시대 전문가인 앤 멜러는 <윌리엄 블레이크 아카이브>가 인쇄 매체가 잘 보여 주지 못했던 블레이크 작품의 측면, 즉 하이퍼텍스트적 링크와 연결을 끌어내고 있다고 말한다. 멜러 역시 반 리스하우트처럼 블레이크가 오늘날 살아 있다면 프로그래밍 가능한 매체의 저작과 생산 시스템이 그의 비전과 완전히 어울린다고 생각했을 것이라고 본다.[48]

이러한 상호매개의 또 다른 예는 레몽 크노의 <100조 개

의 시들>에서 찾아볼 수 있다. 혹자는 이 작품이 프로그래밍 가능한 매체에서 더 쉽고 '자연스럽게' 할 수 있는 것을 인쇄 매체로 시도한 것이라고 주장할 것이다. 프로그래밍 가능한 매체에서는, 페이지를 길게 잘라 시구들을 새로운 조합으로 병치해 거의 무한하게 다양한 소네트를 생성(크노가 인쇄본에서 제시한 작업이다)하는 대신, 니컬러스 게슬러가 C++ 시뮬레이션으로 했던 것처럼 시 전체의 가능한 말뭉치(corpus)를 전자적으로 생성해 사용자에게 임의의 새로운 작품 시리즈를 제시할 수 있다.[49] 앤드루 루리는 게슬러와 유사한 프로그램을 만들었다.[50] 존 롤러와 동료들이 만든 <촘스키봇(Chomskybot)> 프로그램을 개조한 루리의 프로그램은 놈 촘스키의 글에서 가져온 구절들을 임의로 이어 붙이는 프로그램을 사용해 새로운 문단을 생성하는 프로그램이다. 이 프로그램은 또한 롤러의 제자가 만들어 IBM 인근 지역에서 유행시킨 <포기(foggy)>라는 더 이전의 프로그램을 개작한 것이었다.[51]

보르헤스가 번역본들을 임시적 시도들의 흐름 속에서 원본과 함께 순환하는 초고들로 보았던 것처럼, 여기서 프로그램들은 이전의 프로그램들 위에 세워지고 코드를 재사용하는 패치 프로그램으로서 유포된다. 이에 대한 존 롤러의 말은 참으로 흥미롭다. "[<포기> 프로그램]에서 내가 흥미롭게 본 것은 그것이 어떻게 이해가능성의 가장자리에서 맴돌기만 하는가다. 일종의 의미론적 중얼거림, 마음의 눈을 위한 안개.… <포기>의 가장 흥미로운 효과는 보는 사람의 마음에서 일어난다."[52] 여기서 코드는 순수 언어를 목표로 하기보다는 '원본' 언어를 재활용해 이해가능성의 문턱을 넘고 또 넘는 임의적 패턴들을 만들어 낸다. 이로써 마치 컴퓨터 스토리지의 랜덤 액세스 메모리로 언어를 오염시키듯 반향 효과들 안으로 독자를 초대한다.

전자 텍스트가 인쇄를 재활용하고 전자 텍스트를 생성하는 프로그램이 코드를 재활용하는 피드백 루프를 통해 우리는 인쇄와 전자 텍스트, 언어와 코드, '원본'과 번역, 특정한 예화의 특징과 재조합의 무한한 새로움을 연결하는 상호매개의 복잡한 역학을 엿본다. 이러한 역학은 텍스트의 본성, 물질성과 내용의 관계, 매체의 특성에 근본적 질문을 던지게 한다. 우리는 언어가 중요하다는 것을 이미 알고 있다. 매체 번역 그리고 그로써 수행되는 인쇄 텍스트성과 전자 텍스트성의 연접은 매체와 물질성 또한 중요하다는 필연적 명제를 더 깊이 인식할 수 있게 한다.

05

수행적 코드와 수사적 언어
: 닐 스티븐슨의 ≪크립토노미콘≫

앞 장에서는 인쇄 문학이 디지털 매체로 '번역'될 때, 텍스트성과 관련해 번역이 갖는 이론적 함의를 살펴보았다. 이번 장에서는 여전히 인쇄 작품이지만 그 '신체(body)'가 전자적 구성 방식의 흔적을 띠는 작품을 살펴보겠다. 멋진 활판 인쇄 서적들 한 줌을 예외로 하면 올해 미국과 유럽에서 출판된 모든 책은 적어도 한 단계에서는 전자 문서였을 것이고, 아마도 더 여러 단계에서 전자 문서였을 것이다. 현재의 책 생산 양식을 고려하면 인쇄는 디지털 매체와 분리된 영역이기보다는 전자 텍스트의 특정 출력 형식으로 보는 것이 더 적절하다. 플로리안 크라머르는 문학 텍스트에서 디지털 코드의 중요성을 숙고하면서 다음과 같이 말한다. "'책'과 '컴퓨터'를 [비교하기 위해] 병치#하는 시도들은 오해를 야기

병치(juxtapositions)는 비교(comparison)의 선행 단계다. 비교할 자료를 먼저 병치해야 그다음에 비교가 성립될 수 있다.

한다. 저장 장치와 아날로그 출력 매체(종이 대 다양한 광학적·자기적·전자적 기술)를 정보(information)와 혼돈하게 하기 때문이다(알파벳 텍스트 대 이진 코드)."[1] 더 나아가 크라머르는 다음과 같이 말한다. "텍스트와 문학은 이러한 번역 과정에서 아주 특권적인 상징 시스템이다. a) 그것들은 이미 코드화되어 있고 b) 컴퓨터는 코드로 작동하기 때문이다."[2] 이러한 진술은 겉으로는 완전히 전통적인 것으로 보이는 인쇄된 책에 초점을 맞출 때조차 인쇄와 전자 텍스트성, 언어와 코드가 서로 침투되어 있음을 시사한다.

현시대에 인쇄된 책들은 두 개의 벡터 간 상호작용을 통해 진화한다. 한 벡터는 과거에 뿌리를 박고 다른 벡터는 미래를 향해 호를 그리며, 책 제작 기술의 수 세기에 걸친 전통과 디지털 매체가 연 새로운 가능성 사이를 통과한다. 소설의 역사와 깊이 얽혀 있는 기계 인쇄기와 매우 다른 글쓰기 기술이 17세기에 뿌리를 둔 소설의 내러티브 관습에 기입되는 현재는 과거와 미래 사이의 갈등이 특히 더 첨예해지는 순간이다. 언어와 코드가 서로 압력을 가하는 복잡한 교류 지역에 놓인 정보처리적 글쓰기 기술의 영향은 표면적으로는 종이 위의 잉크 자국인 책 안에 어떤 경로로, 어떤 방법으로 침투할까? 이러한 변화가 감추어져 있다면, 그것을 파내기 위해 어떤 비평적 전략을 사용할 수 있을까?

이러한 문제들을 살펴보기 위해 나는 닐 스티븐슨의 ≪크립토노미콘≫을 교본으로 선택했다. 책 제목에서 알 수 있듯

이 책의 중심 주제는 '코드'이며, 이때 코드는 암호 시스템과 컴퓨터 알고리듬 둘 다를 의미한다. 이 책의 물질적 형식은 코드와 언어의 상호 침투를 통해 형성된다. 스티븐슨이 창작을 할 때 늘 오래된 매체와 새로운 매체를 혼합하기 때문이다. 스티븐슨이 여러 대담에서 한 말에 따르면, 그는 먼저 만년필로 종이에 초고를 쓰고, 종이에서 두세 번 수정한 후, 그 수정된 버전을 컴퓨터에 입력하면서 또다시 수정한다.[3]

컴퓨터 프로그래머라는 인상적 배경을 가진 스티븐슨은 흔히 사용되는 윈도우도, 심지어 매킨토시도 사용하지 않는다. 그 대신 유닉스 기반의 운영체제를 통해 컴퓨터와 접속한다.[4] 스티븐슨은 논픽션 ≪태초에 명령어가 있었다≫(이하 ≪명령어≫)에서 증언하듯 창작 과정에 위기가 발생했을 때 매킨토시에서 유닉스로 전환했다. 스티븐슨에게 이 전환은 너무 중요했기 때문에, 왜 유닉스가 다른 운영체제보다 더 우월한지 설명하고 독자들이 자신과 같은 깨달음을 경험하길 권하기 위해 이 책을 썼다.[5] 스티븐슨은 그의 대용량 파일이 너무 심하게 망가져 온전히 복구할 수 없게 되었을 때 유닉스로 전향했다. ≪명령어≫와 같은 해에 출판된, 어떤 의미에서는 ≪명령어≫의 형제 텍스트인 ≪크립토노미콘≫은 틀림없이 스티븐슨의 유닉스로의 전환 이야기를 담고 있다. 스티븐슨의 유닉스 전환이 1995년이고, ≪크립토노미콘≫이 쓰인 것이 1995년에서 1998년까지기 때문이다. 이러한 생각을 따라가다 보면 우리는 운영체제의 충돌(마이크로소프트의 사악한 기업 관행들, 무자비한 사업 방식 저변의 자본주의적 탐욕 그리고 이러한 실천들에 대한 오픈 소스 공동체들, 특히 유닉스와 리눅스의 저항이 의미하는 모든 것을 포함한 충돌)이 이 텍스트의 전자적 구조 안에 물리적·물질적 방식으로 깊이 침투해 있다고 가정할 수 있다. 코딩 관행을 이렇게 물질적으로 표현하는 것과 텍스트의 언어적 표면 사이에 연관이 있을까? 작품이 인쇄된 책으로 표현되었을 때, 즉 전자 텍스트의 명멸하는(flickering, 깜박거리는) 기표들이 종이 위에서 내구성을 띠는 활자본으로 전환되었을 때, 그 연관성은 어떤 방식으로 작품에 표식을 남길까?

이러한 질문하에서는 '책'이 고정되고 정적인 산출물(artifact)이 아니라 복잡한 기술적·개념적·언어적·암호적 교섭의 흔적(trace)으로 간주된다. 이 장에서 나는 ≪크립토노미콘≫에서의 일련의 체계적 변형들이 이러한 교섭을 증언한다고 주장한다. 이러한 변형들에는 물질성과 추상화, 코드와 언어, 해커와 기업 거물, 선한 이익과 악한 탐욕 간의 충돌에 내재한 갈등을 완화시키려는 변증법적 시도들이 포함되어 있다. 일련의 변증법적 병치들을 순환하는 이 내러티브에는 안정된 마무리 지점이 없다. 즉 사건들의 전개에 영향을 주어 만족스러운 클라이맥스와 명확한 대단원으로 나아가게 하는 안정된 해결 지점이 없다. 이 텍스트가 이러한 기대를 충족하지 못한다는 사실은 이 텍스트의 문학적 말뭉치(corpus)가, 물리적으로 전통적인 모습을 하고 있고 인습적인 서사 테크닉을 사용하고 있음에도 그것을 생산한 글쓰기 기술에 의해 분열되어 있음을 나타낸다. 기계 인쇄기라는 맥락에서 억지로 잡아떼어져 정보처리 기술 안에서 배태된 이 소설은 인습적 내러티브로 남기 위해 최선을 다하지만, 내구성을 띠는 표식들과 명멸하는 기표들, 자연 언어와 컴퓨터 코드 사이의 차이는 이 소설의 형태를 해체하고 그 역학을 불안정하게 흔든다.[6] 결국 텍스트는 대립들을 모으고 그것들을 밀접하게 꼬아 분리할 수 없는, 의미상 서로 양립할 수 없는 모순어법(oxymoron)의 매듭을 만들어 낸다. 그러한 방식을 통해서만 텍스트는 '코드'/'언어'라는 모순적 언표 방식과 '기계적 과거'/'정보처리적 미래'라는 상충하는 역사적 벡터를 명확히 표현할 수 있다.

수학과 도마뱀: 변증법의 첫 항들

로런스의 근본적 문제는 게으르다는 것이다. 만약 엑스레이 투시 능력을 가진 슈퍼맨처럼 우리가 표면상의 산만함을 꿰뚫어 보고 저변의 수학적 골격을 파악할 수만 있다면 모든 것이 훨씬 간단할 것이라고 로런스는 생각했다. 일단 어떤 사물에서 수학을 찾아내면 그 사물의 모든 것을 알게 되고, 연필 한 자루와 냅킨 한 장만 있으면 마음 내키는 대로 그것을 다룰 수 있게 된다.(8)

모래가 공중으로 분출한다. 마치 경주용 자동차의 불타는 타이어에서 분출하는 연기처럼. 그리고 도마뱀이 해변을 가로질러 로켓처럼 달리고 있다. 일 초, 이 초, 삼 초만에 제국 해군까지의 거리를 가로질러서는 그를 잡아채 무릎 움푹한 곳에 넣고 파도 속으로 깊이 끌고 들어간다. 그러고서 도마뱀은 죽은 니프(Nip)를 땅 위로 다시 끌어올린다. 니프를 죽은 미국인들 사이에 사지가 뻗치게 놓아두고는 혀를 철썩이며 주변을 두세 바퀴 돌더니, 마침내 그를 먹기 시작한다.(326)

연필 한 자루와 냅킨 한 장으로 세상을 냉정하게 제어하는 수학자와 너무 잔인해서 앞으로 몇 년 동안 보비 섀프토의 악몽 안으로 뚫고 들어올 원시 도마뱀. 이것들이 첫 번째 변증법적 상호작용을 발생시킬 상반되는 대립물이다. ≪크립토노미콘≫은 현대 세계에서 코드가 갖는 중요성을 웅변한다. 하지만 이 텍스트가 세상을 단지 코드로만 볼 정도로 극단으로 나아가면서 대항 저항(conter- resistance)이 구축되기 시작한다. 코드에 대한 믿음이 더 커질수록 그에 대한 저항도 더 강해진다. 이 저항은 다양한 형태를 취하지만, 가장 격렬한 표현은 '동물적 식욕'이다. 앞으로 보게 될 추상적 형식과 격렬한 식욕 사이의 충돌은 대부분 텍스트 안에 미해결 상태로 남아, 변증법의 더 진행된 변형들로 이어진다.

코드의 우위라는 생각의 바탕에는 정보가 그것의 물질적

기체로부터 추출될 수 있다는 중요한 가정이 놓여 있다. 일단 정보가 확보되면 기체는 안전하게 버려질 수 있다. 블레츨리파크의 '울트라'급 극비 암호 해독 시설의 창문을 몰래 들여다보던 로런스 프리처드 워터하우스는 기계 사이를 돌던 테이프가 너무 빠르게 돌다 연기가 나고 불이 붙는 것을 본다. 자신이 일종의 튜링기계를 보고 있다고 추측하던 로런스는 "방 안의 남자들이 테이프의 연소를 너무 차분하게 받아들이고" 있으며, 그 이유는 테이프 자체가 중요하지 않기 때문임을 깨닫는다. "저 긴 종이, 피라미드만큼이나 오래된 저 기술은 단지 정보의 흐름을 위한 도관일 뿐이다. 테이프가 기계를 통과할 때, 정보는 그것으로부터 추상화되어 순수한 이진법 데이터의 패턴으로 변형된다. 도관에 불과한 것의 연소는 전혀 문제가 되지 않는다. 재는 재로, 흙은 흙으로. 데이터는 육체적 차원에서 벗어나 다른 법이 적용되는 더 높고 더 순수한 우주 안으로 들어갔다."(195) 여기에서 조금만 더 나아가면 정보를 비물질적인 것으로 보게 된다. 정보가 이 세상에 존재하려면 체화되어야 하지만 이러한 체화들은 아주 쉽사리 임시적이고 중요하지 않은 것으로, 불타는 테이프 정도의 중요성 밖에 없는 것으로 여겨진다.

하지만 이러한 가정이 세워지자마자, 텍스트에서는 물리적 예화(육화)가 사소한 것에 불과한 것이 아니라 시스템 작동의 핵심이 되는 그런 대항 사례가 제시된다. 로런스의 손자인 랜디 워터하우스와 그의 동료들이 에피파이트 주식회사를 창업하면서 키나쿠타의 술탄을 만나 그 작은 술탄의 영지에 데이터 안전지대를 만들고자 하는 자신들의 계획을 의논할 때가 그러한 순간 중 하나다. 처음에 술탄은 "디지털화되고 네트워크된 세계에서 물리적 공간은 더 이상 중요하지 않다. 사이버공간은 경계를 모른다"(316)며 통념적 지혜를 떠든다. 하지만 술탄이 보여 준, 여러 나라와 대륙들 사이에 놓인 케이블이 그려진 세계 지도는 단지 몇 안 되는 대륙 간 케이블들이 "소수의 관문들"을 통과하고 있을 뿐 "전혀 웹 같지 않다"(317). 여기서 '지리'는 "자유롭고, 자주적이고, 장소 독립적인(location-independent) 사이버공간"(317)의 창조라는 이해관계에 따라 언급되지만, 여전히 중요해 보인다. 정보가 자유롭게 흐를 수 있는 자치 영역의 꿈이 정말로 실현되려면, 그 꿈은 지리적 구체성과 물질적 제약 그리고 정치적 현실이라는 실제 세계와 분리될 수 없다.

이러한 사례가 보여 주듯 정보 흐름의 제어는 정보 흐름이 물리적 행위들과 결합되어 나타나는 복잡성이 고려될 때 훨씬 더 문제가 된다. 연합군이 독일의 암호 기계인 '에니그마'의 코드를 깨뜨린 후 로런스는 고위급 전략 회의에서 한 교수로부터 이러한 설명을 듣는다. "독일군은 우리의 주요 암호를 깨뜨리지 못했습니다. 하지만 그들은 우리의 움직임을, 북대서양에서 우리 호송대의 진로와 우리 공군의 배치 등을 관찰할 수 있지요. 만일 우리 호송선이 늘 U보트를 피한다면, 만일 우리 공군이 늘 독일군 호송선을 곧바로 찾아낸다면, 독일인도 이것이 우연이 아니라는 것을 분명히 알게 되겠지요. 다시 말해, 정보가 우리에게서 독일인에게 되돌아 흐르기 시작하는 어떤 지점이 있다는 것입니다."(124) 물리적 행위는 암호와 달리 그것을 이해하는 데 특별한 지식을 요하지 않는다. 물리적 행위와 물리적 세계의 이러한 연결은 비밀 정보 소유로 인해 일어나는 모든 행위에 대한 잠재적 쌍방향 소통 채널이 된다.

이때 정보 제어는 곧 어떻게 임의성(randomness)을 시뮬레이션할 것인지의 문제가 된다. 교수의 말이 시사하듯 암호작성술(cryptology)은 임의성 안에 패턴을 숨기는 기술로 이해할 수 있다. '크립트-(crypt-)'의 라틴어 어근에는 '숨겨진, 비밀의'라는 의미가 있기 때문이다. 물론 '크립트'는 숨겨진 장소, 역사적으로 흔히 그것을 아는 것이 특권적 지식인 '지하의 방'을 의미하기도 한다. 두 가지 플롯(제2차 세계대전 시점에 암호작성술에 초점이 맞추어진 플롯과, 일본 제국의 운명이 다했음을 깨달은 일본인들이 묻어 둔 믿을 수 없을 정도의 엄청난 황금을 찾아내려는 현재의 탐색 플롯)을 융합시키는 것은 앨런 튜링의 동시대 친구인 로런스 워터하우스를 그의 꺼벙한 손자 랜디 워터하우스에 연결하는 혈통만이 아니다. 황금의 지하 동굴을 그곳의 위치를 드러내는 코드화된 정보와 결합하는 비밀도 그 역할을 한다. 그 정보는 전쟁 전 앨런 튜링의 친구이면서 연인인 루돌프 폰 해클헤버가 괴링을 위해 발명한, 골치 아플 정도로 복잡한 '아레투사

(Arethusa)' 암호작성 코드에 숨겨져 있다. 이 암호작성 코드를 둘러싸고 반세기에 걸쳐 벌어지는 수학적 대결에, 코드와 상관관계에 있는 물리적 행위라는 실재가 끼어든다. 수학적·암호적 조작으로 세상을 제어하려는 투쟁은 물리성에서 벗어나기는커녕, 무시하기에는 너무나 생생하게 살아있는 굶주린 실재의 야생적이고 무질서한, 종종 격렬한 예측불가능성과 맞붙어 싸워야 한다.

암호작성술이 비밀을 감추기 위해서만이 아니라 속이기 위해서도 사용될 때, 물질적 세부 사항은 더욱더 중요해진다. 민스미트 작전(Operation Mincemeat)이라고 불린 실제 영국 첩보 기관의 작전을 상기시키면서, 이 텍스트는 어떤 사람의 몸에 거짓 정보를 심고 독일군이 발견할 수밖에 없는 바다의 어떤 지점에 던져 그 몸을 비밀 요원의 몸으로 속이는 이야기를 서술한다.[7] 2차 세계대전 당시 하이쿠를 쓰던 해병대원 보비 섀프토가 이 작전에 참여했으며, 그의 손녀 아메리카(에이미)[America(Amy)]는 반세기 후 랜디와 만나도록 운명 지어져 있다. 보비는 암호작성술 플롯과 얽혀 있는 물리적 사건들이 중심을 이루는 플롯에서 주인공 역할을 한다. 보비는 또한 로런스와 튜링이 암호 영역에서 그러하듯 물리적 세계에서 거의 불가능한 임무를 수행할 정도로 뛰어나다. 죽은 정육점 주인의 몸을 비밀 요원처럼 보이게 만들어 독일인들이 읽고 오해할 기호로 전환하는 일의 성공 여부는 그 몸의 구체적 세부 사항에 달려 있다. 즉 영국제가 아닌 스위스제 정밀 시계를 차고 있어야 하고, 유럽제 방수복을 쉽게 입기 위해 사용되는 독일제 탤컴파우더로 마사지되어 있어야 하며, '에이미(Amy)'가 아닌 '그리젤더(Griselda)'로 읽히는 타투가 몸에 새겨져 있어야 한다. 이 독일 이름을 듣고 에스리지 중위는 보비에게 말한다. "이보다 작은 행운으로 전투들이 결정되곤 했다네, 병장!" 보비는 (중위의 관점에서는 부적절하지만 우리의 논의에는 적절하게) 이 말을 계기로 과달카날의 광폭한 도마뱀을 떠올린다. 이 도마뱀은 비체(abject)가 이 텍스트의 상상계에서 순수한 수학 영역을 괴롭히는 방식으로 그의 상상을 괴롭힌다(152).

비체는 이 텍스트 안 어디에나 있다. 냄새나고, 미끌미끌하고, 혐오스럽고, 피할 수 없다.[8] 연합군이 에니그마 코드를 풀어낸 사실을 독일군에게 감추기 위한 거짓 위장을 고안하고 창안하기 위해 전념하는 2702파견대는 물질적 세계를 기호로 전환한다. 하지만 비체는 이 암암리의 탈물질화에 저항하고 자신의 혐오스러운 물리성을 주장한다. 이탈리아의 한 야영지로 보내진 보비는 그곳을 비밀 관찰 초소로 가장하기 위해 부하들에게 명령해 다량의 미군 똥을 야외 변소 구멍에 던져 넣게 하고, 여러 달 주둔하고 있었던 것처럼 보이기 위해 그 사이사이에 이탈리아제 화장지를 용의주도하게 끼워 넣는다. 똥은 비밀문서와 암호 코드와 더불어 반복적으로 등장한다. 예를 들어 보비는 "지옥까지 내려갈 듯 깊은 구멍 위에 놓여 있는 구식의 2구멍 좌변기(two-holer)"에 앉아 그가 진정으로 사랑하는 글로리가 첫 밀회를 위해 준비한 비밀 메모를 읽는다. 줄거리 대부분이 진행되는 적도 지역에서는 "그 지역의 불쾌한 냄새"가 널리 퍼져 있는데, 그 냄새는 설사를 바로 상기시키기 때문에 보비는 그 냄새를 맡자마자 "내장들이 벌써 꾸르륵거리는 듯하다"(613). 또한 보비의 아들 더그 섀프토는 랜디에게 화가 났을 때 "자네는 헛소리(bullshit)도 구별 못하나? 축축하고 연기 나는 똥 같은 헛소리가 머리에 쏟아질 때, '맙소사, 이런 똥 같은 헛소리를?'하고 말할 수 있게 자네의 지적 도구 상자에 추가할 유용한 용어라고 생각되지 않나?"(729)라고 소리친다. 이 말은 의미심장하게도 '아레투사 코드 인터셉트'에 숨겨져 있는 황금이 있는 장소를 찾는 플롯을 지시한다. 똥은 심지어 2072파견대가 어떤 계략에서 "화물선의 그 애처로운 더미"를 가리키면서 "배(ship)" 대신 "똥(shit)"이라는 단어를 사용하기 시작할 때 그 자체로 유사 코드가 된다. "이 똥 모양의 선실을 봐! 도대체 이 똥 선장은 우리를 어디로 데려간다고 생각하는 거야?"(272) 가장 의미심장한 사례 중 하나는 침몰된 독일 잠수함에서 중요한 에니그마 암호 문서를 탈환하려던 보비와 그의 동료들이 암호화된 문서들과 똥이 넘쳐나는 선실을 헤치며 걸어가고 있을 때다. 이 장면은 순수한 추상의 영역에서 작동한다고 가정된 비밀문서와 아주 가까운 거리에 비체를 결합시킨다. 똥은 자신을 억제하는 (신체적, 사회적, 군사적, 은유적) 괄약근들을 밀치고 나가겠냐고 위협하며 단지 기호로 환원되기를 거부한다. 강렬한 공포 앞에서 부지불식간의 반응으로 나와 버리고, 통제할 수 없는 설사로 스며 나오고, 남태평양에서 야만스럽게 행진하는 일본인과 미국인들 머리 위의 정글 나뭇잎에서 떨어지는 똥은 알고리듬적인 것 혹은 암호적인 것 안에 온전히 담길 수 없는 물질적 실재다.

똥 다음으로 세상이 알고리듬에 얼마나 저항하는지 가장 두드러지게 보여 주는 예는 섹슈얼리티다. 로런스는 자신의 성적 욕구 불만 수준과 업무 능력 사이의 관계가 반비례 관계라고 가정한다. 하지만 그 관계를 효과적으로 도표화할 수 있다고 생각한 바로 그때 로런스는 성적 만족이 생각보다 더 복잡하게 기능한다는 사실을 알게 된다. 만족도는 사정 이후 얼마나 시간이 지났는지에 따라 다를 뿐 아니라 사정이 어떻게 이루어졌는지, "수동 조작(손으로 한 것)"인지 아닌지, 상대가 매춘부인지 감정적으로 연루된 사람인지에 따라 달랐다. "다른 말로 하면, 사정 이후 성적 흥분은 앞에서 제기된 순진한 이론이 가정하듯 늘 제로가 아니다. 자신이 유도한 사정인지 타인이 유도한 것인지에 따라 다르다."(545) 로런스는 "기본적으로 복잡하지 않은 1차 방정식들로 이뤄졌던 삶이 미분 방정식(differential equation)이 되었다"(548)고 결론 내린다.

심지어 1과 0으로 추상화된 디지털 코드의 장소인 컴퓨터조차 너무나 격렬해서, 결코 무시할 수 없는 물리적 현존을 띤다. 로런스가 상관인 콤스톡에게 튜브 안에서 진동하는 수은으로 제작한 자신의 컴퓨터를 보여 준 것은 격하게 물리적인 경험이었다. "뜨거운 음파 집게들이 그의 내장을 뒤지며 통과해 나갔고, 진동하는 땀방울이 그의 두피에서 떨어져 나왔고, 그의 불알이 멕시코의 '점핑 빈(jumping beans)'#처럼 팔짝팔짝 뛰었다."(599) ≪크립토노미콘≫의 허구 세계 안에서 로런스가 이 최초의 디지털 컴퓨터에 대한 아이디어를 얻은 것은 이와 똑같이 격했던 대면, 즉 그가 사랑하는 메리의 교회에 있던 먼지투성이 오르간과의 대면에서다. 이 대면은 자신의 막힌 성적 기계 장치를 청소하려는 로런스의 결심을 상기시키는 구절에 묘사되어 있다. "수십 년 동안 사용되지 않았던, 위계적으로 배열된 모든 파이프를 로런스가 작동시키자 파이프를 막고 있던 먼지와 쥐 배설물이 파이프에서 터져 나왔다."(575) 로런스는 물리적인 것과 추상적인 것을 결합하는 이 경험으로 "마치 폭발적으로 확장된 설계사의 관점으로 보듯 그의 마음으로 기계 전체를" 볼 수 있게 되었다. "그때 그것은 다소 다른 기계(진공 튜브들 배열이 여기 있고 연결 격자들이 저기 있는 전자 오르간)로 변모된다. 이제 로런스는 튜링의 문제에 대한 답을, 즉 어떻게 이진법 패턴을 취해 생각하는 기계 회로 안에 묻어 두었다가 나중에

멕시코산 등대풀과 식물 씨앗. 씨앗 속에 작은 벌레가 생기면서 벌레가 움직이는 대로 씨앗이 뛰어다니는 것처럼 보인다 해서 이런 이름이 붙었다.

다시 파낼 수 있게 할 것인가에 대한 답을 얻었다."(576) 전자 메모리의 작동을 묘사하기 위해 여기서 사용한 기묘한 용어들['묻다(bury)'와 '파내다(disinter)']은 일본의 코드를 풀기 위한 컴퓨터 암호 작업과 아레투사 코드가 밝혀낸 숨겨진 황금 지하 동굴을 더욱 긴밀히 연결한다. 둘 중 어느 것도 "단지 연필 한 자루와 냅킨 한 장"으로 되찾을 수 없다. 둘 다 수학적 추상화로 환원할 수 없는 물리적 세계와의 연루를 필요로 한다.

하지만 추상화와 폭력적 물리성 사이의 갈등은 그 자체가 언어적 구성물이며, 이러한 의미에서 이미 추상적 영역에서 발생한다. 이러한 모순에서부터 변증법적 변형의 다음 단계가 출현한다. 추상적 코드와 동물적 식욕이 융합해 제3의 항인 수행적 코드(performative code)를 창조한다. 로런스가 수학적 개념들을 표현하기 위해 사용하는 추상적 알고리듬들(디지털 컴퓨터가 발명되기 이전 1930년대 수학자들에게 그리 낯설지 않던 방법)과 달리, 수행적 코드는 기계에 명령어로 작동하며 그 세계에서 행위를 야기한다. 이러한 의미에서 수행적 코드는 동물적 식욕이 함의하는 능동적 활력과 추상적 코드의 개념적 힘을 결합한다. 텍스트에서 허구화된 로런스의 디지털 컴퓨터 발견이 시사하는 붕괴, 즉 이 두 항의 수행적 코드로의 붕괴는 수행적 코드의 변증법적 보충물인 또 하나의 항, 즉 "수사적 언어(figurative language)"에 초점이 맞추어진다.

≪크립토노미콘≫ 출간 직후 대담에서 스티븐슨은 이러한 연접의 중요성을 암시한다. "컴퓨터의 역사를 들여다보았을 때 컴퓨터가 아주 오래전부터 암호술과 밀접했다는 것이 분명해 보였다. 그에 대한 책을 쓰는 것은 그 관계를 탐색하는 방법이라고 할 수 있다." 그러고서 이렇게 덧붙였다. "여기서 정말로 더 깊이 들어가 그것이 책을 쓰는 과정 전반과 관련되어 있다고, 단어와 상징으로 개념을 인코딩하는 문제와 관련되어 있다고도 말할 수 있다. 하지만 그것은 훨씬 더 현학적인 문학 비평가들에게 남겨 둘 사소한 생각거리 차원에 속한다."[9] 앞에서 본 것처럼 ≪크립토노미콘≫의 논픽션 짝이라고 할 수 있는 ≪명령어≫는 소설 쓰기와 코드 쓰기 사이 결합에 귀중한 통찰(변증법적 변형의 다음 단계를 설명하는 데 핵심적 통찰)을 제공한다.

암호작성술 지배하기

추상적 코드 + 동물적 식욕

↓

수행적 코드 + 수사적 언어

스티븐슨이 컴퓨터 코드에 보이는 태도는 처음에는 온라인으로 나왔다가 이후 짧은 인쇄본으로 출간된 책의 제목인

"태초에 명령어가 있었다"라는 그의 돈키호테식 한탄에 선명하게 나타난다. 스티븐슨은 비유, 개인적 일화와 기술에 대한 해설 등을 통해 유닉스가 매킨토시나 윈도보다 훨씬 우수한 운영체제라고 생각하는 교양 있는 대중을 설득하려 한다. 유닉스의 우월함은 효율성과 성능, 그 경제성(거의 무료로 웹에서 얻을 수 있다)에만 있지 않다. 그 못지않게 중요한 사실은 타이핑한 명령어가 기계에 의해 컴파일되고 수행될 때 어떤 일이 발생하는지 사용자가 정확히 이해할 수 있게 해 준다는 것이다. 윈도는 꼭 사악하다고 말할 수는 없지만 인터페이스 뒤 기계의 작동을 숨기는 식으로, 예를 들면 마우스의 움직임이 어떻게 이진 코드로 번역되는지 알려 주지 않는 식으로 사용자를 심각하게 잘못된 방향으로 인도한다. 심지어 사용자는 마우스의 움직임이 이진 코드로 번역된다는 사실조차 알지 못한다. 스티븐슨은 자신이 처음 컴퓨터를 경험했던 고등학생 시절을 이야기한다. 그때 스티븐슨은 전신타자기(teletype machine)을 통해 메인프레임과 소통했는데, 그 인터페이스는 둔탁했지만 각각의 기호를 비트 여덟 개로 인코딩하는 아스키 규약(ASCII conventions)을 통해 스티븐슨이 자판으로 입력한 기호 열들이 이진 코드로 전환되고 있음을 명확히 보여 주는 미덕을 갖추고 있었다.

사용자는 왜 기계 내부에서 벌어지는 일을 알아야 하는가? 다른 말로 하면, 인터페이스가 견고하고 기능적으로 문제가 없을 때 사용자가 표면에 머무르는 것이 무엇이 문제란

말인가? 문제 중 하나는 인터페이스가 실제로는 그렇게 견고하지 않을 수 있다는 것이다. 예를 들어 설명하기 위해 스티븐슨은 그의 매킨토시 파워북(Macintosh PowerBook)이 "내 가슴을 무너뜨렸던" 날을 이야기한다. 스티븐슨의 대용량 문서는 너무나 철저히 망가져서 강력한 응용 프로그램으로도 복구할 수 없었다. 그 문서는 플로피디스크 한 장에 넣기에 너무 컸기 때문에 스티븐슨은 유일한 최종본을 하드 드라이브에 저장해 두었어서, 상실의 상처는 너무나 컸다.[10] 바로 그날 스티븐슨은 유닉스를 만났고, 즉각 전향자가 되었다. 스티븐슨은 해커 수천 명이 시험하고 개선하는 유닉스에서는 이러한 오류가 결코 일어나지 않으리라 주장하면서, 유닉스 오류 공개 파일과 마이크로소프트 같은 회사들이 그들의 사적 파일에 묻어 두는 숨겨진 오류 정보를 대조한다. 마이크로소프트는 그들의 전문 지원 서비스를 통해서만 오류 정보를 제공하며, 그에 대해 사용자에게 비용을 지불하게 한다.

견고함의 문제 너머에는 정량화하기는 더 어렵지만 감정적으로는 더 중요한 이유가 있다. 스티븐슨은 **진정한** 개인이라면 대기업들이 그에게 무엇을 생각할지 말해 주고 그가 무엇을 원하는지 그리고 무엇이 그에게 좋은지 결정해 주는 것과 같은 상황에 놓이기를 원하지 않으리라고 반복해서 암시한다. 스티븐슨은 허버트 조지 웰스의 고전적 이야기인 ≪타임머신≫에 빗대어 그러한 사람들을 "엘로이(Eloi)"라고 부른다.[11] 웰스의 이야기에서 엘로이는 체구가 작은 사람으로 자연과 조화를 이루며 점잖게 살아가는 듯 보인다. 하지만 시간 여행자인 힐리어가 알아차리게 되듯 엘로이의 삶은 엘로이를 식용 동물 정도로 간주하면서 우수한 기술에 힘입어 지하에 사는 잔혹하고 추한 몰록(Morlock)에게 박탈당하고 있다. 스티븐슨은 오늘날에는 몰록들이 지상에서 사물을 운용하고 있으며, 엘로이들은 어리석게도 몰록들이 좋다고 말해 주는 운영체제(혹은 다른 기술)로 우르르 몰려가고 있다고 말한다. 여기서 쟁점은 자부심, 전문 기술 그리고 가장 중요하게는 제어 능력이다. 기술을 이해하지 못하는 사람들은 불가피하게 기술을 이해하는 사람들의 뜻에 따르게 된다. 이 말은 유닉스를 선택하는 사람은 비록 그것이 기술적으로는 더 어렵다 해도 엘로이의 범주에서 벗어나 진정한 힘을 가진 몰록의 지위에 오를 수 있다는 의미다.

≪명령어≫와 ≪크립토노미콘≫ 사이의 기이한 공통점 중 하나는 식인 몰록들에 대한 ≪명령어≫ 속의 은밀한 비유다. 그것은 ≪크립토노미콘≫에 나오는 동물적 식욕에 대한 여러 언급들과 공명한다. 그중에는 어느 불운한 필리핀인을 잡아먹은 정글 식인종들의 사례도 포함된다. 그 광경을 숨어서 보고 있던 고토 덴고는 너무 배가 고파서 식인종들이 남겨 두고 간 '탄수화물'을 먹는다. 하지만 ≪명령어≫에서는 몰록들의 특징이 재구성된다. '기술적 재주'가 그들의 유의미한 특징이 된다. 이는 놀랄만한 반전이다. 이 확장된 비유에서는 몰록들의 '식인성'은 중요하지 않은 것일까? 비유가

너무 많이 확장되면 늘 부적절한 요소가 포함되기 마련이기에, 이러한 상황에는 달리 선택의 여지가 없는 것일까? 아니면 몰록/엘로이 비유를 더 깊은 의미에서 적절하게 만드는, 두 텍스트를 연결하는 숨겨진 사유의 노선이 따로 있는 것일까? 사춘기 소년이 정해진 희생양을 죽이면서 자신의 남성성을 획득하는 식인종의 성인식 즉 소년이 진정한 개인이 되는 의식을, 스티븐슨이 자신의 유닉스 전향을 몰록이 되는 것으로 상상한 것과 억지스럽게 연결한 것은 우연일까?

나는 "훨씬 더 현학적인 문학 비평가"를 아이러니하게 환기하는 역할을 수행할 위험을 무릅쓰면서 ≪크립토노미콘≫의 허구적 세계와 ≪명령어≫의 비허구적 전향 내러티브를 연결하는 지층의 연결 고리들을 탐색해 보려 한다. 명령어를 쓴다는 것은 명령하는 상황에 있다는 것이다. 즉 기계의 작동을 감추지 않는 운영체제를 사용하는 것이며, 알파벳 기호들을 타이핑하는 것과 이 기호들을 1과 0으로 인코딩하는 것 사이의 연관 관계를 분명하게 보여 주는 인터페이스를 선호한다는 것이다.[12] 스티븐슨은 이러한 주장을 구성하면서 확장된 비유들을 지속적으로 사용한다. 예를 들어 스티븐슨은 몰록/엘로이 비유에 더해, 길 건너편에서 누군가가 1갤런당 100마일을 가는 아름답고 크고 튼튼한 탱크들(유닉스)을 무료로 나눠 주고 있는 반면 사기꾼 자동차 딜러들이 비용이 많이 드는 저급한 상품들(윈도와 맥OS)을 파는 장면을 상상한다. 이러한 비유들은 주장의 핵심을 덮고 있는

겉치레 장식에 불과할까? 기계의 진짜 작동을 덮고 있는 윈도의 인터페이스처럼 말이다. 만약 기술 엘리트를 실제로 무엇이 진행되고 있는지를 아는지 여부로 구별한다면, 왜 사실을 대면할 수 없는 의지박약한 사람들에 맞추어 주장을 아름답게 치장하는 것일까? 이 텍스트는 엘로이와 몰록 중 누구를 독자로 구축할까? 그리고 만약 독자가 텍스트에서 아주 단순하고 분명한 논점을 이해하는 데 비유를 필요로 하는 엘로이로 취급된다면, 독자는 어떻게 몰록의 지위를 획득할 수 있을까?

이러한 질문들을 생각해 본다는 것은 윈도와 코드의 관계처럼 수사적 언어를 문화적 이해를 덮는 덮개로, 사물의 진실을 감추는 치명적으로 유해한 덮개로 본다는 것을 의미한다. 이는 철학자들이 수사학자들에게 오랫동안 던져 온 비난이다. 과학자들은 만약 인문학자들이 자신들이 말하는 것이 무엇인지 정말로 안다면 은유보다는 등식을, 화려한 비유보다는 장식 없는 분명한 언어를 사용하라는 영국왕립학회(Royal Society)의 이념적 강령에 따를 것이라고 본다. 문학적 언어에 반대하는 이러한 의견에 대해 기존의 수많은 대응들, 필립 시드니에서 거트루드 스타인, 존 밀턴에서 질리언 비어, 알렉산더 포프에서 아르카디 플로트니츠키에 이르는 그 수많은 대응을 여기서 재론하는 것은 나의 목적에서 벗어난다. 그보다 나는 스티븐슨의 수사적 언어와 수행적 코드 사이의 갈등을 부각하고 싶다. 수행적 코드는 기계들이 일을 하게 한다. 그리고 우리는 우리의 기계들을 제어해야 한다. 반면 수사적 언어는 사람들이 일을 하게 한다. 그리고 설득력이 있으려면 즉 효과를 내려면 작가는 독자의 마음에 딱 달라붙는 이미지를 공들여 만들어야 하고 기억할 만한 장면과 심리적 복합성으로 독자를 매혹하는 내러티브를 만들어야 한다. 역설, 모순, 아이러니를 포함해 작가의 작업을 구성하는 모든 기교를 동원해야 한다. 비록 이 기교들이 어떤 관점에서는 거짓말로 보일 수 있지만, 모든 문학도는 작가가 진실을 말하기 위해 거짓말을 한다는 것이 무슨 의미인지 안다.

수사적 언어에 대한 스티븐슨의 명시적 합리화 작업은 은유보다는 신화에, 더 정확히 말하면 비유로서의 신화에 초점을 둔다. 스티븐슨은 자연적·인공적 인지 작용에 대한 오늘날의 이해 방식에 적용하기 위해 단지 해독하기만 하면 되는 심오한 기술적 통찰이 신화적 이야기에 숨겨져 있다고 말하는 인물을 여러 작품에 등장시킨다. 이러한 문학적 기교는 ≪스노 크래시≫에서 도서관 사서의 정교한 설명 형태로 구체화한다. 이 인공지능 사서는 수메르 신화를 요약하고 그것과 '스노 크래시 바이러스'의 관계를 설명한다. ≪크립토노미콘≫에서는 이러한 기교가 에녹 루트가 랜디에게 겉보기에 모순적인 신화들 뒤에 그것들이 수렴되는 진실이 있다고 말할 때 나타난다. 루트는 비유적 사유를 설명하기 위한 비유를 드는 과정에서, 서로 다른 사람들이 루트 자신에 대해 서로 다른 판본의 루트를 제시하는 상황을 가정해 보자고 말한다. 그러한 상황에서도 루트를 아는 누군가는 다른 재현들 뒤에 "루트 재현(Root Representation, 기원적 재현)"(800)이 있다는 사실을 알아차릴 수 있다. 루트라는 이름에 대한 이 언어유희는 루트를 컴퓨터의 루트 디렉터리(root directory, 최상위 디렉터리)와 연결한다. 루트 디렉터리를 건드리는 것은 치명적 결과를 야기할 수 있기 때문에 대형 시스템에서는 대부분 사용자로부터 루트 디렉터리를 보호하고 있으며 시스템 담당자, 즉 시스템 운영자(Systems Operator, SysOp)만 접속 가능하다. 에녹 루트가 처음에 랜디에게 이메일을 보냈을 때 랜디는 그 메일이 '루트(root)'라는 성을 포함하고 있어서 보낸 사람이 시스템 운영자이며, 아는 것이 많고 강력한 컴퓨터 전문가라고 오해하고 특별히 관심을 보인다. 한편으로 루트는 실제로 그런 역할을 한다. 비록 루트의 전문성이 세계 전쟁을 야기할 국가적 이해관계와 무관한 자체의 미스터리한 목적을 추구하는 그림자 조직 소시에타스 에루디토리움(Societas Eruditorium)과의 제휴에서 비롯하지만 말이다. 그 목적이 무엇인지는 결코 분명하게 드러나지 않는다. 하지만 직업이 신부이기도 한 루트가 국가 주권보다 더 높은 윤리적 힘에 응한다는 암시가 나오고, 이 윤리적 명령은 기술과 전쟁의 신화적 관계에 대한 루트의 설명에 특히 힘을 실어 준다. 루트는 기술이 선한 목적을 위해서도 악한 목적을 위해서도 사용될 수 있으며, 그 차이는 윤리적 목적을 위해 기술과 전쟁을 이용하는 여신 아테나(Athena)와 단지 파괴와 자기 이익을 위해 폭력적인 전쟁을 이용하는 신 아레스(Ares) 사이의 구별에 인코딩되어 있다고 주장한다. ≪스노 크래시≫에서 그러했듯 신화적 인물들을 현시대의 행위에 연결하는 것은 기술에 대한 윤리적 이해를 불러일으키고, 이로써 원칙에 따라 행동하게 하기 위해서다.

하지만 신화에 대한 이러한 설명들은 코드의 직접적 속성과 수사적 언어의 우회적 속성 사이의 더 깊은 모순을 풀지 못한다. 수행적 코드와 수사적 언어 사이의 갈등은 스티븐슨의 여러 책에 일관되게 나타난다. 스티븐슨이 창조한 허구적 세계의 핵심이 이 갈등이라고 말해도 과장이 아닐 정도다. ≪스노 크래시≫에서 스티븐슨은 인간의 운영체제를 파괴하고 인간을 "팔라발라(falabala)"라는 단음절 언어로 제어되는 자동 장치로 만들어 버리는 바이러스를 상상한다. 여기서 언어는 인간을 코드가 입력하는 그 어떤 명령도 수행하는 컴퓨터처럼 행동하게 만드는 일종의 코드로 붕괴된다. 여기서 쟁점은 ≪크립토노미콘≫과 ≪명령어≫에도 분명하게 나타나는 쟁점들, 즉 제어하기 대 제어되기, 자율성 대 행위주체성의 상실, 개인주의 대 대중이다. ≪크립토노미콘≫에서도 같은 쟁점이 지배적으로 나타난다. 단, 양상은 다르다. 언어가 코드처럼 되는 대신, 코드가 수사적 언어처럼 되어 대중을 오도하는 기만적 표면을 만든다. 이러한 대중과 달리 '전문가들'은 그 안에 숨겨진 의미 있는 메시지를 추출하기 위해 상징의 표면에 침투한다. 암호 분석가는 수학자처럼,

마치 로런스가 그의 수학적 엑스레이의 시선으로 꿰뚫어보듯 '산만한 사물의 표면' 안에 숨겨진 핵심 정보를 밝혀낸다.

랜디가 날조된 마약 혐의로 투옥되는 감옥 장면은 이러한 역학을 잘 보여 준다. 놀랍게도 랜디를 체포한 사람들은 압수했던 랜디의 노트북을 되돌려준다. 랜디의 노트북은 그가 설치한 강력한 암호로 보호되어 있어 랜디가 암호화 키를 자발적으로 내놓도록 유도하지 않으면 간수들에게 아무 소용이 없다. 랜디는 간수들이 자신의 노트북 화면에 보이는 것은 무엇이든 미러링해 볼 수 있도록 옆방에 컴퓨터를 설치해 두었을 것이라고 의심한다. 그 의심은 옳았다. 뛰어난 해커인 랜디는 '아레투사 인터셉트'를 해독할 프로그램을 노트북에 설치해 백그라운드에서 실행하고, 노트북 화면에서는 무작위 디스플레이를 출력해 화면을 보호한다. 백그라운드 프로그램 실행 결과는 화면에 나타나지 않고 숫자키와 대문자 키상의 LED로 깜빡이며 모스 부호 형태로 전송된다. 이 영리한 속임수는 스티븐슨이 고등학생 때 메인프레임과 소통하면서 전보 같다고 여겼던 전신타자기를 상기시킨다. 이제 전보-로서의-컴퓨터(computer-as-telegraph)가 함의하는 바는 '투명한 연결'이 아니라 그와 정반대의 것, 즉 나쁜 의도로 수행되는 정치적 감시에 대한 '암호작성술의 승리'다. 이 결과는 ≪명령어≫의 논리와 일관된다. 랜디는 기계 내부에서 실제로 어떤 일이 일어나는지 이해하기 때문에 감시를 피할 수 있었던 반면, 랜디를 가둔 이들은 그가 만들어 내는 거짓

된 표면만 볼 수 있기 때문에 몰록에서 엘로이로 강등된다.

감옥의 모양도 의미심장하다. 벽의 한 쪽에는 랜디를 가둔 자들이 있다. 이들은 합법적인 정치적 목적을 가장해 몰래 감시를 하고 있지만 실제 목적은 윙 장군 개인의 이익을 위해 금을 찾는 것이다. 다른 쪽에는 에녹 루트가 있다. 루트는 두 세대의 공모자들을 연결하는 횡단적 인물로, 한 벌의 카드로 조작되는 암호 코드로 랜디와 소통한다. 강력한 암호 작성술은 몰록과 엘로이를 구별할 수 있게 해 줄 뿐 아니라 자신들의 힘을 불법으로 사용하는 몰록들 속에서 자유를 추구하는 해커 집단이 형성될 수 있게 한다. 이러한 방식으로 해커들은 식인종과 정화(淨化)적으로 분리되며 구별된다. 이는 사악한 목적으로 사용되는 기술과 고귀한 목적을 받드는 기술이 구별되는 것에 해당한다.

동물적 식욕의 능동적 활력과 추상적 코드의 개념적 힘이 수행적 코드에서 융합되듯, 랜디의 수감 장면은 수행적 코드와 수사적 언어가 선한 해커의 작업에서 융합하는 상황을 보여 준다. 선한 해커는 기계의 내부 작동을 있는 그대로 증언하는 코드와 은유적 인터페이스들(그리고 함축적으로는 수사적 언어 일반)의 기만하는 힘 사이의 갈등을 중재한다. 랜디는 코드에 대한 깊은 이해를 이용해 기만적 표면을 만들어 내되, 자신의 전문적 기술을 선한 목적에 사용한다. 이러한 융합은 선한 해커를 악한 기만자들에 대적시키는 다음의 변증법적 전환을 예고한다.

코드의 형제단

추상적 코드 + 동물적 식욕

↓

수행적 코드 + 수사적 언어

↓

선한 해커들 + 악한 기만자들

코드에 기술적으로 능하다는 것이 곧 기술자가 자신의 능력을 자율성 향상에 사용한다는 의미는 아니다. 마이크로소프트는 재능 있는 프로그래머들을 고용해 인터페이스들을 만들어 내게 하는데, 스티븐슨이 보기에 바로 그 인터페이스들이 사용자들을 유혹하고 무력하게 한다. 스티븐슨은 물론 이 사실을 잘 알고 있으며, 기백 넘치는 개인주의적 해커들이 영혼 없는 기술자 그리고 그들의 사악한 주인들과 대적해 싸우는 플롯을 자주 선보인다. 거대 조직에 대항하는 해커에 너무나 깊게 공감하는 스티븐슨은 해커 사이의 연합에서 종종 동기를 얻는다. 예를 들어 ≪스노 크래시≫의 주요 플롯에서 절정은 주인공 '히로'가 해커들의 신경 운영체제를 파괴하고, 스노 크래시 바이러스를 감염시켜, 그들을 '밥 라이프'의 앞잡이로 만들고자 하는 소프트웨어를 무찌르고, 해커들이 가득한 가상의 경기장을 지켜 내는 순간이다. ≪크립토노미콘≫의 여러 사건은 2차 세계대전을 배경으로 일어나는데, 군사적 갈등 상황에서는 국가에 대한 충성심을 이용해 엄청난 인력과 물질이 동원되고는 한다. 이러한 상황에서는 강력한 소수에 의한 착취가 쉽게 일어난다. 스티븐슨은 이러한 격렬한 배경 속에서 에너지들이 다르게 조직되는 교차적 역학 관계를 상상하면서 저항하고 전복하고 음모를 꾸미는 작은 집단들을 만들어 낸다.

우리는 이미 앞에서 이러한 역학 중 하나를 살펴보았다. 그것은 변증법의 첫 단계를 구성하는 수학적 추상과 격렬한 물리성 간의 갈등이다. 의미심장하게도 격렬한 식욕을 가진 육식성 도마뱀이 일본인들을 공격하면서, '상륙 거점 전투'라는 이 전형적 장면은 교란된다. 이는 소설의 변증법이 텍스트의 표면에 기입된 군사적 갈등에 개입해 그 방향을 바꾸는 힘을 가지고 있음을 보여 준다. 이러한 교란은 이후의 변증법 단계에서 다시 발생하는데, 여기서는 선한 해커들이 사악한 자들, 속이는 자들과 충돌한다. 선한 해커들은 함께 모여 '코드의 형제단(Brotherhood of code)'이라고 불릴 만한 연합을 형성하는데, 이 연합의 핵심은 암호화된 메시지를 해독하는 그들의 전문 기술이다. 국가적 의제들에 대한 명시적 비판 대부분이 미국의 적들을 향하기는 하지만(작가의 국적을 고려하면 놀랄 만한 일이 아니다), 사악한 기만자들은 초국가적으로 작업하며, 이는 미국도 예외가 아니다. 큰 조직은 힘 있는 사람들의 탐욕과 오만에 따라 사적 의제를 추구하기 위해 조직의 재원을 부패시킬 때 쉽게 타락하는 모습을 보인다. 윙 장군은 중국의 국가적 목적을 추구하는 척하면서 일본의 전쟁 황금을 찾아다니고, 얼 콤스톡은 새롭게 만들어진 미 국가안전국을 이용해 똑같은 일을 하며, 그의 아들인 법무장관 폴 콤스톡은 '덴티스트(Dentist)'와 그의 똘마니들과 연합해 에피파이트 주식회사의 서버를 공격한다.

이들이 바로 코드의 형제단이 세대를 넘어 모의하며 대적하는 세력들이다. 코드의 형제단은 2차 세계대전 시기의 고토 덴고(일본 황군), 보비 섀프토(미국 해병대), 오스카 비쇼프(독일 잠수함 함장), 루디 폰 해클헤버(독일 상급 암호해독가), 로런스 프리처드 워터하우스(영국을 위해 일하는 미국인 암호작성 기술자) 그리고 에녹 루트('소시에타스 에루디토리움'의 일원으로 알려져 있으며 명목상으로는 가톨릭 신부이면서 해병대 군목) 등을 아우른다. 이 인물들은 거의 모두 이 사적 유대를 위해 조직에 대한 충성을 거두며, 암호작성술과 비밀문서가 이 모의의 중심에 있다.

코드의 형제단은 스티븐슨이 ≪명령어≫에서 오픈 소스 공동체에서 찾아낸 것과 같은 그러한 유대 맺기를, 암호작성 전문 기술을 통해 2차 세계대전 시기에 도입한다. 의미심장하게도 이 비밀 모의에 참여한 이들 중 단 한 명, 보비 섀프토만이 자신의 국가적 충성심을 명시적으로 배반하지 않는다. 보비는 맥아더 장군이 사적으로 파견한 자살 특공 작전에서 죽는다. 루디와 로런스가 암호작성술 영역의 주역인 것처럼, 보비는 물리적 행위의 주역이다. 보비는 비밀 모의에는 참여하지만 다른 사람들처럼 문서를 해독하는 일에 직접적으로 관여하지 않는다는 점에서 이례적 캐릭터다. 보비의 캐릭터는 초반의 갈등들이 어떻게 후반의 변증법적 구성에 통합되는지 보여 준다. 초반의 갈등들은 뒤에 남겨지기보다는 그 내러티브적 기능이 변화하는데, 변증법적 상호작용의 이후 단계가 소설 속 행동을 이끌기 시작할 때 그러하다.

예를 들어 물리적 행위와 추상적 언어 사이의 갈등은 사람의 두 범주, 즉 언어를 지향하는 사람과 물리적 행위를 지향하는 사람에 대한 보비의 명상에서 반복된다. "말함으로써 **무엇인가**를 성취하고 있다고 믿는 사람들은 말하는 것이 **시간 낭비**라고 믿는 사람들과는 다른 방식으로 말한다.… 그들에게는 말함으로써 무언가를 행하는 일이 드라이버로 못을 박는 일과 같다. 때로 우리는 그러한 사람이 자신이 말하는 것을 들을 때 그의 얼굴에 퍼지는 절실함을 볼 수 있다." 루트와 로런스의 말을 듣고 있던 보비는 "아마도 세 번째 범주의 인간이 있을 수 있다고, 너무나 희귀해서 보비가 지금까지 한 번도 만나 본 적 없는 인간이 있을 수 있다고 생각하기" 시작한다(373). 보비의 추측에 의하면 로런스가 말하는 방식은 "그가 이미 생각해 낸 것들을 말하는 방식이 아니라 말해 가면서 새로운 것을 구성해 나가는 방식이다. 그리고 그는 늘 당신이 그 작업에 참여하기를 기대하는 듯하다. 에녹 루트 말고는 그 누구도 그렇게 하지 않았었다"(374). 보비는 점차 언어가 단지 표현의 도구가 아니라 탐색의 방법으로도 사용될 수 있다는 사실을 깨닫는다. 이 깨달음은 수행적 코드와 수사적 언어를 병치하는 다음 단계의 변증법을 향한다. 신화를 숨겨진 역사로 해석하는 상대적으로 허술한 설명과 대조적으로, 보비는 수사적 언어에 대한 훨씬 더 강한 정당화를 이제 발견한다. 은유와 비유는 기존의 개념을 표현하는 데 그치지 않고 우리를 새로운 생각과 가능성으로 이끌기도 한다. 보비가 최상의 표본적인 육체를 가지고 있을 뿐 아니라 은유와 이미지를 광범하게 사용하는 시 형식인 하이쿠를 쓴다는 것은 분명 우연이 아니다.

그 앞의 다른 구성과 마찬가지로 선한 해커 대 악한 기만자의 구성도 불안정해지면서 변증법적 사이클의 또 다른 순환이 시작된다. 하지만 이번에는 그 불안정성이 아주 다른 결과로 귀결한다. 이 구성에서 문제는 해커들이 신규 업체인 에피파이트 주식회사를 창업하기 위해 모이는 2차 세계대전 이후 세대에서 분명하게 드러난다. 인터넷이 발달하고 상업적으로 기획되기 시작하면서 비전을 가지고 있던 사람들은 자신들의 유토피아적 꿈이 돈이 목적인 기업의 이익에 (원치 않음에도) 연루되는 것을 본다. 랜디, 애비 그리고 에피파이트의 동료들이 덴티스트 같은 사람, 즉 이제 막 시작하는 그들의 기업에서 상당한 이익을 얻고자 계략을 꾸미는 사람들에게 억지로 끌려가지 않으려면 어떻게 해야 할까? 마지막 단계에서 변증법은 선한 해커에게서 오염을 정화하고 분리해 순수한 악의 인물에 집어넣는다. 플롯에서 악인이 배제되면서 아레스의 나쁜 기술에 대해 아테나의 좋은 기술이 승리한다는 사실을 나타낼 수 있다. 이 지점에서 변증법은 더 이상 나아갈 수 없다. 순수한 악의 인물이 만들어지고 축출되었다. 변증법은 새로운 합의 항으로 통합될 수도 융합될 수도 없는 모순어법적 매듭들(삶과 죽음, 살인 기계와 구출 메커니즘, 재난과 승리, 탐욕과 이타심)을 통해 소진된다. 텍스트는 이 조밀한 모순어법적 매듭을 헤쳐 나가기보다는 그것들과 병행하면서 일종의 느슨한 결말에 이른다.

매듭진 모순어법들: 소진된 변증법

추상적 코드 + 동물적 식욕

↓

수행적 코드 + 수사적 언어

↓

선한 해커들 + 악한 기만자들

↓

모순어법적 매듭들 + (순수 악)

모순어법적 얽힘은 죽느냐 사느냐의 문제가 걸린 사건들 주변에 집중되어 있으며, 로런스의 최초의 디지털 컴퓨터 발명과 일본 전쟁황금의 매장과 발굴이라는 두 개의 서로 얽힌 플롯에서 특히 중요하다. 우리가 이미 본 것처럼 두 플롯은 지하 동굴과 관련이 있다. 황금은 땅 밑 시설에 묻혀 있다. 컴퓨터는 암호작성술과, 나중에는 "크립트(The Crypt, 지하 토굴)"라고 불리는 에피파이트의 데이터 저장처(date haven, 데이터 피난처·회피처)와 연결되어 있다. 두 플롯은 서로가 너무나 얽히고 매듭져, 더 이상 앞으로 나아갈 수 없는 모순어법적 구성을 이룰 때까지 발전한다.

황금이 묻힌 지하 토굴의 경우, 비밀스러운 의도를 둘러싼 모순어법들 때문에 인간이 묻히는 곳이 된다. 모리 중위(그의 이름 '모리'는 '죽음'을 함축한다)와의 대화에서 고토는 중위의 수수께끼 같은 담화에 숨겨진 진실을 깨닫게 된다(639). 모리 중위는 고토에게 작업이 잘 마무리되면 보상을 하겠다고 약속하고, 이 상은 고토가 받고 싶은 것으로 가정된다. 그러나 고토는 이 '보상'이 실제로는 그가 가장 두려워하는 것, 바로 그 자신의 죽음일 것이라고 짐작한다. 고토가 일본 전쟁황금을 숨기기 위해 공학적으로 만든 터널은 작업이 마무리되면 그의 죽은 몸을 묻도록 설계되어 있다. 골고다(Golgotha), 즉 '해골의 장소'가 기독교 전통에서 예수의 배반과 순교에 관련되어 있다는 사실을 알고 있는 고토는 지하 토굴을 개인적으로 '골고다'라고 부른다. 노다 대위가 고토의 그 말을 우연히 엿들었을 때, 고토는 그 말이 타갈로그 말이며 "비밀 공터(hidden glade)"(639)를 의미한다고 대답해 사실을 숨긴다. 대위가 그곳을 "가르고타(Gargotta)"

라고 부를 때 기호와 기표는 더욱 뒤죽박죽이 된다. 언어적 기표의 사슬이 난센스로 표류해 갈 때, 그것은 그 숨겨진 의미가 마치 전문 기술자만 해독할 수 있는 암호화된 코드를 닮는다.

고토가 설계하고 건축한 물리적 구조에서도 이와 유사한 혼동이 구체화된다. 고토는 터널 안에 그에게는 너무나 중요하지만 상사들에게는 아무 의미 없는 독특한 붙박이 구조를 만들어 넣는다. 시설이 완성되어 보물이 숨겨지고 최후의 대학살이 막 시작하려 할 때 고토는 "너무나 흥분한 나머지 죽음을 망각한다"(734). 고토가 자신이 고안한 이 '공기실(breathing chamber)'을 이용해 자유를 향해 헤엄쳐 나갈 준비를 할 때, 그의 무덤으로 의도되었던 장소는 정반대의 것, 그를 구원하는 구조로 바뀐다. 고토의 생각에 "그는 자신의 기계 안에 붙잡힌 엔지니어다. 그 기계는 그를 살아 있게 하기 위해 고안되었지만 그것이 작동할지 안 할지는 그것이 작동하기 전까지는 결코 알 수 없을 것이다. 작동 여부를 알고 나면, 언제라도 내킬 때 죽을 수 있으리라"(734). 이러한 상상에는 의기양양함이 절망으로 바뀔 수 있음이 가정되어 있다. 여기서 기억의 문제로 제시된("죽음을 망각한다") 삶과 죽음의 융합은 윤리적 복잡성과 깊이 연결되어 있다. 앞에서 고토는 그의 병사들에게 병력 수송선과 함께 침몰하지 말고 배에서 뛰어내리라고 명령했다. 고토는 자신에게 무가치하다는 딱지를 붙인다. 미국의 승리라는 수치스러운 결과에도 불구하고 자신은 살겠다는 선택을 했기 때문이다(323). 고토는 스스로가 무의미한 생명의 상실을 거부한 '나쁜 군인'임을 인정하면서 '골고다'에서는 할 수 있는 한 많은 사람을 구하기로 결심하지만, 결과적으로는 보잘 것 없는 소수를 구조하는 데 그친다. 또 고토는 그들이 생명을 선물받는 데 만족하기를 바랐기 때문에 누군가가 도중에 보물을 집어들었을 때 수치심을 느낀다. "그 자신은 이들의 생명 외의 어떤 보물도 취하려 하지 않았다. 하지만 그것 때문에 그가 그토록 기분 나쁜 것은 아니었다. 그는 그들이 그렇게 구함을 받음으로써 정말로 고귀해질 것이라고, 그래서 보물은 생각하지 않으리라 희망했다. 하지만 그것은 너무 큰 바람이었을지 모른다."(734)

이후 전개에서 분명하게 드러나듯, 그것은 정말 너무 큰 바람이었다. 고토의 이타적 행위는 플롯의 마지막 부분을 추동하는 탐욕과 긴밀하게 얽힌다. 소설 속 '현재' 시간에 속한 플롯에서 황금의 주된 경쟁자는 윙 장군이다. 이 윙 장군은 '골고다'에서 목숨을 부지한 후 고토에게 감사도 하지 않고 사라져 버린 바로 그 윙이다. 고토는 랜디와 애비가 황금을 되찾기 위해 그에게 도움을 구하며 접근해 왔을 때 그들에게 황금은 "가치가 죽어 버린 시체"(858)라고 말했으며, 여전히 그렇게 믿고 있었다. 고토는 진짜 보물은 머릿속("사람들의 지성")과 두 손("사람들이 하는 일")에 있다고 말한다(858). 이제 엄청나게 부유하고 강력한 건축 기업가가 된 고토의 성공이 그의 견해에 지혜가 내포되어 있음을 증명한다. 애비가 HEAP(Holocaust Education and Avoidance Pod, 홀로코스트 교육과 예방 기구)를 발전시켜 전쟁을 끝내기 위해 황금을 원한다고 말했을 때에야 고토는 그 노력에 협력하겠다고 동의한다.

애비와 고토가 조약을 맺는 장면은 어색하고 인상적이다. 고토가 애비에게 부자가 되고 싶어 황금을 원하는 것은 아닌지 넌지시 묻자 애비의 "얼굴은 붉어지고 그의 머리 근육은 악물린 이로 부풀어 오른다. 얼마 동안 거칠게 코로 숨을 쉬었다. 고토 부자는 이 장면에 깊은 인상을 받은 듯 한동안 아무 말도 하지 않았고 애비가 냉정함을 회복할 시간을 주었다"(853). 도덕적 분노를 나타내는 이러한 서툰 표현은 스티븐슨이 나쁜 글쓰기를 감수하면서까지 사악한 기만자들을 특징짓는 탐욕에서 선한 해커를 얼마나 간절히 보호하고 싶어 하는지 보여 준다.[13] 탐욕이 기업의 성공과 밀접하게 연결되어 있는 반면, 집단이 새로운 멤버를 끌어들이는 것은 개인의 주도성과 밀접하게 연결되어 있다.[14] 스티븐슨은 인터넷 버블이 터지기 전 대기업에 상당한 금액에 팔린 성공적인 닷컴들의 운명을 너무나 잘 알고 있어서, 점차 기업의 통제하에 들어가는 기업 세계나 인터넷 영역을 순수한 것으로 전망하는 데 낙관적일 수 없었다. 선한 해커를 부패에서 보호하려는 스티븐슨의 열망은 순수하게 악한 인물을 창조하는 데서 극단적으로 나타난다. 마치 모든 불순함을 악한 인물에 고립시켜 불순함이 선한 인물들을 오염시키지 않게 할 수 있다는 듯 말이다. 이 기능을 충족하는 것이 앤드루 러브라는 인물이다. 러브가 에이미에게 가한 마지막 공격에는 경제적 이유도 합리적 토대도 전혀 없다. 또한 "그는 왜 너를 다치게 하려 하지?"라는 루트의 질문에 랜디는 "그는 악이기 때문이야"라고 답한다. 마침내 그들이 그 미친 사람을 죽이는 데 성공했을 때, "벌레 한 마리가 그의 엄지에 내려앉아 그것을 먹기 시작한다"(893). 이는 궁극적 악에 대한 초도덕적 식욕의 승리라는 아이러니한 단언이다.

여기서 러브에 대한 랜디의 모호함 없는 판단과 날카롭게 대조를 이루는 것은 소설 속 모순어법적 클러스터들의 복잡성이다. 이는 대립되는 것들을 분리할 수 없을 만큼 뒤엉키게 만든다. '황금 플롯'과 마찬가지로 '암호작성술 플롯'은 삶과 죽음을 함께 얽히게 하고 그것들이 역설적으로 서로를 의미하게 해 이러한 모순어법을 만든다. 로런스가 최초의 디지털 컴퓨터를 발명하기 전에 해결해야 할 난제는 어떻게 기계 메모리를 만들지, 혹은 어떻게 정보를 "묻고 파낼" 것인지다. 일단 이 난제를 해결한 이후 로런스가 공략해야 할 또 다른 문제는 황금의 위치가 인코딩되어 있는 아레투사 인터셉트를 해독하는 일이다. 로런스는 공모자들이 서로 소통하며 사용하던 암호화된 메시지를 해독한다. 공모자들이 보비 섀프토의 추도식 모임에 대한 메시지를 무선으로 보낼 때, 로런스가 코드를 해독할 수 있었던 핵심 단어는 '장례식'

이었다. 로런스는 공모자들을 따라 정글의 모임 장소에 간다. 공모자들은 황금의 일부분을 사용하기 위해 모였고, 이제 그 집단의 일원인 고토는 황금의 위치를 당연히 알고 있다. 로런스가 루디 앞에 모습을 드러내자 루디는 "크게 한숨을 쉬며 '그래. 네가 이겼어'라고 말하고는 '캐벌리(Cavalry, 기사도)는 어디 있어?'"라고 묻는다. 로런스는 "캐벌리야, 캘버리(calvary, 갈보리)야?"#라고 말하며, '구하기 위해 달려가는' 기사도라는 상투 문구와 예수가 죽은 장소를 연결 짓는 농담을 한다. 루디는 "'나는 갈보리가 어딘지 알아. 골고다에서 멀지 않지'라고 대답한다"(883). 반세기 후 애비가 고토에게 그리하듯, 루디는 로런스에게 "[황금] 대부분으로 전쟁 피해자들을 이런저런 방식으로 도울 것"이라는 확신을 준다. 비록 부자가 될 정도의 황금은 취하려는 마음이 있었음에도 말이다. 로런스는 공모자들이 위험을 무릅쓰고 보비의 장례식에 참석하는 충성스러운 선택을 했기 때문에 그들을 돕도록 설득되었다. 로런스는 아레투사 인터셉트를 파괴하고 그 대신 무작위 숫자들을 넣어 그들을 보호한다. 비록 로런스는 친구들을 구하는 데 실패하지만(콤스톡은 공모자들의 잠수함 위치가 들어 있는 메시지를 해독한다), 그가 대체한 무작위 숫자들은 여러 해 동안 콤스톡을 사로잡게 되고, 콤스톡은 그곳에 없는 코드를 발견하기 위해 그의 NSA

갈보리는 예수가 십자가에 못 박힌 골고다의 라틴명이다.

팀을 가혹하게 몰아붙이게 될 것이다.

이러한 장면들이 시사하듯 모순어법적 클러스터들은 황금을 중심으로 가장 단단하게 매듭지어져 있다. 황금이 이 텍스트에서 가장 깊은 열망들의 초점인 것은 우연이 아니다. 황금이 주로 자리하는 곳은 앞에서 이미 언급한 골고다 그리고 공모자들이 타고 가던 잠수함이다. 콤스톡이 침몰시킨 이 잠수함을 반세기 후에 보비의 아들인 더그 섀프토가 찾아낸다. 또 다른 장소는 골고다의 황금이 지닌 문제점과 가능성을 암시하고 반영하는 정글 속 미지의 금괴 무더기다. 이 세 장소에서의 일화에서 변증법 작용의 마지막 난국이 모순어법적 매듭들로 표현된다.

잠수함에는 루디와 비쇼프 외에도 골고다에서 가져온 금괴 약간과 루디가 해외에 은닉해 두었던 금박 판 다섯 상자가 있다. 루디는 이 금박 판에 괴링의 포르노그래피가 암호화되어 있을지 모른다는 비쇼프의 말을 비웃으며 그것이 "문화적 보물"이라고 말한다(851). 세심하게 살펴보면 이 금박 판들이 루디가 이전에 괴링에게 요청해 유럽의 큰 도서관들에서 모아들인 "라이프니츠 아카이브"임을 알 수 있다. 이 귀중한 연구 자료들은 루디가 금박에 구멍을 뚫어 암호화한 것으로, 루디는 금박이 짠 바닷물의 영향을 받지 않는다는 사실을 알고 있었기에 그리했다. 비쇼프가 필리핀에서 황금을 수입하기보다는 수출해야 하는 것 아니냐고 농담하자, 루디는 "내가 금박 판을 수출하게 되면 전선을 이용할 거야"라고 말한다. 이 장면은 로런스가 목격한 '불타는 테이프' 장면과 유사하다. 금박 판은 일단 그것에 담겨 있는 정보가 추출되면 가치가 없어질 것이다. 반면 그 상황을 시각적으로 떠올려 보던 비쇼프는 "여기서 로스앤젤레스까지 죽 이어진 전선들과 그 아래로 미끄러져 내려가는 금박 판들"을 상상하며, "그렇게는 안 될걸"(852)이라고 말한다.

금박 판과 종이테이프는 금박 판이 금이라는 사실 때문에 다른 범주에 놓인다. 수십 년 후 더그와 그의 선원들이 잠수함을 발견했을 때, 그들은 금박 판이 그 자체로 가치 있다고 본다. 랜디는 구멍들에 호기심을 느끼지만 그것들에 담겨 있는 정보는 결코 해독할 수 없다(458~459). (금이라는 물질적 가치와 수학적 아카이브라는 정보적 가치 사이에 모호하게 위치하고 있는) 금박 판들과 더불어 골고다에서 가져온 금괴들이 잠수함에서 죽은 사람들과 나란히 매장되어 있다. 이 죽음의 현장은 아이러니로 가득하다. 루디는 자신이 서류 가방 안의 종이에 골고다의 좌표를 적어 두었음을 기억한다. 루디와 비쇼프는 선견지명 있게도 침몰한 잠수함이 결국에는 발견될 것이라고 예상한다. 파괴된 보트 선미의 에어포켓 속에 갇힌 루디와 비쇼프는 골고다의 공기실에 있던 고토와 그의 부하들을 상기시키는 이 장면에서, 만약 종이를 태우기 위해 성냥을 그으면 그 섬광으로 자신들이 불타 죽을 것을 깨닫는다. 루디는 해치까지 헤엄쳐 가서 해치를 열고 되돌아온다. 산소는 루디가 있던 에이포켓으로 되돌아올 수는 있지만 배에서 빠져나갈 정도로 충분하지는 않다. 삶과 죽음이 묶여 있는 매듭 상태에서 루디는 비숍에게 빠져나가라고 말하고 성냥으로 불을 켠다. 그 불은 금괴 위치가 적힌 종이를 불태우고 또 루디를 죽게 할 불이면서 동시에 비숍가 잠수함에서 빠져나가는 데 필요한 빛을 제공할 불이다.

수십 년 후 더그, 에이미, 랜디가 침몰한 난파선을 발견했을 때 그들은 루디의 서류 가방에서 종이 한 장을 발견한다. 거기에는 "워터하우스 라벤더 로즈(WATERHOUSE LAVENDER ROSE)"(462)라고 적혀 있다. 이것은 로런스가 그의 신부인 메리 스미스와 한 작은 대학에서 수학 교수가 되어 정착하겠다면서 공모자들과 모의하기를 거절할 때 루디에게 말했던 바로 그 예식용 도자기 무늬였다. 랜디는 나중에 이것이 자기 할머니의 무늬임을 확인하고, 이로써 잠수함과 공모자들 그리고 자기 할아버지 사이의 연결 고리를 재발견한다. 더그는 해치가 열려 있는 것을 보고 누군가 이 불운한 배에서 탈출할 수 있었을 것이라고 추정한다. 더그는 그 상황을 기념하기 위해 시가에 불을 붙이고 랜디에게 말한다. "이건 너의 삶에서 가장 중요한 순간 중 하나일 거야. 모든 것이 달라질 거야. 우리는 부자가 될 수도 있고, 죽임을 당할 수도 있지. 우리는 단지 모험을 하는 것일 수도 있고, 무엇인가를 배울 수도 있을 거야. 하지만 우리는 변했어. 우리는 헤라클레이토스의 불에 가까이 있는 거야, 그 불의 뜨거움을 우리의 얼굴로 느끼면서."(442) 평소 더그의 말투와 아주 다른 이 멜로드라마적 수사는 여기에 함께 묶여 있는 맥락들을 두드러지게 한다. 루디를 죽이고 비숍프를 살린 불은 더그가 '마술사처럼' 만들어 낸 '불타오르는 안전성냥'과 랜디가 '응시하는 불꽃'에 반영되어 있다. '탈출한 누군가'에 대한 엄숙한 건배는 해커들의 형제애와 그들과 대립하는 탐욕스러운 관료들 사이의 중요한 차이를 나타내는 자기희생의 순간을 기념한다.

그럼에도 골고다의 황금이 악이 아닌 선으로, 아레스 신이 아닌 아테나 여신으로 코드화될 수 있을 것인지는 여전히 미지수다. 또 다른 문제는 물질성과 정보 사이의 갈등이다. 이 갈등은 금괴와 금박 판들이 공존하는 잠수함 장면에서 재연되며, 진정으로 해결되지 않는다. 물질성과 정보 사이의 갈등은 텍스트 안에서 돈의 본질에 대한 심사숙고에서 또 다른 의미로 수행된다. 소설의 첫 장면[막노동꾼들(coolies)은 개별 은행이 발행한 어음을 상환하기 위해 달려가고, 해병대들은 싸우며 부둣가로 달려가고, 일본인들은 도시를 공격하고 있는 상하이를 배경으로 하는 장면]에서 통화(currency)의 취약함이 부각된다. 로런스는 통화가 가치 있는 것은 오직 사람들이 그렇다고 믿는 경우에만 그렇다고 생각한다. 일본인들이 어떻게 생각하는지 안다고 느끼면서 해독된 메시지를 매일 읽던 로런스는 "일본인들이 그들의 제국 통화(오스트레일리아만이 아니라 뉴질랜드, 뉴기니, 필리핀, 홍콩, 중국, 인도차이나, 한국, 만주 등에서 쓰일 통화)를 뒷받침하는 문제를 숙고했을 것이 틀림없다"고 확신한다. "그 많은 사람들에게 당신이 가지고 있는 종이 통화가 실제 가치가 있다고 믿게 하려면 얼마나 많은 금과 은이 필요할까? 당신이라면 어디에 그것을 둘까?"(812) 이 질문의 답은 물론 '골고다'다. 하지만 일단 황금이 땅에 묻히고 부비트랩이 설치되고 나면, 그것을 파내기 위해 대규모 공학 프로젝트가 필요해진다. 어느 순간에 랜디와 애비는 그것을 파낼 필요가 있는지 생각해 보게 된다. 금을 파내지 않고 그들이 지금 수립하려는 전자 화폐를 뒷받침하기 위해 사용할 수 없을까? 황금에 접근할 수 없다 해도 그것이 존재하고 어디 있는지 그들이 알고 있는 것으로 충분하지 않을까?

이 토론은 거의 접근이 불가능한 정글 어딘가의 신비한 금괴 무더기에서 미리 암시된다. 어느 필리핀 여성이 사교댄스를 추는 척하며 랜디에게 위도와 경도 좌표를 주고는 "이 정보의 가치는 얼마나 될까요?"(485)라고 묻는다. 더그와 랜디 그리고 선원들은 험악한 정글 지형과 반란군 바리케이드를 뚫고 싸워 가며 애써서 그 장소에 다다른다. 그들은 아무도 지키지 않고 있으므로 금을 가지고 갈 수 있다고 생각하지만, 불안정한 정치적·지리적 상황을 고려해 보면 실제로 그것을 옮길 방법이 없음을 깨닫게 된다. 소유할 수 없다면 접근은 아무 의미가 없다.

그 역도 마찬가지일까? 접근할 수 없다면 소유는 아무 의미가 없을까? 그들은 지하 폭발에서 비롯한 지진 때문에 골고다의 황금을 그대로 땅속에 두려는 꿈에서 깨어나고, 윙 장군이 사람들과 자재를 모아 은닉처까지 비스듬하게 터널을 파고 있다는 사실을 알게 된다. 황금은 안전할 수 없다. 즉 그들이 물리적으로 소유하지 않는 한 금은 새로운 가상 통화를 위한 기반이 될 수 없다. 술탄의 지도가 보여 준 것처럼 골고다를 둘러싼 윙과의 경쟁은 비록 전자 현금이 미래의 통화가 될 것이 분명한 세계에서도 물리적 소유가 함의하는 물질성은 무시될 수 없다는 사실을 분명하게 보여 준다. 그들은 그들의 자산을 문자 그대로 액체화함으로써 문제를 해결한다. 골고다 지하실 안에 충분한 연료유를 주입해 금이 액체가 되어 강바닥으로 흘러나오도록 만든 것이다.

이 장면으로 소설의 내러티브는 완만하게 절정에 이르고 급작스럽게 결말을 맞는다. 금이 어떻게 사용될지, 금이 HEAP 프로젝트로 가게 될지 혹은 소시에타스 에루디토리움, 가톨릭교회, 해커들의 형제단(이들 모두가 이곳저곳에서 각각 수혜자로 언급된다)으로 갈지, 해결되지 않은 문제로 남겨둔 채 말이다. 식욕의 견고한 물질성과 정보의 가벼운 휘발성 사이에 위치한 액체 황금처럼 이 텍스트는 이 문제에 궁극적 답을 주지 않는다. 아마도 이 문제가 사실주의 소설의 틀 안에서는 해결될 수 없기 때문일 수도 있다. 분명 소설에서 황금은 도덕성을 회복할 정도로는 정화되었지만, 대단원이 쓰일 수 있을 정도로 충분히 정화되지는 않는다. 플롯의 갈래들이 재조립되어 하나의 일관된 이야기가 되었을 때조차, 행위가 어떻게 평가되어야 하는지를 의미화할 매듭들은 여전히 얽혀 있는 상태로 남는다.

테크놀로지와 텍스트의 상호 침투

이제 다시 ≪크립토노미콘≫이라는 책을 만들어 낸 물질적 테크놀로지가 어떻게 이 책의 서사적 구성으로 삽입되는지 생각해 보자. 변증법적 변형들에 관련된 모든 항은 코드를 인간 세계, 즉 기호와 인공물, 언어와 사물들로 이루어진 인간 세계에 위치시키는 문제와 관련한다. 코드는 단지 추상화 작용에 머물지 않는다. 코드는 물질적 효력을 발휘하며, 이 때문에 세상에서 일종의 '플레이어(player)'로 인식된다. 코드는 그것을 이해하는 기술 엘리트에게는 투명하지만, 기만적으로 모호하게 만들어질 수도 있다. 코드는 이상적인 해커들에게서 사회적으로 바람직한 목적을 위해 사용될 수도 있지만, 악한 기업의 음모에도 쉽게 휘둘린다. 결국 우리가 원치 않는 방식으로 코드가 이용되는 것을 막을 방법이 없기 때문에, 이 텍스트는 코드와 함께 모순어법적 매듭을, 즉 코드가 세상에 도입될 때의 복잡성이 단순화될 수는 없다는 것을 표현하는 모순어법적 매듭을 나타낸다. 변증법이 작동하며 발생하는 이 심층의 내러티브는 표면의 내러티브의 내용과 동일하지 않다. 어느 경우에는 대립적이기도 하다. 이 내러티브는 텍스트 내부의 심층 구조로 기능하면서 텍스트에 표면/심층 관계, 즉 컴퓨터 화면에 디스플레이되는 텍스트와 텍스트를 독자가 접근 가능한 디스플레이로 생산하는 코딩 언어의 관계를 모방적으로 재창조하는 표면/심층 역학을 수립한다. 이렇게 이 변증법에 내포된 내러티브는 코드와 자연어 사이의 상호작용 영역에서의 구조적 역학을 재현하고 있으며, 이것이 바로 디지털 기술 때문에 현시대 문화에 만연한 특징이 된 역학이다.

이 텍스트를 생산한 디지털 기술의 흔적은 표면 내러티브가 조립되는 방식에서도 나타난다. '암호작성 플롯'과 '황금 플롯'이 엮이기 시작하면서, 이 소설이 파편화되어 있으면서 서로 끝이 이어진 플롯 라인을 일관된 이야기로 조합하는 일종의 기계로 작동하고 있다는 점이 점점 더 분명해진다. 마지막 장에 이르기까지 여러 플롯은 대체로 독립적으로 진행되고, 수십 년이라는 시간과 여러 대륙으로 분리된 장면들 사이를 건너뛰곤 한다. 디지털 텍스트 편집은 사람들의 글쓰기 습관을 전반적으로 변화시켰는데, 특히 '자르고 붙여넣기(cut and paste)'가 예전에 타자기로 글을 쓸 때보다 훨씬 더 자주 일어난다. 전에는 '자르고 붙여넣기'가 훨씬 어려웠다. 물론 많은 문학적 내러티브가 보여 주듯 버지니아 울프와 존 더스패서스 같은 빛나는 사례들을 비롯해 타자기로 작업하는 작가들도 '자르고 붙여넣기' 내러티브들을 창조했다. 그럼에도 ≪크립토노미콘≫에서 이 기법은 특별한 의미를 띤다. 이 기법은 디지털 컴퓨터를 발명하게 이끈 어려운 기술적 문제인 '정보를 묻고 파내기(burying and disinterring information)'의 중요성을 상기시키기 때문이다. 이 맥락에서 보면 독자의 활동은 암묵적으로 다음 플롯 라인에서 제공되는 새로운 정보를 다루기 위해 한 부문에 대한 기억을 '묻는' 것이라고 여겨질 수 있다. 이후 처음의 플롯 라인이 다시 표면으로 떠오를 때, 독자는 그 정보를 '파내서' 새로운 전개와 연결해야 한다. 사실상 독자는 기억 공간에 분산되어 있는 파편적 실마리들을 일관된 내러티브로 조립하면서 디지털 컴퓨터처럼 기능하고 있는 셈이다. 자신이 만든 기계 내부에서 에어포켓에서 에어포켓으로 절박하게 헤엄쳐 가는 고토처럼, 독자는 많은 것을 미결정 상태로 남겨 둔 미결의 결말에 도달하기까지 수백 페이지를 장황하게 이야기하며 '죽음을 망각한' 소설에 휘둘리며, 독자 자신의 기억과 텍스트 단어가 함께 결합되어 구성된 기계에 사로잡힌다.

스티븐슨이 ≪크립토노미콘≫ 초고의 앞부분을 쓸 때 사용했다는 매킨토시 시스템과 리눅스 운영체제의 관계를 고려하면 더 복잡한 문제들이 떠오른다. ≪명령어≫에서 스티븐슨이 설명하듯 리눅스는 컴퓨터 행위를 제어하는 명령어에 사용자가 직접 접근하는 방식으로 작동한다. 반면 매킨토시 운영체제는 사용자에게 명령어에 대한 은유(예를 들어 '데스크톱', '파일', '휴지통' 등)를 제공하고 실제 명령어는 숨겨진 코딩 구조 안에 감춘다. 운영체제가 명령어 코어에 대한 접근을 차단하고 있다는 사실은 그것이 기업의 이해관계에 의해 통제되는 독점적 소프트웨어라는 사실과 전적으로 관계있다. 반면 리눅스 시스템에서는 사용자가 윈도 인터페이스와 비슷한 인터페이스를 불러내는 명령어를 입력할 수 있지만, 이 은유적 외관은 리눅스에서 특수한 기능으로 작동하며, 사용자는 언제라도 리눅스 명령어들 내부의 핵심으로 되돌아가 기계에 대한 직접적 제어권을 회복할 수 있다.

≪크립토노미콘≫에서 이렇게 외부의 은유적 외관에 내부의 핵심을 끼워 넣는 것은 "크립토노미콘"이라 불리는 허구의 암호작성술 개요를 통해 재생산된다. 이 개요는 스티븐슨의 소설에서 미장아빔(mise en abyme)#으로 기능한다. "크립토노미콘"의 창시자는 존 윌킨스다. 여기서 윌킨스가 '분석적 언어'의 주창자인 것은 우연이 아니다. 분석적 언어는 비논리적 형태들의 수렁에서 언어를 구하고 언어를 어근들, 접미사들, 접두사들의 합리적으로 구성된 시스템에 맞춰 넣어 언어의 야생적 은유성을 길들이기 위해 고안되었다. 윌킨스 이래 여러 세대 암호작성자들이 "크립토노미콘"에 기여했고, 그중 20세기 인물로는 암호작성술의 천재인 윌리엄 프리드먼과 허구의 인물인 로런스 프리처드 워터하우스가 있는데, 컴퓨터와 코드에 대한 로런스의 깊은 지식은 앨런

한 작품 안에 또 다른 작품을 끼워 넣는 예술적 기법. '그림 속의 그림', '이야기 속의 이야기', '영화 속의 영화' 같은 것이 그 사례다.

튜링에 버금간다. 이렇게 "크립토노미콘"은 코드의 형제단이 수세기에 걸쳐 창조한 일종의 카발라(Kabala)가 된다. 그 내용을 안다는 것은 엘로이들 사이에서 몰록으로 인정받는 것이며, 이 책에 기여할 정도로 재능 있는 사람만이 엘리트 중 엘리트다.

"크립토노미콘"을 자체 안에 담고 있는 스티븐슨의 소설은 이 카발라에 대한 긴 주석이자, 코드의 의미에 대한 수사적 언어로 이루어진 설명으로 이해할 수 있다. 여기서 코드는 이 소설이 문학 작품으로서 필연적으로 탐닉하는 환상적 유비 그리고 기만적 표면과 변증법적으로 대립하는 것으로 가정된다. 이렇게 소설은 자신의 소설적 신체 안에 "크립토노미콘"을 담고 있으며 또한 동시에 이 허구적 개요를 자신의 바깥 공간에 존재하는 언어적 타자로 상정한다. 엘리자베스 와이스가 인용한 스티븐슨의 말에 의하면, "언어는 … 암호작성술의 역(逆)이다". 왜냐하면 와이스가 설명하듯 언어는 "정보를 숨기는 것이 아니라 전달하는 것이기 때문이다".[15] 하지만 다른 의미에서 보면 수사적 언어는 코드가 드러내는 것을 언어적 구성 안에 숨긴다. 이 점에서 이 소설이 전문 암호학자인 브루스 슈나이어가 쓴 부록을 포함하고 있고, 그 안에 에녹 루트가 감옥에 갇힌 랜디와 소통하기 위해 사용한 솔리테어 암호화 알고리듬(Solitaire encryption algorithm)에 대한 설명이 담겨 있다는 사실은 의미심장하다.[16] 이 암호화 전략은 미국 국가안보국이 그들이 유일하게 모니터하는 유일한 텍스트 형식인 전자 형태로 그것을 반출하는 것을 금할 정도로 충분히 강력하다. 스티븐슨은 ≪크립토노미콘≫에 에녹 루트가 랜디에게 보낸 이메일을 포함시켰는데, 그 안에는 에녹이 랜디에게 준 솔리테어 알고리듬을 위한 펄 스크립트(Perl script)#가 들어 있다(480). 이는 흥미롭고 아이러니한 상황으로 이어진다. 이 텍스트가 인쇄된 책은 합법적으로 반출될 수 있다. 반면 그 책이 변하지 않는 표식들로 기입한 코드는, 전압으로 번역될 경우, 합법적으로 반출될 수 없다.[17] 여기서 텍스트의 자연 언어는 그야말로 숨겨진 코드의 핵을 감싸는 은유적 외관으로 작동한다. 더 나아가 슈나이어의 부록이 충분히 빈틈없다면 "크립토노미콘"에 주된 내용으로 포함할 만하겠지만, 알고리듬적이거나 코드화된 것이 아니라 언어적이고 비유적인 글쓰기 실천인 소설로서는 그것을 부록으로 삼는 것이 최선일 것이다. 이 흥미로운 사변적 시나리오에서 ≪크립토노미콘≫은 "크립토노미콘"이 명령어에 직접 접속할 수 있는 강력한 중핵임을 드러내면서 그 안팎이 뒤집힌다. 반면 소설은 독자에게 진짜 명령 구조를 숨기는 윈도나 매킨토시 운영체제와 유사하다. 모순어법적 매듭들은 이제 독자가 어떤 것이 그 반대의 것으로 뒤집히는 변모를 알게 되는 처소라고 이해할 수

펄은 텍스트 처리를 위한 스크립트 언어로 Practical extraction and reporting language(실용적인 데이터 취득 및 보고서 작성 언어)의 약이다.

있다. 마치 부록이 핵심이 되고 소설이 부록이 되듯 말이다. 반대되는 것들이 얽혀 분리될 수 없게 되면서 이제 수사적 언어가 은밀하게 정당화된다는 것이 여기서 핵심이다. 디지털 영역에서 효과적으로 소통하려면 기계가 수행할 수 있는 코드와 인간 중심적 은유 양자 모두를 이해해야 하기 때문이다.

≪크립토노미콘≫은 여러 차원에서, 그리고 다양한 방식으로 그것을 창조한 디지털 기술들을 증언한다. 그 구조, 변증법적 역학, 심층의 내러티브 면에서 이 소설은 소설의 전자적 신체를 물질적으로 표시하는 글쓰기 실천들의 위기를 언어적 형식으로 담아낸다. 그 위기는 운영체제들의 충돌, 자본주의적 탐욕에 저항하는 오픈 소스 유토피아주의의 투쟁, 코드의 명령 구조와 수사적 언어의 비유적 표면 사이의 대립 등을 동시에 의미한다. 이 복잡한 상태를 탐색하려면 언어적·개념적 구조로서 텍스트만이 아니라 텍스트를 생산하는 기술에도 주목하는 비평 전략이 필요하다. 말하자면 텍스트가 단어와 여백의 연속 그 이상임을 인식하는 물질적 독해 방식이 필요하다.[18] 텍스트는 의미화 구조와 그것을 생산하는 기술 사이의 교섭에서 물질성이 출현하는 인공물이다. 20세기 중반 신비평이 정치적 맥락과 기술적 생산에서 텍스트들을 고립시켰다면, 내가 이 책에서 주장하고 실천하는 신유물론(New Materialism)은 기술과 텍스트가 서로 침투하며 서로를 구성하고 있다는 사실을 강조한다.

06
셸리 잭슨의 〈패치워크 소녀〉에서 명멸하는 연결성

2부에 들어와 지금까지 인쇄 텍스트와 전자 텍스트의 상호매개를 두 가지 방식으로 살펴보았다. 우선 인쇄 문서가 웹 같은 전자 매체로 변형될 때 발생하는 매체 번역을 통해 살펴보았고(4장), 그다음 책 형태의 인쇄 문서이지만 그 신체 안에 코드의 흔적이 담긴 사례를 통해 살펴보았다(5장). 이제 남은 것은 처음부터 디지털 작품으로 고안된 텍스트, 즉 커셴바움이 '1세대 전자 객체(first generation electronic object)'라고 적절하게 표현한 텍스트다. 셸리 잭슨이 멋지게 구현한 하이퍼텍스트 <패치워크 소녀>는 매우 독창적이면서도 기존의 인쇄본들에 강렬하게 기생하는 전자 소설이다. <패치워크 소녀>를 교본으로 선택한 이유는 이 작품이 여전히 가장 흥미로운 전자 소설 중 하나이면서 디지털 미디어가 새로운 주체성을 구현하고 표현하는 방식과 깊게 관련되어 있기 때문이다. <패치워크 소녀>가 그려 내는 주체성과, 이 소설이 기생하는 18세기 말과 19세기 텍스트들에 담긴 주체성이 어떻게 다른지 살펴보기 위해 18세기로 되돌아가 보자. 18세기에는 경제적·계급적·문학적 이해관계들이 문학적 자산(literary property)의 성격을 어떻게 정의할 것인지를 두고 충돌했고, 계속되는 법적 다툼에서 결정된 것들은 공식화되자마자 또 다시 법 영역과 문학 영역에서 논쟁거리가 되었다. 그럼에도 이 논의는 잭슨의 작품을 또렷하게 이해할 수 있게 해 주는 대립적 배경(foil)이 된다는 점에서 유용하다. 잭슨의 작품은 이 당시 인쇄 전통과 관련된 주체성과 대립하는 지점에 스스로를 위치시킨다.

주체성 그리고 저작권의 법적 허구들

마크 로즈는 ≪저자와 소유자≫에서 저작권이 지적 자산의 법적 기반을 제공하는 것 이상의 일을 한다는 사실을 보여 준다. 저작권을 둘러싸고 소용돌이친 논쟁들은 '창조성(creativity)', '저자됨(authorship)', '올바른 문학(proper literature)'이란 무엇인가에 대한 생각들을 공고히 했다. 이 논의에서 등장한 중요 가정 중 하나는 문학 작품이 종이나 제본 혹은 잉크로 이루어지는 것은 아니라는 주장이다. 그렇다기보다 작품은 비물질적인 정신적 구성물로 간주되었다. 블랙스톤 판사의 평가가 바로 그 예다. "문학 창작의 핵심은 스타일과 감성이다. 이것들만이 문학 창작의 정체성을 구성한다.

종이와 인쇄는 부수적인 것에 불과하다. 스타일과 감성을 멀리 전달하는 수단일 뿐이다."(Rose, 89에서 인용) 4장에서 편집 작업의 견지에서 논의한 것처럼 문학 작품을 그 물리적 기반에서 추상화하면, 작품의 일부 지분을 사들여 자신의 자본을 사용해 책으로 출판한 서적 판매상들의 경제적 네트워크와 작품의 관계가 모호해진다. 작품이 추상적인 것이 될수록 서적 판매에 내재한 상품화 과정은 작품에서 더욱 지워지고, 그 결과 작품의 문화적 지위는 더욱 고양된다. 서적상들이 문학 작품을 비물질적인 예술 작품으로 홍보하게 된 것은 기본적으로 이윤을 위해서였지만, 문화 자본은 문화 자본과 경제 자본 사이의 관계를 억압함으로써 극대화되었다. 이러한 재현의 결과, 문학 작품은 체화의 소음으로 오염되지 않는다는 점에서 어느 정도 4장에서 논의한 이상적 작품처럼 작동했다.

로즈는 추상화를 체화보다 더 높게 평가하는 작업에 담긴 젠더적 함의를 다루지는 않았다. 하지만 로즈가 든 사례들은 이러한 담론을 생산하는 남성들이 남성 작가를 염두에 두고 있었음을 보여 준다. 남성 작가가 지닌 창조적이고 남성적인 정신은 책이라는 물질적 예화를 넘어 솟아오르는 천재적 작품을 낳는다. 그리하여 가치의 위계가 생긴다. 저울의 위쪽 끝에는 탈체화된 것, 창조적인 것, 남성적인 것, 영광을 위해 작업하는 작가가 놓여 있다. 저울의 아래쪽 끝에는 체화된 것, 반복되는 것, 여성적인 것 그리고 돈을 위해 일하는 작가가 놓여 있다.

로즈는 작품이 물리적 예화에서 차츰 추상화해 결국 더 순수하고 더 초월적인 형태로 재체화(re-embody)하는 일련의 발전 과정을 추적한다. 블랙스톤은 작품을 '스타일'과 '감성' 양쪽 모두에 위치시켰지만, 이후 비평가들은 작품에서 사적인 지적 자산으로 확보할 수 있는 부분, 즉 저작권 보호에 적합한 부분이 작품의 착상(idea) 자체가 아니라 착상이 표현되는 방식임을 깨닫게 된다. 작품의 이 측면('스타일' 혹은 '표현')은 흔히 생각에 입힌 옷에 비유된다. 표현이라는 옷을 통해 작품의 신체는 사회적 가독성 내로 들어갔고, 사유재산을 보유할 수 있는 자유인들 사이의 교환을 지배하는 사회적 규범에 관여하는 것으로 인식되었다. 로즈가 분명히 밝히듯, 저자의 개성을 가장 잘 나타낸다고 간주되는 것은 저자의 스타일(저자가 자신의 생각에 입히기 위해 선택한 옷)이었고, 그래서 스타일은 빠르게 문학적 가치의 시금석이 된 독창성과도 연계되었다. 이러한 상호 관계를 더 확장한 것이 스타일을 저자의 '얼굴'과 동일시하는 은유들이다. 몸이 아니라 얼굴이라는 점에 주목하자. 몸은 옷으로 가려질 뿐 아니라, 더 중요하게는 저자 특유의 정체성이 위치할 수 있는 적절한 터로 인식되지 않았다. 비평가들이 마지막으로 취한 조치는 작품의 스타일에서 나타나는 '얼굴'로 저자를 재구성하는 것이었다. 이쯤 되면 신체는 종류를 막론하고 뒤로 밀려나며, 비평가들은 이 공기 같은 비육체적 얼굴을 적당한 주체 어디에나 가져다 대도 될 듯하다고 느끼게 된다(적절한 예로 "셰익스피어"를 연기자이면서 극작가라는 역사적 인물에서 떼어내어 그의 '얼굴'을 프랜시스 베이컨 같은 위엄 있는 인물에 재할당하는 것을 들 수 있다). 로즈가 관찰한 대로 이러한 과정은 체화된 것에서 탈체화된 것으로, 책에서 작품으로, 내용에서 스타일로, 스타일에서 얼굴로, 얼굴에서 저자의 개성으로, 개성에서 저자만의 천재성으로 미끄러지는 의미의 지연 연쇄(chain of deferrals)로서 작동한다. 로즈는 이러한 지연들의 목적이 작품을 가치의 감소 없이 세대를 통해 전달할 수 있는 '방대한 자산'으로 수립해 문학적 자산으로서 지속적 가치를 보장할 초월적 기의에 도달시키는 것이라고 시사한다.

법정 판결이 난 이후에도 오랫동안 문학적 자산에 대한 생각의 지침이 될 어떤 은유의 네트워크가 이 과정을 통해 수립되었다. 아마도 가장 중요한 것은 작품을 '물적 자산(real estate)'과 동일시하는 은유일 것이다. 문학적 작품이 물적 자산과 유사하다는 생각은 맥퍼슨이 소유적 개인주의라고 부른 존 로크적 자유주의 철학과 저작권 관련 주장이 잘 어우러지게 만들었다.[1] 로즈는 제임스 톰슨의 긴 풍경시 "사계절"이 저작권의 중요 판례 사례가 되었다고 본다. "사계절"에서 시인은 자기 자신의 인격(person)을 소유한 로크적 인간이 인격과 노동력을 합해 사적 재산을 창조하듯 풍경에 자신의 상상력을 섞어서 사적인 문학적 자산으로 변모시켰다고 읽혔기 때문이다(113). 토지 보유자가 물리적 노동을 공급한다면 저자는 정신적 노동을, 특히 독특한 '스타일'이라는 독창성을 공급한다. 로즈는 이 관계를 명쾌하게 설명한다. "로크적 재산 담론이 호환 가능한 원리에 기반을 두고 있었음에 주목하자. '모든 사람은 자기 자신의 인격(Person)을 재산(Property)으로 가지고 있다'는 것이 로크의 기본 명제다. 그래서 독창성 담론은 손쉽게 18세기 재산 담론과 섞였다."(121)

맥퍼슨이 여러 해 전에 지적했던 것처럼 로크의 명제에는 '닭이 먼저냐 달걀이 먼저냐'의 문제가 내재해 있다. 로크는 마치 시장 관계가 사유 재산이 창조된 결과 발생한 것처럼 내러티브를 제시하지만, 소유적 개인주의 담론에는 명백히 처음부터 시장 관계가 침투해 스며들어 있다. 개인을 자기 자신을 소유하는 능력으로 정의하는 주장은 오직 시장 관계가 지배적인 사회 안에서만 설득력이 있을 것이다. 닭과 달걀 문제는 문학적 자산 개념에도 똑같이 담겨 있다. 저자는 자신의 문학적 자산을 독창적 천재성을 통해 창조한다. 하지만 구문(syntax)부터 문학적 인유(allusion)와 비유의 구조에 이르기까지, 분명히 글쓰기에는 늘 전유와 변형의 문제가 따른다. 저자의 문학적 글쓰기가 문학이 되려면 문학 전통이 이미 존재해야 하며, 기존 전통의 전유와 재작업은 '독창적' 작품을 생산하는 것으로 받아들여진다. 저작권에 대한 주장들이 설득력 있던 이유는 부분적으로 그것이 이미 퍼져 있는 지배적인 자유주의적 주체성 개념과 아주 잘 맞아떨어졌기 때문이었다. 하지만 그렇게 잘 맞아떨어진 만큼 맹점도 같았다.

특히 문학적 자산을 옹호하는 이들은 글쓰기를 상업적 기획으로 인정하는 데 우려를 놓지 못했다. 로즈는 새뮤얼 존슨과 에드워드 영 같은 문학 자산권 옹호자들에게는 "상업성에 대한 인식이, 말하자면, 텍스트의 무의식이다"라고 적절한 이미지로 표현한다. 다른 억압들도 있었다. 책을 생산하던 경제적 네트워크를 지우는 것이 생산 기술을 지우는 것과 병행했다. 이것은 인쇄 기술을 넘어 다른 매체로, 영국을 넘어 다른 나라로 이어진 전통이다. 예를 들어 로즈는 버로자일 석판회사 대 사로니(Burrow-Gile Lithographic Co. v. Sarony) 사례(1884)를 자세히 설명한다. 이 사건은 미국에서 이정표가 된 사례다. 이 당시 법정은 사진이 전적으로 사진가의 "독창적인 정신적 착상"에서 나온 것이므로 그것을 생산한 카메라에 아무것도 빚지지 않았다고 판결한다(Rose, 135 인용). 이 판결은 분명 저자의 '독창성'을 예술 작품의 핵심 구성 요소로 보는 생각에 기대고 있다. 이렇게 독창성을 강조하다 보면 설명이 부자연스러워지는데, 특히 작품이 협동 작품일 때 그렇다. '독창성' 개념은 작품이 숙련된 장인들로 구성된 집단의 협력이 아니라 재능 있는 한 개인의 독특한 통찰의 결과라고 암암리에 의미하기 때문이다. 그래서 한 조직이 '저자'일 수 있게 하는 법적 허구가 발명되었다. 이 허구는 수

백 명의 문화 노동자가 협력해 제작하는 영화 작업에서 오늘날까지도 일상적으로 환기되고 있다.[2]

이러한 법적 허구의 '패치워크(patchwork)'적 특징은 18세기에 고심 끝에 타결된 합의가 지닌 허약성을 드러낸다. 이후 이 합의는 수십 년, 수백 년 동안 법정에서 반복적으로 도전받았다. 또한 자율적 창조자라는 초월적 이상에서 작가 개념을 떼어 내려는 예술 작품들의 도전도 받았다. 이러한 도전은 초현실주의자들의 자동 글쓰기(automatic writing)부터 미셸 푸코의 유명한 글 "작가는 무엇인가?" 속 이론적 주장에까지 이른다.

<패치워크 소녀>는 저작권에 대한 18세기의 법적 다툼에서 부상했던 주체성과 아주 다른 종류의 주체성을 상상하기 위해 디지털 매체의 특이성을 탐색하면서 이 지속돼 온 논쟁에 참여한다. 문학 작품을 비물질적인 지적 자산으로 만들기 위해 18세기에 억압했던 텍스트 생산의 차원들(매체의 물질성, 인쇄 기술, 작품을 상품으로 생산한 경제적 네트워크들, 여러 문학 작품이 지닌 협력적 속성, '독창성'을 위해 무시되거나 가치가 절하되었던 문학적 전유와 변형, 책에서 작품으로 스타일로 얼굴로의 미끄러짐)은 잭슨의 소설 속 인용문들의 기층을 이룬다. 잭슨의 소설은 이러한 가정들에 반하는 데서 큰 동력을 얻는다. <패치워크 소녀>가 18세기 텍스트들의 전유를 전면에 내세울 때, 그것은 이전의 가정들을 재기입하기 위해서가 아니라 문학 작품을 지적 자산으로 창

조하기 위해 억압된 것을 드러내 보이기 위해서다. <패치워크 소녀>에서 18세기 텍스트들의 무의식은 이 전자 텍스트의 특이성을 위한 토대이자 표면이 되며, 이 작품이 물화되고 단일한 상상력에 의해서가 아니라 협업하는 여러 행위자들, 디지털 텍스트의 "수증기 같은 장치"까지 포함한 여러 행위자에 의해 창조되었다는 것을 가리킨다.[3]

괴물 창조하기: 주체와 텍스트

<패치워크 소녀>는 주인공 인물에서부터 전유와 변형에 역점을 둔다. 주인공은 메리 셸리의 작품 ≪프랑켄슈타인≫의 여성 괴물이 재조립된 인물이다. ≪프랑켄슈타인≫에서 남성 피조물은 그가 창조되던 날 밤에 버려졌고, 고된 경험을 겪으며 인간이 자신을 혐오한다는 것을 알게 되고는 프랑켄슈타인에게 돌아와 자신을 위한 짝을 만들어 달라고 간청했으며, 만약 그러지 않으면 끔직한 복수를 하겠다고 위협했다는 사실을 떠올려 보자. 프랑켄슈타인은 이에 동의하고 여성 괴물을 조립하지만, 여성 괴물에게 생명의 기운을 불어넣기 전 여성 괴물의 신체를 보고 두 괴물이 성행위를 하고 재생산할 경우를 생각하고는 겁에 질린다. 아우성치는 남성 괴물이 창문으로 지켜보는 가운데 프랑켄슈타인은 여성 괴물의 신체를 조각낸다.

셸리 잭슨의 텍스트에서 여성 '괴물'(그 자신이 스스로를 이렇게 부른다)은 메리 셸리에 의해 재조립되어 다시 등장한다. 여성 괴물의 신체처럼 이 하이퍼텍스트의 신체(body) 또한 꿰매져 있고 파열되어 있으며 확장된 링크로 이어진 서로 다른 부분들로 이루어져 있다. 하이퍼텍스트 말뭉치(corpus)의 주요 부분들이 "본문(body of text)"을 구성하는데, 여성 괴물이 하는 이야기 그리고 하이퍼텍스트 신체와 인간 신체에 대한 이론적 성찰이 담겨 있다. 이 "본문"에서 "무덤(graveyard)" 절(section)에는 여성 괴물을 만드는 데 사용된 신체 부분들의 원소유자인 피조물들의 이야기가 나온다. "이야기(story)" 절에는 괴물의 이후 모험과 더불어 ≪프랑켄슈타인≫의 관련 구절에서 발췌한 인용문들이 기록되어 있다. "저널(journal)" 절은 메리 셸리가 자신과 여성 괴물 사이의 상호작용을 기록한 상상의 저널이다. "크레이지 퀼트(crazy quilt)" 절에는 프랭크 바움의 ≪오즈의 누더기 소녀(The Patchwork Girl of Oz)≫에서 따온 부분과 <패치워크 소녀>의 다른 곳에서 가져온 부분들이 재기입되어 있다.[4]

이들 절 사이의 은유적 연결과 하이퍼텍스트 링크들로부터 생생한 심상이 떠오르는데, 이 심상은 주체를 독특한 개성(personality)과 자기 자신의 인격(person)을 소유하는 로크적 능력을 가진 개인으로 보는 18세기 주체관을 근본적으로 바꾼다. 다수의 주체성이 하나의 동일 신체에 거한다는 주장은 여성 괴물에게는 당연한 상식일 뿐이다. 여성 괴물을 구성하는 부분들의 원소유자인 각 피조물들은 각각 다른 개성을 띠고 있었고, 그래서 여성 괴물은 단일한 자아(a unified self)이기보다 조립체(assemblage, 아상블라주)이기 때문이다. 예를 들어 여성 괴물의 내장은 자기 자신의 꼼꼼함에 자부심을 느끼는 조용한 여성 앤느 양(Mistress Anne)에게서 가져온 것인데, 괴물의 큰 몸집에 맞는 긴 내장이 필요해서 암소 보시(Bossy the cow)의 내장도 가져왔다. 앤느 양이 신중한 반면 보시는 격정적이어서 감정적 폭발을 일으키는데, 이에 앤느 양은 고통스러워하고 그것이 자기 책임이라고 느낀다. 이러한 갈등은 여성 괴물의 본성이 이질적인 부분들의 집합임을 부각한다. 각 부분은 자기 이야기를 가지고 있고, 각 이야기는 다른 주체성을 구축한다. "스티치 비치(Stitch Bitch)"라는 다른 글에서 잭슨은 괴물에게 진실인 것은 우리에게도 진실이라고 말한다. "신체는 비록 바느질 땀이 보이지 않을지라도 패치워크다. 신체는 우리가 실제로 인간이라 부를 수 없는 개체들의 헐거운 집합, 즉 위원회(committee)로 운영된다.… 이러한 부분들은 분명 우리가 객체라고 생각하는 것도 아니고 뇌에 직접 지시받는 단순한 부속물도 아니다."(527)

괴물의 주체성이 지닌 (그리고 우리의 주체성이 지니고 있기도 한) 이 분산된 성격은 소설 시작 화면의 그래픽에서 더 분명히 수행된다. 타이틀 화면이 나오기도 전에 "그녀(her)"라는 제목의 이미지가 떠오르고, 검은 배경을 바탕으로 여자의 신체가 보인다. 다수의 점선이 신체를 가로지른다. 마치 신체가 상처들 혹은 바느질 땀들로 이루어진 조각보 퀼트인 것 같다. 사용자(user)는 나중에 이 이미지를 되돌아보면서 이것이 가리킬 수 있는 여러 대상(referents) 중에서 특히 여성 괴물의 기운 신체를 나타내는 것임을 알게 된다. 점선이 이 이미지의 바탕을 대각선으로 가로지르며 절단하는데, 이로써 이 하이퍼텍스트의 중심 테마가 첫 번째로 수행된다. 사용자가 텍스트 안으로 더 들어가면 서로 다른 부분들을 볼 수 있는 지도가 열리는데, 그 지도는 (그 안에 텍스트가 쓰인) 스토리스페이스(Storyspace)# 소프트웨어 안의 여러 가지 색 직사각형들로 나타난다. 이 직사각형들은 클릭하면 각각 문단 크기의 텍스트 블록, 즉 렉시아(lexia)를 제공하는 더 작은 직사각형들을 담고 있다. "점선(dotted line)"이라는 제목이 붙은 렉시아는 점선 이미지에 담겨 있는 중요한 의미를 설명한다. "점선" 렉시아는 "점선은 최선의 선이다"라고 선언한다. 점선은 "그것이 구별하는 것을 영속적으로 잘라내지" 않으면서도 차이를 허용하기 때문이다(본문/점선). 점선은 단절과 연결의 중간을 맴돌며 여성 괴물과 인간의 친연성을 나타내면서 동시에 여성 괴물과 다른 사람들 사이의 차이도 나타낸다.

이스트게이트시스템스(Eastgate Systems)에서 만든 최초의 하이퍼텍스트 글쓰기 시스템 중 하나. 좀 더 자세한 설명은 다음 절 참고.

점선은 그 이미지가 이차원에서 삼차원으로 움직일 수 있다는 사실을 시사한다는 점에서도 중요하다. 마치 "종이가 터널이나 탑, 모자나 비행기가 되게"(본문/점선) 하는 종이접기의 점선처럼 말이다. 수평적 차원에서 벗어나는 이러한 움직임은 하이퍼텍스트 더미들을 환기하는데, 이들 더미는 배치되면서 화면에 삼차원 깊이를, 그리고 그 깊이에서 떠오르거나 그곳으로 물러나는 능력을 시사한다. 텍스트는 링크된 창들의 삼차원성을 소설의 작동 자체에 대한 핵심 은유로 삼으며 이 기술의 구체적 특성을 동원한다. 하이퍼텍스트 더미처럼 여성 괴물은 한 페이지상에 조용히 머무는 데 만족하지 않으며, 메리 셸리 텍스트의 페이지들에 재현된 세계와 메리 셸리가 이 텍스트를 쓰면서 살고 있는 삼차원적 세계 사이를 물 흐르듯 움직인다. 수평적 차원에 놓여 있으면서도 위로 접어 올릴 수 있음도 나타내는 점선은 제라르 주네트가 '메타렙시스(metalepsis)'라고 부른 내러티브 전략, 즉 보통은 분리된 채 유지되곤 하는 디에게시스 차원들(diegetic levels)을 융합하는 내러티브 전략에서 허구[픽션]와 메타픽션의 융합을 나타내는 일종의 이음새 혹은 흉터가 된다.[5] 이 선은 인간의 정체성을 걸고 싸우는 경계 전쟁에서 전통적인 경계선을 교란하는 괴물 같은 텍스트/신체의 위험한 잠재력을 나타낸다. 레일리와의 인터뷰에서 셸리 잭슨은 "급진적 텍스트는 괴물성을 묘사하는 데 그쳐서는 안 된다. 그 자체가 괴물이 되어야 한다"고 말했다.[6]

이제 하이퍼텍스트의 방식대로 소설을 여는 그래픽인 "그녀"를 클릭해 이 렉시아에서 뻗어 나가는 다른 링크 몇몇을 탐색해 보자. "그녀"와 링크되어 있는 것은 "골상학(phrenology)"이라는 그래픽으로, 신체와 텍스트를 은유적으로 겹치는 작업을 수행한다. 거대한 머리의 옆모습을 보여 주는 "골상학"은 여러 선으로 분할되어 있으며 여성들의 이름과 수수께끼 같은 구절로 이루어진 조각보 퀼트 같은 두뇌를 보여 준다. 이름들을 클릭하면 괴물로 조립된 각 부분의 원래 주인인 여성들의 이야기를 들려주는 렉시아로 인도되고, 구절들을 클릭하면 "그녀"의 여러 주체성들의 본성을 숙고하는 렉시아들로 인도된다. 이렇게 신체의 이미지를 통해 텍스트 블록들로 들어가는 것은 텍스트가 재현된 신체 내부에 있음을 시사한다. 이러한 역학은 인쇄 소설에 대한 독자의 일반적 인식, 즉 재현된 신체들이 책 안에 있다는 인식을 뒤집는다. 인쇄 소설에서 물리적 사물로서 책은 흔히 독자의 상상력이 텍스트의 수증기 같은 세계를 재창조하면서 점차 희미해져 가는 듯하다. 그래서 독서는 (프롤로그와 1장에서 논한) 프리드리히 키틀러의 말을 빌리면, 일종의 환각 작용이 된다.[7] 그러므로 소설의 세계를 채우는 신체들은 독자의 상상력이 꾸며낸 것인 듯 보인다. 비물질적 정신이 먼저 있고, 거기서 물리적 존재들에 대한 인상이 비롯하는 셈이다. 하지만 이 작품에서는 신체가 비물질적 작품의 **생산물**이 아니라 거기로 들어가는 **입구**로 그려진다. 그래서 정신을 우선하는 보통의 위계를 뒤집는다. 더 나아가, 분할되어 있는 머리는 의미심장하게 옆모습으로 제시되면서 독특한 정체성을 나타내는 '얼굴'이 아니라 신체의 한 부분처럼 기능하며, 괴물의 주체성이 다수이고 파편화되어 있다는 사실을 두드러지게 보여 준다. 잭슨은 "스티치 비치"에서 우리가 가지고 있다고 생각하는 신체(일관되고 단일하고 견고한 신체)는 우리의 실제 신체가 아니라고 주장한다. 잭슨이 "추방된 신체(banished body)"라고 부르는 우리의 육체성은 괴물의 신체처럼 "사물과 생각의 혼종이다.… 그것의 대중적 이미지, 그것의 얼굴은 이야기들, 빌려온 이미지들, 미신들, 환상들의 콜라주다. 그것이 '진짜로' 어떤 모습인지 우리는 전혀 모른다"(523).

조립체로서 괴물의 체화가 독특해 보일 수 있지만, 잭슨은 여러 전략을 사용해 이것이 보기보다 독특하지 않다는 사실을 증명한다. "바이오(bio)" 렉시아는 현대 기술과학 담론에 기대어 "새로운 생물학이 보여 주는 신체는 키메라 같다. 동물 세포는 박테리아 종들의 혼종으로 간주된다. 많은 머리를 가진 짐승[키메라]처럼, 동물 세포들을 이루는 미생물들, 원래 자유롭게 살고 있었고 자기 충족적이며 개별적인 대사 작용을 하고 있던 박테리아들이 결합해 하나의 개체가 된다"(본문/바이오)고 지적한다. 이렇게 보면 '정상적'인 사람은 이미 진화적 힘에 의해 그러한 상태로 고안된 조립체다. 이러한 진화적 힘에 비하면 프랑켄슈타인은 불쑥 등장한 아마추어다. 다른 관점들이 내리는 결론도 같다. 자기와 타자 사이의 경계선이 식물과 동물과 인간 사이의 경계선보다 더 안전한 것도 아니다. "흐릿한 전체(hazy whole)" 절에서 괴물은 "명심하라"고 경고한다. "현미경의 차원에서 보면 당신은 모두 구름이다. 당신을 오염에서 보호해 줄 포장 막은 없다. 당신의 피부는 투과되는 막이다.… 만약 당신이 나를 만지면 당신의 살이 나의 살과 섞이고, 당신이 손을 떼면 나의 일부가 딸려가고 뒤에 [당신의] 일부가 표시를 남기기도 한다"(본문/흐릿한 전체). "스티치 비치"에서 잭슨은 "선종에서 '원숭이 마음(monkey-mind)'이라고 부르고 바타유가 기획이라고 부른" 마음(the mind)은 "거의 강박적으로 안정 상태, 중심성, 단일성에 집착한다"고 말한다. 글쓰기 프로젝트는, 무엇보다도 잭슨의 글쓰기는 "이 기획을 해체"(527)하려 한다.

이러한 철학에 따라 <패치워크 소녀>는 조립체로서 주체(subject-as-assemblage)를 정상적인 것으로 만들 뿐 아니라 단일체로서 주체(subject-as-unity)를 기괴하고 불가능한 것으로 제시한다. 화자는 신체가 "온전하고 완전하게, 원래 상태에서는 결코 도달한 적이 없는 수준으로 완벽하게 회복하는"(본문/부활) 부활에 대한 비전들을 불러내 단일한 주체를 풍자한다. 이러한 부활이 어떻게 수행될 수 있겠는가? 다른 생물체들에게 사지가 먹혀 팔다리가 없는 존재가 된 경우는 어찌 되는가? 화자는 부활한 신체가 "만약 소화가 되었다면 그 동물의 살 자체에서 자신에게 필요한 물질을 취할 것"이라는 중세의 신학 개념에 따라, 신체 부분들이 동물들의 신체로부터 스스로를 재형성하는 것을 상상해 본다. "큰 까마귀, 사자, 곰, 물고기와 악어들[이] … 해안선과 경계선을 따라 모여서 모두 동시에 손과 발과 머리를 전부 토해내며 제공한다.… 커다란 발가락이 입천장을 긁고, 내장에서부터 이를 딱딱 건드리며 살아 있는 듯 나오고 싶어 한다." (본문/부활/개작) 이 시나리오는 기괴하지만 모든 것을 조각내 온전한 신체가 되게 하려 한 중세 신학자들이 생각했던 문제만큼 이상하지는 않다. 몇몇 신학자는 동물에 먹힌 인간의 부분들은 그 동물이 먹은 "비인간 물질"로부터 복원될 것이라고 이론화했다. 화자가 지적하듯 이러한 주장은 곧바로 문제적이 된다. "(아퀴나스는 가정해 본다) 어떤 사람이 인간 배아만을 먹었고, 그가 아이를 낳았고, 그 아이도 인간 배아만 먹었다면 어떨지 생각해 보자. 만약 먹힌 물질이 그것을 처음 소유했던 존재로 부활한다면, 이 아이는 절대 부활하지 못할 것이다. 아이를 이루는 모든 물질은 다른 것에서 부활할 것이다. 즉 부모가 먹은 배아로 부활하거나 … 아니면 자신이 먹은 배아로 부활할 것이다."(본문/부활/먹힌). 이 기상천외한 시나리오는 사물들을 선별해서 (결코 존재한 적이 없는) 단일성을 성취하려 하면, 인간 조건이 복수적이고 파편적이고 키메라 같다는 사실을 받아들이는 일보다 더 심각한 혼란이 초래된다는 것을 보여 준다.

(텍스트) 신체 봉합하기
: 스토리스페이스에서 바느질과 글쓰기

단일한 주체가 이렇게 산산조각이 나고 재조립되어 다양체가 되면서, <패치워크 소녀>에서는 텍스트의 신체 자체를 다양체로 만드는 기술이 부각되기도 한다. 이 점을 탐색하기 위해 정보가 컴퓨터 브라운관(CRT) 화면의 인터페이스를 어떻게 가로질러 움직이는지 살펴보고 책의 경우와 비교해 보자. 인쇄 소설에서 독자는 고정된 문서(durable script)를 디코딩해, 언어로 재현된 세계의 심상을 자신의 마음에서 창조한다. 전자 텍스트에서는 인코딩/디코딩 작업이 작가와 컴퓨터와 사용자 사이에 분산된다. 작가는 인코딩한다. 하지만 사용자가 작가가 쓴 것을 단순하게 디코딩하는 것이 아니다. 컴퓨터가 인코딩된 정보를 디코딩하고, 지시된 작동을 수행하고, 그러고 나서 그 정보를 화면에 명멸하는 이미지들로 재인코딩한다. 2장의 논의가 분명하게 보여 주듯, 텍스트가 고정된 기입에서 명멸하는 기표로 변모하는 것은 텍스트가 인쇄에서와 다른 방식으로 변화 가능하다는 것을 의미한다. 이 변화가능성은 사용자와 텍스트 사이에 개입하는 다수의 인코딩/디코딩 차원에 대한 가시적 표식이다. 이미지로서 텍스트(text-as-image)는 자신의 명멸하는 본성을 통해 사용자에게 인쇄에서는 불가능한 것, 즉 화면의 텍스트(폰트, 색채, 활자 크기, 포맷 등)를 변화시키는 것이 가능하다는 것을 알려 준다. 이러한 변화들은 가상공간 안에 재현된 신체가 늘 이미 변이를 일으키며, 화면과 마주하고 있는 사용자의 신체와 신축성 있고 다수의 층위를 가진 인터페이스를 통해 결합해 있음을 의미한다. "스티치 비치"에서 잭슨은 이렇게 설명한다. "텍스트들의 경계는 신체들의 경계와 같다. 둘 다 자아의 혼란스럽고 보이지 않는 경계를 상징한다."(535)

이러한 함의들은 <패치워크 소녀>의 첫 그래픽들 중 하나인 "허컷4(hercut 4)"에서 명시적으로 나타난다. 이 이미지에서는 이전에 점선들이 가로지르던 괴물의 신체가 완전히 절단된 상태로 나타나고, 팔다리는 점선으로 표시된 직사각형 블록들 안에 분산 배치된다. 신체 부분들이 분산되는 것이 하이퍼텍스트 렉시아들이 스토리스페이스 안에서 하이퍼텍스트 링크를 나타내는 선들로 서로 연결되는 것과 시각적으로 유사해지면서, 신체/텍스트 유비가 완성된다. 더 나아가, 이미지의 우상단 귀퉁이는 마치 찢긴 듯 그 밑의 텍스트를 드러내는데, 비록 파편적이지만 거기에서 드러난 텍스트만으로도 사용자는 "문서들을 서로 연결하고 이곳에서부터 [글자가 잘 보이지 않는다]으로 쉽게 움직일 수 있도록" 링크를 만들어 내는 법에 대한 지시문을 충분히 알아볼 수 있다. 이미지 아래 놓여 있는 텍스트는 작품을 창조하기 위해 사용된 스토리스페이스 소프트웨어 프로그램을 가리킨다. 이로써 이미지 전체가 명멸하는 기표들을 창조하기 위해 인터페이스들을 가로질러 유연하게 변이하는 여러 층위의 코딩 사슬들을 환기한다.

잭슨은 레일리와의 인터뷰에서 패치워크 퀼트를 중심 은유로 사용하는 소설을 창작한다는 아이디어가 스토리스페이스의 지도 그림을 보았을 때 떠올랐다고 말한다. 그 지도 그림은 연결되고 중첩된 직사각형 (상자들 안의 상자들 안의) 상자들로 화면에 표시되어 있었다. 잭슨은 "전자 매체로 처음 작업하기 시작했을 때, 응용프로그램들은 모두 은유적 함의로 가득한 듯했다. 그 함의들은 내 작업 안으로 스며들어 왔을 뿐 아니라 영감도 주었다"고 말한다. 잭슨은 계속해서 말한다. "하이퍼텍스트 전반이 수수께끼처럼 여겨지지 않았더라면 <패치워크 소녀>를 쓰려고 마음먹지도 않았을 것이며, 더 큰 직사각형들 내부에 이리저리 움직이는 작은 직사각형들이 담긴 스토리스페이스라는 응용프로그램을 사용하지 않았더라면 <패치워크 소녀>에서 내가 사용한 '묘지'와 '퀼트' 은유들이 그토록 가까이에 준비되어 있다는 사실을 몰랐을 것이다."[8] 이 말이 시사하듯 <패치워크 소녀>의 천재성은 많은 부분 스토리스페이스의 특이한 점들을 자신의 목적을 위해 사용할 수 있었던 잭슨의 능력에 바탕을 둔다.

이스트게이트시스템스의 마크 번스타인이 제이 볼터와 마이클 조이스와 협력해 만든 스토리스페이스는 최초의 포괄적인 하이퍼텍스트 글쓰기 시스템 중 하나다.[9] 웹이 아직 초기 단계였을 때, 스토리스페이스는 렉시아 만드기, 구조 연결하기, 작가들이 사전에 문서화된 시퀀스를 설정할 수 있는 (조건화된 링크들의) '보호 영역' 등 비교적 사용하기 쉽고 유연한 도구를 제공했다. 약 1987년부터 1995년 사이의 1세대 하이퍼텍스트 작가들은 스토리스페이스를 사용해 처음으로 폭넓게 회자된 문학적 하이퍼텍스트들을 창조했다. 그 중에는 마이클 조이스의 <오후>, 스튜어트 몰스럽의 <승리의 정원> 그리고 물론 <패치워크 소녀>가 있다. 이러한 작품들은 흔히 (회고적으로) 하이퍼텍스트 글쓰기의 "스토리스페이스파"라고 불렸다. 이러한 명명의 의미를 생각해 보는 것은 의미 있는 일이다.

스토리스페이스는 무엇보다도 텍스트 블록들을 만들고 링크로 연결하기 위한 소프트웨어로 고안되었다. 스토리스페이스의 안내서에 따르면 주요 기본 단위는 '글쓰기 공간(writing space)'이다. 이 글쓰기 공간에 이미지와 사운드(WAV) 파일을 불러들일 수는 있지만(내가 해 보니 쉽지는 않았다), 기본적으로는 텍스트로 채운다는 것을 전제했다.[10] 예를 들어 이 소프트웨어는 애니메이션을 생성하지 못하며 퀵타임(QuickTime) 동영상을 담을 수 없다. 웹이 나오기 이전에 고안되었기 때문에 웹 관련 기능은 제한되어 있다. 스토리스페이스 작품을 웹에 올리려면 스토리스페이스 포맷으로 저장된 이미지 파일은 JPEG 혹은 GIF 파일로 수동으로 변환해야 하고, 스토리스페이스에서 사용된 텍스트 스타일과 웹 텍스트 스타일이 서로 잘 절합할지는 예측하기 어려운 편이다. 더 나아가 스토리스페이스가 작품의 구조를 보여 주는 여러 가지 보기 방식들(지도 보기, 도표 보기, 개요 보기)은 웹으로 옮겨지지 않기 때문에 스토리스페이스의 강점 중 하나인 '구조의 시각적 디스플레이'는 웹으로 번역될 때 상실된다. 그래픽에 연결된 링크도 작동하지 않고, 글쓰기 공간과 연계된 사운드 파일도 재생되지 않는다. 이러한 제약들 때문에 웹용 작품을 만들려는 사람은 스토리스페이스에서 만든 작품을 웹에서 재장착하는 것보다 웹 저작 도구로 시작하는 편이 훨씬 나을 것이다.

<패치워크 소녀>에서 잭슨은 그래픽은 아주 제한적으로만 사용하고 사운드나 비디오, 애니메이션은 전혀 사용하지 않는다. 더욱이 잭슨은 텍스트의 구조를 제한적으로만 디스플레이할 수 있는 방식에 자신의 텍스트를 맞춘다. 좋은 사례로 "크레이지 퀼트(crazy quilt)" 절이 있다. 여기서는 스토리스페이스의 극히 제한적인 여덟 가지 색채 값이 지나치게 제약적이라고 느껴지지 않는데, 그것은 실제 크레이지 퀼트#가 전통적으로 헝겊 조각들로 구성되어 있어서 꼭 예술적으로 매력적이거나 단일한 색채 배합을 띨 필요가 없다는 사실 때문에 그러하다. 우리가 보아 온 것처럼 잭슨이 여러 사람에게 가장 폭넓게 영감을 준 것은 겹겹이 싸여 있고 링크된 상자들의 시각적 디스플레이를 주인공의 파편화되고

모양과 크기가 다른 자투리 천 조각을 이어 만든 퀼트.

분산된 신체를 위한 은유로 사용한 점이었다. 잭슨은 오늘날의 유연한 애니메이션, 다층의 이미지, 모핑(morphings)#과 음향 환경의 기준에서 보면 참을 수 없을 정도로 제한적이고 융통성 없어 보는 스토리스페이스로 작업하면서, 그 시각적 디스플레이와 위계적 구조를 작품에서 전면화하는 꿰매지고 파열된 신체의 기본 은유로 전유함으로써 소프트웨어의 불가피한 한계를 오히려 이용했다.

스토리스페이스의 이러한 특이성은 잭슨의 텍스트를 그가 준거하는 인쇄 작품들과 날카롭게 구별시킨다. 물론 데리다가 우리에게 가르쳐 주었듯 인쇄 텍스트들도 다른 텍스트들을 인용하면서 동시에 그것들을 새로운 맥락 안에 심어 변형시킨다는 점에서 분산되어 있다.[11] 그럼에도 <패치워크 소녀> 같은 전자 하이퍼텍스트의 특이성은 유연하고 변이적으로 저자와 텍스트와 인터페이스와 사용자를 가로지르며 분산되어 있는 주체성들을 실연하기 위해 소프트웨어와 미디어의 자원(그리고 제한)을 동원하는 방식에서 비롯한다. 2장과 4장에서 보았듯 전자 텍스트는 인쇄 텍스트보다 내구성이 낮고 더 잘 변이한다. 그리고 능동적인 인터페이스는 여러 층으로 구성되어 있을 뿐 아니라 그 자체로 인지적으로 정교하게 기능할 수 있다. 잭슨은 이러한 전자 텍스트의 특징들을 탐구하면서 저자와 등장인물, 사용자와 재현된

하나의 이미지를 다른 이미지로 연속적으로 변형시키는 기법.

세계 사이의 구별을 투과가 가능한 막, 다양한 방식으로 구성될 수 있는 막으로 구축한다.

<패치워크 소녀>에서 이러한 명멸하는 연결성을 표현하는 주요 은유적 연결 중 하나는 바느질과 글쓰기 사이의 유희다. 내러티브적 소설인 ≪프랑켄슈타인≫에서 괴물의 신체는 프랑켄슈타인이 신체 조각들을 모아 이어 붙여 창조된다. 메리 셸리는 메타픽션의 차원에서 자신의 글쓰기를 통해 이러한 이어붙임을 창조한다. 하지만 <패치워크 소녀>에서 괴물을 조립하는 사람은 (프랑켄슈타인이 아니라) 메리 셸리이며, 이러한 이어붙임은 바느질이나 퀼팅이라는 여성적 특징을 띠는 작업으로 인식된다. 이러한 바느질은 소설 내부에서 일어난다. 그래서 메리 셸리는 글을 쓰는 작가이면서 동시에 셸리 잭슨에 의해 쓰인 등장인물이 된다. 이 상황은 메리 셸리가 여성 괴물을 바느질하는 동시에 글로 쓰기 둘 다를 하는 것으로 제시되면서 더 복잡해지고, 픽션과 메타픽션을 더욱더 복잡하게 얽히게 한다. 메리 셸리는 "나는 그녀를 만들고 있었다. 촛불 옆에서 밤이 깊어 가도록 글을 쓰면서"라고 서술한다. "어느새 작고 검은 글자들이 흐릿해지면서 바늘땀이 되었고 나는 커다란 퀼트를 바느질하고 있는 듯한 느낌이 들기 시작했다."(저널/쓰인) 이 "저널/쓰인(journal/written)" 렉시아는 "꿰맨(sewn)" 렉시아와 링크되어 있다. "나는 그녀를 꿰맸다. 촛불 옆에서 밤이 깊어 가도록 바느질하면서. 어느새 작고 검은 바늘땀들이 물결치며 원

고가 되었고, 나는 내가 글을 쓰고 있다고, 내가 조립하는 이 생물체가 생명 형태(life-form)의 단일성을 인위적으로 획득하려는 경솔한 시도였다고 느끼기 시작했다."(저널/퀼트맨)

잭슨은 레일리와의 인터뷰에서 자신이 처음 하이퍼텍스트를 쓰기 시작했을 때 "링크가 중립적인 것이 아니라 그 자체로 일종의 논지임을, 내가 나의 글에서 중복해 말해서는 안 되는 논지임을 알게 되었다. 이전이라면 말로 자세히 설명했을 것을 링크로 나타내는 법을 배워야 했다"고 말한다.[12] 그러므로 여기서 전형적인 여성적 활동인 바느질과 글쓰기 간의 연결은 그 자체가 여성의 (그리고 여성주의적인) 생산 활동임을 표시하는 기능을 한다. <패치워크 소녀>에서 피조물과 창조자의 관계는 남성 괴물과 빅토르 프랑켄슈타인 사이의 관계와 시종일관 암암리에 대조된다. 빅토르가 창조자와 피조물 양자를 비극적 결말로 이끄는 비체화(abjection)의 역학에 거듭 무의식적으로 참여하는 반면, <패치워크 소녀>에서 메리는 공포와 부인보다는 매혹과 공감을 느낀다. 위대한 과학자라는 명성을 얻으려는 빅토르의 결심과 대조적으로, 메리의 창조 행위에는 자신이 생명과 죽음의 비밀을 정복하고 있다기보다 자신보다 큰 힘에 참여하고 있다는 인식을 시사하는 단서들로 가득하다. "퀼트맨"에서 문장들은 여성 괴물의 파편화된 단일성을 궁금해하는 메리의 생각으로 이어진다. 즉, 여성 괴물의 파편화된 단일성은 "만들어진 것이 아니라 주어진 것, 단절된 것이 아니라 연속적인 것으로 보아야 더 맞지 않을까. 그 작품의 자부심 많은 작가(author)의 표현 의지가 아니라 신적 진실에 더 종속되어 있는 것이 아닐까. 아, 여류작가(authoress)지, 나는 미소 지으며 수정한다"(저널/꿰맨). 잭슨의 텍스트에서 메리 셸리가 자의식적으로 자신을 남성 저자에 비해 열등한 자리(무엇보다도 남편과의 관계에서는 분명 그러하다)인 '여류작가'의 자리에 놓는 행위는 여성 괴물과 메리가 메리와 그의 남편이 공유하지 않는 것을, 즉 굴종과 여성의 열등이 아닌 평등과 여성적 유대에 기반한 친밀함을 공유하고 있다는 섬세한 암시들과 연결된다. 메리는 때때로 여성 괴물이 무섭다고 고백하기는 하지만 동시에 자신의 피조물에 대해 공감 어린, 심지어 에로틱하기까지 한 매력도 느낀다. 빅토르가 자신의 괴물을 단지 힘이 세고 민첩한 위협적 경쟁자로만 본다면, 메리는 여성 괴물의 육체적 힘에 기뻐하고 그것을 온당한 여성성이라는 숨 막히는 관습으로부터 그 피조물이 자유롭다는 사실과 결부 짓는다. 여성 괴물이 창조자를 떠나 자신의 삶과 모험을 추구하자, 메리는 빅토르와 달리 자신의 피조물이 가진 자유로워지고 야생적이 되는 능력에 대해 위태로운 환희를 느낀다.

엘리자베스 그로스는 서양 철학의 전통에서 신체의 위상을 포괄적으로 살펴보면서, 여성들에게 육체성의 짐을 부여함으로써 남성들은 자유롭게 자신들을 탈체화된 정신으로 상상할 수 있게 한 경향이 지속되었음을 보여 주었다(이는 적어도 시몬 드 보부아르 이래 페미니스트들에게는 익숙한 논평이다).[13] 모리스 메를로퐁티와 마크 존슨처럼 신체성에 공감하는 철학자들조차도 흔히 젠더 문제에서는 맹목적이며, 암암리에 남성의 신체를 규범으로 가정한다. '체화된 여자(embodied female)'인 여성과 '초월적 정신(transcendent mind)'인 남성 사이의 대조는 여성 괴물에 대한 메리의 배려와 남성 괴물의 육체적 곤궁을 전혀 예상하지 못하는 빅토르의 놀라운 실패를 비교하는 곳이면 어디에나 있다. 빅토르는 괴물의 키를 7피트[약 2미터 13센티미터]로 만들면 괴물이 인간 사회에 적응하기 어려우리라는 것도 예상하지 못한다. 18세기 작품의 탈체화된 텍스트는 탈체화된 얼굴로서 작가라는 개념을 강화하고 또 동반했으나, 잭슨의 텍스트에서 신체와 육체성에 대한 강조는 체화된 저자 그리고 그에 못지않게 물질적인 텍스트와 병행한다. 잭슨은 "추방된 신체가 꼭 여자(female)인 것은 아니다. 하지만 그것은 여성적(feminine)이다"라고 말한다. "말하자면, 확실한 형태가 없고, 간접적이고, 순수하지 않고, 확산적이고, 복수적이고, 포착하기 어렵다. 우리가 나쁜 글쓰기라고 부르도록 배운 바로 그것이다. 좋은 글쓰기는 직접적이고, 효과적이고, 표백된 뼈처럼 깨끗하다. 나쁜 글쓰기는 살만 있다. 그것도 더러운 살이다.… 하이퍼텍스트는 수 세기 동안 여성적인 것으로 연상되어 비난받아 온 모든 것이다."("스티치 비치", 534)

메리 셸리의 텍스트 구절의 의미를 미묘하거나 얼토당토

않게 변화시키는 맥락에서 다시 체화하는 링크들은 하이퍼텍스트가 '여성적으로' 신체화된 것임을 강조하는 이러한 시도를 강화한다. 놀라운 예는 메리 셸리의 1831년 서문 중 유명한 구절이다. 메리 셸리는 자신의 "흉측한 자손에게 나아가 번성하라"고 명한다(이야기/단절/흉측한 자손). "나는 그것에 애정이 있다. 행복한 시절의 산물이기 때문이다. 그때는 죽음과 슬픔이 내 마음의 진정한 울림이 없는 말에 불과했다. 여러 페이지에서 많은 산책과 많은 드라이브와 많은 대화를 언급할 때 나는 혼자가 아니었다. 그리고 나의 친구는 이 세상에서 내가 더 이상 보지 못할 사람이었다. 하지만 이것은 나의 문제다. 독자들은 이러한 연상과 아무 관계가 없다."(이야기/단절/흉측한 자손) ≪프랑켄슈타인≫의 맥락에서 '흉측한 자손'은 텍스트 자체와 괴물 양자 모두를 언급하는 것으로 이해할 수 있다. 앤 멜러가 지적하듯, '흉측한 자손'이 텍스트를 가리킨다고 보면 메리 셸리는 영국 사회의 어두운 이면을 폭로하던 고딕소설 여성 작가 전통에 속하게 된다.[14] 괴물을 가리키는 것이라고 보면, 이 구절은 메리 셸리의 텍스트적 창조물이 여성 사망률과 유아 사망률이 높은 시대에 출산에 대한 두려움(메리 셸리가 자신의 비참한 경험을 통해 잘 알고 있는 두려움)을 표현했다는 점을 시사하는 것이 된다. 더 나아가 바버라 존슨의 ≪프랑켄스타인≫ 독해에 의하면 메리 셸리는 이 텍스트에서 자기 자신을 작가로 탄생시키고, 이로써 그녀의 작가성은 '흉측한 자손'이 된다.[15]

이 구절의 모호성이 이토록 짙기 때문에 잭슨의 변주가 훨씬 더 두드러져 보인다.

잭슨의 작품에서 이 구절의 의미는 이 구절과 링크된 "감사합니다(Thanks)" 렉시아에 의해 근본적으로 변화한다. 이 렉시아에서 여성 괴물은 말한다. "감사합니다. 메리, 당신의 친절함에. 그것이 아무리 혐오로 물들어 있더라도요. 흉측한 자손, 네 그렇지요. 나는 당신에게 이 두 가지 모두이고 또 그 이상이기도 합니다. 연인이며 친구이며 협력자. 당신이 나의 눈을 묘사할 때, 네 그래요, 두려움도 있지만 매혹도 있지요. 노란, 촉촉한, 하지만 성찰적인 눈들."(이야기/단절/흉측한 자손/감사합니다) 링크된 구절에서는 '흉측한 자손'이 가리키는 대상이 바뀌어, 남성 창조물과 ≪프랑켄슈타인≫ 텍스트 그리고 작가인 메리 셸리가 이전에 차지하던 자리를 여성 괴물이 차지하게 된다. 링크는 이제 이 모든 것이 여성 괴물 안에 하부 텍스트로 배태되어 있다는 것을 시사한다. 여성 괴물 자체는 그녀를 포함하기도 하면서 동시에 그녀 안에 포함되어 있기도 한, 파열되고 꿰매진 텍스트 신체와 구분되지 않는다. 잭슨은 "하이퍼텍스트는 추방된 신체"라고, "그것의 구성 원칙은 욕망"이라고 말한다("스티치 비치", 536). 만약 욕망이 활성화된 링크로 구현된다면, 이렇게 링크된 텍스트는 사용자의 욕망을 표현할 뿐 아니라 괴물같은 창조에 대한 메리 셸리의 욕망도 표현하게 된다. 이것의 가장 전복적인 (그리고 에로틱한) 함의는 잃어버린 친구, "이 세상에서 내가 결코 다시는 볼 수 없을" 친구가 가리키는 대상이 바뀌는 데서 비롯한다. 지금 메리 셸리가 상실했다고 한탄하는 것은 남편이 아니라 여성 괴물이다. 그것 없이는 <패치워크 소녀>가 쓰일 수 없었던 바로 그 "연인, 친구, 협력자".[16]

<패치워크 소녀>는 많은 것을 전복한다. 작품의 '독창성'에 대한 공격도 그중 하나다. 잭슨은 "콜라주에서, 글쓰기는 독창성의 위장을 벗는다"고 쓴다. "텍스트들 사이의 강요된 교류, 한 텍스트 안의 아상블라주적 잠재성, 고유명사 내부에서 중얼거리는 다른 말들, 이런 것들이 말해 주는 것이 우리를 놀라게 할 수 있다."("스티치 비치", 537) 이러한 중얼거림은 셸리 잭슨이 자신의 이름을 메리 셸리의 이름에 연결하는 유희에서 나타난다. 잭슨 작품의 타이틀 화면은 이러한 분산된 작가성을 수행한다. 타이틀 화면에는 <패치워크 소녀>가 "메리/셸리 그리고 그 자신"에 의해 쓰였다고 나오는데, 이는 메리 셸리, 셸리 잭슨 그리고 여성 괴물 모두를 작가로 지칭하는 명명이다.[17]

출판사의 소유권 주장에 대한 잭슨의 전복은 "M/S"라는 제목이 붙은 절에서 계속된다. 빗금(/)을 포함한 이 제목은 독자가 메리 셸리와 셸리 잭슨을 분리하면서 동시에 연결해 읽도록 청하는 명명이다.[18] 잭슨이 메리 셸리의 텍스트를 자신의 텍스트 안에 다시 새겨 넣을 때, 이 행위는 결코 인용에 그치지 않는다. "감사합니다"에서처럼 지시 대상이 원본에서 거칠게 떼어 내 진 것이 아닐 때에도 그러하다. 잭슨이

메리 셸리의 텍스트를 렉시아들로 나눈 다음 그것을 스토리스페이스 소프트웨어 안에 인코딩해 넣은 사실을 보라. '셸리'를 인용하는 것은 작가 기능이 두 사람의 이름에 걸쳐 분산되어 있다는 것을 나타내는 수행적 몸짓이다. 그들 사이에서 그들이 공유하는 주격 명사가 암시하는 것처럼 말이다(메리 '셸리'/'셸리' 잭슨). 이에 더해 M/S에서 (보통 편집 기호에서는 물리적인 '원본' 텍스트를 나타내는 MS[Manuscript] 사이에 풍자적으로 불쑥 끼워 넣어진) 빗금은 메리 셸리(<패치워크 소녀>의 등장인물)와 셸리 잭슨(단어들을 타자하면서 키보드 앞에 앉아 있는, 메리 셸리의 바느질과 글쓰기를 하나로 융합해 '셸리'를 등장인물이면서 동시에 작가로 만드는 저자)을 연결하고/분리하는 컴퓨터 인터페이스를 나타낸다고 읽을 수도 있다.

컴퓨터는 또한 이러한 명멸하는 기표들을 전적으로 분산되고 변화하기 쉬운 복잡성으로 구축하는 데 능동적으로 관여한다. "사유자 없는 사유 같은 것이 있다"고 화자는 선언한다. "물질이 생각한다. 언어가 생각한다. 언어와 관련할 때 우리는 언어의 꿈과 언어의 악령에 사로잡히고, 점점 괴물들과 친해진다. 우리 자신이 하이브리드, 키메라, 반인반마 괴물이 된다. 즉, 수증기 가득한 기계 장치 아래서 달리는 탄탄하고 경외할 만한 발굽들과 김을 내뿜는 옆구리들."(본문/그것은 생각한다) '이미지로서 텍스트'의 표면은 견고해 보일지 모르지만 그것을 발생시키는 "증기 같은 기계 장치" 때문에 그 견고함은 명멸하는 기표의 특징인 변화가능성과 분산된 인지의 특성을 지니게 된다. 잭슨은 "스티치 비치"에서 스스로를 주체라고 여기는 주체조차도 분산된 인지 작용의 터라고 주장한다. 잭슨은 "사유는 우리가 모르는 존재들, 우리가 길에서 만나면 알아보지 못할 존재들에 의해 수행된다"고 쓴다. "원한다면 그것이 당신의 것이라고 불러도 좋다. 하지만 당신이 원하는 바를 이루려고 아무리 애써도, 그것들은 자신들의 작업을 계속할 뿐 일 초도 당신을 아는 체하지 않을 것이다."(527)

명멸하는 기호 작용의 흔적은 계속 갱신되는 컴퓨터 브라운관 화면에서 그러하듯 이 텍스트에 넓게 퍼져 있으며 피할 도리가 없다. 클라이맥스의 한 장면에서 연인이 되어 서로의 신체에 육체적으로 친밀해진 메리 셸리와 여성 괴물은 피부 조각을 맞바꾸기로 결정한다. 둘은 각각 자신의 다리에서 둥글게 피부 조각을 잘라 낸다. 메리 셸리는 자신의 살을 여성 괴물에게 꿰매 주고 여성 괴물의 살을 자신의 인간 다리에 꿰맨다. 자아를 이렇게 타자에 봉합하는 것은 연인이 서로 결합하려는 소망 그 이상을 드러낸다. 메리 셸리는 이중의 의미에서 여성 괴물의 창조자다. 그는 여성 괴물을 꿰매면서 동시에 쓴다. 그렇기 때문에 이 장면은 픽션과 메타픽션, 작가와 등장인물이 교통하기 위한 교차로로 기능하며, 텍스트 틀 밖에 존재하는 물리적 신체를 가상적 공간의 신체 재현과 봉합한다. 그러는 내내 화자는 외과 수술과 글쓰기 간의 유사성을 짚기 위해 애쓴다. "외과 수술은 분리된 부분들을 회복시키고 결합하는 기예(art)다.… '상처들로 꿰맨' 상태는 18세기 삶에 대한 사실이자 잘 잡힌 구성을 망치는 불협화음적 개입들에 대한 은유이기도 하다."(본문/뒤섞임/꿰맨) 여러 렉시아에 반복해서 나타나는 봉합들 중 하나는 "(재단사들이 그리하듯) 바늘을 실로 감싼 채로 상처 난 곳에 꽂아둔 채" 마감하는 "뒤얽힌 상태로" 마감하기다(본문/뒤섞인/꿰맨). 이로써 외과 수술(특히 바늘과 실을 사용하는 봉합), 바느질, 꿰맨 신체, 글쓰기 사이에 은유적 연계 체제가 설정된다.

잭슨은 이 외과 수술/바느질/글쓰기의 연계 체제를 사용해 텍스트 내내 울려 퍼지는 '괴물적' 글쓰기에 대한 주장을 구축한다. 화자는 말한다. "문학적 구성과 다양한 신체 부분들을 조립해 인간 신체를 구성하는 것 사이의 비유는 고대 수사학에서 기원한다. 멤브럼(Membrum), 즉 '사지'는 '절'을 나타낸다."(본문/활판인쇄술의) 화자가 지적하듯 수사학자들은 이 신체/글쓰기 유비를 바탕으로 글쓰기가 균형이 맞지 않은 몸이나 기괴한 몸을 닮았다면 나쁜 것이라는 결론을 끌어낼 수 있었다. 하지만 유비는 여기까지만이었다. 글쓰기가 실제로 신체가 **되지는** 않았다. 규범(decorum)에 따라 물리적 사물인 책과 비물리적 작품인 텍스트 사이의 장벽은 고스란히 남아 있었다. 조지프 애디슨은 재현하는 사물의 모습처럼 구성된 글은 어떤 것이든 불쾌하다고 말했다. 날개 모습처럼 보이게 인쇄된 조지 허버트의 시 "날개" 같은 것이 그 예다. 화자는 애디슨이 이런 "한 뭉치의 말을 다른 것으로 시각화하기"를 "인간의 글자 수수께끼 만들기 놀이(Anagram of a Man)"라로 부르면서 "그릇된 재치(False Wit)"의 고전적 예로 보았다고 말한다(본문/활판인쇄술의). 이러한 미학적 판단은 작품이 비물질적이라는 가정과 일관된다. 텍스트의 물리적인 겉모습을 의미화 요소로 삼는 것은 부적절하다. 텍스트의 물리적 형태에서 텍스트를 도출할 수 없기 때문이다. 이러한 미학에 의하면 신체들은 텍스트 안에 재현될 수 있지만, 텍스트의 신체는 이러한 재현들과 섞여서는 안 된다. 그리하면 버트런드 러셀과 앨프리드 노스 화이트헤드가 나중에 '범주적 오류'라고 부르는 혼종성을 실연함으로써 텍스트 경계의 양쪽 모두에 괴물 같은 신체를 양산할 위험을 띠는 존재론적 오류를 저지르게 된다.

괴물이 체화하는 것이 바로 이러한 좋은 취향과 규범의 파괴다. '상처들로 꿰맨' 여성 괴물의 신체는 하이퍼텍스트의 파열된, 불연속적 공간의 은유다. 하이퍼텍스트는 그 재현에서 픽션과 메타픽션을 무질서한 동일 무대에서 일탈적으로 섞음으로써 규범을 명백히 침해한다. 어느 피부를 바꿀지 정할 때 여성 괴물은 메리 셸리의 동의를 얻어 의미심장하게 결정한다. "내 살 조각에 가장 가까운 것은 이 상처, 서로 다른 것들이 나의 방식대로 결합되는 곳일 듯해."(이야기/단절/결합) 다른 텍스트 신체들(특히 ≪프랑켄슈타인≫과

바움의 ≪오즈의 누더기 소녀≫)에서 취한 부분들로 구성된 이 하이퍼텍스트는 괴물의 신체처럼 한 부분을 다른 부분에 결합하는 링크와 꿰맨 자국들에서 자신이 가장 자기답다고 암시한다. 신체와 텍스트가 융합하는 구절에서 여성 괴물은 말한다. "나의 진정한 골격은 상처들, 삼차원으로 나를 가로지르는 웹으로 만들어진다. 나를 묶고 있는 것이 나의 분산을 나타낸다. 내 부분들 사이의 틈새에서 나는 가장 나답다."(본문/분산된) 사용자는 어떤 링크를 활성화할 것인지, 어떤 상처를 추적할 것인지 선택함으로써 여성 괴물의 주체성을 이 텍스트 안에 새겨 놓는다. 좋은 취향과 좋은 글쓰기 규범과는 반대로, 상처/링크들은 이렇게 텍스트를 사용자의 육체적 신체와 결합한다. 이때 사용자는 텍스트를 순차적 내러티브로 존재하게 하는 일련의 동작들을 수행한다. 이렇게 수행된 동작들은 컴퓨터의 행위성을 통해 일어나기 때문에 이 모든 신체(여성 괴물, 메리 셸리, 셸리 잭슨, 전자텍스트의 특이성, 디지털 인터페이스의 능동적 행위성 그리고 우리 사용자)는 명멸하는 기표들의 변이하는 형상화에 참여하게 된다.

이러한 점선 연결/분리의 결과 <패치워크 소녀>의 체화적 측면은 보통의 경우보다 더 선명해진다. 그리고 텍스트 내의 신체들은 텍스트성으로 더욱더 촘촘하게 코드화된다. "나는 혼합된 은유다"라고 '괴물 같은 텍스트/텍스트화된 괴물'은 선언한다. "은유(Metaphor)는 '실어 나르다(bearing across)' 같은 의미를 담고 있는 말로서, 그 자체로 나의 상태에 대한 좋은 은유다. 나의 모든 각각의 부분들은 나에게 이질적이지만 똑같이 나의 것인 다른 영토들 … 빌린 부분들, 병합된 영토들 … 과 연결되어 있다. 나는 환원될 수 없고, 나의 은유들은 동어반복이 아니다. 하지만 나는 한 쌍의 두 극에 동시에 존재한다. 선의 양쪽 끝이 나의 팔다리 각각에 연결되어 있다. 은유의 원리가 나의 진정한 골격이다."(본문/나를 은유해) 여기서 '은유'의 다층적 의미(글쓰기의 수사적 비유이면서 동시에 스토리스페이스 링크이고 괴물의 신체를 가로지르는 상처다)는 픽션/메타픽션의 차원들을 오르내리는 운동이 텍스트 내의 어떤 국면에 한정되어 있는 것이 아니라 텍스트 전체에, 텍스트/괴물/소프트웨어의 '진정한 골격'을 따라 퍼져 있음을(그리고 '진정한 골격'과 구별되지 않게 되고 있음을) 시사한다. 텍스트들 안의 신체들과 신체들 안의 텍스트들 간의 이 유동적 운동에서 '내부'는 계속해서 '외부'가 되고 이 '외부'는 다시 '내부'가 된다. 마치 컴퓨터 안의 서로 다른 코딩 단계들 간의 연결을 텍스트의 시각적 차원에서 수행하는 것처럼 말이다. 이 역학은 사용자에게 다음과 같은 사실을 실제로 실감하게 한다. 화면의 시각적 표식들 각각은 인쇄의 단층적(flat) 표식과 달리 다중의(multiple) 코딩 단계에 링크되어 있고, 각 코딩 단계의 차원은 코딩 명령어에 따라 확장하거나 축소된다. 이 역학이 엘리자베스 그로스의 '불안정한 몸(volatile bodies)' 논의에서 핵심이기도 하다는 사실이 완전히 우연인 것만은 아니다. 그로스는 뫼비우스 띠를 은유로 사용해 신체들이 밖에서 안으로 움직이고 안에서 밖으로도 움직이는 문화적이고 언어적인 힘을 통해 구성됨을 보여 준다.[19] <패치워크 소녀>처럼 그로스는 신체를 정적인 구조로 이해하기보다는 복잡한 상호매개 작용들이 수행되는 터로 이해한다.

내부/외부/내부 역학은 "신체 정글(body jungle)"에서 생생하게, 유령에 홀린 듯한 분위기로 재현된다. 여성 괴물은 신체 부분들로 구성된 무성한 정글 풍경 안에 있는 꿈을 꾼다. 박동치는 심장이 "높은 나뭇가지들 위에 꿩처럼 앉아 있고", "내장이 갈비뼈와 골반의 능선에서 꽃다발처럼 늘어져 있거나, 나무가 된 다리들의 발목에 타이어처럼 쌓여 있고", "난소들은 섬세한 덩굴에 금귤처럼 걸려 있다"(이야기/파편화/신체 정글). 여성 괴물은 정글 안에서 보내는 낮과 밤을 상상한다. "아침에 소용돌이치는 구름이 나에 대해 생각할 것이다. 그것들은 나의 시야를 막아 반구형의 하늘을 보지 못하게 할 것이다. 나는 하늘이 한때는 부드러웠던 부분들을 꿰맨 희미한 자국들을 가지고 있으리라는 것을 안다." 여성 괴물은 시간이 지나면 자신의 다리가 돌출한 위장으로부터 방울방울 떨어지는 산성액에 의해 녹을 것이라고 가정한다. "뼈만 남은 나의 팔다리는 깊이 가라앉을 것이다. 나는 지칠 때까지 앞으로 나아가다가 그대로 멈추게 될 것이다. 혈관의 끄트머리를 입에 넣고 빨 것이다. 마침내는 더 이상 그것을 뱉으려 하지도 않을 것이다.… 내 두개골이 어떻게 열릴지 나는 모른다. 혹은 내 두뇌가 저 거대하고 지적인 하늘과 결합하려고 떠다니며 올라갈 때 내가 여전히 나 자신을 알 것인지 알지 못한다." 이 상상에서 여성 괴물은 어떤 더 큰 존재의 신체 일부가 된다. 아마도 여성 괴물을 생각하는/꿈꾸는 컴퓨터의 일부일 수도 있다. 마치 여성 괴물의 부분들이 한때는 자율적 존재였지만 이제는 여성 괴물이라는 더 큰 전체/구멍(whole/hole) 안으로 통합된 것들인 것처럼 말이다. "스티치 비치"에서 잭슨은 하이퍼텍스트 소설에 존재하는 특히 강렬한 기회는 "허구에서 실재로 슬며시 오를 기회 … 실재를 허구적 우주 안에 배태된 텍스트로서 되돌아볼"(534) 기회라고 말한다.

우리는 이제 <패치워크 소녀>라는 텍스트에서는 다중 주체성의 구성과 의식을 신체와의 관계 속에서 재구성하는 것 둘 다가 명멸하는 의미 작용의 상호매개적 역학과 깊이 연결되어 있다는 사실을 알 수 있다. 이 역학은 작가, 인터페이스, 사용자 사이에서 유동적으로 변화하는 연결을 통해 구성된다. 하지만 <패치워크 소녀>를 인쇄된 책들과 그토록 다르게 만드는 것은 하이퍼텍스트 구조가 아니다. ≪하자르 사전≫이 (다른 유사한 작품들과 더불어) 우리에게 가르쳐주듯, 인쇄된 텍스트들도 하이퍼텍스트 구조를 띨 수 있다.[20] 반면 <패치워크 소녀>는 오직 전자 텍스트로만 존재할 수 있다. 컴퓨터 인터페이스의 흔적이 텍스트의 의미화 구조들 안에 깊이 침투해서 텍스트의 가시적 표면을 드러내는 것 그 이상의 일을 하기 때문이다. 그것[컴퓨터 인터페이스의 흔적]은 텍스트의 신체 안으로 통합되어 들어간다. 명멸하는 의미화 작용은 그야말로 물질적인 면에서 텍스트를 생산하면서 동시에 텍스트에 의해 텍스트적 효과로 생산된다.

텍스트 내부와 그 텍스트가 읽히는 분산된 인지 환경 양쪽 모두에서 링크 구조들이 복잡하게 구현되면서, <패치워크 소녀>는 18세기에 저작권에 대한 토론이 억제했던 것을 가시화한다. 이 텍스트는 비물질적 텍스트이기는커녕 허구의 신체와 작가의 신체 그리고 사용자 신체의 물질성과 그것들을 생산하고 연결하는 글쓰기 기술을 전면에 드러낸다. <패치워크 소녀>는 독창성을 옹호하는 대신 그 자체와 등장인물들을 전용과 변형을 통해 만들어 낸다. 이러한 작업은 글쓰기와 주체성이 언제나 재기입과 혁신의 패치워크라는 사실을 시사한다. 한 작가의 독창적인 천재성 개념을 거부하면서, <패치워크 소녀>는 텍스트 생산이 협동적으로 이루어진다는 것을 의식적으로 강조한다. 그러한 협동적 특성은 조립체인 괴물에서부터, 괴물 '그 자신', 메리 셸리, 셸리 잭슨, 사용자 컴퓨터, 나아가 존재가 더 희미한 다른 행위자들 사이의 분산된 저자성에 이르기까지 강조된다.

종결: 링크, 렉시아, 메모리

저작권에 대한 18세기의 토론이 함의하는 주체성과 <패치워크 소녀> 속 주체성 간 비교를 매듭짓기 위해 이제 저작권 탄생에 영향을 미친 스타일과 착상, 형식과 내용, 얼굴과 신체 사이의 구별을 살펴보자. 우리가 여전히 <패치워크 소녀>의 '스타일'에 대해 이야기 나눌 수 있다고 해도, 이 텍스트에는 그 복잡성을 이해할 수 있는 또 다른 사항들, 즉 렉시아와 링크 사이의 오고감, 우리가 읽고 있는 텍스트 화면과 전자 매체의 하이퍼텍스트 링크를 구성하는 "고 투(go to)" 컴퓨터 명령 등이 있다. <패치워크 소녀>에서 이 오고감은 상호 관련된 은유들의 네트워크를 통해 수행되며, 이에는 세포 조직과 상처, 신체와 골격, 현존과 결여 등이 포함되어 있다. 이들 항 기저에는 링크와 렉시아 그리고 동시성(simultaneity)과 연속성(sequence) 사이의 더 미묘한 연상이 놓여 있다. 자산으로서의 텍스트라는 18세기 수사는 분명 사이버공간의 분산된 기술 때문에 복잡해졌다. 더욱이 인쇄된 책의 묶음이 풀어져 전자 미디어에 담기면, 시간도 영향을 받는다. 전자 소설의 시공간(chronotopes)은 책으로 인지되는 문학 작품의 시공간과는 매우 다른 방식으로 기능한다. 이러한 차이를 탐색하면 링크와 렉시아 모두를 동시성 및 연속성과 얽히게 하는 연결을 들여다볼 수 있다.

인쇄된 책에서는 페이지 순서가 일상 세계의 시간 순서를 되풀이한다. 연대기의 전후 관계가 플래시백이나 플래시포워드로 복잡해질 수는 있지만, 보통 이러한 기법들은 여러 쪽에 걸쳐 펼쳐지는 일화를 구성한다. 물론 두드러진 예외들, 예를 들어 로버트 쿠버의 인쇄된 하이퍼텍스트인 <베이비시터>같은 작품들이 있다. <패치워크 소녀>의 화자는 그러한 실험적인 인쇄 소설은 무시하기로 하고 이렇게 말한다. "책을 열면 내가 어디 있는지 알 수 있어서 마음이 편하다. 읽기는 공간적이고, 분량 측정이 가능하기까지 하다. 나는 나에게 말한다. 견고한 직사각형의 삼 분의 일 지점을 통과했어, 이 페이지의 사 분의 일만큼 내려왔어, 나는 이 페이지의 여기에 있어, 이 행의 여기에, 여기에, 여기에, 여기에."(본문/이 글쓰기) <패치워크 소녀>에서는 다른 여러 하이퍼텍스트처럼 연대순 배열이 본래적으로 희박하다. 링크된 구조가 공간만이 아니라 시간도 횡단해 비약하기 때문이다. 마치 디지털 기술로 가능해진 파편화와 재조합 과정을 되풀이하려는 듯 <패치워크 소녀>는 그 자체의 수행성을 개별 렉시아 안에서 수행한다. 과거와 미래는 수많은 방식으로 수행될 수 있기 때문에, 현재 순간 즉 우리가 지금 바로 읽고 있는 렉시아는 대단히 강렬한 현존 인식을 띤다. 렉시아가 하나의 에피소드를 구성하는 보통의 서술 단위보다 더 작은 서술 단위이기 때문에 더욱더 그러하다. "정확히는, 내가 그것을 즐긴다고 말할 순 없다"고 화자는 말한다. "현재의 순간은 끔찍하게 작다. 하나의 길고 가는 틈, 하나의 파여진 홈, 하나의 발자국. 이 양 옆에 소용돌이치는 가능성이, 알파벳들과 나의 융해가 있다."(본문/하나의 길고 가는 틈/하나의 협곡)

사용자가 링크들을 클릭하면 현재 순간들이 긴 선으로 축적되면서 시퀀스, 즉 연속성이 구성된다. 마치 목걸이 줄에 꿸 구슬들을 선택하는 것처럼 말이다. 이러한 시퀀스와 대조되는 것이 컴퓨터 프로그램의 동시성이다. 컴퓨터 메모리라는 비(非)데카르트적 공간 안에 모든 주소는 똑같은 거리에 있다(가까이 있는 메모리와 멀리 떨어진 메모리 각각에 대해서). 그래서 모든 렉시아는 마우스의 클릭에 똑같이 빠르게 반응할 수 있다(이미지처럼 더 많은 데이터를 담고 있기 때문에 더 천천히 로드되는 경우는 참작해야 한다). 이러한 상황은 우리가 무엇인가를 보고 있으면 시간이 지나간다는, 우리가 보통 가지고 있는 시간 감각을 뒤집는다. 그 대신 시간은 언제나 이미 그 전체로 존재하는 하나의 흐름이 된다. 그리고 우리는 이 흐름의 특정한 부분들을 샘플로 선택해 시퀀스와 연대순 배열을 만들어 낸다. 이에 따라 사용자가 선택한 렉시아들의 시퀀스와, 모든 렉시아가 이미 존재하는 메모리 공간의 동시성 간에 갈등이 발생한다. 이 갈등은 사용자가 경험하는 화자의 삶과, 그 안에서는 "모든 것이 다를 수 있었고 또 이미 다른"(이야기/재고하기/하나의 삶) 잠재성의 공간에 존재하는 삶 사이의 차이를 나타낸다.

그러므로 여기서 '현재 주체로서 화자(narrator-as-present-subject)'가 '내 삶의 나머지 부분'을 찾으려는 상황은 '단일한 주체'가 자신 앞에 연속적인 연대기로 펼쳐져 있는 미래를 예견하려는 상황처럼 단순하지는 않다. '내 삶의 나머지 부분'을 발견하려면 화자는 시간의 흐름 안에서 앞을 내다보아서는 안 된다. 그 대신 (시적 효과를 위해 컴퓨터의 정확한 어드레스 시스템을 무시한 그의 은유적 관점에서) 서로 다른 렉시아들이 뒤섞인 컴퓨터 공간 저 아래로 시선을 돌려야 한다. "틀을 잡아당겨 보이게 할 때 나는 주저함이 느껴진다"고 화자는 말한다. 이때 화자는 마치 픽션과 메타픽션이 뒤범벅된 상태에서 렉시아들이 재현하는 이질적 시간을 반영하는 것처럼 작가, 사용자, 등장인물이 융합되어 발화한다. "환상적 지하 은거지에서 끌려 나와 역사 퀴즈에 답해야 하는 아이구나. 기계 장치와 깔때기, 관과 돋보기가 동물적 관심과 군중 장면과 뒤섞인 다형적 꿈에서, 완고하게 현실적이고 이분법적인 성의 장면으로 끌려 나온 것이니? 걱정 말아라, 상자 형태로 고정된 아가야, 내가 너의 발목을 잡아 침대에서 일으켜 줄게.… 내가 너에게 시퀀스의 매력을 보여 줄게. 그러고서 조리개 구멍을 닫아 주고, 헝클어진 침대보 안에, 동시성의 융합된 분자적 춤 안에 다시 눕혀 줄게."(이야기/내 삶의 나머지)

사용자의 선택들이 만들어 낸 시퀀스 안에 동시성이 끼워 넣어지면서, 이 텍스트 안에 서로 다른 존재론적 차원들(등장인물, 작가, 사용자)이 왜 그렇게 기괴하게 섞여 있는지가 분명해진다. 컴퓨터의 심층에서, 다른 말로 하면 기계 코드의 가장 깊은 차원들에서, 인간 작가가 쓴 텍스트와 인간 사용자의 마우스 클릭이 기계 명령어나 컴퓨터 프로그램들처럼 이진법 형식으로 코드화되어 있는 공간에서, 등장인물과 작가와 사용자는 1과 0으로 이루어진 문자열로 코드화되어 구별된다. 텍스트는 이 과정을 (다소 오해의 여지가 있게) "동시성의 융합된 분자적 춤"이라고 표현한다. 사이보그 주체성에 대한 텍스트 자체의 시각에 권위를 부여하고자 매체 특유의 특성을 동원하는 것이다.

그렇다면 여기서 괴물성의 일부는 우리가 등장인물과 저자와 사용자인 우리에게 부여하는 주체성과 컴퓨터 프로그램의 의인화되지 않는 행위가 뒤섞여 있다는 것 자체에서 비롯한다. <패치워크 소녀>의 이러한 기괴망측한 혼종성 측면이 가장 분명하게 나타나는 곳은 "크레이지 퀼트"다. 여기서 바움의 ≪오즈의 누더기 소녀≫에서 발췌된 문장은 점점 더 하이퍼텍스트의 다른 부분들과 섞이고 또 스토리스페이스 매뉴얼의 명령어들과 섞인다. 그 전형적인 부분이 "꿰맨(seam'd)"이라는 의미심장한 이름의 렉시아다. 이 렉시아는 스토리스페이스 프로그램과 다른 렉시아에 수립되어 있는 수술/바느질/글쓰기의 은유 네트워크를 같이 꿰맨다. "당신은 특별한 스타일이나 색채 혹은 서체를 사용해 텍스트 링크들의 존재를 강조할 수 있다. 혹은, 당신이 선호한다면, 당신은 (재단사들이 그리하듯) 바늘을 실로 감싼 채로 상처 난 곳에 꽂아 둔 채 내버려 둘 수 있다. 상처들로 꿰매져 있다는 것은 18세기 삶의 사실이면서 동시에 잘 조율된 어떤 구성도 망가뜨리는 불협화음적 개입들에 대한 은유다."(크레이지 퀼트/꿰맨) 이 구절의 패치워크적 특성을 강조하는 것은 "꿰맨"이라는 제목의 또 다른 렉시아가 다른 곳에서 등장한다는 사실인데(텍스트의 신체/뒤섞인/꿰맨), 위에 인용된 구절의 일부는 그 렉시아에서 가져온 것이다.

컴퓨터에서는 메모리 간 거리가 모두 같지만, 인간 사용자에게서는 그렇지 않다. 우리의 메모리[기억]에서는 사건들이 시간에 따라 일어나며, 이 때문에 시퀀스를 구성한다. "크레이지 퀼트" 속 "꿰맨" 렉시아의 효과는 사용자가 이 렉시아가 그것의 패치워크적 모음의 일부였던 렉시아들을 이미 접했을 가능성에 좌우된다. 우리가 다른 맥락에서 이 구절을 읽었기 때문에 이 구절을 '크레이지 퀼트'로, 재활용된 다른 렉시아와 텍스트 조각을 함께 누벼 붙인 텍스트적 신체로 느끼는 것이다. 따라서 인간의 메모리는 동시성을 시퀀스로 전환하고, 시퀀스는 일관된 과거라는 연속성이 된다. 하지만 인간의 메모리는 컴퓨터 메모리와 달리 그 내용을 영원히 보관하지도 않고 심지어 믿을 만하지도 않다. 인간의 메모리 안에 공백들이 생긴다면(젊은 시절과 훌쩍 멀어진 나에게는 놀랄 만큼 현실적인 현상이다) 인간의 메모리는, 그것은, 빈 공간이 가득한 원자들처럼 구멍이 숭숭 뚫린, 겉으로만 연속적인 것이 된다.

상실된 것의 회복에 매혹된 화자는 여성 괴물이 "두드러진 관심사, 악마 컬트"로 다뤄졌던 "클리블랜드의 교회 컬팅 모임"(본문/뒤섞인/컬팅)에서 수전 앤서니가 한 말을 기억해 낸다. 앤서니(혹은 괴물?)는 말한다. "우리가 누구인지에 대한 우리의 인식은 대부분 우리가 기억하는 것으로 구성된다. 과거의 우리가 현재의 우리다. 우리는 기억으로 이루어져 있다." 하지만 우리 각각은 마음 안에 잊어버린 경험도 담고 있다. 괴물 같은 앤서니는 생각해 본다. 이런 기억들은 우리가 기억하는 기억들을 통해 구성되는 주체와 상호배타적인 또 다른 주체를 만드는 데 협조할까? 만약 그리한다면, "각자 안에는 당신이 완전히 망각한 모든 것으로 만들어진 다른 당신, 완전히 다른 당신이 적어도 하나는 있다.… 더 정확히 말하면, 많은 다른 당신들이 있고, 각각의 당신은 기억들의 다른 조합이다. 이 사람들은 존재한다. 그들은 완전하다. 정확히 현존하는 것은 아니지만 뇌의 묻혀 있는 곳에 잠재적으로 존재한다."(이야기/교령회(交靈會)/그녀는 계속한다). 먹힌 신체들, 동물의 살에 통합되어 부활의 때에 나오기 위해 삐걱삐걱 소리를 내는 먹힌 신체들처럼, 컴퓨터 메모리의 등거리 공간 안에 동시적으로 존재하는 텍스트적 신체처럼, 인간의 메모리 역시 키메라다. 인간의 메모리는 내가 나 자신이라고 기억하는 주체와 여러 다른 주체들로 구성되어 있다. 그 주체들은 어떤 의미에서는 나이기도 하다. 나는 그들을 기억하지 못하지만 그들은 내가 아닌 그들 자신을 기억하고 있다.

여성 괴물이 거리에서 임의로 택해 접근한 여성 엘시에게 과거를 사겠다고 제안할 때, 과거의 부재는 어떤 의미에서는 여성 괴물만이 가지고 있는 유일무이한 것이다. 이는 여성 괴물이 태어나서 지금과 같은 어른으로 성장할 기회 없이 조합되었기에 비롯한 결과다. 또 다른 의미에서 보면, 여성 괴물이 기억할 수 있는 과거와 그녀의 여러 신체 부분에 체화된 과거들 간의 분열은 인간의 평범한 운명이기도 하다. "우리는 스스로가 유령 같다"며 '앤서니/그녀 자신'은 말을 잇는다. "우리의 삶 전체가 일종의 귀신 들려 있는 상태다. 현재는 과거의 인물들로 가득하다. 우리는 과거 사건들이 담긴 기록으로서 구체적 세계에 출몰한다.… 그리고 우리는 이러한 살아 있는 귀신들에 의해, 우리 자신인 이 보이지 않는 낯선 존재들에 의해 귀신들려 있다."(이야기>교령회>그녀는 계속한다) 의미심장하게도 여기서 수행된 혼종성은 육체적 이질성이 필요하지도 않고 그것에 의존하지도 않는 정신적 아상블라주다. 비록 텍스트가 비물질적인 정신적 실체라 해도, 여전히 내적 일관성을 확신할 수 없다. 왜냐하면 텍스트를 담고 있는 인간의 기억 그 자체에 구멍들과 다른 자아들이 가득하기 때문이다. 이 괴물 같은 텍스트는 여러 차원과 다양한 인터페이스들을 횡단하며 스스로 응집과 파편화, 현존과 부재, 렉시아와 링크, 시퀀스와 동시성, 일관된 자아성과 복수의 주체성들 사이에서 균형을 이룬다.

이러한 텍스트가 어떻게 종결에 이를 수 있을까? 제인 옐로리스 더글러스는 마이클 조이스의 하이퍼텍스트 픽션인 <오후>에 대해 쓰면서, 종결은 모든 렉시아가 읽혔을 때가 아니라 사용자가 핵심 미스터리에 대해 충분히 배워서 그것을 이해한다고 믿게 되었을 때라고 말한다.[21] 더글러스는 조이스의 텍스트에서 특권적인 렉시아는 "하얀 오후(white afternoon)"라고 말한다. 사용자가 미스터리를 파악하는 이해 방식을 변형하는 힘이 다른 렉시아보다 확실히 크기 때문이다. <패치워크 소녀>에는 이와 비견할 만한 중심적인 미스터리는 없지만 중심적인 변증법, 파편화와 재조합 사이의 동요는 있다. 화자는 "내가 만일 소망하는 데 집중하면, 나의 신체 자체가 상처들을 지우고 새롭게 만들어질 것이라고 믿는다"고 공언한다. 이러한 온전함에 대한 소망은 동시에 그가 늘 이미 파편화되어 있고 파열되어 있고 비연속적이라는 깨달음과 역학적으로 충돌하며 지속된다(이야기/파편화/온전하게 되기). 이러한 동요가 위기로 분출될 경우, 텍스트는 조정이 이루어지지 않는다면 지속을 불가능하게 만들 사건들을 촉발한다. 이 위기는 어느 날 아침 화자가 잠에서 깨어나 자신이 조각나고 있음을 깨달았을 때 발생한다. 화자가 벌어지는 솔기들을 수술용 테이프로 덮으려 하자, 분산이 폭력적인 것으로 치닫는다. "나의 발이 하늘과 분투했다.… 가지런히 핏방울 자국을 내며. 나의 창자가 찢어져 벌어지고 주름진 무언가가 넘쳐흘렀다.… 나의 오른손이 미친 듯이 손을 흔들며 잘린 면이 동쪽을 향한 채 날아갔다."(이야기/파편화/이산). 이 흐름은 여성 괴물이 과거를 산 여성인 엘시가 목욕탕에서 분해되고 있던 여성 괴물과 마주치고는 그녀를 꼭 잡아 주었을 때 멈춘다. "나는 그녀의 보살핌 속에서 다시 헐겁게 모이기 시작했다. 흥미로웠다. 왜냐하면 나는 조각들로 나뉘어져 있었지만 아직 흩어진 상태는 아니었기 때문이다. 나는 허용받은 느낌이었다. 나는 새로운 것을 발명하기 시작했다. 온전한 척하지 않으면서도 어울려 있을 수 있는 방법을, 뒤죽박죽인 상태와 불변의 구체 사이의 어떤 것을." (이야기/파편화/내가 나를 다시 만들었다) 만약 어떤 일관성이라도 가지고 싶다면 그것은 단일한 주체성이나 하나의 내러티브 라인을 통해서는 실현할 수 없음을 여성 괴물이 깨닫게 되는 이 결의는 "후기(afterwords)"로 이어진다. "후기"에서 여성 괴물은 자신이 영위할 수 있는 유일한 삶은 유목적인 삶이라고 결론짓는다. "운동과 의심 그리고 의심과 운동의 궤도가 나의 삶이 될 것이다. 삶이 지속되는 한."(이야기/다시 생각하기/후기) 마침내 여성 괴물의 삶의 내러티브적 패턴은 그 내러티브를 생산하는 디지털 기술의 파편화·재조합과 구별할 수 없게 된다. 이 융합은 앞에서 점선의 은유를 통해 표현되었다. "나는 돌에서 돌로 깡충깡충 건너뛴다. 전자적 강이 그 사이사이에 나의 체취를 씻겨 낸다. 나는 불연속적인 선, 점선이다."(텍스트의 신체/깡충깡충 뛰기) 연결하면서 분리하는 점선, 여성 괴물의 유목적 궤적인 점선은 렉시아/링크, 화면 텍스트의 현존/부재 패턴을 닮아 있다.

이 궤적을 따라가면서, 여성 괴물은 계속 나아가 작가 자신이 된다.

하지만 여성 괴물은 무엇을 쓰는가? 우리가 읽고 있는 이 내러티브인가? 만약 그렇다면, 작가적 기능은 어느 가늠할 수 없는 지점에서 (혹은 여러 지점들에서) 메리 셸리에서 괴물로 이전되었다고 할 수 있다. 'M/S'에서 작가성의 분산을 상기해 보자. 허구의 세계 안에서 여성 괴물이 지금 스스로 쓰고 있는 것인지 아니면 메리 셸리에 의해 쓰이고 있는 것인지를 사용자가 더 이상 확신할 수 없듯, 이와 비슷하게 여성 괴물도 확신하지 못한다. 이는 부분적으로는 여성 괴물의 신체가 그녀의 주체성처럼 분산된 기능이기 때문이다. "내가 나의 허벅지에서 글을 쓰고 있는 것인지, 우리가 나에게 꿰매 넣은, 가장자리에 주름이 잡힌 작은 팬케이크 모양의 피부에서 쓰고 있는 것인지 잘 모르겠다.… 메리가 쓰고, 내가 쓰고, 우리가 쓴다. 하지만 진짜로 누가 쓰고 있는 것일까?" 이 대답할 수 없는 질문(화자처럼 사용자도 대답할 수 없는 질문)에 마주한 여성 괴물이 내린 결론은 이러하다. "유령 작가들만이 유일하게 존재하는 작가다."(이야기/다시 생각하기/나는 메리)

<패치워크 소녀>를 인쇄 문학 형성에 중요했던 18세기의 토론과 병치시킴으로써 이끌어 낸 이 더 확장된 결론은 이 텍스트가 어떻게 이전 시대의 무의식을 텍스트 속 혼종적 주체성들의 수행을 위한 무대로 만들었는지 보여 주는 것 그

이상으로 이어진다. 더 넓게 보면 <패치워크 소녀>는 그 의미화 전략들에 물질성이 중요하다는 것을 증명한다(스토리스페이스 소프트웨어의 특성들, 더 나아가 디지털 컴퓨터의 특이성들을 동원하는 방식에서 그렇다). <패치워크 소녀>는 왜 선형적인 인과적 모델이 그것의 복잡성을 설명하는 데 부적절할 수밖에 없는지 생생하게 보여 준다. 이 텍스트는 의미를 창조하기 위해 전자 텍스트만큼이나 그 선조[인쇄 텍스트]에 의존한다. 이 텍스트는 언어와 코드를 배열해서 문자 그대로의 텍스트를 생산할 뿐 아니라 그 텍스트에 대한 담론도 생산한다. 그리고 연속적이면서 분리되어 있는 점선이라는 중심적 수사에서 이 텍스트는 디지털과 아날로그 사이의 보완적 역학을 실연한다. 요약하자면, <패치워크 소녀>는 여러 차원에서 그리고 다양한 방식으로(그 미학적 차원에서, 주체성 수행에서, 명멸하는 연결성을 창조하는 다수의 인과성에서) 상호매개의 중요성을 입증한다.

3부

전송하기

아날로그와 디지털

07
행위자의 가면 벗기기
: 스타니스와프 렘의 "가면"

이 장에서는 '전송하기'를 '정보 프로토콜에 의거해 코드화된 패킷을 광케이블을 통해 보내기'라는 기술적 의미에서 논하지 않는다. 이러한 의미의 전송하기는 알렉산더 갤러웨이의 ≪프로토콜≫이나 헤이르트 로빙크의 ≪다크 파이버≫와 같은 핵심 텍스트에서 중요한 주제로 다루어졌다. 반면 여기서 '전송하기'는 아날로그 의식(analog consciousness)과 디지털 인지(digital cognition) 사이에서 정보 패턴을 옮기는 메커니즘과 프로세스를 주로 가리키며, 이때 디지털 인지는 컴퓨터, 인간의 비의식적 프로세스 그리고 디지털 시뮬레이션에서 다양하게 작동하는 것으로 이해된다. 6장에서 예고했듯 이 장에서는 의식과 디지털 인지의 만남이 상연되는 현상에 초점을 맞춘다. 그러면서 1부와 2부에서 살펴본 내용들을 주체성, 내러티브, 계산 체제가 인간 문화·의미와 갖는 관계에서 더 상세히 살펴보려 한다. 1장에서 제기한 핵심 문제가 계산 체제를 문화적 구성물로 보아야 하는지 아니면 실재에 대한 정확한 기술로 보아야 하는지였다면, 3부에서는 이 문제를 다른 각도에서 다시 다룰 것이다. 1장에서 예고했던 대로 여기서는 구성주의자나 실재론자의 입장 중 어느 한 쪽을 택하기보다 양자가 서로를 구성하는 공동-구성(co-constitution)을 탐색하고 분석할 것이다. 우선 이번 장에서는 이 광범한 탐구 범위를 좁히는 데서, 디지털 인지와 아날로그 의식 사이의 역학을 동일한 존재 안에 놓는 데서 시작하도록 하겠다.

이식 장치(implant devices)가 실현된 것은 최근의 일이지만, 어떻게 코딩이 사고의 깊은 구조 속으로 들어오는지에 대해서는 기술적으로 현실화되기 수십 년 전부터 논의되었다. 여기서 쟁점은 의식적인 마음과 비의식적인 코딩, 자유의지와 프로그램된 결과, 젠더화된 문화화와 비젠더화된 알고리듬 작용, 언어와 비언어적 코드 작용 사이의 협동과 경쟁이다. 코드라는 기체(substrate)가 의식적인 마음의 기저를 이룬다는 가정은 행위성과 주체성 개념에 깊은 영향을 미친다. 홀로코스트와 여러 잔학 행위들이 인격체(persons)로 간주하기 힘든 인간의 끔찍한 사례를 보여 준다면, 지능적 소프트웨어 패키지들은 인간 대화자로 오인되는 엄청난 봇(bot)들을 내놓는다.[1] 나는 이러한 복잡한 상호매개에 비추어 하나의 독립체 또는 실체(entity)가 인격체로 간주되려면 행위성(agency)을 행사할 수 있어야 한다는 명제를 내놓으려 한다. 행위성은 주체가 선택을 하고 의도를 표현할 수 있게 하며, 행동할 수 있게 한다. 인격체의 표면을 긁어 보면 행위자를 파악할 수 있다. 행위자를 파악하면 주체의 구성, 즉 8장에서 상세하게 탐색할 칼 심스의 가상 생명체와 관련된 역학에까지 거의 이르게 된다.

이 장에서 앞으로 설명하겠지만, 계산 메커니즘이 인간 의식의 기저에 있다거나 또는 인간 의식과 상호 침투한다고 생각하는 이들이 컴퓨터 과학자들만은 아니다. 영향력 있는 문화이론가들, 특히 질 들뢰즈, 펠릭스 가타리, 자크 라캉 등도 인간 인지에서 디지털과 아날로그가 어떻게 상호작용하는지 고찰한다. 계산 체제를 사로잡고 있는 동일한 종류의 존재론적 복잡성이 이 이론가들에게도 골칫거리다. '계산'을 정보 기술에서 전유한 은유라고 보아야 하는가, 아니면 정신적 프로세스를 정확하게 서술하는 것으로 보아야 하는가? 계산 체제에 대한 회의주의가 정당하다면(내 생각에는 그렇다), 이 문화이론가들에 대한 회의주의도 제쳐 놓아서는 안 될 것이다. 그러나 요점은 이론들이 정확한지 판단하는 것이 아니라, 레이먼드 윌리엄스가 이름 붙인 '여론의 동향'을 만들어 내는 데 이론들이 어떤 도움을 주는지 그 역할을 이해하는 것이다. 여기서 주체성과 행위성의 구성을 이해하는 데 핵심은 아날로그와 디지털 간의 복잡한 상호매개다. 이 장의 마지막 부분에서 이러한 문제들을 강력하게 제기하는 문학 텍스트인 스타니스와프 렘의 1976년 중편 소설 "가면"을 살펴볼 것이다. "가면"은 인간과 비인간 사이에서 맴도는 화자를 통해, 의식적 마음의 복잡성들을 미묘하고도 강력하게 탐색한다. 여기서 의식적 마음의 행위성은 마음이 수행할 수 있는 행위에 부분적으로 영향을 미치는 기저의 프로그램에 의해 제한된다. 마음은 자체의 자유의 한계를 탐색할 때, 인간 아닌 다른 것으로 변형된다. 작품 제목의 '가면'이 금속 로봇을 감싼 인간 피부를 가리키는지 아니면 화자의 목소리가 나오는 마음을 가리키는지는, 이야기가 의식이 감지할 수는 있으나 결코 직접적으로 알 수는 없는 기저의 프로그램과 공존할 가능성들을 탐색하면서 수행하는 여러 모호함 중 하나다. 이러한 배치를 상상하면서, 디지털 알고리듬으로서 무의식에 대한 렘의 소설적 예견은 사반세기가 지난 지금도 여전히 놀랍도록 뛰어난 선견지명을 보여 준다.

인간 속의 기계

들뢰즈와 가타리는 행위성을 근본적으로 재개념화하면서 행위성에 대한 그들의 사유에서 지능적 인공물(intelligent artifact)이 중요한 역할을 했다고 밝힌다. ≪천 개의 고원≫ 서두에서 들뢰즈와 가타리는 그들이 개탄하는 중심화된 시스템들과 세포 자동자를 대조하면서 세포 자동자를 찬양한다. 1장에서 다룬 스티븐 울프럼의 ≪새로운 종류의 과학≫에서 보았듯 세포 자동자는 세포(cell)로 구성되며, 세포 각각은 바로 인접한 이웃 세포들의 상태에 따라 자신의 상태를 계산한다. 들뢰즈와 가타리는 세포 자동자를 다소 부정확하지만 "한 이웃에서 다른 이웃으로 소통이 이어지는 오토마타의 유한한 네트워크"로 정의한다(17). 사실 알려진 대로 각각의 세포는 바로 인접한 세포(혹은 어떤 경우에는 그다음으로 가장 가까운 이웃 세포들)만을 표본으로 삼는다. 들뢰즈와 가타리는 실제보다 세포 자동자가 규칙에 덜 지배받는 역학을 주장하면서, 여기서 어떤 배치라도 가능하다고 암시한다. 이는 그들의 '탈영토화'와 '재영토화'의 개념을 극단까지 밀어붙인 생각이다. 세포 자동자는 들뢰즈와 가타리의 목적에 잘 들어맞는다. 왜냐하면 세포 자동자는 완벽하게 기계적이고 계산적이고 비의식적이지만, 그럼에도 진화하고 성장하고 새로운 영토를 침략하고 쇠퇴하고 죽어 사라지는 듯한 복잡한 패턴들을 보여 주기 때문이다. 특히 '글라이더(Glider)'라고 불리는 패턴이 여기에 잘 들어맞는다. 여기서는 글라이더처럼 보이는 형태가 화면상의 한쪽 끝에서 나타나 마치 들뢰즈와 가타리가 '탈주선'이라고 부른 것을 실연하듯 반대편 끝을 향해 움직인다. 세포 자동자는 들뢰즈와 가타리가 분열분석(schizoanalysis)을 설명할 때에도 나온다. 분열분석은 "무의식을 비중심화된 체계로, 다시 말해 유한한 자동 장치들의 기계적 네트워크(리좀)로 취급함으로써 무의식의 전혀 다른 상태에 도달한다"(18). 이는 무의식이 세포 자동자처럼 기계적이고 리좀적임을 시사한다.

이러한 생각을 인간 유기체에 적용하기에는 분명 제약이

따른다. 형태가 자유로운 세포 자동자의 패턴과 달리 인간은 생물학적 필요에 따라 피부를 생존에 필수적인 기관으로 삼아야 한다. 그러나 들뢰즈와 가타리는 마치 신체가 세포 자동자처럼 쉽게 탈영토화하고 재영토화할 수 있는 듯 보이는 강력한 수행적 수사로 이 제약을 뛰어넘는다(앞서 지적했듯, 들뢰즈와 가타리가 정확히 표현하지는 않았지만 세포 자동자 자체에도 제약이 따른다). 이 수사의 결과, 신체는 유기체라기보다는 기관 없는 신체 즉 아상블라주가 되며, 이는 일관성 있는 주체성의 자리로서 의식을 없애 버린다(4장에서 언급한 이 변화는 수렴적인 '작품'을 '아상블라주로서 작품'으로 재개념화하는 것과 연결된다). 기관 없는 신체라는 개념에서 인간은 변이하는 아상블라주로 간주되는데, 이는 기계와 유기물 모두를 포함해 다양한 실체들을 자신의 환경으로 받아들일 수 있다. 기관 없는 신체는 의식적 사고가 아니라 '욕망'에 의해 추동된다. 마크 핸슨에 따르면 욕망은 ≪천 개의 고원≫에서 매우 핵심적이어서 물신화된 것으로 간주된다. 강렬한 강도로 불타오르는 이 욕망만이 아상블라주들을 새로운 배치로 이끌 동력을 지닌다.[2] 사실상 의식은 파편화되고 유기체는 흩어지며 의미는 혼란에 빠지기 때문에, 욕망이 이 경기장에 남은 잠재적으로 유일한 행위자다. 들뢰즈와 가타리는 이렇게 주장한다. "의식을 삶의 실험으로 만들어라. 그리고 정념을 연속적인 강도의 장으로, 미립자-기호의 방출로 [만들어라].… 의식과 정념을 탈주체화하라."(134)

이러한 수사적 변형의 순수 효과는 기관 없는 신체를 세포 자동자의 무한 집합으로 구성하는 것이다. 세포 자동자의 계산적 규칙들은 욕망으로 재코드화된다. 이것은 울프럼이 상상했던 것보다 훨씬 더 직접적인 인간의 '계산화'다. 비록 여기서 계산이 공학적이고 수학적인 맥락에서가 아니라 정신분석학적이고 철학적인 용어로 이해된다 하더라도 그렇다.

≪천 개의 고원≫에서 인간은 계산 매체의 속성을 띠고 기계는 생물학적 특징을 띤다. 들뢰즈와 가타리는 생물학적 진화론의 용어를 받아들여 다음과 같이 쓴다. "몇몇 조작을 통해 연장 가능하며, 하나 또는 몇 개의 지정 가능한 표현의 특질로 수렴되거나 또는 수렴될 수 있도록 만들어 주는 특이성들의 집합을 확인할 수 있다면, 하나의 기계적 문(門, machinic phylum),# 즉 기술적 계통에 대해 말할 수 있을 것이다."(406) 들뢰즈와 가타리는 "일반적인 생물학적 진화론을 기술적 진화의 모델로" 삼는 "기술적 생기론(technological vitalism)"에 대한 앙드레 르루아구랑의 생각을 지지하면서, "아상블라주가 가변적 문들을 발명한다면, 변이하는 기계적 문은 기술적 아상블라주를 창조한다. 기술적 계통은 문에 의거해 도출되는지 아니면 아상블라주 안에 기입되는지에 따라 상당히 달라지지만, 그 둘은 분리 불가능하다"(407)고 주장한다. 들뢰즈와 가타리는 문을 아상블라주에 의존하게 만들고 아상블

강(綱)의 위이고 계(界)의 아래인 생물 분류 단위.

라주를 문에 의존하게 만들면서 기술적 진화가 선형적인 인과적 설명을 벗어나 직렬로 연결된 상호 접속에서 출현하는 각각의 발생적 형태들을 생산한다고 주장한다.[3] 비록 들뢰즈와 가타리가 기계적 문을 "운동 중에 있고, 흐르고, 변이하는 물질, 특이성과 표현 특성의 운반자로서 물질"(409)이라고 말하지만, 무엇이 이러한 변이를 이끄는지는 확실치 않다. 들뢰즈와 가타리는 기계도 욕망할 수 있다고 상상하면서, 그들의 이론 안에 있는 이 제일의 운동자[욕망]로 되돌아감으로써 이 문제를 해결하려 한다.[4]

"기계적 이질생성(Machinic Heterogenesis)"이라는 글에서 가타리는 인간적인 것과 기계적인 것을 서로 안에 상호 기입해 넣는 방식으로 이 점을 다루면서 "기계권(mechanosphere)이 … 그 자체로 생명권(biosphere)에 겹쳐진다"고 주장한다.[5] 가타리는 마투라나와 바렐라의 자기 폐쇄적인 오토포이에시스 개념[6]을 타자성의 생산에 열려 있게 하면서, 자물쇠와 열쇠처럼 단순한 메커니즘에조차도 작동 가능한 구조적 형태의 목록이 딸려 있다고 주장한다. 이러한 탈영토화 즉 '매끄럽게 하기(smoothing)'는 개별 기계를 형태 변화에 열려 있게 하고, 비합리적 추론 도약을 통해 욕망에 열려 있게 한다.[7] "모든 기계적 배치는, 비록 배아적 상태일지라도, 그 안에 언표의 핵[발생원] 즉 욕망의 수많은 원형 기계들을 담고 있다."(25) 이렇게 기계는 욕망에 의해 추동되기 때문에 인간처럼 만들어지고, 인간은 해체되고 조립될 수 있기 때문에 기계처럼 설정된다. "인간 사유가 기계론의 본질에 속한다는 사실을 부인할 수 없다."(15) 이런 관점에서 보면 '인간'이란 어떠한 본질적 특질도 내포하지 않으며, 단지 어떤 탐색 노선의 역사적 시작점을 나타낼 따름이다. 만약 인간이 줄곧 기계적이었다면, 인간이 기계로 '오염'되었다고 표현하는 사람은 자신이 발견한 것과 이미 늘 거기에 있던 혼종화(hybridiation)를 혼동하는 것이다.

언어의 수행적 힘은 ≪천 개의 고원≫에서처럼 이 글에서도 핵심 역할을 하는데, 주장된 것은 많지만 입증된 것은 거의 없다. 언어가 이렇게 일종의 행위성을 띤다면, 다음 단계로는 언어 자체가 기계이므로 언어도 '욕망하는 기계들'의 특징인 탈영토화와 재영토화 과정을 겪는다고 추정되게 될 것이다. "기계적 이질생성"에서 가타리는 다음과 같이 물으며 이러한 인식으로 나아간다 "우리가 여기서 작동하는 사유를 언제까지 인간의 것이라고 특징지을 수 있을까? 기술과학적 사유는 특정한 유형의 정신적이고 기호학적인 메커니즘에서 출현하는 것이 아닐까?"(15) 가타리는 구조기호학이 "기술적·실험적 구성과의 직접 접촉 속에서 도식적 기계(diagrammatic machines)로 기능하는 표현들"을 포착하지 못한다고 비판한다(15). 기호학 시스템은 "의미를 만드는 표현 물질에 언표를 기록하는 음성 혹은 문자의 질서와는 뚜렷이 반대"되는 반면, 기계들은 다르게 작동한다. 즉 "의미화의 반복 혹은 미메시스에서 비롯되지 않는" 의미화 프로세스로 작동한다(15). 모호하게 표현되었지만, 여기서 요점은 기호학이 의식적인 마음 특유의 의인화 사고에 은밀하게 스며드는 구조주의적 대립들을 통해 언어를 해석함으로써 언어의 작용을 왜곡한다는 점 같다. 언어를 위한 모델은 구조주의적 대립이 필요하지 않은 기계적 작용의 모델이어야 하며, 그 기계적 작용은 물질적 프로세스와 재현이 서로 얽히는 물질주의적 의미화 수준을 가능하게 한다. 가타리의 글에 '코드'라는 단어가 나오지는 않지만, 명멸하는 전압의 물질적 프로세스와 직접 연관된 의미화 시스템에 대한 가타리의 비전은 코드와 잘 맞아떨어진다. 가타리는 이렇게 주장한다. "존재는 변증법적이지 않다. 그것은 재현 가능하지 않다. 살아 있다고 하기도 어렵다!"(25) 이제 가타리가 라캉적 기표 개념에 경외감을 갖고 있지 않다는 것이 명백해진다. 기호학은 "우리를 구조에서 빠져나오게 해 주지 못하고, 우리가 기계의 진짜 세계에 들어가지 못하게 막는다. 구조주의의 기의는 언제나 선형적 담론성(linear discursivity)과 동의어다"라는 이유에서 결함이 있다. 반면 이질적(hegerogeneous) 기계는 "보편적 시간 한정(temporalization)으로 조율되기를" 거부한다(23). 그럼에도 라캉의 관점은 가타리가 인정하는 수준 이상으로 가타리의 관점과 공통점이 있다. 라캉과 가타리 둘 다 언어를 코딩 기계로 여긴다. 그러므로 인간 행위성을 지능 기계로 묘사하면서 재개념화하는 바로 그 언어적 프로세스 자체가 그 작용 면에서 본질적으로 기계적인 것으로 재개념화된다.

존 존스턴은 라캉의 무의식 이론에 대한 중요 분석에서 자동자 이론(automata theory)이 라캉의 사상에 핵심이라는 것을 보여 준다.[8] 라캉이 자동자 이론에서 가져온 핵심 아이디어는 튜링기계를 프로그램하는 데 이용할 수 있는 구조적 관계들이 상징 조작에 내재해 있다는 착상이다. 1장에서 튜링기계를 그 자체를 구성하는 알고리듬 계산을 포함해 모든 컴퓨터가 할 수 있는 그 어떤 계산도 다 수행하는 추상적 컴퓨터라고 했던 것을 상기해 보자.[9] 아주 단순한 이 기계는 세 가지 요소로 구성되어 있다. 테이프의 이진 기호를 앞뒤로 읽고 쓰는 헤드(head), 테이프 그리고 이전 상태에서 새로운 상태를 만들어 내는 규칙들이다. 라캉은 유추를 이용해(항상 분명히 말하지는 않지만), 이러한 아이디어를 무의식에 적용해서 무의식을 언어에 작용하는 기계로 상상한다. 이렇게 하면 의인화된 의식 없이도 무의식을 작동시킬 수 있게 된다. 라캉의 기표 개념에서 선형성이 핵심이라는 가타리의 주장은 옳지만, 그는 튜링기계 작동의 유연성을 과소평가하고 있다. 튜링은 추상적인 연산 작업을 테이프의 물질적 작업에 포함시킴으로써 계산 부담을 단순화하고 작업의 경제성을 성취했다. 그 덕분에 튜링의 보편 기계는 현대 컴퓨터의 이론적 기초로 여겨질 만큼 강력한 아이디어가 될 수 있었다.

라캉은 무의식을 일종의 튜링기계로 봄으로써 무의식에 대한 프로이트의 관점을 심오하게 변형할 수 있었다(프로이트가 암시했던 것을 명확히 드러냈을 뿐이라는 라캉 자신의 주장에도 불구하고 그렇다). 프로이트는 죽음 충동을 가정하면서 이를 생명 없는 상태로 향해 가려는 무의식적 경향, 생명 탄생 이전 기원으로의 회귀로 생각했다. 어떤 의미에서 이러한 무의식 개념은 이미 의인화되어 있다. (의식적인) 주체의 현 상태를 생명과 동일시하고, 그 지점에서 무의식이 생명 없는 상태로 **되돌아간다**고 보기 때문이다. 존스턴이 보여 주듯 라캉은 이와 반대로 언어가 무의식의 기계적 작용에서 **시작하고** 이로부터 의식적인 사고의 더 높은 차원의 프로세스들이 출현한다고 본다. 벡터의 방향이 뒤에서 위로, 즉 회귀(regression)에서 창발(emergence)로 바뀐다. 기계적 작용이 생명 전 단계로의 회귀를 나타낸다기보다 의식의 토대를 제공한다고 간주된다는 점도 이에 못지않게 중요하다. 이렇게 중요 구분선이 '살아 있는 것/살아 있지 않은 것'에서 '기계적 지성/의식적 인식'으로 옮겨 간다. 인공생명이 정말로 생명의 한 형태라는 연구자들의 주장을 고려한다면, 생명이 있는 것과 없는 것 사이의 구분은 점점 더 문제적이 된다.[10] 인공생명 이론가들은 라캉처럼 단백질에 기반한 생명 형태와 실리콘에 기반한 생명 형태 양쪽 모두의 기계적 작용에서 출현할 수 있는 지능에 초점을 맞춘다. 1장에서 보았듯 울프럼이 ≪새로운 종류의 과학≫에서 다른 말로 표현한 이상이 바로 이것이다. 라캉의 선형적 모델과 가타리의 '이질적 기계' 모두 인간의 인지를 이미 언제나 기계적 프로세스와 상호 침투된 것 혹은 존스턴의 표현처럼 인간 심리와 사이버네틱스의 '혼합(in-mixing)'으로 구성된 것으로 본다. 이 공통점에 비하면 둘 사이의 차이는 미미하다.

인공생명 형태와 생물학적 유기체 간 이 피드백 루프의 최종 귀결은, 내가 ≪우리는 어떻게 포스트휴먼이 되었는가≫에서 설명한 현상인 행위성의 위기다.[11] 세포 자동자로 그려지든 튜링기계로 그려지든 인간이 기계와 같다면, 그때 행위성은 의식적인 마음에 안전하게 놓일 수 없게 된다. 다른 한편 기계가 생물학적 유기체와 같다면, 그때 기계는 의식이 없어도 행위성의 효과를 발휘해야 한다. 이러한 재설정에서 욕망과 언어는 둘 다 행위성과 밀접하게 연관되어 새로운 방식으로 이해된다. 가타리가 "기계적 이질형성"에서 시사한 대로, 욕망은 자유롭게 부유하는 행위자로 행동하면서도 기계적 작용에 단단히 기반을 두고 있다. 언어는 튜링기계로 간주되는 무의식의 작용에서 출현하므로, 언어가 만들어 내는 욕망의 표현들은 아무리 인간적으로 보인다 해도 이미 그 기원에서 언제나 기계적인 것과 상호 침투되어 있다. 욕망과 욕망에서 솟아나는 행위성(언어에서 솟아나는 욕망과 행위성)이 실지로는 이진 코드의 수행일 뿐이라면, 컴퓨터도 인간 못지않게 진정한 행위성을 띨 수 있다. 이러한 재설정을 통해 들뢰즈, 가타리, 라캉은 인간 행위성에 도전하기 위해 자동자를 이용하며, 그 과정에서 자동자를 행위자로 설정한다.

6장에서 셸리 잭슨의 <패치워크 소녀>를 통해 탐색한, 행위자로 행동하는 기계와 기계적 프로세스에 행위성의 뿌리를 둔 인간이라는 착상은 인격성(personhood)에 대한 관념들이 어째서 불안정해졌는지를 생생하게 보여 준다. 울프럼의 생각과 들뢰즈, 가타리, 라캉의 이론(완전히 그렇다고는 할 수 없지만 대체로 개별적으로 발전한 이론) 사이의 기이한 유사성은 이러한 인간/기계 역학이 문화 속에 얼마나 널리 퍼져 있는지 보여 준다. 아날로그 의식 아래 디지털 메커니즘이 있다는 가정에서 비롯하는 불안에 더 초점을 맞추기 위해, 이제 스타니스와프 렘의 강력한 이야기 "가면"을 살펴보겠다. 이 어지러운 이야기의 중심에는 '생각할 수 있는 의식적 마음'과 '행동을 결정하는 기저의 프로그램' 간의 갈등이 있다. 렘은 이 갈등을 더 강렬하게 만들기 위해 의식적 마음이 프로그램에 직접 접근할 수 없게 한다. 일부 진화심리학자들이 말하듯 우리가 우리의 행동을 공동 결정하는 내부 계산 모듈에 직접 접근할 수 없는 것과 마찬가지다.[12] 의식적 마음이 스스로 만드는 표상과 실제로 취해지는 행동 간의 괴리에서, 행위성의 위기는 생각하는 마음(들)의 불가피하고 비극적인 조건으로 그려진다.

기계 속의 인간

"가면"은 문턱에서 시작한다. 한쪽에는 "나였던 그것"이라고 이름 붙인 의식이 있다(181). 화자는 내내 폴란드어 여성형으로 불린다[예를 들어 '머신(machine)'의 여성형인 '머시나(machina)'로 불린다. 이 소설의 폴란드어 제목은 여성형 '마스카(Maska)'다]. 그러나 예지 야르젱브스키와 마이클 캔들이 지적했듯 이야기의 서두에서는 화자가 중성으로 구성된다. 렘은 보통의 용례에는 실제로 존재하지 않는 중성 어미로 과거형 동사 형태를 만들어 사용함으로써 이를 실행한다(폴란드어를 쓰는 독자들은 신조어들을 즉각 알아차릴 테지만 말이다).[13] 렘은 이러한 언어적 창의성으로 시작부터 젠더의 중요성을 강조한다(여기서는 그것이 언어적 말소로 이루어진다 해도 그렇다). 이러한 신조어들을 이용해 화자는 탄생이면서 동시에 조립 라인을 따라 내려오는 이동, 관능적 만남으로 표현되는 경험을 서술한다. 여기에서 화자는 수동적 역할을 하며, "주둥이처럼 평평한 머리", "집게손", "나를 긴장시키는" 최후의 "떨리는 키스"를 해 주어 화자로 하여금 "빛이 없는 둥그런 구멍 속으로 기어들어가게 만드는", "가장자리에 불꽃이 튀는 평평한 입들", 미지의 눈이 응시하는 대상이다(181～182). 화자가 문턱을 넘는 순간(문턱은 공간적인 동시에 언어적이다), 의식은 극적인 변화를 경험한다. "젠더가 너무나 격렬히 몰아닥쳐서, 그의 머리는 빙빙 돌았고 나는 눈을 감았다. 눈을 감은 채 일어서자, 그가 젠더와 함께 받아들인 언어를 따라 사방에서 단어들이 나에게로 밀려 들어왔다."(182) 이 경계적 순간에 화자는 의식에서 이미 물러나고 있는 '그것(it)'에서 언어적으로 문화화된 '그녀(she)' 속으로 이동한다. 화자는 궁전의 문턱(그가 지금 자신이 있다고 인식하는 곳이 그곳이므로)을 넘어가면서 상징계 속으로 던져진다. 그의 지각이 문화적으로 초점화되자, "물기로 반짝이는 작은 단추들"을 담은 "구"들이 있는 "형형색색으로 어지러운 수직의 둥치들"로 묘사되었던 대상들이 이내 궁정 무도회에 참석한 군주와 귀부인들이 되고, 그들의 눈은 아름다운 여인이 된 화자를 뒤쫓는다(182). 그러므로 처음부터 화자의 의식이 과연 정체성이 거하는 자리인지 의심스러워지는 것도 당연하다. 화자의 의식은 또 다른 종류의 인식, 즉 '그녀'가 아니라 '그것'에 거하는 인식이 화자를 움직여 출생의 통로를 통과해 세상으로 나가게 한 후에야 출현하기 때문이다.

물리적 공간의 이러한 급작스러운 전환은 화자가 여자로 있을 때 의식의 특징으로, 의식이 마치 켜졌다 꺼졌다 하는 기계처럼 작동한다고 암시한다. 의식의 영역이 제한되어 있다는 바로 그 이유 때문에, 의식은 정해진 영역 안에서 가능성의 조건들을 확정하려 하므로 그 작동은 훨씬 더 활발해진다. 무도회로 나아갈 때 그의 의식은 조 앨리슨 파커가 "가면"에 대한 라캉적 분석에서 여성의 것으로 받아들이기 어렵다고 한 초합리적인 방식으로 진행된다.[14] 사실 의식은 자신의 초합리성(hyperrationality)을 의심한다. 화자는 자신의 상황을 이해하려 하면서 "나의 이런 자기-결정적 사고는 정확해서 너무나 차갑고, 과도하게 침착한 것 같았다. 왜냐하면 공포는 그 너머에 그대로, 초월적이고 편재하지만 분리되어 있는 듯하기 때문이다. 그래서 내가 하는 생각 자체도 의심스러웠다"라고 깨닫는다(199). 두려워해야 마땅한 상황인데도 두려움을 자아에 속한 경험으로 만들어 주는 호르몬의 분출을 느낄 수 없다는 사실을 알게 되자, 그는 자신의 생각을 포함해 모든 것을 의심하는 소위 데카르트적 주체에 점차 가까워진다.

어째서 그가 공포를 느껴야만 할까? 그는 생각은 하고픈 대로 다 할 수 있어도 행동은 부분적으로만 통제할 수 있다는 것을 서서히 깨닫는다. 이러한 깨달음으로 의식에 공포가 스며든다. 그는 자신이 왕의 권위에 감히 의문을 제기한 영리한 사상가 아르호즈 때문에 만들어졌다고 빠르게 확정한다. 이렇게 자신이 '아는 바'가 의식에 떠오르지만, 의식에서 비롯되었다기보다 이미 정해져 있는 사실처럼 보인다. 그는 케케묵은 유혹의 제스처로 아르호즈 앞에서 부채를 떨어뜨리고 얼굴이 붉어지는 것을 느끼지만, 이러한 반응은 공포와 마찬가지로 의식 측면에서 그 안에 원래 있던 것이 아니고 마치 외부에서 침입한 것처럼 보인다. "홍조는 내 것이 아니었다. 내 뺨에서 얼굴 전체로 퍼져나가고 귓불을 붉게 물들여서 완벽하게 느낄 수 있었지만, 나는 부끄럽지도 않고 흥분이 되지도 않았다.… 그 정도가 아니다. 홍조는 나와 아무런 관계도 없었고, 홀의 문턱에서 내 속으로 들어왔던 그 앎과 똑같은 근원에서 나왔다."(190) 의식과 의식이 관찰하는 신체 행동 간의 이러한 분리는 사고와 행위성 간의 치명적 간극을 드러낸다. 의식은 의식 그 자체가 정체성을 구성한다고 느끼지만(화자의 말대로 의식이 "하나"인 듯 느끼지만), 또 다른 종류의 행위성이 신체 안에 있으며 더 나아가 그 행위성에 직접적으로 접속할 수 없고 추론과 관찰을 통해서만 파악할 수 있다는 사실에 직면해야 한다. 그는 생각한다. "눈알을 굴려 두개골 안쪽을 볼 수는 없다는 것은 누구나 다 아는 사실이다."(194)

화자는 아르호즈와 함께 유혹의 춤을 추면서 영리하면서도 풍자적 날카로움을 과시해 아르호즈를 매혹하는 동시에 두렵게 만든다. 아르호즈는 그가 범상한 여자가 아니라는 사실을 곧 알아채고 퉁명스럽게 묻는다. "당신은 누구요?" 화자는 스스로에게 이 질문을 던지면서, 불현듯 전혀 다른 세 여자의 과거를 떠올린다. 북쪽 출신인 미농, 남쪽 출신인 안젤리타와 틀레닉스. 이들 각각은 강렬하지만 파편화된 감각적 기억을 동반한다.[15] 그는 또한 자신의 선택이 "진실"을 결정하게 될 것이며, "내가 인정한다면 각각이 실체를 가질 수" 있고, "제외된 이미지들은 사라져 버리리라"는 것도 감지한다(192). 여기에서 의식은 자신이 자기의 입지를 프로그래밍할 수 있는 칩인 'PROM'이라고 느낀다. PROM은 최초로 선택된 입력값을 수용할 수는 있으나, 일단 선택이 이루어지고 입력값이 소프트웨어와 융합하고 소프트웨어가 하드웨어로 굳어지면서 유동성을 잃게 된다. 의미심장하게도 그는 아르호즈의 물음에 답하지 않기로 한다. 그럼으로써 미결정성을 남겨 두고, 자신이 본질적으로 주변화된 여성 인물, 후견인 친척의 정성 어린 보살핌을 받는 미친 여자라고 상상한다.

이러한 정체성은 [최초에] 입력될 수 있었던 값들 중 하나가 아니었으므로 취할 수가 없다. 그러나 화자의 반응이 중요하다. 의식이 신체에 있는 다른 행위성에 대해, 그리고 그에 맞서 그 자신의 행위성을 주장하려는 것을 보여 주기 때문이다. 화자는 아르호즈와 대화를 나누면서 자신이 어디까지 나아갈 수 있는지 그 한계를 시험한다. 그는 아르호즈가 관심을 잃게 만들려고 바보 같은 말을 하려고 하지만, 아무리 해도 똑똑한 말밖에 할 수가 없다. 아르호즈의 밀회 요청에 대한 답으로 "분명히 말씀드려야겠군요. 절대로, 어디에서도 만나지 않을 거예요"(194)라는 말로 직접적으로 경고하려 할 때에도, 내키지 않는 척하며 욕망을 자극하는 판에 박힌 연인의 언어로밖에 할 수 없다. 그는 이를 뒤늦게 깨닫고, 될 대로 되라는 식으로 덧붙인다. "나의 멋진 철학자님, 당신과 장난치려는 게 아니에요. 안을 잘 들여다보면 제가 적절한 충고를 해 드렸다는 것을 아시게 될 거예요."(195)

이 말은 또다시 실패하는데, 그는 자신의 욕망이 아르호즈에게 치명적인 적인 왕이 쳐 놓은 위험천만한 덫이라는 것을 알고 있지만 그 안을 들여다보는 아르호즈에게는 진짜처럼 보이기 때문이다. 의식은 이렇게 생각한다. "내가 덧붙이고 싶었던 것은 말할 수가 없었다. 이상해 보일지 모르지만, 생각은 할 수 있어도 목소리는 전혀 낼 수 없었다. 그 말에 닿을 수가 없었다. 우리 사이에 빗장이 질러 놓인 듯, 자물쇠의 열쇠처럼, 뭔가가 내 목을 움켜쥐고 말을 막았다."(195) 나중에 더 잘 알게 되지만, 그의 행위성을 가장 교활하게 위협하는 것은 그의 행동에 대한 직접적 금지가 아니다. 그것도 무섭지만, 더 무시무시한 것은 그가 하려는 일이 무엇이든 모두 신체에 거하는 다른 행위성의 목적에 흡수된다는 사실이다.

유혹의 춤은 화자가 다음날 정원에서 아르호즈를 만났을 때에도 계속된다. 화자가 자신도 모르는 상태에 빠져 있다가 다시 돌연히 상태가 전환된 상황이다. 무도회장을 떠날 때 화자는 관처럼 생긴 마차에 올랐고, 몸을 다 펴고 설 수 없는 작은 공간에 갇혔다. 그는 어둠 속에 누워 미리 정해져 있던 자신의 세 가지 과거를 다시 한번 생각해 보며 그 과거들을 자신의 희미한 기억들, 중성으로 경험했던 희미한 기억들과 비교한다. 자기 몸 안의 낯선 행위성뿐 아니라 그것을 거기에 둔 외부의 행위자들도 점점 더 의식하게 되면서, 그는 자신이 이전의 시간을 기억할 수 있다는 사실을 곰곰이 생각한다. "그런 식일 수밖에 없었을 것이다. 달리 어떻게 할 방법이 없었을 것이다."(196) 그는 필사적으로 자기 자신의 의지를 세울 방법을 찾으면서, 타자의 행위성에 의해 미리 정해지지 않은 정체성을 조합해 내려 한다. "모순된 요소들로부터 나만의 것을 만들어 낼 수가 없었다. 그렇게 하려면 이미 존재하는 설계에서 기울어진 부분을 파고들어가 구조를 찢어 열고 그 핵심에 이를 틈을 찾아내야 할 것이다."(202) 그래서 그는 중성으로서의 기억으로 되돌아가, 아니러니하게도 이렇게 생각한다. "물론 그들은 최소한 내 등 뒤의 그 연속적인 사건들, 기력 없고 소리 없는 나의 무방비함을 그대로 보여 주는 것을 불꽃 튀는 키스들로 지워 버렸어야 했다. 하지만 그것 또한 일어났고 이제는 나와 함께 있다."(202) 이 기억은 진화 생물학자들이 '스팬드럴(spandrel)'#이라고 부르는 것으로 기능하는데, 그 효과는 선택되지 않은 것이지만 선택된 특질들과 유전적으로 뒤엉켜 있기 때문에 출현한다. 이 스팬드럴, 이 계획 밖의 잉여에서 그는 자신에게 행위성을 보장해 줄 틈을 찾아내기를 바란다.

이 소설의 내러티브를 끌고 가는 힘은 자기 것이라고 부를 수 있는 행위성에 대한 그의 욕망이다. 혹은 그 욕망이 역시 신체에 거하는 낯선 행위성이 쓴 더 큰 내러티브 속의 자기-결정의 내러티브를 끌고 간다고도 할 수 있다. 이렇게 욕

적응 선택(adaptive selection)의 직접적 산물이 아니라 다른 특성 진화의 부차적 산물인 표현형적 특성.

망은 의식과 프로그램 양쪽에 거하므로 복수적이다. 의식은 자기 내부에서 자기 욕망을 아는 한편, 관찰자가 멀리서 보듯 자기 외부에서 프로그램의 욕망을 안다. "나는 사랑을 했다. 어딘가 다른 곳에서. 이 말이 어떻게 들릴지 알고 있다. 아, 그것은 열정적인 사랑, 부드럽고도 평범한 사랑이었다. 그에게 나의 몸과 마음을 다 주고 싶었다. 실제로는 아니고 궁정 에티켓과 관습에 따른 사교계의 방식일지라도.… 내 사랑은 너무 깊어서, 몸이 떨리고, 심장 박동이 빨라졌다. 그의 시선에 나는 행복해졌다. 내 사랑은 나에게만 제한된 아주 작은 것, 마치 단 둘만의 고통스러운 기쁨을 표현하도록 공들여 만든 문장과 같은 방식에 따른 것이었다."(208) 그의 사랑은 프로그램이 쓴 정해진 제한 내에서 깊었다. 그러나 여기서 의식에게 사랑은 생각하는 마음의 파동을 건드리지 않고 수행되는 이질적 발화다. 생각하는 마음은 사랑을 보기는 하지만 경험하지는 못한다. "그래서 그런 감정들의 한계 너머에서는 그를 나 자신이나 다른 어떤 것으로부터 지키는 데 흥미가 전혀 생기지 않았다. 내 사랑 바깥에서 내 마음으로 접할 때 그는 나에게 아무것도 아니었다."(208~209)

자기 행위성의 한계를 깨닫고 마차 안에서 저항했던 일을 떠올리던 그는 불쑥 튀어나온 뱀 머리 모양의 주사를 맞고 의식을 잃었던 일도 회상한다. 의식에게는 아르호즈가 연인이 아니라 외부 행위자들에게 맞설 잠재적 동맹으로 중요하다. 외부 행위자들도 그의 신체 경계를 가로질러 프로그램과 제휴했기 때문이다. "그날 밤 유독한 금속으로 나를 찌른 것이 무엇이건, 그에 맞서 싸우려면 동맹이 필요했다.… 그래서 그에게 모든 진실을 털어놓을 수가 없었다. 내 사랑과 독주사가 동일한 근원에서 나왔다는 사실을."(209) 사랑은 프로그램이다. 시간을 지나가게 하는 것은 주사다. 둘 다 생각하는 마음 바깥의 행위성에서 온다.

우리는 화자가 태어난 것이 아니라 제작되었다는 것을 알고 있다. 그래서 그의 프로그램이 일종의 디지털 메커니즘을 실행하는 알고리듬으로 구성되어 있다고 추론한다. 하지만 렘은 결코 프로그램의 작동을 세부까지 다 알려주지 않고 일부러 모호하게 놔둔다. 이 때문에 그의 프로그램을 문화적 용어로, 즉 이야기의 서두에서 탄생을 비유하는 표현으로 강화된 유추로도 생각할 수 있게 된다. 그러한 의미에서 그의 "프로그램"을 인간의 강박/충동의 형성에 상응하는 것으로 의인화해 이해할 수도 있다. 이러한 중요 세부 사항들은 우리를 화자와 동일시하도록 부추기고, 앞서 문화이론과 정신분석학 이론에서처럼 그와 우리 사이의 차이가 우리가 상상했던 것보다 덜할지도 모른다고 시사한다.

아르호즈 역시 그의 행동을 명령하는 문화적 프로그램을 따르고 있을지 모른다는 화자의 암시도 부분적으로 이러한 세부 사항으로 작동한다. 화자는 그의 다정한 농담이 관능적 전희의 뻔한 패턴을 따르고 있음을 깨닫고, "아르호즈의 사랑은 분명 관습적일 것이며", 그래서 "내가 원했던 그런 해방, 그를 내치는 자유를 나에게 허용하지 않으리라"고 직감한다(209). 화자에게 어떤 행위성은 프로그램에서 비롯해서 사랑을 명령하고, 또 다른 행위성은 의식에서 비롯해서 이러한 문화적 맥락에서는 사랑이라 칭할 수 있는 행위성을 행한다. 그 대상이 아르호즈가 아니라 프로그램과 무관한 의지의 표현일지라도 그렇다. 그의 의식에게 아르호즈는 사랑의 대상이라기보다 자신의 주체성을 주장하기 위해 이용하려는 도구다.

유혹의 춤은 또 다른 '탄생'과 더불어 끝나고, 그와 함께 행위성이 미묘하게 변형된다. 화자는 아르호즈에게 자기를 성에 홀로 내버려 두라고 말하고, 전신 거울 앞에 서서 불가해한 충동에 따라 자신의 흉골에서 사타구니까지 찢어 열어젖힌다. 그는 피부의 층을 가르고서 살 속에 묻힌 곤충형 로봇의 금속성 신체를 보고, "그것은 그것이 아니었다. 낯선 것, 다른 타자가 아니라 그것 또한 나 자신이었다"(213)고 깨닫는다. 그 순간에 아르호즈가 들어와 그의 모습을 본다. "그건 나, 여전히 나야. 나는 그가 들어왔을 때 거듭 되뇌고 있었다."(213) 그의 활짝 열린 모습에 경악한 아르호즈는 몸을 돌려 달아난다. 화자가 인간의 가면을 벗을 때, "틀레닉스, 두에나, 미농이 처음엔 무릎을 꿇고 다음엔 고개를 옆으로 숙이며 무너져 내리자, 나는 그로부터 기어 나왔다." 그리하여 버려진 인간의 피부는 화자에게 더는 필요 없게 된 유혹적 자세로 "양다리를 천박하게 벌린 채, 벌거벗은 것처럼" 누워 있다(214~215).

"렘의 ≪피아스코≫에서 프로이트적 엿보기"라는 글에서 캔들은 렘의 소설 곳곳에 곤충이 출몰하는 데 대해 "렘의 곤충에는 뭔가 불길하고 혐오스러운 것이 있다"고 지적한다. 캔들은 더 나아가 곤충, 특히 로봇 곤충들은 인간과는 너무 달라서 인간 등장인물들에게 끝까지 불가해한 존재로 남는 이질적 존재를 나타내는 역할을 하는 경우가 많다고 말한다. "가면"은 한 발 더 나아가 이 이질적 형체를 여성 젠더의 표식을 지닌 의인화된 의식과 결합하는 굉장히 특이한 설정을 보여 준다. 화자는 곤충 로봇을 가면처럼 덮고 있던 아름다운 여인의 껍질을 내던지고, 이제 의식의 정체성을 유지하는 한편으로 금속성 로봇 신체 전체로 주체성을 분산하는 복잡한 균형 잡기를 시도한다.

이 투쟁에서 젠더는 놀라우리만치 핵심적인 역할을 한다. 캐럴 월드는 "가면"이 권력자들이 여성 자동인형을 다른 남자들에 대항하는 도구로 이용하는 전통에 속한다고 보았다.[16] 화자의 변신과 더불어 아르호즈를 암살하려는 왕의 음모가 완전히 드러나게 되지만, 이 계획에서 여성의 행위성 또한 드러난다. 우리는 왕이 "죽어가는 어머니에게 그 현명한 사람[아르호즈]에게 해가 닥친다면 그 스스로 선택한 결과일 것이라고 언약했다"는 것을 알게 된다(193). 그래서 유혹이라는 음모가 필요하다. 어머니에게 한 약속을 지키기 위해 왕은 아르호즈가 화자를 선택하고 로봇의 프로그램을 초기화하도록 일을 꾸며 놓아야 했다. 그래야 그가 곤충 자객으로 변신해 아르호즈를 세상 끝까지 쫓아갈 것이다. 남성의 힘은 작용할 수 있지만, 그것은 여성의 영향력이 부과한 제한 속에서만 가능하다. 이 구조는 화자에게서 다른 배치로 실연되는데, 여기서 남성의 힘은 남성이 만든 프로그램에 의해 수행되는 행동 속에서 드러나며, 우리가 살펴보듯이 의식은 계속 여성으로 구성된다.

화자의 변신 이후 의식은 미묘하지만 중대한 변화를 겪는다. 마치 마음이 동력 전달 장치에서 분리된 채 고속으로 돌아가는 엔진인 듯했던, 분리된 생각의 초합리적 특질은 사라진다. 의식은 여전히 생각하지만 이제는 신체와 더 하나가 되었다고 느끼며 "내가 실행하기 시작한 움직임이 그 속에 적혀 있는 빛나는 금속"에 굴복한다(215). 의식은 또한 신체가 지닌 최상의 후각 장비 덕분에 극히 예민하게 구분할 수 있게 된 냄새가 의식 자체에 스며들어 있음을 알게 된다. 하지만 이러한 변신에도 의식은 여전히 그 자신의 행위성을 욕망한다. 정신과 육체 사이의 날카로운 구분이 느슨해지면서 그 행위성이 무엇을 의미하는지가 더 복잡해지는데도 그렇다.

예를 들어 로봇이 된 그는 어째서 자신이 아르호즈가 도망간 후 사흘이 지나서야 추적에 나섰을까 의아해한다. 그는 아르호즈에게 얼마나 무서운 상황에 처했는지 충분히 깨달을 시간을 주기 위해 자신의 프로그램이 작동한 것인지 모른다고 생각한다. 사냥 기계로서 자신이 가진 기술에 대한 시험대일 수도, 전문 기술을 보여 줄 기회일 수도 있다고 생각한다. 여기서 행위성은 의식 밑으로 접혀 들어가지도 않고 의식에서 분리되지도 않는다. 오히려 마음의 행위성과 프로그램은 서로 뒤섞여 불안정하고 이질적인 혼합물을 이룬다. 이러한 상태 안에서 사고하면서 의식은 그의 행위성이 처음부터 다른 이의 의지로 오염되어 있던 것이 아닌지 의심한다. 의식은 자신의 몸을 갈랐던 순간을 돌이켜 생각하면서, "스스로 내장을 제거한 그 행위는 나의 반항이 전혀 아니었다.… 그것은 예견된 계획의 일부였다. 나의 반항은 결국 완전한 복종이 되도록, 그 최종적 결과를 위해 마련된 것이다"라고 깨닫는다(215). 그는 자신이 진짜 자율적인 주체임을 증명하려는 욕망(자유로운 행위자로 행동하려는 강렬한 욕망)이 이미 항상 프로그램에 병합되어 있던 것은 아닌지 의심한다. 이 생각은 너무나도 무시무시해서 그는 변신 이후에야, 프로그램이 외부의 기능이면서 그 자신과 상호 침투된 것임을 받아들이고서야 비로소 이런 생각을 할 수 있게 된다. "자유의 희망은 환상에 불과할지도 모른다. 그 환상은 나 자신만의 환상이 아니라, 신뢰할 수 없는 자극으로서 내가 더 민첩하게 움직이도록 내 안에 들어와 있는 환상일 수 있다."(231)

이러한 깨달음 뒤에는 훨씬 더 불안한 질문이 숨어 있다. 지적인 아르호즈를 유혹하려면 의식이 필요한 것은 맞지만,

어째서 화자가 곤충 로봇으로 변신한 후에도 의식이 계속 존재해야 하는가? 이에 대해 이 소설은 인간이 알고리듬적 프로그램의 계산을 이기기 위해 스스로를 위장하는 법을 알고 있다는 수도승의 암시로 임시변통식 해명을 내놓는다. 로봇의 인공 지능이 "사냥감에 대한 질문, 인간 정신의 개별적 특성에 대한 최고의 전문가들이 고안해 낸 질문"을 던질 수 있게 구성되었다는 것이다(229). 그러나 이러한 설명은 그가 아르호즈를 추적하면서 떠올리는 의식의 능동적 생각이나, "(뭐라 해도) 나는 사냥꾼의 폐가 장착된 생명 없는 메커니즘이 아니라 마음이 있고 그것을 이용하는 존재"(221)라는 그의 깨달음을 설명하기에는 충분치 않다. 그는 자기 것이 아닌 목적을 위해 마음을 얻었을지 몰라도, 그 마음을 자신을 위해 쓰려고 한다. 곤충 상태에서 그의 마음은 의식에서 멀리 있는 다른 인지들과 싸운다. 그가 몇 달 동안 사냥을 할 때, 당황스럽게도 의식은 동면하려는 경향을 보인다. "이제 나는 그 남자의 모습을 잊어버렸다. 내 마음은 특히 밤이면 신체의 인내심을 결여한 것처럼 안으로 파고들어가서, 마침내는 내가 누구를 쫓는 중인지, 아니 심지어 누군가를 쫓고 있기는 한 것인지조차 모르게 되었다. 내가 아는 것은 샘솟는 세계의 다양성에서 나를 위해 뽑아낸 단 하나의 티끌의 자취가 사라지지 않고 오히려 강렬해지도록 나의 의지가 돌진하리라는 것뿐이었다."(218) 여기에서 행위성은 주체성이 아니라 의식적인 마음과 별개로 작동하는 어떤 인지에서 출현한다.

행위성의 모호함은 화자가 냄새의 자취를 잃고 길가의 수도승에게 도움을 청할 때 명백하게 드러난다. 그의 애원에는 거짓과 진실, 프로그램된 운명과 자신의 의지, 아르호즈를 죽이라는 사전에 내려진 결정과 아르호즈를 살려 주고 싶은 그의 소망이 뒤섞여 있다. 수도승은 아르호즈가 피난처를 찾았지만 그의 훌륭한 정신을 도구로 이용하려는 유괴범들에게 납치되었다고 알려 준다. 화자는 자기가 유괴범들을 죽일 수 있다고 답하지만, 수도승도 그의 본질이 프로그래밍된 자객임을 눈치 챈다. 수도승은 그가 자유의지가 없으므로 인격체로 간주할 수 없다고 믿기 때문에, 그에게 고해성사를 해 줄 수 없다고 말하고 수도원의 의사(마침 전직 로봇기술자인 의사)가 프로그램을 폐기할 수 있을지 확인해 보겠느냐고 묻는다. 그는 수도승이 아르호즈의 위치를 제대로 알려 줄 수도, 틀리게 알려 줄 수도 있다고 판단하고 검사에 동의한다.

의사는 그의 '침'을 제거하면 그가 죽게 되리라는 것을 알아낸다. 또한 "당신의 선임자들 누구도 갖지 못한 메커니즘인, 사냥 기계에게는 필요치 않은 사물에 대한 다중 메모리"도 발견한다. "그 메모리에는 여성의 역사들이 기록되어 있고, 마음을 홀리는 이름과 표현 방식들로 가득하며, 하나의 도선이 그 메모리들에서 치명적 중핵에 이른다. 당신은 나로서는 알 수 없는 방식으로 완벽해진 기계, 어쩌면 궁극적인 기계일지도 모른다."(229) 이렇게 그의 여성 젠더는 유혹 계획이 끝난 후에도 어느 정도는 그의 본성에서 본질적인 것으로 밝혀진다. 여성 젠더는 "프로그램의 중핵에 접근할 수 있게" 해 줄 프로그램의 "틈"을 찾으려던 이전의 노력과 그의 여성성을 연결한다.

이러한 발견은 그가 아르호즈를 그의 먹잇감이자 짝으로 그리는 비유적 표현으로 강화된다. 그의 생각은 욕망과 프로그램에 동시에 이끌리면서 복잡한 양가성을 보여 준다. 렘 특유의 시대착오적 유머 중 하나로, 의사가 그의 자유의지를 살짝 강화해 줄 조치로 그의 중핵에 쇳밥을 뿌려 주겠다고 제안하자, 의사와 수도승 "둘 다 나를 보고 있다"는 것을 알고 있는 그는 이에 동의한다. 이는 그의 동의가 그들의 신뢰를 얻을 책략임을 암시한다(229). 그러나 그가 나중에 독자에게 직접 "여러분은 그 마지막 판에서 내 진짜 의도가 무엇이었는지 당연히 알고 싶을 것이다"라고 말할 때, 자신의 목표에 대한 깊은 양가성을 드러낸다(231).

그는 아르호즈가 더 이상 여자가 아닌 자신을 사랑할 수 없을 것이므로 자기 손으로 아르호즈를 죽이고 싶다고 말한다. 이 발언은 그가 여전히 아르호즈를 원하고 있음을 암시한다. 또한 그는 아르호즈가 자신에게 죽음을 빚지고 있다고 생각한다. 그렇지 않으면 그는 "죽음을 감당할 상대가 없이, 죽음으로 가득 차게 될" 것이기 때문이다. 그러나 유괴범들을 죽이고 아르호즈를 구한다면 "그가 나에게 느끼는 혐오와 공포를 무력한 찬미로 바꾸도록" 만들 수 있지 않을지, 그리 된다면 "그를 되찾지는 못하더라도, 적어도 나 자신은 되찾을 수" 있지 않을지 생각한다(232). 이러한 생각은 그의 행위성을 아르호즈의 찬미와 연관 짓는다.

로봇이 인간 가면을 벗어 버렸으므로 이러한 연관성이 플롯에 불필요하다는 것이 확실해졌는데도, 왜 렘은 젠더가 그의 '치명적 중핵'과 연관되어 있다고 대놓고 주장하는 것일까? 렘이 1976년 조란 지브코비치와 한 인터뷰는 이러한 의문에 대단히 흥미로운 실마리를 던져 준다.[17] 렘은 "가면"에서의 여성 페르소나 활용을 ≪솔라리스≫의 여성인물 레야와 연관 지으면서, 두 이야기가 남성 주인공을 선택하는 기존의 방식에서 상당히 벗어나 있다고 말한다. 이 구절은 매우 흥미로워서 길게 인용할 만하다.

> 나에게 여전히 수수께끼로 남아 있는 것이 아주 많은데, 그중에서 존재의 문제를 따로 떼어 말해 보겠다. 이성적으로 창조되고 경험적인 방법으로 진화한 존재, 다시 말해서 집이 지어지듯 창조된 존재 말이다. 그 존재, 아니 여주인공 해리[레야]는 한 인격체가 되며, 그런 의미에서 창조주와의 관계에서 지배적 위치를 얻는다. 이 문제는 너무나 오랫동안 내 마음을 사로잡아서, 작년에 "가면"이라는 제목의 이야기를 쓰면서 다시 이 문제로 되돌아갔다. 이 단편은 더는 삼인칭으로 인공 인간을 다루지 않고, 그를 외부에서 묘사하지도 않는다. 이번에는 여주인

> 공 본인이 일인칭 시점으로 말하는데, 그는 자신의 기원과 상태를 알고 있으며 점차 자신에 대한 진실을 발견해 나간다. 여기에서도 역시 프로그래밍된 마음의 자유와 비자유라는 고전적인 문제가 나온다.
> 왜 두 차례에 걸쳐 다루어야 했을 정도로 이 문제가 나에게 그토록 흥미로웠을까? 나도 확실히는 알 수가 없다. 나 또한 내가 왜 남자나 중성의 젠더가 아니라 콕 집어 여자에게 관심을 가졌는지 잘 모르겠다(내 글에는 남자나 중성이 등장하는 경우가 훨씬 더 많다). 이에 대해 남들에게는 고사하고 나 자신에게조차 설명할 수가 없다.(258)

≪솔라리스≫의 레야는 지각이 있는 바다가 켈빈의 마음 속 깊은 기억들에서 골라 모아 만든 창조물이다. 겉보기에 켈빈이 잃은 자살한 아내와 완전히 똑같은 레야는 그의 지각에서 독립된 인격체로 개체화하기 시작한다. 레야는 인간과 전혀 다른 신체 구조를 갖고 있으며, 켈빈이 자신의 진짜 본질에 대해 거짓말을 하고 있음을 서서히 깨닫는다. 아내의 자살에 대한 죄의식에 시달리는 켈빈은 레야의 시뮬라크르를 우주로 쏘아 보내 레야가 체화하는 기억을 제거하려 하지만, 시뮬레이션된 레야가 바다에 의해 재구성되어 다시 나타날 따름이다. 레야는 결국 자신이 가능하다고 믿는 유일한 방식으로(자살로) 자신의 자율성을 주장한다. 레야의 유서는 독자가 켈빈의 지각으로 매개되지 않고 레야에게서 받는

유일한 전갈이다.

"가면"의 화자 또한 신체적으로 인간과 다르다. 그런데 ≪솔라리스≫의 '이야기를 하는 남성 화자'와 '행동하는 비인간 여성' 간의 분열은 이제 다른 식으로 다루어진다. 여기서는 여성이 '표현의 힘'을 갖고, 남성이 구상한 프로그램이 '행동의 힘'을 갖는다. 두 이야기에서 여성 행위성은 의문의 대상이 되고, 여성 인물은 자신의 연인이자 적대자인 인간 남성과의 관계에서 독립성을 주장하려 애쓴다.

이러한 식으로 구성한 이유가 무엇이건, 렘의 상상계에 젠더가 핵심적으로 힘을 행사한다는 것만은 확실해 보인다. 렘이 왜 이러한 여성인물들에게 매혹되는지 이유를 모르겠다고 말한 점을 감안한다면, 여기서 내가 렘의 정신을 분석하는 것은 주제넘은 짓이 될 것이다. 그럼에도 나는 이야기 속에서 자율성을 쟁취하려는 여성의 투쟁과, 그가 창조주와 맺는 관계 사이에 깊은 연관성이 있다고 결론짓고 싶다. 여성들의 창조주는 켈빈의 무의식과 협력해 작용하는 지각 있는 바다이건, 전능한 왕이건, 렘 자신이건, 등장인물의 자기성찰이 닿지 않는 곳에 있는 의식으로 볼 수 있다. 그래서 이들 여성의 이질적인 본질은 인류와의 차이뿐 아니라 남성 창조자와의 젠더상 차이도 실연한다. 이 이야기들에서 여성은 친밀한 반려인 동시에 무시무시할 정도로 낯선 타자로, 자기 안에 창조자의 의지의 흔적뿐 아니라 자기 자신의 모호한 행위성을 지니고 있다. 여성이 이야기 속 등장인물로서 목표를 이루려면 그를 존재하게 만든 남성의 마음으로부터 독립된 행위성을 주장해야만 하는 것 같다. 더 많이 떨어져 나갈수록 자율적 주체로서 실재성을 더 획득하게 되지만, 자율성을 얻으면 얻을수록 창조자의 행위성에 더 저항하게 된다. 그 결과 그의 존재 목적으로 추정되는 것이 실패로 돌아갈 위협에 처한다. 이러한 복잡성을 고려한다면 그가 삶과 죽음, 사랑과 고통의 혼합물이라는 사실은 당연하지 않겠는가?

이러한 복잡한 상호 관계는 "가면"에서 수도승이 화자의 행동 폭을 약간 넓히기 위한 조치를 해 주었으니 그가 무엇을 하려는지 알아야겠다고 요구할 때 분명히 드러난다. 그가 자기도 모른다고 대답하자(위에 설명한 혼란스러운 동기를 고려한다면 정확한 답일지도 모른다) 수도승이 이렇게 대답한다. "당신은 나의 형제자매요." 화자는 깜짝 놀라 무슨 말이냐고 묻는다. 수도승은 대답한다. "말한 그대로요. 나는 당신 위에 설 수도, 당신 앞에서 나 자신을 낮출 수도 없다는 뜻이오. 우리가 아무리 다르다 해도 당신이 나에게 당신의 무지를 고백하고 내가 그것을 믿으니, 우리는 신의 섭리 앞에서 동등한 존재가 되오."(226~227)

수도승의 대답은 더 이상 단순화할 수 없는 모호성을 띤 채, 렘이 자신의 창조적 선택들을 이해하지 못한다는 사실을 이야기에 재기입한다. 로봇은 프로그램이 그의 행동을 완전히 결정하는지 알지 못하기 때문에 렘과 같다고 볼 수 있다. 이는 아무리 그 폭이 좁아도 그가 자유의지를 갖고 있다고 스스로 믿고 있음을 뜻한다. 그러한 의미에서 그는 인간 인격체로 간주될 수 있으므로 렘의 형제자매다. 렘 역시 행동을 지시하고 어떻게 행동할지 그의 의식이 확신하지 못하게 하는 생명문화적 프로그램에 따라 행동한다는 점에서 그와 같을지도 모른다. 이는 들뢰즈, 가타리, 특히 라캉이 옹호한 이론과 일치하는 해석이다. 이 독법에서 렘은 프로그래밍된 실체로 간주되므로, 그는 렘의 형제자매다. 여기서 의미들의 뒤엉킴은 여성 인물의 행위성과 그의 창조자의 의지가 뒤엉키는 것과 같다. 그러므로 이야기는 인간 행위성과 로봇 프로그래밍을, 남성 저자와 여성의 자가 출산을, 외계 생물체와 평범한 인간 존재를 **동시적으로** 다루는 것으로 이해될 수 있다.

화자는 조립 라인에서 태어나는 동안 내내, 수도승이 그를 수술할 때 그랬듯(229) 무력하게 누워 있었다(202). 이러한 자세로는 침을 쏠 수 없다. 침을 쏘려면 침을 '배 쪽'에서 앞으로 내밀기 위해 똑바로 일어서야 한다. 그는 자신을 형제자매로 인정한 수도승의 말을 다시 생각해 보고 이렇게 말한다. "나는 여전히 그 말을 이해할 수가 없었다. 하지만 그 말에 허리를 숙이고 곰곰이 생각하자 뭔가 따스한 것이 내 존재 속으로 퍼져나가 나를 변화시켰다. 마치 내가 잉태하고 있던 묵직한 태아를 잃어버린 것만 같았다."(230) 이 이미지는 태어나지 않은 아르호즈의 아기처럼 그가 품고 다니는 죽음을 떠올리게 한다. 여기서도 '묵직한 태아'에 가장 어울릴 법한 것은 죽음이지만, 이번에는 프로그래밍된 로봇으로서 그 자신의 죽음이다. 그는 그 죽음 후에 자율적인 인격체로 다시 태어날 수 있을지 모른다. 그러나 여전히 모호함이 남는데, 그가 수도승의 말에 허리를 숙이는 자신 또한 상상하기 때문이다. 그 자세는 남근적인 침으로 왕의 명령을 실행할 수 있는 자세이기도 하다. 그는 왕이 잉태시킨 죽음이라는 태아를 잃어버림으로써 자신을 비유적으로 자율적인 행위자로 탄생시키는 동시에, 자신을 왕의 뜻을 행할 도구로 만드는 자세를 취한다.

이 구절에서 등장하는 남성적인 성적 이미지와 여성적인 성적 이미지의 결합은 렘이 마지막으로 출간한 소설인 ≪피아스코≫에서도 나타난다. 캔들은 이 이야기를 렘의 고별 텍스트로 연구하면서, 남성적/여성적 이미지를 태어나면 언젠가는 죽어야 한다는 사실, 그러한 의미에서 죽음의 독침을 받아들이는 내러티브 패턴과 연결한다.[18] 캔들은 렘의 말 중에서 가장 좋아한다며 "우리는 오줌과 똥 사이에서 태어난다"는 말을 인용하면서, 이를 ≪피아스코≫에서 여성이 갖는 부정적인 연상들과 끊임없이 연결한다. 캔들은 더 나아가 ≪피아스코≫의 퀸탄(Quintans, 렘의 소설에 잘 나오는 알 수 없는 외계인)이 여성의 성적 비유와 연관된다고 암시한다. 제목처럼 묵시록적 대실패(fiasco)로 이어지는 외계인과 인간의 조우는, 태어날 때부터 탐험가들을 부정한 육화로 낙인찍는 여성성과 탐험가들이 맺는 관계를 나타낸다. 캔들은 ≪피아스코≫를 인간이 혼란스러운 생명 작용으로 더럽혀져 있기 때문에 결코 완벽하게 이성적인 정신의 순수성을 얻을 수 없다는 사실을 근거로 인간성에 맞서는 초월적인 복수극이라고 읽는다. 이러한 내러티브 패턴은 "가면"의 여성 기계가 놓인 맥락을 이룬다.

그의 여성 젠더는 남근적인 독침을 렘이 임신과 출산과 연관 짓는 필멸성으로 재표기해 남성적이면서 동시에 여성적인 것으로 만든다(태아로서 독침의 이미지가 암시하듯). 나아가 알 수 없는 외계인과 남성 주인공을 매개하는 연결고리로서 여성(≪솔라리스≫의 패턴)은 여기에서 남성 주인공과 (여성이) 알 수 없는 프로그램 사이를 매개하는 여성 의식으로 재상상되며, 이 여성 의식은 렘이 인간이 극복하기를 바라는 감정의 격변과 비이성적 욕망의 영향을 받지 않고 작동한다. 이러한 연관들을 더 복잡하게 하는 것이 화자의 금속성 신체로, 이는 렘이 '오줌과 똥'과 연관 지은 여성의 임신과 출산과 은유적으로 뒤섞여 생명 작용을 구현하는 동시에 초월하는 모순어법적 혼합물을 이룬다. 어쩌면 이러한 복잡성은 왜 "가면"이 (어두운 결말을 지닌 ≪피아스코≫와 달리) 여성의 마음에서 동정심을 발견해, 비록 그 동정심이 (대단히 이성적인 정신을 가졌으면서 비천한 노예 상태로 내몰리는 인물로 묘사되는) 아르호즈를 구할 수는 없어도 그에게 존경을, 어쩌면 사랑까지도 되돌려 주는지 설명하는 데 도움이 될 수 있다.

이러한 모호한 긍정은 결국 로봇이 아르호즈가 유괴범들에게 끌려간 성으로 뒤쫓아 가, 사투를 벌이고 의식을 잃은 채 피를 흘리며 계단에 쓰러져 있는 그를 발견했을 때에도 일어난다. "그가 눈을 뜨고 의식을 되찾아서 (뒤집힌 시야에) 그의 아이는 아니지만 임신한 채, 애원하는 자세로, 무력하게 죽음을 가져와 그를 굽어보며 서 있는 나를 온전히 보았다면, 그건 결혼식이었을까. 아니면 무자비하게 짜인 패러디였을까?"(238~239) '신부이자 도살자'로서 화자는 치명적인 독침은 접어 두고 아르호즈의 회복가능성을 확인하기를 미룸으로써 자신이 할 수 있는 유일한 방식으로 행위성을 행사한다. 그는 만약 아르호즈가 회복한다면 그의 프로그래밍이 아르호즈의 죽음을 실행하리라는 것을 알고 있다. 그의 의식은 프로그램과 너무나 깊게 뒤엉켜서 "내가 정말로 그가 깨어나기를 바라는지"조차 알 수가 없다(238). 그는 아르호즈가 "한 번 더 신음하고 호흡을 멈추었을 때"에야 비로소 자세를 바꾼다. "마음이 편안해짐"을 느끼면서 그는 아르호즈의 옆에 누워 "그를 품 안에 꼭 감싸 안아 주었다. 눈보라가 몰아치는 이틀 내내 빛과 어둠 속에 그렇게 누워 있었다. 눈보라가 녹지 않는 시트처럼 우리 침대를 덮어 주었다. 그리고 사흘째 되는 날, 날이 개었다"(239).

이 '사흘'은 예수가 무덤에서 사흘째 되는 날 부활했다는 기독교의 이야기를 상기시키면서, 처음부터 그의 삶을 특징시었던 패턴을 지속시킨다. 그는 사흘 간 구애를 이어갔고,

사냥을 시작하기 전 사흘을 기다렸고, 처음에는 조립 라인에서, 그다음에는 언어와 젠더로 진입하면서, 마지막으로는 곤충형 로봇으로 변신하면서 탄생을 세 번 경험했다. 희미한 부활의 약속은 그가 자신의 프로그래밍을 충족했으니 패턴을 깨고 드디어 자기 자신이 되는 네 번째 탄생을 경험할 수 있을 것이라는 암시일까? 일전에 그는 목표를 포기하고 홀로 독립한다면 어떻게 될지 생각해 본 적이 있었다. 왕은 그가 아르호즈를 쫓았듯 로봇 개에게 그를 무자비하게 사냥하라고 명령할 것이다. 기적적으로 살아남는다 해도 인간 사회는 그를 혐오스러워 할 것이다. 의미심장하게도 이러한 정보는 이야기 중간에 나오기 때문에, 이야기가 결말로 가면서 적극적 내레이션이라기보다는 희미해져 가는 기억으로 독자의 마음속에 남게 된다. 이렇게 잊힐 수 있는 여지가 조금이라도 있음을 고려하면서, 우리는 금지된 질문을 던지면서 플롯의 종결로 나아갈 수 있다. 그는 어떤 종류의 생명으로 태어날 수 있을 것인가? 물론 자유의지를 갖는지 여부를 질문할 필요를 느껴 본 적 없는, 독립적 인간이라는 온전한 주체로 태어나지는 않을 것이다. 하지만 어쩌면 행위성의 위기가 해결될 기미가 전혀 없는 지금의 포스트휴먼 시대에는, 그는 비인간임에도 불구하고 한 개인으로 간주될 수 있을지도 모른다. 만약 그렇다면, 우리는 수도승의 전언을 따라 그 모든 풍부한 모호성을 담아 그에게 말할 수 있으리라. "당신은 우리의 형제자매요."

기계와 인간의 상호 침투

렘의 이야기는 프로그램에서 의식을 분리하면서 들뢰즈, 가타리, 라캉이 그려낸 포스트휴먼 주체를 예견한다. 이 주체에게서 의식은 행위성이 거하는 자리가 아니며, 의식은 왜 그가 그렇게 행동하는지 추측만 할 뿐이다. 렘의 이야기 속 등장인물은 의식이 닿지 않는 저 너머에서 행위성이 기원한다는 것을 점차 깨닫는다. 의식은 결국 외부의 행위자가 조종하는 계산 프로그램에 의해 실연되며, 지금처럼 행동하도록 그 코드가 이미 프로그래밍돼 있는 것이다. 그러나 행위성은 이 심층 단계에서도 여전히 모호하다. 프로그램이 스스로의 행위자이면서 동시에 왕의 의지의 대리자로 보이기 때문이다. 모호함은 의식 속에서도 반복되는데, 의식 속에서 그는 자신이 주변부, 말하자면 코드의 목적이 모호하게 충족될 수도 있는 회색지대에서 행위성을 행사하고 있다고 느낀다. 행위성을 이렇게 복잡하게 재설정할 때는 무엇보다도 무의식을 의식의 어두운 거울이라기보다 하나의 프로그램으로 상상해야 한다는 점이 중요하다. 무의식에 숨겨진 행동은 적나라한 기계적 코드 작용에 근원을 두고 있기 때문이다. 이러한 관점에서는 프로이트의 '억압된 오이디푸스적 갈등'이나 융의 '집단적 원형'과 같은 무의식에 대한 통찰들은 지나치게 의인화된 것처럼 보인다. 이러한 통찰들은 의식에 이질적인 기계적 코드의 작동보다는, 의식과 밀접한 관념들을 무의식 개념에 덧붙이기 때문이다.

마음에 대한 전통적 관념으로부터의 분리는 여기에서 멈추지 않는다. 렘의 이야기 속에는 훨씬 더 전복적인 암시, 즉 돌이켜보면 화자의 목소리가 인간처럼 들리기 때문에 비로소 우리가 알아들을 수 있었다는 암시가 숨어 있다. 생명체의 기계적 기원을 고려하면, 앞서 지적했듯 그는 태어났다기보다는 제작되었으므로 의식조차도 코드에서 나온 것이 틀림없다. 그러한 의미에서 의식 또한 인간 독자와 이질적 중핵을 매개하기 위해 만들어진 가면일지도 모른다. 기계가 인간의 껍질을 벗어버릴 때조차도 의인화된 의식의 사고들이 가면 속의 가면으로 기능하면서, 역시 기계 코드의 결과임이 틀림없는 것에 우리가 공감하도록 이끈다.

'의식이 코드화된 메커니즘에서 출현할 수 있는가'는 여전히 격렬한 논쟁거리로 남아 있다. 모라벡이나 커즈와일 같은 로봇 연구가들은 지능형 로봇을 통해 진화하든 컴퓨터에 업로드한 인간 의식에서 비롯하든, 코드화된 프로그램에서 의식적인 마음에 상응하는 것이 발생할 수 있다고 확신한다.[19] 반면 육체와의 더 깊은 연관을 고려하는 안토니오 다마지오 같은 연구자들은 신체와 마음이 신경전달물질로 매개되는 복수의 재귀적 피드백 루프를 통해 연결되며, 컴퓨터에는 이와 같은 체제와 물리적으로 대응하는 것이 없다고 주장한다. 또한 다마지오는 이러한 신경전달물질의 메시지가 마음에 **내용**을, 특히 감정과 정서를 제공한다고 주장한다.

"뇌에 관하여, 신체는 단순한 지원과 조절 작용 이상의 것을 제공한다. 신체는 뇌의 표상을 위한 기초 주제를 제공한다."[20] 정신과 신체의 바로 이 정상적 통합에 균열이 일어나면서, 렘의 화자가 발휘하는 직관적 통찰이 이해하기 어려운 수수께끼처럼 보이게 된다. 그가 아르호즈에게 '느끼는' 사랑이 아주 위대한 동시에 아주 작다고 설명할 때처럼 말이다.

그럼에도 감정 컴퓨팅, 진화적 알고리듬, [프로그래밍 가능한 논리 회로처럼] 학습할 뿐 아니라 스스로를 재프로그래밍할 수 있는 프로그램이 도래하면서 언젠가는 인공 마음이 자기 인식은 물론이고 의식까지도 얻을지 모른다는 것이 이제는 공상으로만 보이지 않는다. 브라이언 캔트웰 스미스는 이를 "다른 식으로는 우리가 접근할 길이 없을 무언가로 통하는 창을 열어 줄 기회, 즉 '단지' 물리적 메커니즘에 불과한 것에서 어떻게 의도를 가진 기능들이 발생하는지 우리 눈으로 목격할 기회를" 열어 주는 것으로 본다. "돌이켜 보면 컴퓨터가 계산을 한다는 사실이 큰 이론적 장애물이 되어 우리가 그것의 중요성을 이해하지 못했다.… 이 사실이 이론적으로 중요하다는 자만을 놓아 버려야, 비로소 구조화된 진흙 덩어리[인간]가 어떻게 일어나 앉아 생각할 수 있는지 집중해 볼 수 있게 될 것이며, 적어도 부분적으로나마 이해할 수 있게 될 것이다."[21] 다시 말해 핵심 질문은 더 이상 이성적인 피조물인 우리가 어떻게 자유의지와 구속받지 않는 행위성을 온전히 소유하고 행동할지가 아니다. 그보다 문제는 어떻게 의식이 코드의 작용과 유사하게 작동하는 기저의 프로그램들로부터 진화하고 상호작용하는가다. 그러므로 문자 그대로 메커니즘으로 보든 유익한 비유로 보든, 코딩은 인간 조건을 이해하는 데 핵심적인 것이 된다.

이 관점에서 보면 오랫동안 자유의지와 이성적인 정신과 동일시돼 왔던 행위성은 그 유효성 면에서 부분적이고, 위치상으로 분산되어 있으며, 기원상으로 기계적이고, 자연어 못지않게 코드와 밀접하게 연관된 것이 된다. 우리는 더 이상 생각할 수 있는, '깃털 없는 두발짐승'[플라톤]이 아니라 자기 안에 의식적인 마음의 합리성과 기계의 코딩 작용을 품은 하이브리드 생명체다. 그렇다면 행동하는 행위자는 누구인가? "가면"은 이에 대한 논쟁들을 예견하면서 우리가 우리 것이라고 부르는 행위성이 실은 얼마나 부분적이고, 복잡하고, 상호매개된 것인지 이해하도록 돕는다.

08
내러티브를 시뮬레이션하기
: 가상 생명체는 우리에게 무엇을 가르쳐 줄 수 있는가

진화한 가상 생명체

"생명체들은 빛에 대한 열망으로 힘닿는 데까지 빛을 좇는다. 물속에서 생명체들은 꼬리가 자라나고 뱀처럼 몸을 흔드는 법을 배운다. 뭍에서는 운명과 생명 작용에 밀려 움직이는 관절로 연결된 직사각형 형태가 되어 쿵쿵거리며 걷는다. 그들은 이러한 제약들을 최대한 활용해 빛을 향해 기고, 껑충 뛰고, 팔짝 뛰어오르는 비상한 재주를 선보인다. 그 후 그들의 창조주는 그들에게 서로 놓고 싸우는 하키용 퍽을 연상시키는 색칠된 큐브를 새로운 목표로 선사한다. 서로 경쟁하게 된 생명체들은 상대를 거칠게 밀치고 몸싸움을 하며 큐브를 에워싸고 상대가 손에 넣지 못하게 멀리 쳐내는 법을 배운다. 새로운 상대를 만나면 새로운 도전에 맞설 대응 전략을 개발한다. 그들의 적응 능력과 영리함, 결단력은 경탄스러울 정도다."

이 구절은 칼 심스의 진화 시뮬레이션인 <진화한 가상 생명체>를 설명한 내 첫 글이다.[1] 이 시뮬레이션 영상을 본 여러 시청자들을 살펴보면, 내 해석은 전형적이라고 할 수 있다. 시청자들은 예외 없이 이 시뮬레이션된 생명체들에게 동기와 의도, 목표와 전략이 있다고 본다. 컴퓨터 프로그램이 시각화한 것을 보고 있다는 사실을 아주 잘 알고 있는 (나와 같은) 사람들조차도 여전히 생명체들을 실패와 승리의 내러티브에 기입해 승자에게 환호하고, 패자를 격려하고, 불운한 얼간이를 비웃는다. 여기에는 단순한 의인화적 투사 이상의 무언가가 있다. <진화한 가상 생명체>는 (실험 목적인) 진화만이 아니라 분산 인지 시스템(distributed cognitive systems)이 전통적인 기술(description)·분석·이해에 미치는 영향을 살펴보는 실험이기도 하다.

이 장에서는 아날로그 의식과 디지털 프로그램 간의 상호작용을 7장에서보다 더 관습적인 방식으로 다룬다. 7장에서는 아날로그 의식과 알고리듬 프로그램이 동일한 신체 안에서 상호작용하는 복잡한 역학을 추적했다면, 여기서는 컴퓨터 안의 디지털 시뮬레이션과 컴퓨터 밖의 체화된 인간 간 상호작용에 초점을 맞춘다. 화면 인터페이스를 넘나들며 일어나는 상호매개는 동시에 양방향으로 작동한다. 우리는 가상 생명체들을 의인화하고, 가상 생명체들은 우리를 계산화한다. 더 넓은 의미에서 이 역학은 실재론자와 구성주의자의 차이에 대해 더 깊은 통찰을 제공한다. 이 차이는 1장에서 '수단으로서 계산'과 '은유로서 계산' 사이의 갈등으로서 마주한 바 있다. 이 장에서는 이 갈등을 '기입의 윤회(transmigration)'와 '물질적 실체의 체화된 예화' 간의 갈등으로 해석하려 하는데, 이야기가 너무 앞서 나갔다. 먼저 가상 생명체의 구성과 역학을 살펴보겠다.

<진화한 가상 생명체>의 환경은 우리가 사는 세계에 비해 극히 단순하다. 너무 단순해서 거의 완벽하게 묘사할 수 있을 정도다.[2] 이 세계의 경계를 어떻게 정의할지는 핵심적인 문제이므로 나중에 다시 돌아와 다루겠다. 우선은 이 세계를 컴퓨터 프로그램, 이 프로그램이 구동되는 하드웨어 그리고 이 프로그램을 체화된 생명체의 픽셀화된 이미지로 만드는 시각화 루틴(routine)#이라고 생각해 보자. 이 단순한 세계에 대해서도 세 가지 다른 질문이 필요하다. 즉 '그것은 무엇인가'(물질적인 면), '그것은 무엇을 하는가'(작용적인 면), '그것은 무엇을 의미하는가'(상징적인 면). 이 물질적인 면, 작용적인 면, 상징적인 면은 피드백 루프에 의해 재귀적으로 구성되고 통합된 계층에 연결되는데, 이는 1장과 2장에서 다룬 계산의 세계관에서 핵심인 역동적 계층을 연상시킨다. 다른 여러 경우와 마찬가지로 이 시뮬레이션이 지향하는 목표는 '창발'이다. 계층의 맨 밑바닥에서는 전압이 깜빡거

컴퓨터 프로그램에서 어떤 일을 담당하는 하나의 정리된 일. 프로그램의 일부를 가리킬 때도 있고 전부를 가리킬 때도 있다.

리며 변화하면서 물질적인 면과 작용적인 면을 결합해 1과 0의 기호학적 표식인 비트를 만들어 낸다. 논리 게이트는 신호를 비트로 구조화한다. 비트 패턴은 컴파일러 언어가 된다. 컴파일러 언어는 프로그래밍 언어의 기저를 이룬다. LISP#와 같은 프로그래밍 언어는 기능을 정의한다. 심스가 <진화한 가상 생명체>를 위한 설계를 논하는 단계인 기능 단에 도달하면, 프로그래머가 만든 패턴이 명백해진다. 특정한 물질-기호학적 코드(materio-semiotic codes)의 계층을 만드는 프로그래머의 목적이 이러한 패턴에 예화된다.

심스는 진화 프로그램에서 더 복잡한 구조를 만들려면 거듭 반복될 수 있는 모듈식 구조를 사용해야 한다는 존 코자의 제안을 따라 진화 프로그램을 설계한다.[3] 이 전략은 자연에서도 쉽게 찾아볼 수 있다. 예를 들어 양치식물은 줄기, 가지, 잎에서 동일한 기본 형태를 사용하는 성장 알고리듬을 보여 준다.[4] 양치식물처럼 심스의 생명체들은 자가-유사 형태를 만들기 위해 변형되며 반복되는 기능들을 사용해 만들어진다. 어떤 기능은 여러 개의 '팔다리'가 달린 '몸통'을 만들기 위해 중심 직사각형의 여러 위치에 덧붙여지는 블록들을 명시한다. 또 다른 기능은 블록 간의 연결 부분, 즉 관절의 종류를 명시한다. 또 다른 기능은 연결 부위가 움직일 수 있는 폭을 지정한다. 한 기능 안의 재귀적 루프는 동일한 것,

---

기호 처리 절차를 기술하는 대표적인 프로그램 언어.

예를 들어 같은 형태의 팔다리를 더 많이 만들어 내도록 기능의 효과를 배가한다. 기능들 사이의 재귀적 루프는 생명체의 다른 부분들이 함께 진화할 수 있게 해 주며, 이로써 '뇌'와 같은 핵심 제어회로는 그 형태와 상호 적응(coadaption)하며 변화한다. 이러한 모듈식 구조는 방향성 그래프(directed graph)라 불리는 프로그램을 사용해 얻을 수 있는데, 두 가지 이점이 있다. 첫째, 기술(description)이 경제적이다(똑같은 모듈을 조금만 변화시켜 반복 사용할 수 있으므로). 둘째, 모듈은 구조가 변형과 변화를 겪어도 지속되게 해 준다. 모든 프로그래밍 요소가 독립된 실체로서 변화한다면, 그 결과 나타나는 복잡성은 금세 너무 무질서해져 효과적으로 관측하기 어려워질 것이다. 요소들을 그룹으로 묶어 모듈로 변형하면, 발생 가능한 이형의 범위가 감당할 수 있는 수준으로 줄어든다.

다음으로 개별 생명체 설계 단계에서 생명체들의 집단(population) 단계로 넘어간다. 이 단계에서는 프로그램의 상징적인 면이 분명해진다. 이 단계의 의도는 집단에 다양성을 도입하고, 어느 생명체가 재생산을 할지 결정하는 적합성 기준을 규정함으로써 생명체를 진화시키는 것이다. 다양성은 성적 재생산을 통해 성취되는데, 다양한 계획에 따라 한 생명체의 유전자형 일부와 다른 생명체의 유전자형이 결합한다. 여기에 더해 돌연변이를 통해 다양성을 창출한다. 움직임은 인공적 물리 법칙을 따르는 환경에서 일어나는데, 그와 관련된 물리 법칙에는 마찰력, 관성, 가속도, 인력, 빛, 삼차원 공간과 시간이 포함된다. 적합성 값(fitness value)은 생명체들이 얼마나 성공적으로 다양한 목표를 성취하는지에 따라 결정되는데, 그 목표들로는 빛을 쫓아가기, 유체를 헤치고 지형을 가로질러 이동하기, 상대를 막으면서 퍽을 구석으로 몰기 등이 있다. 이들 목표에 쉽게 적응할 수 있도록 생명체들에게는 감광 장치가 주어지는데, 이 감광 장치는 각각 다른 색의 광원으로 표시되는 불빛, 퍽의 존재, 경쟁자의 위치에 반응하도록 신경학적으로 진화한다.

설계자가 '흥미로운' 진화는 자극하고 '매력 없는' 진화는 막기 위해 개입할 때, 그가 명시한 적합성 기준과 이 기준에 할당된 값에 내포된 의도는 더 분명해진다.[5] 예를 들어 어느 한 프로그램이 실행되면서 생물체들이 진화해 이동 능력을 얻었는데, 이들은 그 세계의 인공 물리 법칙이 운동량 보존을 규정하는 방식에서 발생한 버그를 진화에 이용했다. 이들은 노와 같은 부속물을 발전시켜 노로 스스로를 쳐서 움직인다. "물리적 시뮬레이션에서 중요한 점은 그 안에서 움직이는 생명체들을 위해 최적화할 때 상당히 정확해야 한다는 것이다. 소실이나 반올림에 의한 오류로 에너지 누출을 허용하는 버그가 발생하면 진화하는 생명체들은 반드시 이를 발견해 이용한다"고 심스는 말한다.[6] 어느 생명체들은 경쟁을 통해 이례적으로 키가 커지게 진화해, 상대가 손을 뻗기도 전에 큐브 위로 쓰러져서 큐브를 손에 넣는다.[7] 심스는 이를 보완하기 위해 경쟁의 출발점을 정할 때 생명체의 키를 고려한 공식을 사용했다. 생명체의 키가 클수록 더 뒤에서 출발하게 했다. 이러한 모습들을 서사화하는 프로세스들이 결합된 것을 보면, 시뮬레이션의 의미가 창조자와 가상 세계(그리고 그 세계의 물리 법칙이 모델로 삼는 현실 세계), 생명체와 프로그램을 실행하는 컴퓨터, (시각화될 경우) 생명체들이 뛰어다니는 것을 구경하는 관찰자 간의 역동적 상호작용에서 생겨난다는 사실이 분명해진다. 프로그램 모듈 간의 재귀적 루프가 생명체의 형태와 뇌가 공진화하게 하는 것과 아주 유사하게, 재귀적 루프는 설계자의 의도, 생명체, 가상 세계, 시각화를 공진화하게 해 관찰자가 인간적으로 유의미하다고 생각하는 내러티브가 되게 한다.

시뮬레이션을 제대로 기술하려면 시스템의 경계를 확장해 프로그램과 컴퓨터 너머의 가상 세계, 창조자, 관찰자까지 포함할 필요가 있다. 이 더 큰 세계의 진화적 역학은 인간과 비인간 행위자로 구성된 '분산 인지 시스템'으로 기능하며, 여기서 각 행위자는 독립된 인지자(cognizer)로 행동한다. 마이클 다이어가 다른 맥락에서 주목했듯 분산 인지 시스템에서는 공짜로 돌아가는 것이 없다. 모든 부분이 상호연결되어 있기 때문에, 만약 시스템의 한 부분이 상대적으로 낮은 수준의 인지자로만 기능한다면 어딘가 다른 곳에서 다른 부분을 더 영리하게 만들어 모자라는 부분을 보완해야 한다.[8] 인공지능과 비교하면, 인공생명 시뮬레이션은 잘 정의된 환경적 제약과 상호 적응하는 역동적 프로세스 쪽에 생명체보다 더 많은 지능을 부여한다. 환경이 발전을 자극할 만한 제약을 제공하지 못할 경우에는 창조자가 개입해 자신의 인간 지능으로 부가적 제약을 제공한다. 생명체의 키에 제한을 둔 심스의 경우가 그 예다. 그러나 창조자를 최종 결정권자로 보는 것은 잘못이다. 이러한 시뮬레이션에서 핵심은 창조자가 늘 창조물만큼 영리할 필요는 없다는 것이다. 창조자는 자기가 생각하지 못한 해결책을 내놓는 창조물의 능력을 믿고 있다. 심스는 이렇게 말한다. "유전적 언어로 가상의 실체들이 점점 더 복잡하게 진화할 때, 그 결과로 초래된 시스템은 세부까지 이해하기는 어렵다. 또한 유사한 시스템을 전통적 방법으로 설계하는 것도 어려울 때가 많다. 이러한 기술들에는 인간의 이해와 설계에 따르는 한계를 뛰어넘는 잠재력이 있다. 여기에 제시된 예들은 인간이 지능적으로 행동하는 가상의 실체들(entities)을 직접 설계하고 구축하기보다는 진화시키는 편이 더 쉬울 수도 있다는 사실을 시사한다."[9]

분산 인지 시스템은 공진화한다. 그러므로 어느 한 행위자의 기능은 다른 모든 행위자와 상호작용하는 관계 속에서만 온전히 이해할 수 있다. 이러한 맥락에서 인간이 <진화한 가상 생명체>를 보며 스스로 만들어 내는 내러티브는 공진화적 프로세스에 연루되어 있다. 분산 인지 시스템에 접속된 우리는 이러한 내러티브를 우리 힘뿐 아니라 역동적인 공진화 프로세스의 일부로써 만들어 낸다. 이 프로세스에서 우리는 브라운관 스크린의 픽셀로 나타난 이미지와 인간 지각 범위 너머의 깜빡이는 전압을 포함해 시스템의 다른 행위자들과 상호 적응한다.

진화하는 내러티브들

우리는 심스의 가상 생명체에 동기와 의도를 부여하면서 사건들이 서로 인과적으로 연관되고 존재들이 목적 의식적인 방식으로 환경에 반응하는 내러티브 속에 생명체의 행동을 내삽한다. 특히 알렉스 아기로스가 말했듯 '내러티브 창조'는 그 자체로 주목할 만한 중요한 진화적 적응 방식일 수도 있다.[10] 인과성, 의미 있는 시간 순서, 행동과 환경의 상호 관계에 초점을 맞추는 내러티브는 다른 이들이 어떻게 느끼고 행동할지에 대한 모델들을 구성할 수 있게 해 준다. 이 모델들은 우리에게 우리 자신의 감정과 행동을 묘사하고 해석해 주는, 끊임없이 이어지는 내적 독백과 공진화한다. 어떤 이유로 내러티브가 구성될 수 없게 되면 질서 없는 세계, 즉 설명할 수 없는 일이 일어나고 사건이 혼란스럽게 벌어지는 세계가 초래할 것이다. 사이먼 배런코언은 ≪마음맹≫에서 이러한 세계를 설명하면서, 자폐증 환자가 환경을 인식하는 특징적 방식을 보여 준다. 배런코언이 지적하듯 자폐증은

타인의 행동을 이해할 내러티브를 구성하는 능력의 결핍과 관련이 있다. 자폐증을 앓는 사람의 마음속에는 타인이 어떻게 행동하는지에 대한 모델이 없다. 따라서 그에게는 타인의 행동 대부분이 불가해하고 무서운 것으로 인식된다. 내러티브가 제구실을 하지 못할 때 일어나는 일에 대한 또 다른 생생한 설명은 조앤 디디온의 ≪하얀 앨범≫에서 볼 수 있다. 디디온은 삶에서 "스스로에게 들려주었던 모든 이야기의 전제가 의심스러워지기 시작"했던 때를 이야기하면서, 그때 일관성 있는 세계에서 살고 있다는 느낌을 잃어버렸다고 말한다. 디디온이 강조하듯 "우리는 살기 위해 스스로에게 이야기한다"(11). 이러한 설명은 내러티브가 말 그대로 세계를 이해 가능하게 만드는 설명적 힘을 가지고 있음을 증명한다. 내러티브의 창조가 어째서 그것을 구성하는 생명체에게 진화상의 이점을 부여하는지도 쉽게 알 수 있다. 내러티브에 내재한 가정들이 없었다면, 호모 사피엔스가 이룬 성취 중 대부분은 일어날 수 없었을 것이다.

가상 생명체에 대한 내러티브를 구성할 때, 우리는 시뮬레이션에서 실행되는 진화된 행동을 이해하기 위해 진화된 행동을 사용한다. 이때 심스의 가상 생명체들을 생성하는 프로그램의 재귀적 구조와 닮은 재귀적 구조를 띤 피드백 루프가 나타나는 것은 우연이 아니다. 우리는 1장에서 스티븐 울프럼의 세포 자동자, 에드워드 프레드킨의 디지털 역학, 해럴드 모로위츠의 우주적 창발, 스튜어트 카우프만의 주장

(생명이 카오스의 가장자리에서 진화했다는 주장) 등 다양한 연구 프로그램 전반을 가로지르면서 재귀적 루프가 복잡성의 창발과 관련이 있으며 결과적으로 생명, 의식, 지능적 움직임의 창발과 연관되어 있음을 살펴보았다.[11] 예를 들어 움베르토 마투라나와 프란시스코 바렐라는 의식이 재현의 재현(의 재현의 재현의…)을 만드는 능력으로 구성되어 있다고 말했다.[12] 뤼크 스테일스는 이러한 소용돌이꼴의 재귀 현상을 "2차 [그리고 그 이상의] 창발"이라 이름 짓고 인공생명 시뮬레이션에서 이러한 재귀 현상이 중요하다고 강조한 바 있다.[13] 1장에서 논한 대로 1차 창발은 시스템의 개별 구성 요소나 그 구성 요소의 부가적 특성에서는 발견되지 않지만 시스템 구성 요소들의 **상호작용**에서 보통은 예측하지 못한 방식으로 일어나는 행동이나 특성이다. 2차 창발은 시스템이 적응 행동을 발전시키는 능력을 강화하는 행동을 발전시킬 때, 다시 말해서 **진화하는 능력을 진화시킬 때** 일어난다.[14] 시뮬레이션은 이 지점에서 실제로 본궤도에 오르기 때문에, 1장에서 논한 대로 인공생명 연구자들이 공언하는 목표가 이제 이러한 역동적 계층의 창조라는 것은 놀랄 일이 아니다.

재귀적 구조 외에 내러티브를 창조할 때 또 하나 중요한 요소는 문자 그대로의 의미에서건 '마음의 눈'이라는 비유적 의미에서건 어떤 장면을 '보는(see)' 능력이다.[15] 인간은 훈련과 경험으로 아주 다양한 외부 자극(input)을 상상된 시나리오로 번역할 수 있다. 심스처럼 노련한 프로그래머라면 틀림없이 숙련된 소설 독자가 제목이 잘 지어진 헨리 제임스의 소설 ≪여인의 초상≫에서 이자벨 아처를 '볼' 수 있듯이 프로그램의 기능을 살피면서 어렵지 않게 그의 피조물의 행동과 형태를 '볼' 수 있을 것이다. 이러한 번역 프로세스는 진화의 역사에서 개발된 능력을 사용하고 확장한다. 우리의 정교한 지각적 시각화 프로세스는 삼차원 공간에서 일어나는 우리의 움직임과 상호 적응하며 진화했다. 그러므로 내러티브의 창조가 행동이 일어날 수 있는 상황을 상상하는 것과 깊이 관련되어 있다는 것도 그럴 법한 이야기다. 심스는 그의 생명체 중 일부를 시각적으로 렌더링하기 위해 선택하면서, 생물학적으로 결정된 능력뿐 아니라 문화와 훈련에 바탕해 우리가 삼차원 생명체의 재현으로서 인식하는 픽셀 이미지를 만들어 냄으로써 이러한 진화적 역사를 활용한다. 생물학적-문화적 지각을 바탕으로 표현된 이미지들은 내러티브가 최대한의 효과를 낼 수 있게 한다. 세계를 끊임없이 내러티브화하는 우리의 작업과 쉽게 연관 지을 수 있는 측면에서 우리가 그 행동을 '보기' 때문이다.[16]

이제 내러티브 창조를 위한 구조적 전제 조건에서 그 내용으로 넘어가 보자. 제롬 브루너가 지적했듯 내러티브의 주된 목적은 어떤 일이 왜 일어나는지 이해하게 해 주는 것이다.[17] 일반적으로 우리가 창조하는 내러티브는 행동에 의미를 부여하는 다소 규범적인 이야기 속에 행동을 기입한다

조앤 루카리엘로는 어린이들이 만든 내러티브를 연구하면서 예상 밖의 행동(예를 들면 메리가 자기 생일 케이크를 보고 울면서 촛불에 물을 부어버린 일)이 내러티브 창조를 가장 활발하게 자극한다는 사실을 발견했다.[18] 이러한 이상한 행동을 이해하기 위해 아이들은 다양한 이야기를 고안해 그 행동을 예측 가능하고 기대 범위 내에 있는 행동으로 다시 봉합하려 한다. 어느 아이는 메리가 자기가 입고 싶었던 드레스를 어머니가 입지 못하게 하자 화가 나서 울면서 케이크를 망쳐 놓았다고 설명한다. 이처럼 비규범적 행동이 제시되면 아이들은 때로 다른 내러티브 전략을 사용했다. 즉 그 행동을 특이하거나 일탈적인 것으로 보고 예외로 구분함으로써 예측이 갖는 사회적 구조는 유지했다.[19] 심스가 그의 진화 시뮬레이션에서 생명체가 목표를 추구하고 경쟁자들을 이기려 하는 것으로 "보일" 수 있는 프로그램을 설계한 것도 당연히 우연이 아니다. 이러한 것들은 (서구 자본주의 사회는 말할 것도 없고) 진화의 역사에 대한 전통적 설명에서 가장 규범적인 내러티브에 속하기 때문이다. 여기서 내러티브의 내용이 평이하다는 사실은 봉합되어야 하는 것이 일탈적 행동이 아니라 일탈적 행위자임을 시사한다. 우리는 가상 생명체의 행동이 무엇을 의미하는지에 대한 모델을 이미 마음속에 품고서 그러한 행동에 참여하는 그 생명체를 '보기' 때문에, 형태가 기묘하고 디지털로 이루어졌어도 그 생명체는 친숙하고 이해할 수 있는 것으로 보인다.

이 지점에서 몇몇 독자는 내러티브가 일상의 사회적 소통에 아무리 유용하더라도 가상 생명체를 이해하기 위해 사용할 때에는 중대한 오류를 낳을 수 있다고 반론할지 모른다. 이 생명체들은 머릿속에 아무것도 없다. 실은 말 그대로 머리가 없다(가상의 존재이고 그 형태가 일련의 블록들이기 때문에, 그중 맨 위의 것을 우리는 머리로 '본다'). 이러한 블록 덩어리에 욕망을 부여하는 것은 전자(electrons)가 동기를 지니고 있다고 생각하는 것만큼이나 우스꽝스럽다. 그런데 생각해 보면 이러한 지적은 맞기도 하고 틀리기도 하다. 말할 것도 없이 이들 생명체는 어느 유전자형의 재생산을 허용할지 선택하기 위해 사용하는 적합성 기준에 따라 특정 행동(우리가 체화된 목표 지향적 행동이라고 해석하는 특성)을 진화시켜 온 컴퓨터 프로그램에 지나지 않는다. 혹은 더 정확히 말하자면, '유전자형'이나 '재생산'이라는 말 자체가 생물학적 생명 형태와의 유비를 강화하기 위해 고안된 은유이기 때문에, 특정 코딩 배열을 특정 변이로 복제할 것인지 선택하기 위한 프로그램이라고 해야 할 것이다. 다른 한편 이 프로그램들은 생물학적 진화를 시뮬레이션하기 위해 설계되며, 내러티브로 기입할 수 있도록 시각적으로 만들어진다. 그러므로 우리는 이러한 가상 생명체에 욕망을 부여하면서 이것이 착오라기보다는 올바른 반응이라고 느낀다. 가상 생명체의 모든 것이 이러한 해석이 일어나도록 정교하게 만들어졌기 때문이다.

이런 상황을 두고, 분산 인지가 분산된 인과성(distributed causality) 또한 뜻하기도 한다는 점에 주목할 수 있다. 이들 생명체에게는 동기도 의도도 없을지 모르지만 프로그래머에게는 있다(적어도 인간 행동에 대한 관습적 이해에 따르면 그렇다). 우리가 시각화된 것에서 '보는' 것이 재귀적으로 구성된 복잡한 적응 시스템 속 모든 행위자 사이에서 일어난, 현재와 과거에 일어난 상호작용의 **전체적** 결과라는 점을 잊어서는 안 된다. 심스는 어느 적합성 기준을 사용할지, 어느 프로그램을 제거할지, 어느 것을 시각화할지 결정하면서 욕망과 의도를 비롯해 우리가 관례적으로 인간에게 부과하는 특성들과 함께 자신의 인간 지능을 시스템에 주입한다. 더 나아가 심스가 발표한 논문들은 그의 의도가 모든 면에서 설계에 실제로 영향을 미쳤다는 점을 분명히 보여 준다. 그러므로 전체 시스템이 아니라 프로그램만을 고려해야 한다는 주장으로 심스의 의도를 괄호 속에 넣어 버리기는 불가능하다.

인간의 의도성은 이들 생명체를 감염시키고, 완전히 제거할 수 없는 흔적을 남긴다. 이처럼 재귀적으로 구성된 복잡한 적응 시스템에서는 **모든** 행위자가 상호작용에 관여하고 그 상호작용에 영향받는다는 점을 기억하자. 그렇다면 프로그램의 맹목적인 작용 또한 인간을 오염시키고 제거할 수 없는 흔적을 남기는 것은 아닐까? 이러한 가설을 고려해 보면, 생명체를 의인화하는 인간의 경향은 그에 대한 필수적이며 피할 수 없는 보충물인, 인간 행동을 명령어를 실행하는 컴퓨터 프로그램으로 '보는' 반대의 경향을 띠고 있다고도 생각해 볼 수 있다. 이는 7장에서 스타니스와프 렘의 소설 "가면"을 통해 상세히 검토한 문제다. 우리는 (생명체가 그렇다고 생각하는 것처럼) 우리가 욕망과 의도를 가지고 있다고 생각할 수 있다. 하지만 우리의 행동은 7장에서 논한 들뢰즈, 가타리, 라캉의 이론을 통해 보았듯 물질적 면에서나 작용 면에서나 심스의 프로그램과 유사한 측면에서도 설명할 수 있다. 이는 로드니 브룩스와 마빈 민스키를 비롯해 인공지능과 인공생명 연구자들의 주장이기도 하다(다른 표현을 쓰기는 했다).[20] 그들의 관점에서 보면 인간의 행동은 간단한 프로그램들을 실행하는 여러 반(半)자율적 작인(agent)들의 결과다. 이를 예증하기 위해 민스키는 "사랑"은 "매력" 프로그램을 실행하는 한 작인과, "비판적" 작인을 차단하는 프로그램을 실행하는 또 다른 작인의 결합이라고 말한다.[21] 이러한 제안은 심스의 생명체 의인화에, 내가 더 나은 용어를 찾지 못해 인간의 '계산화(computationalizing)'라고 부르는 것이 수반된다는 사실을 보여 준다. 이러한 관계의 논리에 따른다면, '인간 같은(human-like)' 행동에 관여하는 숨겨진 프로그램들의 존재는 인간의 행동을 숨겨진 프로그램으로 해석하는 것을 그럴싸하게 해 준다. 우리는 가상 생명체를 인간화하고, 그들은 우리를 계산화한다. 그리고 이 시스템을 순환하는 재귀적 루프들이 양쪽의 행동을 복잡한 상호 적응의 네트워크 속에 함께 묶는다. 이는 우리에게 흥미로운 문제를 남긴다. 이로써 내러티브에, 그리고 인간이 세계를 이해하게 해 주는 내러티브의 기능에 무슨 일이 일어나는가?

인간을 계산하기: 아날로그 주체와 디지털 주체들

마크 포스터는 저자의 죽음에 관한 미셸 푸코의 작업[22]을 좇아 자신의 책 ≪인터넷이 뭐가 문제인가?≫[≪미네르바의 올빼미가 날기 전에 인터넷을 생각한다≫]에서 푸코가 말한 저자의 소멸에 대한 네 번째이자 최종 단계를 확장해 디지털 기술과 문화가 현시대의 주체성을 엄청난 규모로 재구성했다고 말한다.[23] 이러한 변화를 보여 주기 위해 포스터는 아날로그 주체와 디지털 주체라는 두 종류의 주체를 상정한다. 아날로그 주체는 닮음(resemblance)의 관계에 기반을 두고 있다.[24] 포스터가 든 예는 아니지만, 마음/심장(mind/heart)의 결합이 이 주체 개념을 예증한다. 감정은 심장과 결합한다고 생각되어, 마음의 표면에 있는 것은 안쪽 깊숙이 있는 것을 반영한다. 이와 비슷하게 영국 르네상스 시기[푸코가 보여 주었듯 유비(analogy)에 기초한 문화적 관계들이 지배했던 시기[25]]에는 인간 정자에 정자에서 자라나는, 인간을 닮은 난쟁이인 호문쿨루스(homunculus)가 들어 있다고 생각됐다. 호두는 인간의 대뇌피질을 닮았기 때문에

'두뇌 기능을 향상하는 음식'으로 여겨졌다. 유비적 관계에서는 서로 닮은 것들이 그 단위(unit) 그대로 온전하게 보존되어야 한다. 그렇지 않으면 상응성이 사라지고 관계가 끊겨 버린다. 호두 한 줌을 블렌더에 넣고 갈면, 호두는 가루가 되어 대뇌피질과 닮지 않게 된다. 이러한 가루 형태로만 손에 넣을 수 있었다면 호두가 머리에 좋은 음식으로 생각되었을 가능성은 별로 없었을 것이다. 요컨대 아날로그 주체의 속성들은 자아에서 가장 의미 있는 부분이 신체 내부 깊은 곳에 자리한다고 보는 주체성의 '깊이 모델(depth model)'을 내포한다. 더 나아가 자아는 본래의 형태와 크기를 완전하게 지닌 단위들과 연관되며, 주체가 온전하게 유지되려면 이들이 반드시 보존되어야 한다.

포스터는 주체성을 논의하면서 "저자의 표상(figure)"(86)에 초점을 맞춘다. 17세기와 18세기 동안 저자의 표상을 구성하는 데는 문해력(literacy)의 향상, "사적 권위 관계들의 축소"(89), 책을 자본주의 상품으로 만든 시장의 확대, 저작권에 관한 법적 시스템(89) 등을 포함해 수많은 관련 사건이 필요했다. 이러한 발전 덕분에 한 개인을 "처음에는 필사본, 그다음에는 인쇄본으로 외면화할 수 있는 내적 의식"(89)으로 정의할 수 있게 되었다. 이처럼 포스터의 관점에서 아날로그 주체성은 인쇄 문화의 지배와 깊이 관련되어 있다. 인쇄 문화의 기원은 알파벳 글쓰기에 뿌리를 두고 있으며, 이는 자본주의와 저작권의 발전에 훨씬 앞서 진화해 왔다. 포스터는 알파벳 글쓰기가 표의문자와 재현 대상을 연결하는 회화적 닮음(pictorial resemblance)을 깨뜨림으로써 소리와 부호 간에 새로운 연관 관계를 구축했다고 지적한다. 이러한 연관 관계는 소리와 부호의 연결이 전적으로 관습적이었던 회화적 글쓰기와는 달랐으며, 이에 따른 자의성 덕분에 알파벳 글쓰기는 표의문자보다 훨씬 더 경제적이 되었다(표의문자의 글자 수가 수천 개인 데 비해 그리스 알파벳은 서른 개 안팎이었다.).[26] 표의문자에서 알파벳으로의 이행은 또 다른 변화를 수반했다. 이제 닮음은 단어와 사물 사이에 있는 것이 아니라, 포스터가 지적했듯 "쓰인 상징과 그 발화 사이, 언어의 두 가지 형태인 글쓰기와 말하기 사이에 있게 되었다. 단어와 사물 간의 관계는 관습적이고 자의적이 된 반면, 언어 안에서 흔적과 목소리 간의 관계는 더 강해지고, 더 직접적이 되었다"(81). 이제 아날로그 매체로 여겨지게 된 인쇄는 목소리를 부호에, 발화자인 저자를 페이지에 연결한다.

인쇄의 균일성(uniformity), 안정성(stability), 지속성(durability)은 인쇄 텍스트가 개인주의적 창조자에 의해 '말해진다'는 느낌을 강화한다. 6장에서 말했듯 이 문제는 마크 로즈가 ≪저자와 소유자≫에서 다루었고, 포스터가 독자적으로 발전시켰다. 포스터는 이렇게 말한다. "독자는 반복해서 다시 페이지로 돌아가 거기 있는 단어들을 재검토할 수 있다. 독자의 상상은 언제나 자신의 말 속에 있는 이 멋진 저자에게 경의를 표하며 진화했다.… 아날로그 저자들의 세계는 여유롭고 편안하며, 인지 기능에 대한 확신을 심어 주고, 시각적 작용을 끊임없이 행사하면서 확장되었다."(93) 포스터의 분석에서는 문학의 역사가 거의 다루어지지 않지만, 소설이 내면성(interiority)과 안정성의 깊이 모델 그리고 아날로그 주체의 특성을 강화했다는 점은 문학 연구에서 오래전부터 인정돼 왔다. 6장에서 보았듯 저작권을 지키려는 법적 다툼, 저자에 대한 숭배, 인쇄 기술, 인쇄 문화는 주체성의 깊이 모델을 만들어 내기 위해 긴밀히 협조해 왔다. 이 모델에서는 아날로그적 닮음이 페이지라는 표면과 상상된 저자의 내면이 일치한다고 보증해 주었다. 이러한 상황은 독자 안에도 이와 유사한 상상된 내면을 불러일으켰고, 또 그 내면에 의해 생산되었다.[27]

디지털 주체를 생산하는 상응 관계는 이러한 역학과 대조된다. 디지털 기술은 <진화한 가상 생명체>에서 작동하는 것과 비슷한 계층적 프로그램 구조를 사용한다. 프로그래머가 코딩 단계 속으로 더 깊이 내려갈수록, 코드는 덜 직관적이 되고 의미는 더 모호해진다. 그러므로 즉각적 고려 대상이 아닌 단계의 코드를 숨기는 것이 중요하다(2장에서 논한 바 있다). 더 나아가 유전적 알고리듬과 프로그램과 더불어, 일단 프로그램이 실행되면 시스템의 전반적 단계에서 창발적 특질이 나타난다는 점이 중요하다. 이러한 프로그램의 모토는 '단순한 규칙, 복잡한 움직임'이며, 이는 시스템 속으로 더 깊이 내려갈수록 덜 흥미로워진다는 의미가 된다.[28] '깊이'

가 곧 '의미 있는 내면'을 뜻하는 아날로그 주체와 이 디지털 모델이 어떻게 다른지 주목해 보자.

디지털 주체도 깊이를 가지고 있지만, 표면과 내면의 관계를 관장하는 구조는 아날로그 주체와 놀랄 만큼 다르다. 디지털 주체(즉 심스의 가상 생명체 중 하나)는 파편화와 재조합의 역학을 바탕으로 작동하는 계층적 코딩 단계들을 예화한다.[29] 아날로그 주체성에서는 형태적 닮음을 고려해야 하므로 관련 단위를 쪼개는 데 제약이 있지만, 디지털 주체에서는 더 과감한 파편화(fragmentation)가 허용되며 나아가 요구되기까지 한다. 이러한 차이는 인쇄에 비해 디지털 기술이 더 심하게 파편화되는 데에서 쉽게 볼 수 있다. 컴퓨터가 도래하기 이전 전통적인 조판에서 알파벳의 각 문자는 개별 단위로 취급되었다. 말하기에서 이에 상응하는 음소 또한 하나의 온전한 단위로 기능한다. 이와 대조적으로 디지털 샘플링 기술에서는 음파들을 1초당 4000회 꼴로 샘플링하고 디지털적으로 조작해 매끈한 아날로그 말하기처럼 지각되도록 재조합할 수 있다.[30] 사실상 창발은 이러한 파편화에 달려 있다. 프로그램이 작은 조각으로 쪼개지고 재조합되어 예상치 못한 적응 행동(adaptive behaviors)이 나올 수 있게 되어야만 창발이 가능하기 때문이다. 디지털 주체는 '의미 있는 내면성'의 깊이 모델 대신 프로그램이 시작되는 가장 기초적인 단계만 보아서는 예측할 수 없는 전체적 행동을 보여준다. 2장에서 논의했듯 복잡성은 기계어의 기초 단계가 아니라 코드의 상위 단계에서 가시화한다. 아울러 복잡한 창발은 0과 1의 지루하기 짝이 없는 단순함과 아날로그적으로 닮은 데가 전혀 없다.

요약하자면 아날로그 주체는 내면성의 깊이 모델, 안쪽 깊은 곳에 있는 것의 의미를 보장하는 내면과 표면 사이의 유사성/닮음 관계, 인쇄 문화의 아날로그 기술에서 예화되고 상상되는 마음/영혼의 상응성을 시사한다. 디지털 주체는 계층적인 코딩 단계를 바탕으로 기저의 단순한 규칙들과 연관되는 창발적 복잡성, 창발적 특질을 일으키는 파편화와 재조합의 역학, 계산 문화의 디지털 기술에서 상상되고 예화되는 표면과 내면 사이의 단절을 시사한다.

우리가 가상 생명체를 '봄'으로써 복잡한 적응 시스템의 일부가 될 때 어떤 일이 일어나는가? 앞서 나는 두 프로세스가 동시에 작동한다고 말했다. 인간이 가상 생명체를 의인화하는 한편으로 가상 생명체는 인간을 계산화한다. 우리가 가상 생명체를 보면서 구성하는 내러티브는 그들의 행동을 아날로그 세계에 기입하지만, 예리한 관찰자라면 그 복잡한 표면이 복잡한 내면과 아날로그적으로 일치한다는 가정으로는 설명되지 않는 세부 사항이 있다는 사실을 알아차릴 것이다. 예를 들어 어느 생명체의 움직임을 보면 경쟁이 시작될 때 한 번 퍽과 상대편의 위치를 샘플링하고, 그 후에는 위치에 대한 모든 신호를 무시한다는 사실을 알 수 있다.[31] 이는 분명 그 밑바탕에는 단순한 규칙뿐이지만 겉으로는 복잡해 보이는 인상을 만들어 내는, 상대적으로 단순한 프로그램의 예다. 브룩스가 자신이 만드는 로봇들을 예로 들어 빈번히 지적하듯 복잡성은 관찰자의 마음속에 있다. 관찰자는 실제보다 더 복잡한 사고 프로세스와 동기를 로봇의 창발적 행동에 부여한다.[32] 또 다른 예는 레고가 만든 이동식 소형 로봇이다. 이 로봇은 겉보기에는 하얀 바닥 위의 검은 선을 따라 움직일 수 있는 능력이 있는 것 같다.[33] 관찰자는 로봇 안에 '검은 선'을 내면에서 재현하는 지능 프로그램이 있으며, 로봇이 이러한 재현을 눈에 보이는 것과 정확히 일치시킬 수 있고, 구부러지거나 심지어 둥근 선까지 포함해 여러 종류의 선을 구별할 수 있다고 생각할지 모른다. 그러나 복잡해 보이는 표면 밑에는 단순한 규칙 세 가지밖에 없다. 흰색에서 검은색이 되면 오른쪽으로 돈다. 검은색에서 흰색이 되면 왼쪽으로 돈다. 아무 변화가 없으면 계속 직진한다. 로봇이 대체로 선을 따라간다 하더라도, 이는 창발적 행동이다. 실제로 로봇은 처음에 흰색 배경의 검은 선을 만나면 오른쪽으로 회전하고, 선에서 이탈하기 시작하면 즉시 다시 돈다. 로봇의 '선 따라가기' 행동은 일련의 작은 방향 전환들로 구성된다. 관찰자는 이를 로봇이 선을 잘 따라가고 있는지 확인하면서 수정하는 것으로 해석할 수도 있다. '단순한 규칙, 복잡한 움직임'인 것이다.

전체적 단계에서 보면 가상 생명체에 대한 우리의 내러티브는 아날로그 주체를 디지털 주체와 봉합하는 장치로 간주할 수 있다. 우리는 여전히 우리의 생물학적 조상들이 진화해 온 삼차원 공간에서 움직이는 아날로그 주체이지만, 가상의 환경과 디지털 기술과 상호작용하면서 디지털 주체가 되어 간다. 사실상 이 장은 이러한 봉합을 성취하기 위해 이 책에서 구상한 여러 내러티브 중 하나로 읽을 수도 있다. 그러므로 나는 억압적 보편주의로 빠질 위험에도 불구하고 일인칭 복수를 사용하는 것을 고집하는데, 독자들과 내가 전 지구적 자본주의와 결합한 디지털 기술로 창조된 분산 인지의 복잡한 적응 시스템 속에서 우리의 일상적 삶을 살고 있다고 주장하고 싶기 때문이다. 이러한 기술은 너무나 광범하게 펴져 있어서, 그것이 전혀 미치지 않는 곳에 살고 있는 사람을 찾아내기 어려울 지경이다. 특히 미국에서는 이러한 기술이 어디에나 존재한다. 그러한 의미에서 가상 생명체를 보기 위해 굳이 심스의 시뮬레이션 비디오테이프를 VCR에 넣을 필요조차 없다. 우리는 늘, 우리 주변 어디에서나 그것들을 본다. 우리가 거울을 들여다볼 때도 그런다.

과학적 실재론과 형식의 윤회

4장에서 비판한, 문학 텍스트가 비물질적(immaterial)이라는 전통적 생각으로 되돌아가, 아날로그와 디지털의 상호내개 역학이 어떻게 문학 텍스트를 넘어 과학적 기입을 포함한 더 넓은 기입의 장에까지 이러한 비판을 확장하는지 살펴보기로 하겠다. 이 장 서두에서 암시했듯 이러한 고찰은 1장에서 제시한 문제, 즉 계산 체제를 현대 문화와 사회에 널리 퍼진 은유로 이해해야 할 것인지 아니면 실재에 대한 정확한 기술로 볼 것인지의 문제를 해명해 줄 수 있다. 이 논의를 과학적 실재론의 맥락에 놓고 구성주의와 어떻게 다른지 살펴보면 도움이 될 것이다.

실재론자에게 물리적 실재(reality)에 대한 정보는 물질적인 면(이를테면 다양한 색깔의 나팔꽃 밭)에서 작용적인 면(색들을 분리하기 위해 식물을 조작하고 유전자를 이식하는 번식 실험)을 통해 상징적인 면[분리 이후 색들이 어떻게 다시 평형 상분포(equilibrium distribution)로 되돌아가는지 보여주는 그래프와 도표]로 흐르도록 구성된다. 연구자가 식물의 체화된 실재에 더 가까이 다가갈수록, 다양한 근원에서 나온 '소음(noise)'과 '오염(contamination)'이 그래프와 도표 같은 '기입(inscription)'에서 찾아내려는 규칙성을 복잡하게 만들면서 그림을 더 흐릿하게 만드는 경향이 있다. 해결책은 소음을 제거하거나, 그럴 수 없다면 실험 설계와 차후 분석에서 최대한 이를 보완해 그 밑의 규칙성을 뚜렷하고 명확하게 만드는 것이다.

체화된 실재에서 기입으로 이행하는 과정에서 얻는 것도 많지만 잃는 것도 있다. 가장 중요한 이득은 물론 기입을 통해 드러난 규칙성이다(이는 나중에 다시 다루겠다). 이러한 규칙성이 일단 지속적으로 기입되면, 그 의미에 영향을 주지 않고도 다른 매체들을 통해 순환시킬 수 있다는 점 또한 중요하다. 한 과학 학술지에서 나팔꽃의 색상 분포를 보여 주는 도표를 복사해 연구 세미나에서 토론하는 경우, 그 이미지를 생산한 방법과 구성하는 재료(토너 잉크와 복사지)가 원본과 달라도 세미나원 모두 과학 학술지에 실린 바로 그 **동일한** 도표를 보고 있다고 생각한다. 이와 마찬가지로 연구자가 자신의 작업에 대해 강의하면서 도표가 담긴 슬라이드로 예를 보여 준다면, 이 또한 학술지에 인쇄된 것과 같은 도표로 간주된다. 하지만 나팔꽃을 직접 조사하는 경우라면 이야기가 달라진다. 내가 홈디포(Home Depot)에서 나팔꽃을 사서 세미나에 가져온다고 치자. 그 나팔꽃은 몇 달 전 연구자가 실험용 밭에서 조사한 것과 분명 다른 식물이다. 우리의 나팔꽃과 그의 나팔꽃 사이에 있을 수 있는 물질적 차이에 대한 질문이 나오지 않을 수가 없다. 물질적 체화는 힘 안 들이고 쉽게 순환시킬 수 없다. 늘 특정한 시간과 장소에 위치하여 특정되고 예화되기 때문이다. 이와 달리 기입은 순환할 수 있다. 문화적 관습으로 인해 기입으로 표현되는 형식이 특정 매체에 예화된 것보다 더 중시되기 때문이다. 인쇄, 복사, 사진 원판 같은 매체들은 형식을 전송하는 수동적 수단으로 간주된다.[34]

보통 우리는 기입이 '운송 가능하다' 혹은 '전송 가능하다'고 말한다. 하지만 기입의 순환을 설명하기에 더 적절한 용어는 '윤회(transmigration)'일지도 모른다. 탈체화된 실체(disembodied entities)로 간주되는 정신(soul)이 하나의 형체를 가진 신체에서 다른 신체로 윤회를 통해 옮겨간다고 생각되듯이, 기입이라는 추상적 형식은 물질적 예화들 간의 차이에도 불구하고 하나의 체화(incorporation)에서 다른 체화으로 옮겨간다고 여겨진다. 이러한 관습에서 부분적인 예외가 서명(signature)인데, 서명은 서명인의 물질적 존재를 체화하므로 한 매체에서 다른 매체로 윤회할 수 없다고 가정된다. 유언장 복사본은 서명된 원문 문서와 같은 것으로 여겨지지 않는다. 체화에 대한 이러한 가정은 새로운 통신 기술의 확산으로 사라지는 듯하다. 예를 들면 팩스가 점차 법적 구속력이 있는 문서로 받아들여지고 있다. 그러나 팩스가 체화와 연결되는 서명이 아예 없는 이메일과는 다른 법적 지위를 점한다는 사실을 보면, 여기에도 여전히 체화의 흔적이 일부 남아 있다.

따라서 기입은 체화된 실재가 추상적 형식으로 변형되는 데 매우 중요하다. 브뤼노 라투르와 스티브 울거는 자신들이 생물학연구소를 방문한 어수룩한 인류학자라고 상상하고, 제일 먼저 이런 관찰자들의 눈을 끌 만한 것은 연구소 노트에 뭔가를 끄적이는 실험실 연구원부터 학술지 논문을 쓰는 고참 과학자에 이르기까지 과학 종사자들이 집착하는 "이상한 기입벽"이라고 강조한다.[35] 라투르와 울거는 '기입 장치'를 "물질적 실체(material substance)를 수치나 도표로 바꿀 수 있는 장치 혹은 그러한 장치들의 특정한 형태"로 정의하면서, "기입은 본래의 실체(original substance)와 직접적 관계를 맺고 있다고 간주된다"고 말한다(51). 우리의 목적상 여기서 주목할 만한 점은 대다수 과학적 도구, 어쩌면 거의 모든 과학적 도구가 물리적 특성에 대한 형태론적 비례를 통해 기입을 생산한다는 점이다. 음파가 막을 치면 일어나는 진동에서 아날로그적 유사성이 포착되고, 이것이 연결 메커니즘을 통해 모눈종이 위에 선을 긋는 펜으로 전달되며, 그 선은 진동과 아날로그적으로 닮아 있다. 과학적 도구들이 분석과 이미지화를 위해 점점 더 디지털 기술을 이용한다 해도 그 연쇄 중 일부는 여전히 아날로그 재현을 이용하며, 이는 보통 프로세스의 시작과 끝에 남아 있다. 디지털과 아날로그의 시너지적 상호작용에 관한 1장과 2장의 논의를 더 발전시키기 위해 여기서는 이 디지털/아날로그 구조를 까만 비스킷 두 개 사이에 흰색 속이 끼워진 과자 '오레오'로 부르고자 한다. 샌드위치처럼, 체화된 물질성과 연결된 맨 처음과 마지막의 아날로그 재현 사이에 파편화와 재조합이 일어나는 디지털이 끼워져 있다.

양전자 방사 단층 촬영법, 즉 PET 이미지가 이런 오레오 구조를 보여 주는 예다. 이 프로세스는 환자가 방사성 물질을 섭취하는 것에서 시작한다. 기기는 아날로그적 비례의 원칙을 이용해 방사성 물질의 붕괴를 감지하고, 숫자 데이터의 배열로 그 결과를 기입한다. 이후 이 데이터는 우리가 대뇌피질 안에서 발생하는 신진대사 프로세스라고 해석하는, 실제와 똑같은 아날로그적 유사성을 만들어 내기 위해 디지털적으로 분석되고 조작된다. 이러한 이미지들은 종종 '생각의 작용'으로 해석되지만, 오레오 효과의 작용으로 이해하는 편이 더 정확할 것이다. 아날로그적 유사성은 오레오의 맨 아래에 나타나는데, 방사성 붕괴라는 체화된 물질성이 유사성의 관계를 통해 기입 장치에 연결되기 때문이다. 이러한 유사성은 두뇌의 어느 위치에서 방사성 수준을 가리키는 숫자로 포착된 후에야 데이터 배열의 일부로 디지털화되고 조작될 수 있다. 이와 마찬가지로 오레오 맨 위의 아날로그적 유사성은 엄청나게 복잡한 삼차원적 환경 속에서 영겁의 시간에 걸쳐 움직이며 발전돼 온 [인간의] 정교한 시각적·인지적 지각 기술과 부합한다. 방사성 수준을 나타내는 숫자들을 보여 주는 데이터 배열에 비해 PET 이미지가 얼마나 이해하기 쉬운지 생각해 보라. 이미지를 한 번만 슬쩍 보아도 얻을 수 있는 직관적 이해를 이러한 [숫자] 디스플레이에서 얻어내려면 몇 시간 혹은 며칠이 걸릴지 모른다. 체화된 물질성들 간의 연결이 핵심인 곳에서는 아날로그적 유사성 또한 핵심이 되는 경향이 있다.

이와 대조적으로 오레오의 중간에 있는 디지털도 특유의 이점을 제공한다. 아날로그적 유사성에서 코딩 배열로 옮겨가는 과정에서, 아날로그적 유사성으로는 생각할 수 없을 만큼 효율이 높아질 가능성이 생긴다. 닮기 위해서는 비례적으로도 비슷해야 하기 때문이다. 이러한 차이는 타자기와 컴퓨터 워드 프로세서의 예로 알 수 있다. 타자기에서 문자를 더 진하게 만들려면 비례적으로 문자마다 더 많은 잉크 그리고/혹은 압력이 투입되어야 한다. 그러나 화면상의 문자를 진하게 만들려면 키 한 번만 누르면 된다. 코딩 배열은 아날로그 기술의 형태적 유사성에서 자유롭다는 바로 그 이유 때문에 매우 효과적으로 변형시킬 수 있다는 속성을 띠게 된다. 그러나 화면상의 진한 글자 또한 물질적 기반을 갖는다는 사실을 잊어서는 안 된다. 변화하는 전압의 체화된 물질성이 이진 코드로 변형되는 바로 그 지점에서 아날로그적 유사성이 반드시 그 상황에 다시 개입한다.

이 점을 분명히 하기 위해 전압이 어떻게 비트 스트림으로 만들어지는지 자세히 살펴보자. 2장에서 보았듯 전압이 초기부터 우리가 익숙하게 부르는 1과 0의 이산화된 계단 함수(step function)로 포착되는 일은 거의 없다. 전압이 초기에 기입될 때 '감소(fall-off)' 오류가 생기는데, 이러한 오류는 전압이 전자적 기입 장치로 기록될 때 약화되면서 체화가 만들어 내는 노이즈로 재현된다. 정교한 전자 장치들은 이러한 '오류'를 교정해 0과 1의 이진 신호로 바꾸어야 한다. 우리는 컴퓨터를 PET 스캔 프로세스의 가운데 낀 디지털적인 것으로 생각할지 모르지만, 컴퓨터 또한 제일 아랫부분은 아날로그적이며, 인간이 프로세스와 상호작용할 필요가 있는 한 그 윗부분도 아날로그적이다. 다르게 체화된 물질성들이 어디에서 연결되건 아날로그적 유사성이 프로세스 속으로 들어오는 경향이 있는데, 아날로그적 유사성이 체화의 노이즈와 형태의 명확성을 매개하기 때문이다.

이제 기입을 통해 윤회하는 '형식(form)'의 위상을 알아보자. 이는 실재론적 관점과 구성주의 관점 간 차이의 핵심으로 파고드는 문제다. 실재론의 관점에서 보면 형식은 이미 항상 체화된 실재 속에 예화되며, 기입은 형식의 진짜 본성을 드러내 줄 뿐이다. 반면 라투르가 ≪행동하는 과학≫(1987)[≪젊은 과학의 전선≫]에서 말한 것과 같은 구성주의적 관점에서 보면, 형식은 기입에 선행하는 것이 아니라 기입에 의해 생산된다. 구성주의자들은 이러한 주장을 펴면서 언제나 체화된 실재에 동반되는 우연성(contingency)과 국지적 조건들(local conditions)을 지적한다. 공기 펌프가 네덜란드에서나 영국에서나 똑같은 결과를 낳을 수는 없다.[36] 상응하는 두 개의 과학 도구들은 그중 한 도구를 조정하는 법을 아는 사람이 다른 한 도구가 있는 곳으로 물리적으로 가지 않는 한, 똑같은 결과를 산출하도록 조정될 수 없다.[37] 자연에 규칙적 패턴(regularity)이 존재한다는 점에는 거의 의심의 여지가 없지만, 이러한 규칙적 패턴을 체화된 맥락으로부터 추상화할 수 있는 '법칙'으로 보고 윤회하는 과학적 기입의 형식으로 표현할 때는 문제가 생긴다. 에벌린 폭스 켈러가 재치 있게 표현했듯이, 과학자라면 누구나 자연이 자연의 법칙을 따르게 하기가 얼마나 어려운지 알고 있다. 자연은 추상화된 형식으로 간주되는가, 아니면 형식이 허용하는 것보다 항상 더 복잡한 체화된 물질성으로 간주되는가?

실재론자는 정보가 물질적인 것에서 작용적인 것을 거쳐 상징적인 것으로 흘러가도록 구성된다고 가정하는 반면, 구성주의자들은 대개 상징적인 것(명확한 비전은 '이성의 실연'이라는 계몽주의적 이념)에서 작용적인 것(감옥 모델에 대한 벤담의 계획)을 거쳐 물질적인 것(판옵티콘의 구성)으로 흘러간다고 가정한다. 두 입장이 상대편과 반대 방향의 흐름을 좇으면서 대칭을 이룬다는 점에 주목하자. '진실 효과(true effect)'가 실험 기구가 아닌 사회적 프로세스로 생산된다는 강력한 반대 입장을 취한 것이 과학적 실재론의 헤게모니를 부수고 열어젖히는 데 도움이 되었음은 부인할 수 없는 사실이다. 그러나 이 전략은 그들이 저항하는 바로 그 가정에 제약된다는 점에서 한계가 있다. 자신이 저항하는 바로 그것으로 스스로를 정의함으로써, 이들 혁명가는 결국 거울에 비친 자신의 적처럼 보이게 된다.

과학에 대한 문화사회학적 연구는 이러한 대칭 관계가 부과하는 제약에서 벗어나려는 다양한 전략을 보여 준다. 예를 들어 라투르의 ≪우리는 결코 근대인이었던 적이 없다≫(1993)는 내가 보기에 그의 ≪행동하는 과학≫과 크게 다르다. 라투르는 ≪우리는 결코 근대인이었던 적이 없다≫에서 이전의 구성주의 논쟁의 한계를 인정하면서, 과학 연구의 대상들이 담론적으로 구성되고 시회적으로 생산되는 동시에 물질적으로 실재한다고 주장한다. 라투르는 과격한 구성주의적 입장이 홀로코스트를 부인하는 것과 같은 반동적 목적을 위해 전유될 수도 있다는 우려에서 한층 더 강력하게 이러한 입장을 취한다.[38] 나는 심스의 가상 생명체들을 지금 진행 중인 이러한 논쟁에 짚어 넣고 싶은데, 이들 생명체에 이 논쟁에 기여할 만한 중요한 점이 있다고 보기 때문이다. 이들 생명체는 유물론자/담론주의자로 나뉘는 대칭적 관계를 피해, 체화된 실재를 앞서는 효과를 갖는 기입을 통해 형식의 윤회를 다시 생각할 다른 방식을 제시한다.

디지털 생명체와 혼종적 주체성: 형식에서 프로세스로

자연 세계의 실험으로 체화된 물질성에서 형식을 추상화해 끌어내려면 엄청난 노력과 독창성이 요구되는 경우가 많지만, 가상 생명체 기저의 형식은 이해하기 쉽고 한눈에 잘 보인다. 계층의 맨 밑바닥에는 이진 코드의 1과 0이 있다. 1장에서 보았듯 어떤 이들은 이러한 단순한 요소로부터의 복잡성 출현이 실재의 계산적 본질을 확증해 준다고 본다. 과학적 분석은 환경을 이산적 구성 요소로 분석적으로 분할하고 (필수적이면서 유용하다) 이 구성 요소로부터 추상적 형식을 뽑아내면서 실제 세계의 복잡성 즉 체화된 물질성의 혼란스러움을 제쳐 놓지만, 인공생명에서는 바로 그 복잡성이 재귀적으로 구성된 적응 시스템에 의해 생산된다.[39] 이러한 복잡성은 단순한 요소로부터 생성된다 해도 그 요소들의 결합된 특질로 환원할 수 없으며, 요소들을 바탕으로 예측할 수도 없다. 복잡성은 요소들의 상호작용으로부터 역동적으로 창발하기 때문이다. 이는 매체를 통해 윤회하지만 매체에 의해 영향받지는 않는 형식인 추상의 기입만을 취한다면, 현실에서 가장 흥미로운 부분은 당신의 손가락 사이로 빠져나가 버렸을 수도 있다는 뜻이다. 상호매개하는 프로세스의 복잡성에 초점을 맞추면, 체화된 물질성을 기입으로 축소할 때 고려 대상에서 누락되는 것을 포착할 수 있게 된다.

가상 생명체의 경우, 체화된 물질성에서 브라운관 화면에서 보이는 전자적 기입으로 윤회하는 형식을 생각하기는 어렵거나 불가능하다. 오레오의 복잡한 구조로 인해 상황은 어쩔 수 없이 복잡해진다. 생명체들이 보여 주는 복잡성은 이진 코드에 내재해 있기보다는 프로그램이 실행될 때 생산된다. 실재론자는 이렇게 반론할 것이다. "하지만 당신은 생명체들이 시뮬레이션이라는 사실을 잊고 있다. 시뮬레이션으로서 생명체들은 실험 대상인 체화된 물질성에서 출현하는 기입과는 다른 존재론적 틈새 공간을 점유한다. 형식이 윤회하지 않는 것도 놀랄 일은 아니다. 이미지가 기존의 실재를 재현하지 않기 때문이다." 이러한 반론에 대해 나는 시뮬레이션이 기존의 실재를 재현하지는 않는다 하더라도 이 세계에 객체로 존재한다는 의미에서 그 자체로 실재(real)라고 답하겠다. 더 나아가 창발에 대한 모로위츠의 우주적 관점이 보여 주듯 생명체를 생성해 내는 진화 과정은 관찰자인 우리를 생산한 진화 과정 못지않게 실재다.[40] 라투르의 용어를 빌리면 생명체는 유사객체(quasi-object), 자연/문화를 통해 생산되는 혼종적 실체(hybrid entities)다.[41] 가상 생물체와 생물학 실험실의 기입 간 차이는 가상 생물체가 연구실의 '자연적' 유기체와 달리 순수하게 '인공적'이라는 점이 아니라 그들이 생산되는 프로세스에 있다. 우리가 생명체를 볼 때 그들은 브라운관 화면상의 이미지다. 코딩 단계를 지나 전압이 비트 스트림으로 만들어지고 있는 바닥 층까지 죽 내려가 보면, 생명체들은 LISP 프로그램상의 함수(function)다. 그들의 '신체'는 물질적으로 예화하지만, 이 예화는 우리가 그들을 삼차원 공간에서 움직이는 생명체로 '볼' 때 추론한 예화와는 전혀 다르다. 생명체들에 대한 내러티브 기입과 그들을 생산하는 물질-기호학적 장치 사이의 간격을 좁히려면 생명체들을 신체가 아닌 프로세스로 생각하는 편이 유용하다. 2장에서 기계에서 실행되는 코드를 논의하면서 강조했듯 생명체의 신체는 그야말로 프로세스[화면을 가로지르며 훑는 전자빔(electron beam), 컴퓨터에서 컴파일되거나 해석되는 코드]이며, 그들의 형태학적이고 신경학적인 특질들은 우리가 그것들의 신체로 '보는' 것에 응결되고 표현되는 프로세스로 생성된 결과다.

우리는 이 생명체나 다른 것을 어떻게 '보는가'? 이 또한 우리에게 세계를 존재하게 만드는 프로세스를 통해서다. 브라이언 마수미가 "당혹스러운 광희(The Brightness Confound)"라는 글에서 우아하게 논하듯, 세계가 이미 존재하는 객체들의 집합이 아니라 프로세스들의 끊임없는 흐름이라는 느낌이 있다. 우리는 관습적으로 세계가 프로세스에 앞서 존재한다고 가정하지만, 지각의 관점에서는 프로세스가 먼저 오고 우리가 세계로 받아들이는 객체들이 프로세스로부터 창발한다. 실재론자는 기저의 형식에 본질적인 실재라는 특권을 부여함으로써 바로 이 흐름, 세계를 출현시키는 프로세스의 이 계속성을 사실상 지워 버린다. 가상 생명체들은 이런 조처를 불가능하게 만들기 때문에 중요하다. 생명체들의 기저에는 그들의 창발을 해명해 줄 만한 어떤 적절한 형식도 없고, 기존의 형식이 체화된 물질성에서 나와 우리가 보는 복잡한 기입이 되도록 윤회하게 해 주는 어떤 메커니즘도 없다. 우리 자신이 곧 가상 생명체라고 말하면서 내가 부각하고 싶은 것은 우리에게도 프로세스가 중요하다는 점이다. 프로세스는 생명체의 체화된 물질성을 우리가 보는 신체와 연결한다. 프로세스는 그것들에 대한 우리의 시각적·인지적 지각을 우리가 구성하는 내러티브와 연결한다. 프로세스는 우리가 생명체들을 패배와 승리, 진화와 발달의 이야기 속 등장인물로 삼을 때 내러티브 재현으로 재기입되고 재해석된다. 인간과 비인간 행위자가 협력해 가상 생명체를 창조하고 이해할 때 만들어지는 분산 인지 환경에서, 복잡한 프로세스를 통해 상호작용하는 체화된 물질성은 윤회하는 형식의 이야기를 교란하고, 그 대신 창발과 흐름, 지각과 프로세스를 전면에 내세우는 내러티브의 발명을 자극한다.

이러한 전환은 단지 아날로그 주체성에서 디지털 주체성으로의 전환이 아니다. 두 주체성 모두 실재론적 실체(realities entities)로 묘사될 수 있다. 더 심오한 변화는 형식에서 프로세스로, 선재(先在)하는 신체들에서 체화된 물질성들으로의 변화다. 이때 이 체화된 물질성들은 아날로그적 유사성과 코딩 관계 양자에 기반한 프로세스의 복잡한 조합으로 서로 연결된다. 이러한 분산 인지 환경에 우리 자신을 행위자로 기입할 때, 우리는 인쇄 문화의 내면화된 아날로그 주체도, 디지털 주체의 이진 코드도 아니다. 그보다는 환경 안에서 다른 인지자들(cognizers)과 상호작용하며 독특한 특질이 출현하게 되는 혼종적 실체가 된다. 이러한 인지자들은 내가 앉아 있는 의자, 내가 치는 키보드, 내가 화면을 보며 메모를 끼적이는 노란색 메모지 같은 평범한 대상들로 체화되고 응결된 프로세스들을 포함한다. 인쇄 문화와 인쇄 주체성은 사라지는 것이 아니라 분산 인지 환경이 당신이 지금 읽고 있는 이 페이지의 내러티브를 포함해 새로운 내러티브들을 고무하게 되면서 변이한다.

짐 캠벨은 설치미술 작품 <나는 한 번도 성경을 읽은 적이 없다>에서 분산 인지 환경에서 출현하는 혼종적 주체성을 유희적으로 실연한다. 캠벨은 이 설치작품을 만들기 위해 배경에 모차르트의 레퀴엠을 깔고 자신의 목소리로 알파벳 스물여섯 자를 녹음했다. 그런 다음 성경의 영어 번역본을 스캔해 이를 이진 코드로 변환했다. 컴퓨터 프로그램을 사용해 문자를 발음하는 그의 목소리와, 컴퓨터 안에 코딩 문자열에서 이에 상응하는 부호를 연결했다. 이러한 코딩 배열을 완성하고 또 다른 프로그램을 신시사이저와 함께 사용해 성경에 나오는 순서대로 발음된 문자들을 재생했다. 그 결과 성경은 처음부터 끝까지 한 문자 한 문자씩 '읽혀졌다'. 이는 프로그램을 하루 종일 실행시켜 설치작품이 완료되는 데 37일이 걸리는 프로세스였다. 그 기간 동안 원래는 일관성 있는 레퀴엠 연주였던 배경음악 또한 각 문자가 발음되는 동안만 연주되는 음악 비트로 뒤죽박죽 변환되었다. 이러한 잡탕 음악은 소리의 아날로그적 재생을 일관성 있는 원본으로 오인해서는 안 된다는 사실을 소리로 상기시켜 주는 역할을 한다. 오레오의 사이에 낀 디지털이 개입해 그 파편화하고 재조합하는 프로세스라는 명백한 증거를 남겨 놓기 때문이다.

이 설치작품에서 목소리와 변환된 음악은 19세기 판 ≪웹스터 사전≫에서 흘러나온다. 무거운 물질성을 띤 이 사전은 벽에 걸린 채 관람객들에게 "I-N-T-H-E-B-E-G-I-N-N-I-N-G-W-A-S-T-H-E-W-O-R-D.…"라고 속삭이면서 책의 무질서적 상태를 증언한다. 이 설치작품은 아날로그 주체성의 '목소리화된' 텍스트를 공연하면서 동시에 그것을 새로운 맥락에 끼워 넣음으로써 이 주체성을 혼종화한다. 사전에서 그 밑의 전자 (아마도 디지털) 장치에 연결된 전선이 이 새로운 맥락을 가시적으로 증언한다. '목소리화된' 텍스트로 사전을 선택한 것은, 사전의 기능이 단어를 정의하는 일, 한 기표를 그 의미를 명확히 해 주는 상응 관계에 있는 다른 기표와 연결 짓는 일이라는 점에서 의미의 문제를 전면에 부각한다. 그러나 캠벨의 설치작품에서 기표는 인쇄 문화의 고정된 부호가 아니다. 이러한 변환을 증언하듯 벽에 걸린 ≪웹스터 사전≫은 그 속을 파내고 전자 장치들을 감추어 놓았기 때문에 펼칠 수 없다. 이 경우 기표는 디지털 코드와 아날로그적 유사성의 복잡한 연쇄가 되며, 내가 명멸하는 기표라 불렀던 배치에서 일련의 역동적 프로세스로 절합된 풍요로운 내적 구조를 띤다.[42]

의미는 고정된 부호들 간의 상응 관계가 아니라 환경 전반에 분산된 인간과 비인간 인지자들의 상호작용을 통해 창발한다. 이 상황의 혼종성은 설치작품의 제목에서 더욱 강조된다. 무엇보다 중요한 것은 "나는 한 번도 성경을 읽은 적이 없다", 즉 단일 주체로서 예술가가 성경을 읽은 적이 없다는 것이다. 여기에서 '읽기'는 분산된 활동이다. 이 분산된 활동의 일부는 예술가의 발화(articulation)에서, 일부는 '목소리화된' 텍스트에서, 일부는 스캐너와 컴퓨터와 신시사이저의 오레오 구조에서, 일부는 음성화된 문자로 단어를 만들 뿐 아니라 이 분산 인지 환경 속으로 자신을 내삽해 의미를 만들어 내는 관찰자의 지각에서 일어난다.

이 설치작품 앞에 서서 사색에 잠겨 있는 나는 어떤 종류의 주체일까? 분명 의식에 정체성을 두는 주체, 무엇보다도 나 자신의 신체를 소유하고 있다는 데 뿌리를 둔 자율적인 자유주의적 주체는 아니다. 가상 생명체와 나의 연계성을 생각하다 보면, 나 자신을 그들의 이미지에 맞추고 스스로를 복수의 행위자로 구성된 분산 인지 시스템으로 보고 싶은 유혹에 빠진다. 이때 의식은 이 복수의 행위자들을 알지 못하겠지만, 이들이 실행하는 프로그램에서 창발한다. 나와 가상 생명체들은 각기 다른 종류의 물질적 체화다. 그리고 우리[나와 가상 생명체들]는 우리를 함께 절합하는 인지 활동의 그물망 속에 한데 엮어 짜는 상호매개로 연결되어 있다. 내 생각에, 나는 내 환경 안에서 인간과 비인간을 망라해 모든 다른 인지자들과 연결되어 있다. 이 환경에는 당신이 이 문자들을 해독하는 바로 이 순간 실행되는 역동적 프로세스와 이 종이, 이 잉크, 명사와 동사로 이뤄진 이 낡은 언어를 만들기 위해 응결되고 과거에 실행되었던 역동적 프로세스들 모두가 포함되어 있다. 나는 이 명사와 동사를 새로운 목적에 맞게 변화시켜, 여러분이 내 신체, 당신의 신체, 가상 생명체들의 신체를 동사를 실연하는 명사가 아닌 역동적인 상호매개로 보게 만들고 싶다. 이 상호매개는 풍요로운 복잡성을 지닌 분산 인지를 창조하기 위해 다양한 생명 형식들의 체화된 물질성들을 함께 엮어 내는 역동적 상호매개다. 이것이 가상 생명체들이 우리에게 주는 가르침이다.

09
주관적 우주론과 계산 체제 : 그렉 이건 소설의 상호매개

그렉 이건의 소설은 내가 그다지 좋아할 만한 소설이 아니다. 이건은 내가 ≪우리는 어떻게 포스트휴먼이 되었는가≫에서 비판한 여러 견해들을, 특히 인간 의식을 컴퓨터에 업로드한다는 단기적 전망과 (포스트)휴머니티의 포스트생물학적 미래 같은 장기적 전망을 지지한다. 포스트생물학적 미래라는 장기적 전망에 따르면 체화는 컴퓨터조차 넘어서서 전적으로 선택 사항이 될 것이며, 사람들은 신체를 가질 것인지, 새로운 신체를 성장시킬 것인지, 혹은 신체 없는 상태로 남을 것인지 선택한다. 이건은 아직 발전하고 있는 작가이며, 그의 여러 작품 속 등장인물들의 성격은 그가 탐색하는 고도로 사변적인 아이디어에 희생되어 풍부하게 발전되지 않는 경우가 많다. 이러한 문학적 결함에도 불구하고, 또 미래에 대한 이건의 결론에 내가 동의하지 않음에도 불구하고, 나는 어느새 그의 소설에 끌리기도 하며 나도 모르게 그의 소설에 감탄하기도 한다. 이 장에서는 주저되면서 매혹되는 이러한 끌림을 탐색해 보려 한다. 앞 장들에서 살펴본 궤적은 인간의 신체들, 문화들, 인공물들이 점점 더 지능 기계들과 서로 얽히고 있다는 결론으로 나아갔다. 또한 여기서 쟁점은 '상상된 미래(imagined future)'가 현재에 미치는 영향으로, 이는 1장에서 살펴본 것처럼 은유로서 보편 컴퓨터와 수단으로서 보편 컴퓨터가 함께 얽히게 하는 중요한 역할이다. 이건의 소설은 계산적 우주의 가능성을 극단까지 밀고 나가 인간과 컴퓨터의 얽힘이 어디까지 갈 수 있는지 혹은 가야 하는지 생각해 보게 한다.

앨런 튜링의 유산

이건의 사변 소설(speculative fiction)을 위한 배경으로 1950년이라는 중요한 순간으로 되돌아가 보자. 이때 앨런 튜링은 "기계는 생각할 수 있는가"라는 질문에 답을 구하기 위한 조작적 절차로 튜링 테스트를 제안했다.[1] 튜링의 영향력 있는 이 글에서 두 종류의 서로 관련된 흐름이 발전했다. 첫째, 여러 연구자들이 튜링의 제안을 지능 있는 기계를 개발하자는 초대장으로 생각했고, 10여년 사이에 인공지능 연구가 번성하게 되었다. 회의론자들이 이 초기 컴퓨터들이 (1976년에 조지프 바이젠바움이 주장했듯) 판단을 할 수 없다고, 혹은 창의적이고 직관적으로 생각할 수 없다고 부정적으로 반응하면서 이러한 사유 양식이 인간만의 독점적 영역이라고 주장한 그때, 연구자들은 이러한 자질에 도달할 수 있는 프로그램을 만드는 쪽으로 관심을 돌렸다.[2] 예를 들어 존 코자와 그의 동료들은 대역 통과 필터(band-pass filters)를 디자인하기 위해 유전학 프로그램들을 사용해 연구했다.[3] 그들은 이 프로그램들이 이전에는 고도로 숙련되고 경험 많은 전기 공학자들만이 지닌 창조성과 직관을 요한다고 생각됐던 회로들을 성공적으로 디자인할 수 있다는 것을 보여 주었다. 누군가는 튜링의 도발적 질문이 철학적 관점에서 충분하게 대답되지 않았다고 반박할 수도 있지만, 내가 보기에 튜링의 도발적 질문은 그러한 질문들이 겪는 운명을 맞이했다. 즉 그 질문은 대답되지 않았다기보다는 점점 더 흥미가 가지 않는 질문 혹은 심지어 부적절한 질문으로 간주되었다. 지능 기계들이 수행할 수 있는 인지(cognitions)가 깊어지고 넓어지면서, 기계가 하는 것을 '생각하기(thinking)'에 대한 우리의 정의에서 배제하려면 상당수 인간의 사유 능력이 미심쩍게 보일 정도까지 '생각하기'의 영역을 좁혀야만 하게 됐다.

마찬가지로 지능 기계가 마음(mind)을 가질 수 있다는 명제는 오늘날 많은 사람들에게 완전히 틀리지는 않지만 상당히 논란의 여지가 있는 말로 보인다. 그러나 연구자들은 이미 마음-같은(mind-like) 활동을 수행할 수 있는 지능 기계들을 개발하려 하고 있다. 로드니 브룩스의 '코그(Cog)' 프로젝트, 알렉산더 무커스와 패티 마스가 개발한 정보-필터링 생태(information-filtering ecology), 여러 종류의 신경망들, 제럴드 에델먼의 신경학적으로 정밀한 NOMAD(Neurally Organized Mobile Adaptive Device. 뇌신경 시스템을 본떠 조직한 이동형 적응 장치) 로봇과 그 외의 다른 많은 것들을 생각해 보라.[4] 이러저러한 기계들이 수행하는 활동들이 정말로 마음-같은 것이 되어 이 문제 또한 흥미가 가지 않는 혹은 부적절한 질문이 되는 것은 시간문제로 보인다. 그러므로 튜링의 글에서 비롯한 첫 번째 '발전'은 지능 기계들의 점진적 정교화다. 인간이 하는 종류의 '생각하기'에서 기계들을 분리하기 위해 분명하게 상정되었던 장벽들이 연구자들에 의해 하나하나 극복되고 있다.

튜링의 글에서 비롯한 두 번째 '발전'은 우리가 '생각하기', '마음', '살아 있는(alive)' 같은 단어들을 사용할 때 무엇을 의미하는지에 관한 논의가 촉발되었다는 점이다. 이들은 악명 높게 논쟁적인 용어들이다. 이들이 무엇을 의미하는지에 대한 보편적 합의도 없고, 무엇인지에 대한 최종적 설명도 없다. 그 대신 '기계가 생각할 수 있다', '컴퓨터가 마음을 지니고 있다' 혹은 '디지털 시뮬레이션은 살아 있다'고 주장(복잡한 토론과 연구와 논쟁의 역사가 있는 주장들이다)될 때, 이 용어들 자체가 마치 경기장에 새로 배치된 선수들처럼 변형되고 수정된다. 좋은 예가 '인공생명(artificial life)'이라는 용어다. 크리스토퍼 랭턴은 인공생명 연구가 이론생물학의 일부로 간주되어야 한다고, 그리고 이론생물학은 그에 따라서 생명을 두 개의 다른 계통 즉 탄소에 기반한 생명 형식들과 실리콘에 기반한 생명 형식들을 바탕으로 생명을 정의하려 노력해야 한다고 주장한다.[5] 이러한 기반에서 사유한다면 '생명'의 의미는 분명 엄청나게 변할 것이다. 컴퓨터가 마음을 가지고 있다는 명제에도 이와 유사한 역학이 작용하는데, 그 결과는 예를 들어 대니얼 데닛의 ≪마음의 종류≫에서 볼 수 있다. 여기서 데닛은 세포의 마음 혹은 심지어 DNA의 마음에 대해 말할 수 있다고 주장한다.

이러한 두 가지 역학, 즉 지능 기계들의 지속적 발전과 주요 용어들의 의미 변화는 함께 작동해 인간과 지능 기계가 서로를 상호 구성하는 상호작용의 복잡한 장을 만들어 낸다. 두 개체 모두 전혀 정적이지도 고정적이지도 않다. 양쪽 모두 시간과 진화와 기술과 문화를 통해 변화한다. 다시 말해 문화 유물론자들이 오랫동안 인간 문화의 진실로 여겼던 경구를 사용하자면 '우리가 만드는 것과 (우리가 생각하는) 우리 존재'는 공진화한다. 이 경구에서 괄호는 아주 중대한 애매성을 나타낸다. 이는 문화적 태도의 변화, 인간과 기계의 물리적이고 기술적인 구성의 변화 그리고 존재의 물질적 조건들에서의 변화가 나란히 발전한다는 것을 나타내는 이중성을 의미한다. 예를 들어 인류학자들은 직립 자세와 도구의 사용이 시너지적 상호작용을 일으키며 역동적으로 공진화했다고 생각한다. 똑바로 서서 걸으면서 도구 사용이 쉬워

졌고, 도구 사용이 두 다리로 걷는 것의 신체적 이점들을 상당히 증가시켰다. 게다가 도구의 사용은 인간 문화의 시작과 관련되어 있다. 언어와 더불어 공예품과 기술의 발전은 으레 인간 사회와 다른 유인원 집단들을 구별하는 뚜렷한 특징으로 여겨진다.

내가 1장에서 계산 체제를 수단과 은유 둘 다로 고려하겠다고 말했을 때 염두에 둔 것이 바로 '우리가 만드는 것'과 '(우리가 생각하는) 우리 존재'의 복잡한 상호작용이다. 계산 체제에 대한 통찰이 복잡성이 어떻게 발생하는지에 관한 이론들을 분명 변화시킬 것이다. 예를 들어 울프럼의 주요 논점은 단순한 세포 자동자가 복잡한 패턴을 생성할 수 있다는 것이었고, 울프럼과 그의 직원 매슈 쿡은 '규칙 110번'으로 기술된 단순한 세포 자동자가 보편튜링기계와 호환됨을 보여 주었다. 이보다 훨씬 더 멀리 나아간 울프럼의 또 다른 주장은 그와 상충되는 다른 개념들과 이론들에 압력을 가해 그 개념들 자체의 결론과 추측을 수정하게 하며, 결과적으로는 이러한 수정이 울프럼의 주장 일부를 다시 수정하게 하거나 거부하게 하기도 한다.[6] 그 과정에서 보편 컴퓨터가 물리적 실재를 생성한다는 울프럼, 프레드킨, 모로위츠 등의 과감한 주장이 문화 영역에서 유통되게 되었다. 이건의 소설들이 (다른 많은 것들과 더불어) 그러한 유통을 증명한다.

보편 컴퓨터는 '인간'이라는 의견이 분분한 용어에 대한 논쟁들을 해묵은 것으로 만드는 새로운 길을 이미 제시하고 있다. 예를 들어 보편 컴퓨터는 의식의 업로딩에 대한 주장이 발생하는 규모를 변형한다. 모라벡이 1990년에 발표한 그 유명한 업로딩 시나리오에 따르면, 의식이 본질적으로 정보 패턴이라면 인공 매체에서 그 패턴을 재생산해 인간이 경험하는 것과 동일한 형식의 의식을 재창조할 수 있다는 추론에 기반을 두어 의식이 컴퓨터로 직접 전송된다.[7] 그러나 내가 ≪우리는 어떻게 포스트휴먼이 되었는가≫에서 지적했듯, 이러한 관점은 다마지오가 설득력 있게 보여 주었던 인간 인지와 체화된 프로세스들을 연결하는 복잡한 피드백 루프들은 말할 것도 없고, 인간 체화와 컴퓨터 구조를 가르는 엄청난 차이를 무시한다.[8] 계산 체제에서는 인지를 계산적 프로세스로 간주하기 위해 모라벡처럼 단순화된 가정을 할 필요가 없다. 만약 계산이 아원자(亞原子) 수준에서 물리적 실재를 생성한다면, 체화의 차이들을 인정하고 체화와 인간 인지의 통합적 관계를 받아들이면서도 그러한 의미에서 인지가 계산적이라고 주장할 수 있다. 서로 동시적으로 상호작용하는 이러한 역학들의 복잡성은 가장 넓은 의미에서의 상호매개다. 즉 물리적 실재에 대한 주장들과 문화적 태도들 그리고 기술적 발전들이 시너지 효과, 대립, 경쟁, 협력 관계들을 통해 공진화한다.

분명 이것은 마누엘 카스텔의 '정보 시대(Information Age)' 삼부작과 앨런 류의 ≪쿨함의 법칙≫과 같은 대작부터 마크 포스터의 ≪인터넷이 뭐가 문제인가?≫와 같은 좀 더 특화된 연구에 이르는 책들 수백 권이 다루는 주제이자 거대한 화두다.[9] 내가 흥미를 갖는 점은 (이 책의 부제 "디지털 주체와 문학 텍스트"가 나타내듯) 기술적 기능이면서 동시에 문화적이고 예술적 문제들이기도 한 교차적 주제인 만들기, 저장하기 그리고 전송하기다. 이러한 문제들에는 코드가 말하기와 글쓰기 시스템들에 대한 우리의 이해를 변화시키는 방식, 인쇄와 전자 텍스트성의 상호작용 그리고 인간 인지와 컴퓨터 인지가 생각하기와 마음의 의미를 역동적으로 변화시키면서 변모한 주체성들이 포함된다. 내가 계속 반복하는 중요 주장은 이러한 역학들을 함께 생각해야 하며, 그러기 위해서는 복수의 인과관계들이 서로 동시에 상호작용한다는 것을, 그리고 그것들이 수단이면서 동시에 은유로 작동한다는 것을 인식해야 한다는 것이다.

이는 ≪우리는 어떻게 포스트휴먼이 되었는가≫에서 내가 시도한 것보다 더 어렵고 더 섬세한 접근이다. 나는 여전히 정보가 어떻게 신체를 잃었는지에 대한 그 책에서의 분석이 지난 20세기 후반 사이버네틱 사고의 상당 부분을 정확하게 묘사한다고 생각한다. 그러나 계산 체제의 복잡성을 설명하려면 그 접근법은 수정되어야 한다. 계산 체제는 20세기 중반 사이버네틱스 학자들의 그 원대한 꿈보다도 더 크고 더 야심찬 프로젝트이기 때문이다. 사실상 20세기 사이버네틱스는 다양한 방식으로 계산 체제로의 길을 마련했으므로 창발성(emergence)에 대한 최근의 강조를 '3차 사이버네틱스'

로 명명하더라도 완전히 잘못된 것은 아닐 것이다. 왜냐하면 계산 체제는 2차 사이버네틱스의 특징인 재귀성(reflexivity)을 포괄하고 변형하기 때문이다. 하지만 사이버네틱스와 계산 체제 간에는 뚜렷한 차이들 또한 있다. 계산 체제는 사이버네틱스 형성의 중심인 섀넌·위버식 정보 이론처럼 탈물질화된 이론이 아니다.[10] 계산 체제는 물질성을 추정하고 요구하면서 동시에 물질성에 대한 우리의 이해를 변형한다. 다른 무엇보다도 바로 이 차이 때문에 나는 계산 체제를 말하는 것을 선호한다. 이 21세기의 비전이 사이버네틱 패러다임과 어떻게 다른지 분명하게 하기 위해서다.

지금까지 만들기, 저장하기, 전송하기의 복잡한 역학 관계가 언어, 텍스트성 그리고 인지에 관한 최근의 사유를 변화시키고 있음을 보여 주는 수많은 사례들을 제시했으므로, 이제 이 마지막 장에서는 계산 체제의 한계를 조사해 보려 한다. 이건의 소설은 이 점에서 특히 풍요로운 자원이다. 인간/컴퓨터 연결을 기술의 문제(하이데거를 생각나게 한다)가 아니라 인간이 우주와 맺는 관계에 대한 존재론적 질문으로 다루기 때문이다. 이건의 '주관적 우주론(subjective cosmology)' 삼부작[≪쿼런틴(Quarantine, 격리)≫, ≪퍼뮤테이션 시티(Permutation City, 순열 도시)≫, ≪디스트레스(Distress, 고통)≫]은 인간의 의식과 우주를 생성하는 계산 프로세스 사이에 깊은 관계가 있다고 추정한다. 다만 그 관계가 어떠한지에 대한 각 소설의 비전은 다르다. 게다가 각 소설은 작품을 지배하는 가정에 저항하는 씨앗을 각각의 허구적 세계 내부에 심어 놓아서 내가 계산적 우주에 대해 느끼는 것과 같은 양가감정을 상당한 정도로 보여 준다. 사실상 어떤 면에서 이 텍스트들과 나의 관계는 텍스트들 자체의 역학을 반영하면서 뒤집는다. 이 텍스트들은 이데올로기적 프로그램을 구현하는데, 이 프로그램을 저항과 전복의 가닥들이 뚫고 지나간다. 반면 나는 이 텍스트들에 거세게 저항하며 마주하는데, 그 저항을 감탄과 매혹의 가닥들이 뚫고 지나간다.

이건의 소설과 인터뷰를 보면 그가 지적 정직성을 높게 평가하고 있음이 분명하다. 이건은 "각각의 작품에서 내게 중요한 것은 할 수 있는 한 아이디어들을 밀고 나가는 것이며, 할 수 있는 한 주제에 정직한 것이다"라고 말한다.[11] 이건에게 지적 정직성은 한 개념을 그 논리적 귀결까지 따라가 보려 하는 것과, 우리가 진실이기를 희망하는 것과 실제 사이의 차이를 피하지 않고 바라보려 하는 것 둘 다를 포함한다. ≪디스트레스≫에 나오는 간결하고 함축적인 대화는 이러한 이건의 헌신을 잘 보여 준다. 극중 앤드루 워스는 그가 냉소적인 순간에 쿠웨일에게 "당신이 빠져나갈 수 있는 것이면 그것이 무엇이든 진실이지"라고 말한다. 쿠웨일은 "아니, 그것은 저널리즘이지요. 당신이 피할 수 없는 것, 그것이 진실입니다"(307)라고 답한다. 이건이 보기에 인간은 생명의 작용[이라는 한계]을 피할 수 있다. 이건의 관점에서 우리가 피할 수 없는 것은 우리를 물리적 존재들로 구성하는 물리적 우주의 물질성이다. 우리의 참여적 이해가 그것[우주]을 공동으로 구성함에도 그러하다. 이건의 소설에서 나는 계산적 우주의 최극단과 마주한다. 내가(아니 우리 모두가) 그것이 함의하는 바를 피할 수 있는지가 이건의 소설이 우리에게 개입하라고 권하는 무서우면서도 매혹적인 문제다. 나는 계산적 우주를 '은유'로 볼 뿐 아니라 나아가 **'병리적** 은유'로, 다시 말해 '징후(symptom)'로 봄으로써 그 개입을 시작하려 한다.

징후로서 계산

1장에서 설명한 것처럼 만약 계산적 우주에 대한 울프럼의 주장을 문화적 은유로 읽는다면 울프럼이 놓여 있는 문화적 상황(컴퓨터 기술이 광범하게 보편화하고 메모리 용량과 프로세서 속도가 기하급수적으로 증가하고 있는 인류 역사의 이 순간)과 물리적 실재가 본질적으로 계산적이라는 그의 믿음 사이의 피드백 루프를 추적해 볼 수 있다. 그러한 피드백 루프들(당시보다 지금 회고해 볼 때 더 분명하게 보인다)은 종종 발전한다. 서문에서 언급했듯 우주를 시계처럼 작동하는 메커니즘으로 보았던 18세기 우주관이 좋은 예다. 계산을 문화적 은유로 전유하는 것은 더 일반적인 역학, 즉 문화적·역사적·언어적 전제(그것이 진실이라고 단순하게 받아들이는 사람에게는 보이지 않는 전제)가 문제가 구성되고 판단이 이뤄지는 틀을 구성한다는 더 일반적인 역학을 보여 주는 한 사례다. 이 역학은 '징후'와 상당히 유사하다. 징후의 심리학적 측면에 대한 설명으로는 슬라보예 지젝의 ≪당신의 징후를 즐겨라!≫가 유용하다.

"편지는 항상 그 목적지에 도착한다"는 라캉의 너무나 유명한 경구에 자극을 받은 지젝은 징후의 특징적 구조를 "목적론적 환상의 메커니즘"(9)으로 규정한다. 지젝은 다음과 같은 농담으로 이를 설명한다. "아빠는 맨체스터에서 태어났고, 엄마는 브리스틀에서, 나는 런던에서 태어났다. 우리 세 명이 만나야 했다니 참 신기하다!"(9)[12] 즉, 이 메커니즘은 현재 시점에서 과거로 되돌아가면서 이전의 우발적 사건들이 현 시점까지의 필연적이고 불가피한 목적론적 연쇄를 이룬다고 추론하는 역행 추론을 수반한다. 편지는 항상 목적지에 도착한다. 왜냐하면 지젝이 바버라 존슨의 견해를 받아들여 지적하듯 편지가 어디에 도착하든 그곳이 바로 그 편지의 목적지기 때문이다. 편지는 은유로서 적절하다. 편지는 발신인이 아니라 다른 누군가에게 전달될 메시지를 포함한다고 여겨지기 때문이다. 그런데 정신분석학적 징후가 [그것의 원인이라고] 가정되었던 신체적 질병이 아니라 억압된 심리적 트라우마를 가리키듯/지시하듯, 편지는 발송되자마자 목적지에 도착한다. 편지의 메시지는 편지를 받기로 가정되었던 다른 사람이 아니라 역으로 발신인을 가리키기/지시하기 때문이다.

울프럼은 무슨 편지를 보내는가? 그리고 그것은 어떻게 징후로 기능하는가? 계산적 우주라는 울프럼의 비전은 분명 그의 연구를 가능하게 한 컴퓨터 기술에 빚지고 있다. 울프럼은 세포 자동자 시뮬레이션으로 복잡한 패턴을 만들면서, 시뮬레이션을 작동시키는 하드웨어와 소프트웨어 그리고 그가 이러한 결론에 도달할 수 있게 하는 그 자신의 지각적/인지적 시스템 등을 포함한 모든 복잡계를 창조하는 메커니즘으로서 세포 자동자를 제시하기 위해 역행 추론을 한다. 징후적 관점에서 보면 울프럼이 ≪새로운 종류의 과학≫에서 보내는 편지의 수신자는 울프럼의 믿음 그 자체다. 더 정확하게 말하면 계산이 모든 사물(그리고 우리)의 근본에 자리한다고 증명되어야만 할 정도로 계산을 그토록 근본적인 것으로 보이게 하는 문화적 구성 그 자체다. 영화 <페이첵> 속 기상천외한 가정처럼 울프럼은 우주에 레이저 빔을 쏘고 그것이 되돌아와 그의 머리 뒤를 밝히게 한다. 복잡계에 대한 울프럼의 해석과 그가 속한 계산의 문화적 맥락 사이의 (단속) 회로를 완성시키는 목적론적 환상을 볼 때, 편지는 그 목적지에 도착한다.

지젝이 지적하듯이 소위 “인간 중심 원칙(anthropic principle)” 또한 이와 유사한 역행 추론을 특징으로 한다. 이 원칙의 강력한 버전 중 하나는 일련의 우발적인 물리적 특징들(우주의 팽창률, 물의 동결점 등)을 한데 모아서, 만일 모든 것이 이렇지 않았다면 지적 생명체의 진화는 불가능했으리라 보여 주고, 이 우주는 지적 생명체가 출현할 수 있도록 바로 이렇게 구조화되었다고 암시하는 것이다.[13] 이 원칙의 약한 버전은 우주 기원에 관한 어떠한 설명이든 지적 생명체의 출현과 부합해야 한다고 주장한다. 왜냐하면, 어쨌든 지적 생명체가 진화했기 때문이다. 이 두 버전 모두 역행 추론을 사용해 우발성을 필연성으로 전환하며, 이러한 점에서 징후 심리학에 동참한다. ≪이기적 유전자≫에서 리처드 도킨스가 한 추론과 유사한 방식으로 인간 중심 원칙의 계산적 버전을 상상해 볼 수 있다. ≪이기적 유전자≫에서 도킨스는 인간은 유전자가 더 많은 유전자를 만들기 위한 수단이라고 주장한 바 있다. 이와 같은 시나리오[인간 중심 원칙의 계산적 버전]에서 보편 컴퓨터는 수십 억 년 동안 진화하면서 계산하고 계산하고 또 계산해 마침내 보편 컴퓨터 자체의 본질적 메커니즘을 이해할 수 있는 의식을 창조할 수 있었고, 그 메커니즘들을 인공 매체 안에 재창조할 수 있었다. 이러한 관점에서 보면 인간은 컴퓨터가 더 많은 컴퓨터를 만들기 위한 수단이다.[14] 보편 컴퓨터의 의도가 암시하는 바를 잠시 제쳐 두면, 이 시나리오는 창발의 네 번째 단계에 대한 모로위츠의 가정에 가까워진다. 모로위츠는 창발의 네 번째 단계를 계산적 마음이 계산적 우주로 재귀적으로 회귀하는 단계로 가정했다. 이러한 역행 추론 방식이 아무리 문제적이어도, 이 시나리오는 왜 재귀성이 계산적 비전의 중요 특징인지 분명히 보여 준다.

지젝은 더 나아가 징후를 "메타언어는 없다"(12)라는 논평과 연관시킨다. 지젝은 양자역학과 현대 과학 연구의 중요 통찰과 목적론적 추론 사이의 접점을 이끌어 낸다. 즉 우리는 언제나 우리가 관찰하는 것 안에 참여하고 있다. 지젝은 "우리가 볼 수 있는 것은, 우리가 볼 수 없는 것과 마찬가지로, 항상 역사적으로 매개된 가능성들의 틀(frame)을 통해 우리에게 주어진다"(14~15)고 말한다. "이러한 관점에서 메타언어의 불가능성은 우리가 이것을 '객관적으로' '공정하게' 볼 수 있게 하는 중립적 관점의 불가능성과 같다. 즉 역사적으로 결정된 '선이해'의 지평으로 틀 지워지지 않은 관점은 없다."(15) 지젝에게 주체와 대상의 재귀적 얽힘은 어떤 과도함 즉 잉여의 형태를 취한다. 그 잉여는 편지의 발신인이 "늘 그가 '말하려고 의도한' 것보다 더 많은 것을 말할"(14) 때 스스로를 드러낸다. 정신분석학적 용어로 이것은 억압된 것이 되며, "억압된 것의 귀환"을 알리는 징후를 동반한다(14).

덜 심리학적인 용어를 쓰자면, 잉여가 드러내는 것은 발신인이 메시지에 연루되어 있다는 사실이다. 메시지가 결코 발신인의 관점 바깥에 객관적으로 존재하지 않으며, 그 관점 안에서 그 관점을 통해 형성된다는 점에서 그러하다. 이러한 역학 관계는 도나 해러웨이의 상황적 지식(situated knowledge)

개념에서 핵심이다.[15] 이러한 잉여 개념은 자신의 시뮬레이션에 대한 울프럼의 해석에 '억압된' 측면이 있음을 시사한다. 울프럼이 다른 사람들의 연구를 인정하기 꺼려하며 오직 자신만이 '새로운 종류의 과학'을 발명한 공을 칭송받을 자격이 있다고 반복해서 주장했다는 사실을 여러 사람들이 지적해 왔다. 울프럼이 본인의 작업을 홍보한다는 것은 그가 우주에 자신의 표식을 찍고 그 '손자국'이 우주가 실제로 존재하는 방식과 동일하다고 보고 있다는 것을 암시한다. 게다가 울프럼은 '전통적 과학'이 늘 새로운 패러다임의 도래에 저항해 왔다고 주장하면서 자신의 결론에 대한 반대를 자신이 옳다는 증거로 해석한다. 이 자기 폐쇄적 추론하에서 울프럼은 다른 과학자들이 그의 문제적 설명에 반대하면 할수록 더욱더 자신이 옳다고 확신하게 된다.[16] 우리는 울프럼이 대부분 과학자들보다 자신의 맹점에 더 맹목적이라고 결론지을 수 있다.

개념적으로 가장 일반적인 측면에서, '맹점'은 특정한 것을 보지 못해 나타난 결과가 아니라 관찰자의 시각이 불가피하게 부분적일 수밖에 없어서 나타난 결과다. 지젝은 "내가 보는 것에, 내 시야에 열려 있는 것에, '아무것도 안 보이는' 지점, '이해가 안 되는' 지점이 항상 있다.… 이곳이 바로 그 장면 자체가 [나의] 응시를 되돌려 주는 지점, 나를 다시 마주 바라보는 지점이다"(15)라고 기술한다. 니클라스 루만에게 이 맹점은 어떤 시스템을 그것의 환경과 구분해 내는 절단에 내포되어 있다. 루만은 이를 "관찰한다는 것은 구분을 하고 그 구분의 (다른 쪽이 아닌) 한쪽[이 존재함]을 나타낸다는 의미다"라는 전형적인 표현으로 기술한다.[17] 절단은 시스템을 시야 안에 들어올 수 있게 하는 반면, 필연적으로 절단으로 가능해진 분석 영역 너머의 구역 또한 들여온다. 루만이 말하듯 "실재는 우리가 그것을 지각할 때 지각하지 못하는 무엇이다".[18] 루만이 분석적 통찰에서 피할 수 없이 따라오는 맹점을 강조하는 반면, 지젝은 맹점을 역설적이게도 맹점을 포함하는 틀을 가리키는 표시로 해석한다. "'의미의 지평'은 항상, 일종의 탯줄에 의해 그러하듯, 그 의미의 지평에 의해 발견된 장 내부의 어떤 지점과 연결되어 있다. 우리 관점의 틀은 항상 이미 그 내용의 일부분에 의해 틀 지어진다(재표시된다)."(15) 재현이 그 자체 내에 그것을 감싸는 틀을 담고 있다는 재현의 역설은 더글러스 호프스태터가 ≪괴델, 에셔, 바흐≫에서 폭넓게 탐색한 바 있다. 이 역설은 징후 그리고 목적론적 환상의 메커니즘과 연계되어 있다는 점에서 이 장의 내용과 관련된다.

앞으로 볼 것처럼 지젝의 징후 분석과 이건의 주관적 우주론은 광범하게 중첩된다. 하지만 여기서 지적하고 싶은 중요한 차이가 있다. 이건은 정신분석학보다는 계산과 양자물리학에 기울어져 있으며, 이러한 이론적 지향의 차이로 인해 지젝이 주장하는 것과는 상당히 다른 결론에 다다른다. 지젝과 이건 사이의 불일치는 죽음에 관한 그들의 태도에서 눈에 띄게 드러난다. 지젝에게 죽음은 편지의 궁극적 목적지다. “누구도 피할 수 없는 유일한 편지, 이르든 늦든 우리에게 도착하는 편지, 즉 우리 하나하나를 절대 틀림없는 수신자로 삼고 있는 편지는 죽음이다. 우리는 어느 특정한 편지(우리의 사형 집행 영장을 담고 있는 편지)가 우리를 찾으면서 주변을 서성이고 있는 한에서만 살고 있다고 말할 수 있다.”(20) 이와 대조적으로 이건은 죽음을 우리의 생물학적 체화의 결과로 보며 기술의 발전으로 인간의 의식이 계산적 매체 안에 시뮬레이션될 수 있다면 죽음도 선택할 수 있게 된다고 본다. 이건의 글에 나타나는 이러한 면을 보면, 이건은 지젝의 정신분석학적 접근과는 극적으로 상반된 기술애호적 성향을 지닌 듯 보일 수 있다. 하지만 나는 이건의 소설이 애매모호하게 코드화되어 있으며, 그러므로 계산 체제에 대한 기술애호적 추론으로 읽을 수도 있고 더 미묘하게는 계산 체제를 현재 우리의 문화적 조건의 징후로 해석하는 비판으로 읽을 수도 있다고 주장하려 한다. 이와 같은 애매모호함 때문에 이건의 소설들은 수단이자 은유이며 징후이자 실재인 계산 체제가 지닌 더 깊은 함의들을 파헤치기에 이상적인 위치에 놓여 있다.

≪퍼뮤테이션 시티≫
: 죽음과 시뮬레이션으로 도착하는 편지

편지가 목적지에 도달했을 때 그에 담긴 궁극적 메시지가 우리 자신의 죽음이라면, ≪퍼뮤테이션 시티≫에서 '편지[죽음]'는 마치 동화 속 마법 의식처럼 스스로를 세 번 고지한다. 첫 번째 고지는 작품의 주인공인 폴 더럼 본인이 스스로를 스캔해 그 정보를 컴퓨터로 업로드할 때 일어난다.[19] 사본(copy)으로 깨어난 의식, 즉 시뮬레이션된 의식(나는 이를 '폴'이라고 불러 '진짜' 사람 더럼과 구별하려 한다)은 시뮬레이션된 삶이 살 가치가 없음을 알게 되고, 자신을 둘러싼 환경처럼 자신도 기계가 만든 인공물임을 알고 심하게 괴로워한다. 만약 사본을 만들면서 더럼이 편지를 보낸 것이라면, 폴은 그 안에서 자신의 죽음의 필연성을 읽는 '가짜 더럼'이다. 따라서 폴은 "탈출하기"(사본들의 자살을 의미하는 완곡어법)를 시도한다. 하지만 이번에는 편지가 도착하지 않을 것 같다. 폴이 자신의 원본인 더럼이 소프트웨어를 불법적으로 바꿔 폴이 계속해서 살 수밖에 없도록 해 두었음을 알게 되기 때문이다. 일련의 사본들은 모두 의식을 (다시) 찾은 후 15분 안에 '탈출했다'. 그러나 다섯 번째 사본인 폴에게는 그의 원본인 더럼이 미리 설정해 둔 실험을 수행하는 것 외에 다른 선택지가 없다.

실험은 의식의 본성, 특히 의식과 정체성의 관계를 시험하기 위해 고안되었다. 실험은 연속적 자아성이 있다는 우리의 인식이 환상이라고, 우리는 절대 우리가 그렇다고 생각하는 그러한 존재가 아니라고 시사한다. 이러한 추정은 처음에 시뮬레이션된 의식에만 적용되는 듯했다. 하지만 플롯의 기이한 반전을 통해 작가는 실제 살아 있는 사람의 정체성에 대해서도 이 추정을 일반화한다. 실험은 더럼이 프로세서 속도를 변화시키는 것으로 구성되며, 이로 인해 폴의 의식은 연속적으로 생성되는 것이 아니라 0.001초마다 한 번씩, 그러다가 0.01초마다, 0.1초마다, 마침내는 10초마다 한 번씩 생성된다. 시간적 간극에도 불구하고 폴은 자신의 의식을 연속적 흐름으로 지각한다. 이 결과는 우리가 컴퓨터 계산에 대해 이미 알고 있는 것과 일치한다. 데이터는 컴퓨터 메모리 전체에 무작위적으로 저장될 수 있고 그러면서도 여전히 프로그램에 의해 올바른 순서로 조합될 수 있다. 그래서 컴퓨터 계산 공간에서 '분산(dispersion)'은 시뮬레이션의 연속성과 아무 관계가 없다. 게다가 시뮬레이션의 결과는 프로세서의 속도에 따라 달라지지 않는다. 프로그램이 빠르게 작동하든 천천히 작동하든 결과는 같다. 이는 우리가 데스크톱 컴퓨터에서 늘 그러하듯 응용 프로그램들을 동시에 실행해 보면 알게 되는 바다. 카네기멜론대학교의 이동로봇학연구소 소장이면서 '의식의 업로드' 주창자들의 수호성인인 모라벡은 ≪로봇: 기계에서 초월적 마음으로≫에서 이러한 특징을 언급한다. "프로그램이 올바르게만 실행된다면 시뮬레이션 내부의 관계는 동일할 것이다. 무한히 다양한 온갖 컴퓨터 중 어디에서 실행되든, 시간적으로 느리든 빠르든, 간헐적이든 혹은 심지어 앞뒤로 왔다 갔다 하든, 데이터가 칩에 전하로 저장되어 있든 테이프에 표식으로 혹은 지연선(delay line)에 진동으로 저장되어 있든, 이진수나 십진수 혹은 로마 숫자로 재현된 시뮬레이션 숫자들이 기계에 광범하게 퍼져 있든 혹은 집중되어 있든 상관없다. 원칙적으로 시뮬레이션과 시뮬레이션된 것 사이의 관계가 얼마나 직접적이지 않을 수 있는지에 대해서는 아무 제한이 없다."(192) 모라벡의 저서는 이건이 참고하기에는 너무 늦게 출판되었지만, 이건이 ≪퍼뮤테이션 시티≫를 집필할 당시에 이와 유사한 아이디어들이 시중에 떠돌고 있었다. 실제로 이건은 어느 인터뷰에서 자신이 이 소설을 쓸 때 그러한 생각들이 그의 마음을 지배하고 있었다고 명확히 밝힌 바 있다.[20]

그러나 시뮬레이션이 창발 현상을 계산하는 것이라면(사실 창발이 관심사가 아니라면 시뮬레이션을 수행한다는 건 아무 의미가 없을 것이다) 여기에는 명백한 오류가 존재한다. 모라벡과 이건이 제안하듯 시간은 다양한 방식으로 연기될 수 있지만, 우리는 일반적인 경우에 시뮬레이션을 거꾸로 혹은 무작위 순서로 실행하면서 같은 결과가 나오리라 확신할 수는 없다. 컴퓨터 안의 각각의 연속적인 클럭-틱(clock-tick)#은 이전의 클럭-틱을 상정하고 그 결과를 자체 계산의 기반으로 사용하기 때문이다(예외적인 특이 사례가 가역성 있는 세포 자동자다. 이것들은 거꾸로 실행될 수 있다).[21] 시뮬레이션에서 어느 주어진 지점으로 가는 길은 많을 것이므로, 시뮬레이션을 거꾸로 실행하면 아마도 순서대로 실행할 때 존재했던 것과는 다른 '과거'가 손쉽게 생성될 수 있을 것이다.[22] 폴은 자신의 의식이 방해받지 않고 지속된다고 지각하지만, 그렇다고 해서 그렇게 생성된 의식이 시뮬레이션이 중단 없이 실행되었더라면 그가 가졌을 의식과 동일한 것인지 그도 우리도 확신하지 못한다. 소설 안에서 폴은 이러한 사실을 깨닫고 '먼지(dust)' 가설을 발전시키고, 시뮬레이션으로서 자신의 경험을 바탕으로 모든 의식이 실제로 이산적이고 비연속적이라고 일반화한다. 이 관점에서 보면 모든 사람은 자신의 의식(그리고 따라서 정체성)을 우주의 무작위적 소음('먼지')으로부터 조합해 연속적 마음이라는 환상을 만든다.

실제로 폴은 우발적인 사건들을 한데 모아서 그것들이 목적론적 목적지에 다다르는 듯 보이게 하는 징후적 메커니즘을 인식한다. 그러나 이 메커니즘에 대한 폴의 해석은 정신분석 이론에서 징후가 띠는 의미를 전복한다. 폴이 인간 정체성의 근본적 우발성을 인식했다는 것이, 폴이 마침내 징후

컴퓨터 시스템의 시간 단위 혹은 시간 주기를 의미한다. 한 컴퓨터 프로그램이 CPU를 차지하여 일을 한 시간의 양을 측정할 때의 단위를 말한다.

가 만들어 내는 단락(短絡, short circuit)과 징후가 암암리에 숨기고 있는 트라우마를 들추어내었다는 말은 아니다. 반대로 목적론적 환상은 변형되어, 이제 인간의 의식이 연속적이라는 일반적인 '정상적' 믿음을 나타낸다. 폴은 정신이상자라고 진단받는데, 그가 징후적 메커니즘이 정신병리학적인 것이기는커녕 비연속적 의식이 자기 스스로 연속적이고 존재론적으로 안정적이라고 확신하기 위해 우주와 상호작용하는 일반적인 방법이라고 믿기 때문이다. 형이상학적 수준에서 보면 이는 계산이 은유에서 수단으로 변형되었음을 의미한다. 즉 계산이 현실을 생성하는 수단, 보편 컴퓨터가 (단지) 은유라고 생각하는 사람들의 환상까지 아우르는 수단이 된 것이다.

플롯이 전개되면서 폴은 이 '진실'을 깨닫게 된다. 플롯은 너무나 개연성 없이 전개되는데, 편지가 방향을 바꿔 폴을 통해 더럼에게 전달되어야 한다는 필요성이 플롯을 유일하게 정당화해 준다. 폴은 자신이 사본이 아니라 스스로 그렇다고 믿도록 속았다는 사실을 알게 되는데, 이는 폴의 기억에서 이에 관한 인식이 지워지기 전에 더럼과 그의 여자 친구가 꾸민 계략에 의해 그렇게 되었다는 것이 플롯에 의해 드러난다. 이러한 기상천외한 반전을 통해 폴과 더럼은 '폴더럼'으로 재결합한다. 현실 세계에 깨어난 폴은 모든 경험이 디지털적이고 비연속적이라고 여전히 열렬하게 확신한다. 게다가 폴은 폴과 더럼에게 실제로 두 개의 다른 과거가 있다고 생각한다. 상식적인(즉 '정상적인') 관점에서 보면 폴은 단지 잘못 알고 있었던 것이고, 정교한 술책의 희생자일 것이다. 폴은 '폴 더럼'이 적어도 두 개의 갈라진 삶의 노선을 가지고 있으며 잠재적으로는 더 많은 '순열들(permutations)'이 가능하다고 믿기 때문에, 정신이상자라고 진단받고 뇌수술을 받게 된다. 수술로 폴이 치유됐다고 말해지지만, 폴은 계속해서 먼지 가설을 믿는다. 이제 '폴 더럼'은 일관된 정체성이라기보다는 인간 더럼 안에 사본 폴이 주입된 상태를 나타낸다. 이 폴 더럼은 자신의 의식을 포함한 모든 사람의 의식을 보편 컴퓨터에서 실행되는 운영 체제로, 데이터를 여기저기에서 뽑아와 늘 다르게 될 수 있었을 우발적 실재(그리고 사실상 늘 다르며, 여러 개의 평행우주에서 다양한 궤적을 그리는/전개하는 우발적 실재)를 조합하는 운영체제로 보게 된다.

전통적 의미에서 계산은 원본을 사본으로 복제해 수를 늘림으로써 이러한 다양성을 작은 규모로 모방한다. 사본은 생성되자마자 원본에서 분기하기 시작한다. 보편 컴퓨터는 광대하게 큰 규모로 운영되면서 무한한 수의 복제를 만들어 내며, 그로 인해 폴 더럼(그리고 모든 사람)은 계속해서 자신에게서 분기한다. 폴 더럼은 연속적인 정체성을 소유하고 있다는 환상을 가지고 있지만, 먼지 가설에 의하면 우리는 이 정체성을 무한한 분기 지점들을 통과하는 하나의 우연적 통로를 거친 결과로 이해해야 한다. 각각의 분기는 점증적으로 다른 정체성과 구별되는 정체성을 초래한다. 그 결과가 무한히 많은 자아들이며, 자아들 각각은 환영에 불과한 목적론의 고유한 결과라고 여겨진다.

이건은 이와 비슷한 착상을 ≪퍼뮤테이션 시티≫보다 앞서 발표한 ≪쿼런틴≫에서도 탐구한다. 여기서 소설을 이끄는 메커니즘은 계산적 우주가 아니라 양자이론의 '다중세계(many worlds)' 가설이다. 소설 속 과학자 청 포콰이가 장문의 정보뭉치#(infodump, SF 동호회의 표현이다)에서 설명하는 바에 의하면, 양자 파동 방정식은 이온 굴절과 방사선 수축 같은 작용이 일어날 가능성은 예측하지만 어느 **특정** 이온이 어떻게 굴절하는지 혹은 어느 **특정** 분자가 어떻게 붕괴하는지에 대해서는 구체적으로 말해 주지 않는다. 그러한 것들은 측정에 의해서만 결정된다(127～135). 측정 전에는 분자의 상태가 미확정 상태이지만, 측정 후에는 측정할 때마다 항상 동일한 결과를 보인다. 이 사실로 인해 몇몇 양자이론가들은 측정이 (더 일반적으로 관찰이) 결과를 **결정한다고**, 파동함수(wave function)를 붕괴시켜 측정 전에는 그러한 식으로 존재하지 않았던 단일한 실재를 초래한다고 주장한다.[23] 이건은 이 가설을 받아들여, '관찰자 기능(observer function)'이 인간의 두뇌에 있다고 상정해 본다. 더 나아가 이건은 소설의 인물들이 이 관찰자 기능을 끄고 켜는 방법을

소설 등에서 한꺼번에 주어지는 배경 정보.

배울 수 있다고 플롯을 설정하고, 이 능력이 소프트웨어와 컴퓨터 바이러스에 복제될 수 있어서 잠재적으로 모든 사람이 사용 가능하다고 상상해 본다.

소설 안에서 파동함수가 붕괴되지 않았을 때 두뇌의 모든 분자는 하나 이상의 상태로 존재하며 수십억 개의 가능한 자아들과 연결된다. 각 자아는 다른 자아들과 점진적으로 다른 상태에서 생성된다. 양자컴퓨터가 다수의 계산적 상태들을 창조하기 위해 양자 불확정성을 사용하는 것과 같은 방식으로, 각각의 자아는 독립적으로 계산을 수행할 수 있다. 그래서 붕괴되기 이전의 상태, 즉 '퍼져 있는(smeared)' 상태의 주인공 닉 스타브리아노스의 모든 가능한 자아들은 수십억 개의 가능성 가운데 임무를 성공적으로 완수할 하나의 가능성을 찾아내기 위해 동일 임무에 관한 여러 순열들을 수행할 수 있다.[24] 퍼져 있는 상태의 닉은 잠금 장치를 열고 복잡하게 암호화된 코드를 해독하고 눈에 띄지 않고서 경비 옆을 지나쳐 갈 수 있다. 파동함수가 붕괴되면 임무에 성공한 자아 외의 모든 자아는 사라진다. 어느 자아가 성공할지는 임무마다 다르기 때문에, 연속적인 듯한 닉의 의식은 자아에서 자아로 또 자아로 건너뛰면서 만들어진 환영으로 밝혀진다. 각각의 자아는 파동함수가 붕괴하고 다른 상태에 대한 모든 기억이 지워지기 전에 잠깐 동안만 자주적 개체로 존재하기 때문에, 단 하나의 자아만 존재한다는 인상을 준다.

독자로서 우리가 이상의 과정을 알게 되는 것은 어느 부분을 서술하는 자아와 그다음 부분을 서술하는 자아가 다르다는 사실이 드러나는 어떤 어긋남을 통해서다. 예를 들어 공범이 닉에게 금고 문을 열 수 있는 10자리 암호코드를 알아내라는 임무를 주었을 때 자아는 1450045409를 시험해 본다(195). 그런데 다음 장에서, 자신이 시험한 코드가 우연히 올바른 조합이어서 살아남은 자아는 (자신이 사용한) 코드가 9999999999였다고 말한다(196). 이로써 연속적 자아 경험이란 인간이 세계를 경험하는 평범한 방식이 될 정도로 자연화된 목적론적 강박 상태라는 사실이 드러난다. 인간 관찰자가 그들이 관찰하는 영역 안에 있는 모든 것의 파동함수를 붕괴시켜 세계가 사건들의 단일한 연쇄가 되게 하기 전에, 미수축 상태의 우주는 지속적으로 서로에게서 분기하는 상상할 수 없을 정도로 광대한 일련의 계산들로 진행된다. 평범한 인간 의식에는 해로운 이 '퍼져 있는' 상태가 바로 (비인간) 우주가 작동하는 방식이라고 암시된다. 우주에서 인간의 이러한 상황이 이례적이라는 사실은 미지의 행위자(아마도 엄청나게 우월한 외계종족)가 우리 태양계를 '쿼런틴(격리)'할 때 분명해진다. 그들은 태양계를 결코 뚫을 수 없는 거대한 장벽 안에 가둔다. 이로써 자신이 관찰하는 모든 것을 단 하나의 삶의 선(lifeline)으로 붕괴시키는 인간의 행동으로부터 그들 자신을 보호하려 한다. 퍼져 있는 우주를 기준으로 보면, ≪쿼런틴≫이라는 제목이 암시하듯 인간 의식은 그 본성 자체가 병리적이다.

이건의 이야기는 인간의 목적론적 환상과 우주의 미확정성 사이의 차이를 알게 되는 것 자체가 트라우마를 초래한다고 말하지만, 이는 지젝의 견해와 두 가지 점에서 아주 다르다. 첫째, 이 트라우마는 한 개인의 정신병리가 아니라 온 세상의 트라우마다. 둘째, 붕괴되지 않고 퍼져 있는 상태는 인간에게 병리학적 상태지만 이 외 나머지 우주 전체에는 정상 상태다. 실제로 재앙을 초래하는 것이 바로 이 '정상' 상태임이 ≪쿼런틴≫의 부제인 "양자 재앙에 관한 소설"에서 암시된다. 뉴홍콩 거주자들이 공학적으로 조작된 바이러스에 감염되어 모두 동시에 퍼져 있는 상태가 되자 기이하고 파멸적인 온갖 종류의 흉물덩어리들, 즉 살이 찌는 건물들, 땅에 뿌리를 내리는 사람들이 생겨난다. 개연성이 거의 없는 이 이형들은 인간에게 목적론적 환상이 생존을 위해 반드시 필요한 방어책이라는 사실을 보여 준다. 이건이 그리는 목적론적 환상은 인간의 정신병리를 **예방하기** 위해 필요하지만, 나머지 우주에는 그 역이 참이다. 퍼져 있는 상태가 건강 상태이고 인간의 보통 상태가 병리적이다. 정신병리를 정의하는 기준은 그러므로 불확정적이다. 그 참조점이 인간인지, 아니면 자신들의 세계가 붕괴되는 것을 막기 위해 인간 관찰자를 저지하려는 가상의 외계종족인지에 따라 달라진다.

≪쿼런틴≫처럼 ≪퍼뮤테이션 시티≫에서도 일관된 정체성은 분기 지점들을 모두 무시하고 증가하는 여러 자아들을 통과하면서 단 하나의 궤적만 따라갈 때 나타날 수 있다

고 가정된다. 하지만 ≪퍼뮤테이션 시티≫를 이끄는 메커니즘은 ≪쿼런틴≫처럼 양자역학이 아니다. ≪퍼뮤테이션 시티≫에서는 계산 체제의 함의가 새롭게 상상된다. 먼지 가설을 논리적으로 끝까지 밀고 가면, 복수의 정체성과 더불어 복수의 세계도 조합될 수 있고, 이 모든 것이 기저의 보편 컴퓨터에서 실행된다고 말할 수 있다. ≪퍼뮤테이션 시티≫에서 제사(題詞)의 기능을 하는 20행의 시가 이러한 존재론을 암시한다. 각 행은 "퍼뮤테이션 시티(Permutation City)"의 철자 순서를 바꾼 것, 즉 애너그램이다(1부 각 장의 제목도 그러하다).[25] 주석에 따르면 이 시는 정신병원에 "버려진 노트북의 메모리에서 발견된" 것이며, 폴 더럼이 입원해 있는 동안 쓴 시일 것이라고 암시된다. 여기에 더해 ≪퍼뮤테이션 시티≫에 관한 몇 안 되는 논문의 필자인 로스 파넬이 지적하듯, 이 소설이 기반을 두고 있는 단편소설 "먼지"가 300쪽 이상의 이 소설 전반에 흩어져 있다.[26] 이러한 분산은 소설 자체가 수많은 순열로 존재할 수 있고 우리는 그중 하나만 알 뿐이라고 시사한다. 이건은 ≪쿼런틴≫의 미묘한 암시, 즉 서술자 목소리의 일관성이 곧 독자가 창조한 목적론적 환상이라는 암시를 ≪퍼뮤테이션 시티≫에서도 이어간다. 이건이 만들어 낸 세계의 논리는 끝없이 증식하는 분기점들에 의해 창조되는 수십억 개의 대안적 자아들이 있듯 수많은 소설 속 서술자들(그리고 우리가 읽는 이 소설의 수많은 다른 순열들)이 있을 수 있다는 사실을 시사한다.

지젝이 목적론적 환상과 연관시키는 '틀(frame, 액자)'과 '틀 속 상황(picture, 액자 속 그림)'의 재귀적 뒤엉킴은 ≪퍼뮤테이션 시티≫에서 이건이 중심점, 즉 시뮬레이션 내부 의식의 위상에 대해 애매모호한 태도를 보이면서 눈에 뜨이게 된다. 모로위츠가 시뮬레이션 외부에서 그것이 진화하는 것을 지켜보는 관찰자의 역할을 흉내 내는 관찰자 기능을 계산 내부에 아무 거리낌 없이 위치시켰던 것을 떠올려 보라. 이건은 이 두 기능을 역설적인 재귀적 루프에 결합해 넣는데, 이때 그는 의식이 시뮬레이션을 **생산하면서** 동시에 그 시뮬레이션에 의해 **생산되는** 먼지를 조합해 상황과 그 상황을 둘러싸고 있는 틀을 얽히게 할 수 있다고 가정한다. 마치 틀과 틀 속 상황의 어떤 지점(mark)을 연결하는 탯줄이라는 지젝의 은유를 가져오듯, 이건은 반복적으로 틀과 상황의 재귀적 뒤얽힘이 위기를 초래하는 바로 그 순간에 탯줄이 은유적으로 등장하는 장면들을 반복적으로 만들어 낸다. 이 부분은 나중에 다시 언급하겠다.

이건의 소설과 지젝의 분석 간에는 이러한 유사점에도 불구하고 여전히 중요한 차이가 있다. 특히 목적론적 환상과 관련해 그러하다. 이 차이를 더 살펴보기 위해 폴이 먼지 가설에 강박적으로 사로잡혀 행성 대부분의 계산 능력을 몇 분 동안만이라도 몽땅 사서 자신만의 "에덴동산(Garden of Eden)" 설정(configuration)을 구동하기 위해 온갖 위험을 감수하는 지점의 내러티브에서 시작해 보자. 폴은 일단 시뮬레이션된 세계를 위한 씨앗이 만들어지고 초기 추진력이 주어지면 그 세계는 스스로 도약해서 보편 컴퓨터에서 직접적으로 실행될 수 있다고 기대했고, 이 보편 컴퓨터를 TVC(Turing, von Neumann, Chiang)라는 세포 자동자 같은 것으로 상상했다(183).[27] 이때 플랫폼은 우주의 구조 그 자체일 것이므로, 폴은 그 플랫폼이 자체의 계산들로 공간과 시간을 존재하게 하고 먼지를 조합하면서 계속 성장하고 확장할 수 있다고 생각한다.

이 점에서는 소설이 실재를 잘 반영하고 있지 않다. 어느 시뮬레이션도 그것을 만들어 낸 프로그램의 경계를 벗어나는 데 성공한 적이 없고, 우리의 실재를 만들어 내는 바로 그 플랫폼에서 실행되기 위해 컴퓨터 밖으로 도약한 적은 더더욱 없기 때문이다. 이러한 점에서 ≪퍼뮤테이션 시티≫는 인공생명에 대한 과학적 연구보다 데이비드 크로넨버그의 초현실적 영화 <비디오드롬>을 더 닮았다. 시뮬레이션이 자체의 내적 일관성의 힘으로 보편 컴퓨터에서 실행될 수 있다고 가정하면서, 이건은 실재와 시뮬레이션이 서로 침투 가능하게 하며 울프럼을 넘어선다.[28] 하지만 다른 관점에서 보면, 이건의 소설은 시뮬레이션을 만드는 계산 메커니즘과 같은 것이 물리적 실재의 기저에 있다는 울프럼의 암시를 전적으로 지지한다. 일단 '에덴동산'의 씨앗이 보편 컴퓨터에서 실행되기 시작하면, 실재와 시뮬레이션 간의 선험적인 존재론적 차이는 없어진다. 이와 같은 입장은 정신분석학적 징후

개념이 기대는 환상과 실재의 차이에 반한다.

이건의 추정이 기술애호적임에도, 의미심장한 저항의 실마리들이 ≪퍼뮤테이션 시티≫ 전반에 걸쳐져 있다. 시뮬레이션을 보편 컴퓨터에서 실행하기 위해 컴퓨터 밖으로 도약하게 하면서, 더럼의 프로젝트는 로버트 마클리가 사이버공간의 '자유'와 그 경제적·사회적 자원 비용을 대조했던 것과 같은 종류의 비판을 받게 된다.[29] 소설은 폴이 유한한 자원으로 계산을 하는 한 그의 야심이 심각하게 제약받는다는 사실을 분명하게 보여 준다. 에덴동산과 같은 설정이 보편 컴퓨터에서 실행될 때에만, 메모리 스토리지는 아무 제한 없이, 물리적 하드웨어의 취약성에 좌우되지 않고 증가할 수 있다. 이러한 전제를 바탕으로 폴은 부유한 고객들이 그의 프로젝트에 동참하도록 설득할 수 있게 된다. 왜냐하면 폴이 그들에게 제공하는 것이 모든 우연성에 대한 궁극적 보험, 즉 불멸성이기 때문이다. 정신분석학적 용어로 말하자면 불멸성의 약속이란 편지를 무한정 연기시켜 결코 도착하지 않게 하는 프로젝트다. 폴의 강박적 집착에 담긴 환영적 측면은 마리아 드 루카가 폴의 프로젝트를 회의적으로 봄으로써 두드러지게 드러난다. 루카는 폴을 도와주겠다고는 하지만 폴의 아이디어에 끊임없이 반하는 목소리를 낸다. 이는 루카가 폴의 강박적 집착을 병리적 시도로, 즉 폴 자신이 정신병원에서 겪었던 망상을 다른 수단으로 지속시키려는 병리적 시도로 보고 있음 을 폴에게 (그리고 우리에게) 확실히 알려 준다.

소설 속 저항의 또 다른 측면은 편지의 무한한 연기라는 환상보다 편지가 더 강하다는 사실이 증명될 때 나타난다. 편지가 자신을 처음 고지하는 대상이 폴, 즉 시뮬레이션된 삶이 살 가치가 없음을 알게 되는 사본이라면, 이후 편지가 자신의 도착을 두 번째로 선언하는 대상은 폴 더럼이다. 이때 폴 더럼은 14개 정도의 다른 사본들(및 몰래 실행된 것들까지 포함하는 사본들)과 함께 그의 사본이 보편 컴퓨터에서 실행되고 난 이후 '현실(real)' 세계에 남겨진 그 폴 더럼이다. 이 실행이 현실이 될 수 있다는 폴 더럼의 확신은 너무 강해서 그는 [자신의 사본을 시뮬레이션에] 전송 완료하고 마리아와 처참한 섹스의 밤을 보낸 후 은유적으로 출생과 비슷한 할복 방식으로 자살한다. 이 섬뜩한 '출생 시뮬레이션'은 복부를 중심으로 죽음과 탄생을, 폴 더럼의 복부에서 쏟아지는 내장과 신생아의 탯줄을 융합한다. 이 사건은 정신분석 이론에서 탯줄이 등장하는 의미를 변형한다. 폴 더럼의 자살은 재귀성의 인정으로 기능하기보다 오히려 상황을 **덜 재귀적**이게 한다. 폴 더럼의 자살로 그의 정체성을 띠고 있을 모든 것이 사본에, [폴 더럼 본인이 디자인한] 시뮬레이션된 세계인 엘리지움의 수도 '퍼뮤테이션 시티'에 거주하는 사본에 부여되기 때문이다. 폴 더럼이 이제 '현실' 삶이 살 가치가 없음을 알게 된다는 것은 그의 사본이 시도한 이전의 자살 시도를 아이러니하게 반영하면서 전복한다. 이렇게 편지는 '가짜 더럼'을 통과하고 순환해 '원본 폴 더럼'에게 도착한다.

이 논리의 또 다른 순열에서 세 번째 편지는 사본이 자신을 그 편지의 수신인임을 받아들이는 선택을 할 때 목적지에 도착한다. 비록 그 편지를 보낸 자가 그의 원본임에도 말이다. 이 편지의 도착은 스스로 끊임없이 분기하는 정체성이라는 주제의 또 다른 변주를 실연한다. 퍼뮤테이션 시티에서는 사본이 원본을 얼마나 비슷하게 반영하게 할지 조정하는 것이 가능하다. 시뮬레이션된 의식은 원본의 성격과 기억을 얼마큼 보유할 것인지, 얼마큼 수정하고 편집할 것인지 선택할 수 있기 때문이다. 예를 들어 누군가가 퍼뮤테이션 시티의 삶이 만족스럽지 않다고 느끼면 자신의 불만족이 불가능하도록 프로그램을 편집할 수 있다. 물론 이러한 변경이 일어나는 바로 그만큼 사본은 원본 정체성에서 분기한다. 원본 정체성의 보존이 사본을 만드는 이유라고 가정되어 있는데도 말이다. 이것이 토머스 리먼이 마주친 딜레마다. 억만장자인 리먼은 자신의 안전한 하드웨어에서 실행되고 있는 그의 현재 사본이 그가 죽은 후 정치적·경제적으로 타격을 받아 존재 자체가 위험에 빠질 가능성에 대비한 보험으로 에덴동산 설정에 사본 하나를 업로드한다. 사본의 사본인, 퍼뮤테이션 시티 안의 리먼 의식은 팔뚝에 난 작은 흉터와 그것이 환유적으로 연상시키는 기억을 유지하기로 선택한다. 그 흉터는 리먼에게 그가 겁쟁이였던 젊은 시절의 순간을 떠올리게 한다. 당시 리먼은 평판이 좋지 않은 여성을 알게 되었고 그와 언쟁을 벌이다 벽돌 벽에 여성을 밀어 심한 상처를 입혔다. 리먼은 구급차를 불러 불명예와 상속권 박탈의 가능성에 마주하는 대신 여성을 잔인하게 구타해 결국 숨지게 했다.

이 수치스러운 기억은 리먼의 정체성에 너무나 불가분한 일부이기에, 그는 만약 자신이 이 기억을 버리게 되면 자신의 인생 전체가 더 이상 자신에게 이해되지 않으리라 믿는다. 리먼은 그 처참한 밤의 기억을 계속 반복해서 되풀이하지 않을 수 없었으며, 매번 새롭게 벌어지는 듯 경험한다. 그 기억은 시뮬레이션이기 때문에 언제든 편집할 수 있고 결과를 변경할 수도 있다. 하지만 이를 수천 번 반복하면서도 매번 리먼은 결정적 순간에 똑같은 치명적 선택을 한다. 수십만 번의 반복으로 결국 자신의 배를 칼로 그을 지경에 다다라서야 리먼은 마침내 여기서 완전히 벗어나 구급차를 부르는 도덕적 선택을 한다. 그렇게 함으로써 리먼은 자신이 한 행동의 결과를 받아들인다. 말하자면 자신의 주변을 서성이며 따라다니던 편지를 받아들인다. 이후 리먼은 코마 상태에 빠진다. 시뮬레이션된 의식에 시뮬레이션된 죽음을 할당하는 적절한 플롯 전개다.

리먼이 편지를 받아들이는 것과 절정의 최종 위기가 동시에 일어난다. 다른 편지가 도착하는 것이 아니라 같은 편지가 다른 형식으로 도착한다. 이 위기는 소설의 전제에 대한 소설 자체의 가장 강력한 저항을 나타낸다. 의미심장하게도 이 위기는 은유와 수단을 분리시킨다. 폴 더럼이 퍼뮤테이션 시티를 디자인할 때 그는 또 하나의 시뮬레이션된 세계의 씨앗을 심어 놓으려 했다. 그 세계는 돌연변이하는 박테리아에서 생명이 진화해 아래로부터 위로 현실이 건설되도록 의도되어 있기 때문에 퍼뮤테이션 시티와는 다르다. 시뮬레이션 안의 시뮬레이션인 소위 오토버스(Autoverse)의 진화를 촉진하기 위해, 폴은 오토버스를 위한 진행 시간이 퍼뮤테이션 시티보다 훨씬 빠르게 가도록 조절했다. 퍼뮤테이션 시티의 사본들에게는 단지 7000년이 흘러갔지만 오토버스에서는 30억 년이 흘러갔다. 이 시간 동안 고도의 지능 생명체[램버시안(Lambertians)이라 불리는 인간 크기의 벌레]가 진화한다. 램버시안을 창조한 진화 과정과 달리, 사본들은 호흡과 순환 등을 시뮬레이션하는 그때그때의 애드혹(ad hoc, 임시변통) 알고리듬에 의해 구성되었다. 따라서 램버시안들은 사본들보다 훨씬 더 일관성이 있고, 원자 수준을 포함해 모든 창발 과정이 이해 가능하다. 램버시안 과학자들은 최근 자신들의 세계가 어떻게 존재하게 되었는지 의문을 품기 시작했다. 폴이 자신이 옳다고 생각한 대답을 램버시안들에게 주었을 때['오토버스는 사본들(의 원본들)에 의해 창조되었다'] 그들은 이 생각이 지지될 수 없는 애드혹 가설이라며 거부한다. 그러면서 램버시안들은 퍼뮤테이션 시티라는 세계를 해체하기 시작한다.

이 논쟁은 은유 대 수단이라는 면에서 이해해 볼 수 있다.

어떤 면에서 퍼뮤테이션 시티라는 시뮬레이션된 세계 안의 모든 것은 은유로 기능한다. 예를 들어 리먼이 자신을 지탱하는 방식 중 하나는 자신의 C&O 물병(C&O bottle)을 벌컥벌컥 마시는 것이다. 위스키 이름처럼 들리지만 C&O는 자신감(Confidence)과 긍정(Optimism)을 나타내며, '물병'은 시뮬레이션된 의식을 계산하는 코드를 바꾼다는 것을 나타내는 은유로서 리먼이 더 자신감 가지고 긍정적이 되도록 한다. 데스크톱 컴퓨터 화면의 휴지통 아이콘처럼 '물병'은 기저의 코드와 아무런 내재적 관련이 없으며, 단지 리먼을 그가 실제 살고 있는 퍼뮤테이션 시티라는 시뮬레이션된 세계가 아니라 상실한 진짜 사물들의 세계와 연결한다. 이와 대조적으로 램버시안들은 자신들이 사는 환경의 물질성과 관련 없는 애드혹 은유를 필요로 하지 않는다. 램버시안들이 사용하는 은유는 모두 그들의 세계와 공시적으로 공진화해 그들의 세계를 퍼뮤테이션 시티보다 인식론적으로나 존재론적으로나 우월하게 한다. 퍼뮤테이션 시티에 대한 램버시안들의 우월감은 존재의 물질적 기반을 모호하게 하는 은유들과 그것을 밝게 드러내는 은유들을 구분(앞서 보았듯 스티븐슨의 ≪크립토노미콘≫에서 매우 중요한 구분)하는 기능을 한다. 즉 소설은 램버시안들을 통해 은유와 수단의 혼동을 경고하는 이야기를 만들고, 그렇게 함으로써 소설 전제에 대한 또 하나의 저항을 수행하는 셈이다.

램버시안들이 자신들의 하층(subaltern) 신분을 받아들이지 않자, 퍼뮤테이션 시티 거주자들이 불멸하리라는 폴의 주장이 암시하던 편지의 무한한 연기 가능성이 갑작스럽게 붕괴하고 치명적 편지가 결국 도착한다. 폴과 마리아는 다른 사본들처럼 새로운 에덴동산 설정을 구동해 자신들을 재창조하려고(더 정확하게는 그들의 사본들의 사본을 생성하려고) 계획하지만, 리먼의 의식 없는 신체를 함께 끌고 가지는 못한다. 리먼은 잔존자가 되며, 상징적으로 폴과 마리아의 죽어야 할 운명을 고지하는 편지를 받아들인다. 램버시안들이 폴의 설명을 인정하지 않자, 폴은 진화가 목적론적이 아니며 창발이 꼭 창조자가 상상하는 결과로 나아가는 것은 아님을 깨닫지 않을 수 없게 된다. ≪퍼뮤테이션 시티≫는 한편으로 시뮬레이션과 현실 사이의 구분을 해체하며 울프럼의 논지를 뒷받침하고, 다른 한편으로 창조자의 의도나 욕망과 무관하게 자신의 미래를 결정하는 시뮬레이션의 힘을 드러낸다. ≪퍼뮤테이션 시티≫는 자신만이 '새로운 종류의 과학'에 대한 칭송을 받을 자격이 있다는 울프럼의 주장 곁에서, 자신의 창조물에 대한 창조자의 권리 주장을 암암리에 비판한다. 이것은 진심으로 계산 체제를 실재가 만들어지는 수단으로 보기 때문에, 계산 체계가 그것의 창조자가 가질 수 있는 어떠한 선입견에 의해서도 제한되는 것을 거부한다.

≪디스트레스≫와 참여우주

앞서 보았듯 ≪쿼런틴≫에서는 인간의 의식이 태양계를 위한 하나의 삶의 선을 생성하는 것과 얽혀 있다면, ≪퍼뮤테이션 시티≫에서는 인간의 의식 자체가 우주 '먼지'의 조합으로 생산된다. 이건의 주관적 우주론 삼부작의 마지막 작품인 ≪디스트레스≫에서는 인간의 의식이 우주의 우주론(universe's cosmology) 생산에 핵심적인 것으로 상상된다. 여기서 이건의 소설은 지젝이 논하는 가장 거창한 목적론적 환상을 다룬다. 우주의 진화를 지적 생명체의 진화와 연결하는 인간 중심 원칙이 그것이다. 또한 ≪디스트레스≫에서는 인물의 성격이 삼부작 중 가장 풍부하게 발전한다. 이건은 인간성에 대한 소설 속 화자의 선명한 인식이 우주 탄생과 진화의 비인간 측면을 보완하기 위해 필요하다고 인식하고 있는 듯 보인다. 실제로 이 소설의 핵심 과제는 개개 인간의 규모를 우주의 규모와 연결하는 것이다.

≪디스트레스≫는 앞서 작품들의 여백에 맴돌던 역설, 즉 의식이 먼지(혹은 양자 상태들)를 조합하면서 동시에 먼지에 의해 조합된다는 역설을 전면화한다. 앤드루 워스는 텔레비전 채널 시네트(SeeNet)에서 계약직으로 일하는 과학전문 기자다. 워스는 일종의 '만물이론(Theory of Everything)', 즉 TOE의 여러 버전을 다루는 수준 높은 과학 학술 대회를 취재하게 된다. 워스는 성공적인 TOE란 기존 세계를 묘사하

기보다 추론된 우주를 현실로 존재하게 하는 것이라고 믿는 컬트 집단인 인류우주론자들(Anthrocosmologists, ACs)을 우연히 만나게 된다. 극중에서 어맨다 콘로이는 물리학자 존 휠러의 논란 많은 양자 비확정성에 대한 해석에 기대어(≪쿼런틴≫을 읽은 독자들에게 이건이 던지는 암시다) 다음과 같이 말한다. "동전이 아직 공중에 떠서 회전을 하는 동안 그것이 '앞면'도 아니고 '뒷면'도 아니라고 판단하는 것은 아주 쉽다. 하지만 그것이 어떤 **특정 동전**조차 아니라면? 당신이 측정하려는 시스템을 지배하는, 기존에 존재하는 법칙이 아예 없다면?"(208)[30] 이러한 추측에서 관찰[더 정확히 말하면 발화(articulation)]은 양자 상태들만이 아니라 그 상태들을 정의하고 생성하는 바로 그 법칙-같은(law-like) 구조들을 결정한다. 인류우주론자들의 관점에서는 과학자들이 질문을 더 많이 하면 할수록 "우주가 더 정확하게 모양을 갖춘다"(208). 콘로이는 "만약 사건이 관측되어야만 발생한다면, 법칙은 이해되어야만 존재할 것이다"(209)라고 주장한다. 하지만 콘로이가 지적하듯 여기서 말하는 '이해하기'는 단순히 이해에 대한 요청만을 의미하지 않는다. 그럴 경우 우주는 경쟁하는 해석들의 수만큼 다수의 세계로 파편화할 것이다. 그보다는, 이해가 세계에 영향을 미칠 만큼 강력하려면 일관적이고 지속적이며 우주의 다양한 발현들(manifestations)을 설명할 수 있을 만큼 충분히 풍성해야 한다.

이러한 추론은 지연 법칙은 발견되기 전까지는 존재하지

않는다는 과학계 내부의 구성주의 비판가들이 개진한 주장들을 한계점까지 확장한다. 이들 대부분은 **무엇인가**가 존재한다는 것은 인정하지만, 그 무엇인가가 발화되고 이해되는 방식들 자체가 그것이 기존 지식 틀에 통합되는 방식에 깊은 영향을 주며 그 과정에서 그 틀을 변형한다고 주장한다.[31] ≪디스트레스≫에서 사회구성주의가 "문화 우선(Culture First)"이라고 불리는 "무지한 광신 집단(Ignorance cult)"를 통해 풍자되고 있다는 사실을 보면 이건이 사회구성주의에 그다지 동의하지 않는다고 생각할 수도 있다. 그러나 늘 그러하듯 이건은 이 상정된 적의 오류를 폭로하는 방식이 아니라 그들의 주장을 전유해 확장하는 방식으로 적과 맞선다. 이러한 전략은 진실이란 '당신이 피할 수 없는 것'이라는 모토를 상기시킨다. 만일 자연의 법칙이 발견되기보다는 발명된다는 견해의 핵심적 진실을 피할 수 없다면, 이건은 그 진실을 끝까지 밀어붙여 봄으로써 그것을 자신의 것으로 만들 것이다.

이 전략은 대화가 갑작스럽게 비주류 우주론(fringe cosmology)으로 전환될 때 실행된다. 콘로이는 워스에게 "이런 우주론을 상상해 보세요"라고 말한다. "별, 행성, 지적 생명을 창조하는 데 필요한 적절하게 잘 조정된 빅뱅에서 우주가 시작한다는 것을 잊어 보세요.… 그리고 그것을 이해할 수 있는 문화도. 그 대신 우주 전체를 하나의 이론으로 설명할 수 있는 살아 있는 한 인간 존재가 있다는 사실을 '출발점'으로 삼아 보세요. 모든 것을 뒤집어 이 사람이 존재한다는 것이 우리에게 주어진 유일한 것이라고 받아들여 보세요."(212) 이것은 과하게 발휘된 인간 중심 원칙이다. 우리가 살펴보았듯 인간 중심 원칙의 강한 버전조차 역사적 궤적을 따른다. 비록 그것의 불가피한 목적론적 종점이 지적 생명의 출현이기는 해도 말이다. 이 소설의 버전은 여기서 더 나아간다. 역사를 지우고, 한 사람[이 이론을 진심으로 받아들이는 사람들이 쐐기돌(Keystone)이라 부르는 사람]에서 시작하고, (역사가 지적 생명을 존재하게 한다는 생각 대신) 쐐기돌이 역사를 존재하게 해야 한다는 요건을 덧붙인다.

만일 스스로를 쐐기돌이라고 믿는 누군가가 이 이론을 발화한다면, 그는 과대망상증 환자로 간주될 수 있다. 이 이론이 다른 사람을 쐐기돌로 보는 누군가에 의해 발화될 경우(비주류 인류우주론자들이 그러듯), 그 사람이 누구인지가 대단히 중요해진다. '잘못된' 사람이 쐐기돌이 되면, 그 사람은 지적 생명 혹은 모든 생명에게 해로운 우주를 이론화해 아포칼립스를 만들어 낼 수 있을 것이다. 정신분석학적 용어로 번역하면, 쐐기돌의 존재를 믿는 것은 희생양 찾기와 목적론적 환상을 결합하는 것이자 우주를 창조하고 파괴하는 힘을 유일하게 부여받은 의식을 '편지'의 수신인으로 여기는 것이다. 콘로이의 말은 웍스가 여러 비주류 인류우주론자 집단을 발견하도록 나아가게 하는데, 이들은 자신들의 삶이 '올바른' 쐐기돌에 달려 있다고 믿는 집단부터 우주가 무한한 변화 능력을 보유하는 편이 낫다고 생각하며 이를 위해 TOE를 발화할 수 있는 모든 사람을 살해하려는 극단적 집단에 이르기까지 다양하다.

이 대혼란의 중심에 바이올렛 모살라가 있다. 모살라는 29살 된 남아프리카공화국 출신의 명민한 노벨 물리학상 수상자로, TOE를 두고 다투는 가장 유력한 경쟁자 세 명 중 한 명이다. 의미심장하게도 모살라의 이론은 지젝이 분석한 목적론적 환상과 유사하다. 즉 추상적이고 형식적이며 내용이 거의 없다. 모살라는 이론의 내용을 빛의 속도 같은 항수(恒數)들로 채운다. 모살라는 이것들이 진실임을 우리가 이미 알고 있기 때문에 이것들이 올바른 TOE와 일치할 것이라고 주장한다. (워스를 포함해) 모살라를 비판하는 사람들은 이러한 주장이 그의 이론을 동의어의 반복이게 한다며 의혹을 제기한다. 목적론적 환상이 우연한 사건들을 역방향으로 읽어 결국 현재를 필연적이고 불가피한 것으로 만들면서 현재에 도달하는 방식과 매우 흡사하게, 모살라의 이론은 자신의 논리적 개념 틀과 이미 존재하는 것들을 합성해 올바른 해석일 수밖에 없어 보이는 TOE를 창조한다.

기존에 알려진 자료가 모살라의 이론에 더해지는 것은 사본들의 임시적 본성을 상기시킨다. 사본들의 실재는 아래로부터 출현한 것이 아니라는 바로 그 이유 때문에 해체에 취약했다. ≪디스트레스≫는 이것을 역전시킨 전제를 탐색한다. 즉 퍼뮤테이션 시티를 해체하는 것이 더 강건한 실재였다면, 모살라의 이론은 강건한 내용이 결여되어 있어서 우주를 해체할 위협이 된다. 극단적인 인류우주론자 집단에 붙잡힌 워스는 그들이 모살라에게 행하려는 끔찍한 계획을 만류하려고 필사적으로 노력하지만, 그들은 시뮬레이션을 실행해 폭력의 의도를 설명한다. 시뮬레이션은 우선 우주의 지식을 나타내는 엄청나게 복잡하게 연결된 가닥들의 웹을 보여준다. 모살라의 이론이 입력되자, 가닥들이 풀어헤쳐지면서 마침내 아무것도 남아 있지 않게 된다. 인류우주론자 집단의 과학자 중 한 명이 설명한다. "그의 TOE는 그 자체가 표현이 되면 살아남을 수 없어요. 그것은 그를 쐐기돌로 만들 수 있고, 그에게 이음매 없는 과거를 선사할 수 있고, 200억 년의 우주론을 구성할 수 있지요. 하지만 일단 명시적으로 진술되고 나면, 그것은 순수 수학, 순수 논리로 귀착할 것입니다."(321) 인류우주론자들이 목도하듯, 편지가 도착하면 우주는 해체될 것이다. 마치 모살라의 TOE가 "과거를 창조하는 모든 노력을 거치고서 결국 미래가 없다는 결론에 다다르게 되는"(321) 것처럼 말이다.

우리가 살펴보았듯 지젝은 목적론적 환상의 해체를 보여 주기 위해 편지의 도착이라는 은유를 사용한다. 발신인은 결국 목적론적 환상에 배태되어 있는 심리학적 메커니즘을 알아차리지 않을 수 없게 된다. 지젝의 해석에 따르면, 여기서 문제는 특정한 징후를 보이는 환자가 자신의 주관적 우연성들을 객관적으로 존재하는 실재로 착각한다는 것이다.

이와 대조적으로 이건은 목적론적 환상과 추상적이고 형식적인 TOE를 엮고, 그 복합체를 주관적인 것과 객관적인 것 사이에 비결정적으로 놓여 있는 경계 지역에 위치시킨다. 그 복합체는 모살라의 전망을 체화하는 한 주관적이다. 만일 다른 과학자가 쐐기돌이 된다면 아마도 다른 종류의 우주가 나타날 것이다(비주류 인류우주론자들은 모살라를 치명적 바이러스에 감염시켜 지금 상황에서 빼내면 그러한 일이 일어나리라 희망한다). 다른 한편 그 복합체는 모살라의 TOE가 형식적 관계들을 표현하고 있으며, 그 형식적 관계들은 그의(혹은 다른 이의) TOE가 효력을 가지려면 논리적 일관성이 있어야 한다는 면에서 객관적이다. 복합체는 오직 일관적일 경우에만, 우주의 구조를 실제로 결정한다는 면에서 객관적인 것이 될 수 있는 힘을 지닌다.

주관적인 것과 객관적인 것, 인간과 우주의 이러한 얽힘은 인간 정체성(human identity)과 체화된 예화(embodied instantiation) 사이에서 펼쳐지는 또 다른 드라마, 즉 워스의 역할이 사건들에서 아주 강력하게 수행하는 드라마와 밀접한 관련이 있다. 워스는 자신의 복부에 사건들을 전자적으로 기록할 수 있는 정교한 하드웨어와 소프트웨어 시스템을 이식했다. 그것은 '목격자(Witness)'라는 적절한 이름으로 불렸다. 이식된 장치는 객관성을 보장한다. 보이는 것은 무엇이든 기록할 것이기 때문이다. 하지만 워스는 의식적인 의지력으로 소프트웨어를 불러내야 하며, 무엇을 기록할 것인지 직접 응시하며 지정해야 한다. 따라서 기록은 워스의 주관적 의도와 지능 기계의 작동이 종합된 결과다. 워스의 심리는 불가피하게 전자 기록에 영향을 미치는데, 이에 앞서 그의 심리가 특이하다는 암시가 제시된다. 워스는 18개월 이상 연인관계를 지속한 적이 없고, 친밀감을 느끼는 직관적 감정이 부족해 이를 보충하기 위해 스스로 되뇌는 규칙 목록을 만들었다. 우리는 그중 가장 중요한 규칙이 아무런 규칙이 없는 것처럼 연인에게 행동하는 것임을 알게 된다. 워스가 자발적 자폐인들의 지도자를 인터뷰하고 이후 이어진 사건들은 그가 고기능 자폐인일 수도 있다고 암시한다. 이러한 함축은 이후 워스의 주관적 세계관이 세계의 본성 자체와 연결될 때 중요하다.

의미심장하게도 워스가 자기 자신의 물리성을 깨닫게 되는 것은 그의 창자, 특히 배에 장비를 삽입한 작은 구멍과 깊은 관련이 있다. 비주류 인류우주론자들에 의해 공학적으로 조작된 콜레라에 감염이 된 워스는 "이 병든 신체가 나의 전부였구나. 내 눈 뒤의 안전하고 따스하고 어두운 곳에 사는 작고 파괴 불가능한 인간신(man-god)을 위한 일시적 은신처가 아니었구나. 두개골부터 악취 나는 똥구멍까지, 이것이 내가 평생 한 모든 것, 느낀 모든 것, 존재한 모든 것의 도구였구나"(272)라고 깨닫는다. 하지만 이 깨달음에는 여러 층위가 있다. 워스는 안다. 하지만 완전히 알지는 못한다. 군사 로봇이 워스의 복부를 갈랐을 때, 그는 나중에 손가락으로 상처를 더듬으며 자신의 소장이 만져질 때까지 밀어 넣고 싶다는 설명할 수 없는 충동을 느낀다. 워스는 (걷잡을 수 없는 설사에 시달렸을 때) "이것이 나를 거의 죽일 뻔한 나의 그 부분이었구나"라고 생각하면서, "몸은 반역자가 아니다. 단지 존재하기 위해 따라야 하는 법칙을 따를 뿐이다"(422)라고 깨닫는다.

워스가 자신의 물리성을 대면하면서 그 자신이 TOE가 발화하는 법칙들과 긴밀하게 관련되어 있다는 깨달음이 이어진다. 어떤 의미에서는, TOE의 발화가 곧 워스의 정체성이다. 워스와 TOE는 워스가 납치되어 복부에 내장된 소프트웨어 전선들을 배 밖으로 끄집어내야 할 때 한층 더 강하게 연결된다. 탯줄 같은 인공물을 추출하면서, 워스는 주관적인 것과 객관적인 것의 불가피한 얽힘을 보여 주는 퍼포먼스를 하는 셈이다. 이 행동은 ≪퍼뮤테이션 시티≫에서 폴 더럼이 스스로의 배를 찌르는 장면과 기이하게 공명하면서 이를 전복한다. 폴 더럼의 자살은 체화를 포기하는 선언이지만, 워스의 소프트웨어 추출은 그가 바로 그의 몸이다라는 깨달음과 연결된다. 워스가 자신의 배에서 시신경 섬유 전선들을 끄집어내는 장면은, 액자가 액자 속 그림으로 들어가는 장소로 지젝이 의미화한 '상징적 탯줄'을 말 그대로 피가 흥건한 광경으로 보여 준다. 워스는 나중에 다시 벌어진 상처를 통해 내장을 살펴보며 이렇게 생각한다. "나는 거울을 응시하며 이렇게 선언하고 싶었다. 바로 이거야. 나는 이제 내가 누구인지 알아. 내 생명이 피로 움직이는 기계임을, 세포와 분자들로 된 피조물임을, 만물이론의 죄수임을 나는 절대적으로 인정해."(422) 라캉의 거울 단계가 주체로 하여금 자기 자신을 일관된 신체로 (오)인식할 수 있게 한다면, 여기서 [없는(missing)] 거울은 워스의 이미지, 즉 우주가 TOE로 실현한 발현인 그의 이미지를 그에게 반사한다. 그 이름이 중의적으로 암시하듯 TOE는 그 안에 워스의 주관적 자아도 포함해야 한다.

이 점은 워스가 자신은 성공적인 TOE 이론가가 연출하는 드라마의 보잘것없는 연기자가 되어도 괜찮다고 말하면서 비주류 인류우주론 과학자를 설득할 때 분명해진다. "우주는 꿈이 아닙니다. 쐐기돌은 … 우리를 깨워 놓고는 잊어버리겠다고 위협하는 더 높은 실재의 잠에 빠진 신-컴퓨터(god-computer)의 아바타가 아닙니다. 쐐기돌은 내부로부터 우주에 닻을 내립니다. 그곳 외에 달리 닻을 내릴 수 있는 곳은 전혀 없습니다."(319) 사건이 진행되면서 쐐기돌이 한 사람일 것이라는 그 과학자의 생각이 틀렸음이 밝혀지지만 내러티브의 핵심 통찰, 즉 우리가 놓일 수 있는 유일한 위치는 바로 세계 내부이기 때문에 우리는 늘 세계에 의해 변화되면서 동시에 세계를 변화시키는 위치에 있다는 통찰은 유지되고 확장된다.[32]

≪디스트레스≫는 이러한 재귀적 얽힘을 나타내는 몇몇 은유를 만들어 낸다. 이 소설 속 장면 대부분은 '무정부

(Stateless)'라는 무정부 상태의 섬에서 펼쳐진다. 워스는 이 '무정부' 섬에 도착한 직후 어느 여자에게서 배가 난파한 후 몇 시간 동안, 에셔가 그린 '오른손을 그리는 왼손을 그리는 오른손' 그림을 상기시키는 모습으로 자신과 여동생이 서로를 떠받혀 주며 물 위를 걸어 왔다는 이야기를 듣는다. '무정부' 섬 자체도 동일한 재귀적 은유를 체화한다. 섬은 섬을 지탱하는 가스를 생성하는 나노공학적 유기물 덕분에 바다 위에 떠 있지만, 그 유기물들을 지탱하는 것 역시 섬이다. 섬은 어떤 공격에도 속수무책으로 취약한 듯 보이지만, 무정부주의자들은 엔지뉴어티(En-Genuity, 섬을 창조한 나노기술에 관해 독점권을 주장하는 회사)가 용병과 군사 로봇을 사용해 섬 주민을 무자비하게 위협하고 살해하려 할 때 침입자들이 발 딛고 있는 섬의 일부를 가라앉혀 가뿐히 승리한다.

워스가 자신의 몸을 단순한 그릇이 아닌 진정한 자기 자신임을 받아들이는 장면에서 소설은 절정으로 치닫는다. 이 장면에서 주관적인 것과 객관적인 것의 융합이 우주론적 규모로 급증한다. 자신이 표적이 된 것을 알게 된 모살라는 자기 마음의 특정 측면을 예화하는 인공지능 소프트웨어의 일종인 캐스파(Kaspar)를 작동시킨다. 하지만 이 소프트웨어가 모살라의 합성을 완수하고 확장시키자, '디스트레스(일종의 정보 무질서 상태로, 피해자들은 정보 과부화로 견딜 수 없는 고통을 느낀다)'가 희생자들을 엄청나게 발생시키기 시작한다. 워스의 직감처럼 문제는 TOE가 비인간 지능에 의해 조합된 것이라는 데 있다. 인간이 액자 속 그림에 통합되려면 TOE는 인간 존재에 의해 해석되어야 한다. 독자가 짐작하듯 그 인간은 워스 자신이자, 동시에 그가 아니다. 일단 워스가 인간의 형태를 TOE의 이해에 제공하자 많은 사람들이 그를 좇았고, 그 결과 단 한 명의 쐐기돌이 아니라 수백만의 사람들이 서로 협력해 TOE를 창조하게 되었기 때문이다.

이에 따른 변화를 표현하기 위해 이건은 인간적 의미가 스며들어 있으면서 동시에 객관적으로 진실한 세계를 재현하려고 분투하고, 이 세계를 '참여우주(participatory universe)'라고 부른다. 의미심장하게도 워스가 TOE를 발화하려는 시도를 방해하는 마지막 장애물은 감정이입이다. 워스는 이제 감정이입을 자발적 자폐인들이 앞서서 제시한 용어로 이해한다. 즉, 감정이입은 짝짓기와 성적 재생산을 확보하기 위해 진화가 인간 종에게 부린 속임수라는 것이다. 우리가 다른 사람의 감정을 이해할 수 있다는 환상은 이제 TOE로 대체됐다. TOE는 배타적 짝짓기 유대를 요구하지 않는 더 큰 이해다. 워스는 자신이 갈망하던 지속적인 관계를 아킬리 쿠웨일과 마침내 성취한다. 쿠웨일은 성적 매력과 성적 결합 가능성을 제거하기 위해 외과적으로 변형된 신체를 가진 '무성(asex)'인이다. 쿠웨일은 앤드루에게 "신체의 관한 가장 깊은 진실은 그것을 구속하는 것이 결국은 물리 법칙이라는 것입니다. 우리는 신체를 TOE가 허용하는 어느 모양으로든 바꿀 수 있습니다"(404)라고 말한다.[33] 이 흥미로운 설정에서, 신체는 'TOE의 죄수'인 동시에 재생산 요구에 묶인 진화론적 구속에서 해방된 것으로 받아들여진다. 마치 전자를 성취하기 위해서는 후자가 반드시 일어나야 하는 것처럼 말이다.

이 구도가 시사하듯 이건의 작품에서 물리 법칙은 생명 작용에 지속적으로 승리한다. 아주 먼 미래(예를 들어 지금부터 600년에서 1000년 후)가 배경인 이건의 후속작 ≪실드의 사다리≫에서 인간은 너무나 철저히 포스트생물학적이어서 그 대부분이 태어날 때의 몸을 상실하는 것에 대해 더 이상 염려하지 않는다. 하지만 가까운 미래(즉 몇십 년 후)를 그리고 있는 ≪쿼런틴≫, ≪퍼뮤테이션 시티≫, ≪디스트레스≫의 경우는 이와 다르다. 이 주관적 우주론 삼부작에서 주인공들은 자신들의 물리성과 그 한계로 괴로워한다. 의식의 불연속성을 깨달았을 때 닉이 느끼는 불안, 자신의 신체가 시뮬라크르라는 것을 알고 폴이 느낀 강렬한 공포, 워스가 자신의 체화성을 고통스럽게 받아들이게 되는 것을 상기해 보자. 이 세 작품은 이것이 주관적 우주론을 성취하기 위해 지불해야 하는 대가라고, 인간은 자신들이 우주의 창조자이기도 함을 알게 되기 전에 그들 자신이 우주의 피조물임을 먼저 인정해야 한다고 시사한다.

신체적 체화와 분투하는 것과 포스트생물학적 미래를 믿는 것 간의 마찰은 이건이 그 자신의 전제를 감탄을 자아낼

만큼 헌신적으로 열심히 고찰한 결과다. 이건의 소설에는 인간이 엄청난 우주의 아주 작은 부분만을 재현한다는 의혹이 남아 있고, 이 의혹은 종종 작가가 자신의 가정에 대해 품고 있는 듯한 건강한 회의론으로 해석되고는 한다. 지젝처럼 이건도 우리의 지식 범주에 우리가 보지 못하는 한계들이 있다는 의미에서 우리가 항상 아는 것보다 더 많은 것을 말한다는 데 동의할 것이다. 하지만 이건에게 편지의 도착은 특별히 억압과 연결되어 있지 않다(워스의 인물 형성 과정이 나타내듯 이건이 이러한 가능성을 인식하고 있지 않은 것은 아니지만). 편지는 물리적 우주의 본성에 대한 우리의 이해가 국지적이고 제한되어 있음을 가리킨다. 이건은 아마 틀림없이 지젝의 정신분석학적 접근이 끔찍하게 편협하다고 생각할 것이다. 이건은 한 인터뷰에서 자신의 견해를 분명히 밝힌다. "인격(personality)의 깊은 자기 변형 문제는 … ≪쿼런틴≫에서처럼 우리가 신체에 남아 있는 상태이든 혹은 ≪퍼뮤테이션 시티≫에서처럼 우리가 소프트웨어로 업로드되어 있든 아주 복잡한 문제다.… 내 작품 대부분은 다양한 방식으로 이 문제를 다루려는 시도다. 50년이 걸릴 수도 있고 500년이 걸릴 수도 있지만, 우리는 결국 우리 마음을 '실행하는(executing)' 모든 물리적 기체(substrate)를 제한 없이 제어할 수 있게 될 것이다. 나는 그 상황이 초래할 이점과 위험들에 대한 지형도를 그려 보려 한다."[34] 지젝이 하고 있는 것처럼 모든 것을 우리의 물리적·정신적 구조들에 기반한 무의식 이론에 짚어 넣는 것은, 이건의 관점에서 볼 때 주제넘은 행위다. 그것은 먼 미래의 영역 전체를 우리의 현재라는 지엽적 조건의 인질로 삼는 것이기 때문이다.

이건의 비전(주로 포스트생물학적 미래 그리고 참여우주를 창조하는 데 필요한 인간 힘의 확장에 대한 비전)에 내가 저항감을 느끼는 거의 모든 지점에서 나는 이러한 저항감이 작품 내에 새겨져 있고 또 인정되고 있음을 발견한다. 예를 들어 이건은 참여우주가 전적으로 온화하지만은 않다는 것을 워스가 깨닫게 한다. 우리는 900만 명의 사람이 이 비전에 참여하기보다 자살을 택했다(!)고 전해 듣는다. 만일 저항이 가능했다면 그들은 이 비전의 예화에 저항했을 것이므로, 작품이 끝나기 한 페이지 전에 우리에게 도래한 이 폭로는 참여우주를 강압적 우주로 볼 수도 있음을 은연중 시사한다.

결국 이건의 소설을 다루도록 나를 매혹한 것(나를 끌어당긴 것)은 그가 일을 쉽게 하지 않으려 했다는 점에 있다. 그러한 거부는 '정직'과 '진실성'이라고 부를 만하다. 나도 똑같이 정직하자면, 인간이 또 한 번의 천 년이 지난 후 어디에 있을지 상상하기 어렵다고 인정하지 않을 수 없다. 인간은 정말로 포스트생물학적 미래를 발명할 수도 있다. 다음 세기에는 분명 이식 장치들, 어디에나 스며든 컴퓨팅, 훨씬 더 정교해진 센서와 작동기가 달린 로봇들, 양자 컴퓨팅 그리고 나노기술과 다른 수단들을 통한 생명 작용과 계산 간 융합의 증가 등을 통해 인간과 지능 기계가 융합하는 부분이 늘어날 것이다.

우리의 기술적 기량의 범위가 늘어나는 그만큼, 우리의 생물적 현존에 가해지는 위협도 커진다. 산성비, 온실효과 그리고 이 외 환경 악화들이 있으며, 인종 청소라는 학살과 우리가 그래야 한다고 생각한 것에 다른 문화를 끼워 맞추기 위한 군사적 감행도 있다. 이러한 재앙들 사이에서 우리는 이건의 주관적 우주론 삼부작이 의미하는 바, 즉 '우리가 만드는 것'과 '(우리가 생각하는) 우리 존재'가 서로 깊이 얽혀 있다는 암시에 주의를 기울이지 않고 더 나쁜 선택을 할 수도 있다. 미래가 어떠하든, 목적론적 환상은 이건의 소설에서 강하게 작동하면서 우리가 세계 안에 있으면서 동시에 세계의 것이기도 하다는 사실을 상기시킨다. 이러한 사실은 우리가 우리의 이미지로 기계들을 창조하고 우리 자신을 그것들과 유사한 계산 메커니즘이라고 상상하면서 더욱 피할 수 없는 것이 되어 간다.

에필로그
재귀와 창발

스티븐 울프럼의 책이 나오기 훨씬 전에 프랜시스 베이컨 역시 '새로운 과학'을 주창했다. 그것은 울프럼의 비전보다 훨씬 더 야심차고 영향력이 컸다. 관례적으로 근대 과학의 토대를 제공한다고 간주되는 베이컨의 ≪신기관≫은 경험적 실천에 기반을 둔 남성 중심적 과학을 상상했고, 베이컨은 이러한 과학이 에덴동산에서의 추방에 의한 훼손을 회복하고 지구에 대한 '인간'의 통치권을 되찾게 하리라 크게 기대했다. 베이컨은 문화적 은유들을 믿을 때 빠지게 되는 위험을 아주 잘 알고 있어서, 전문가들에게 이에 대해 경고하기 위해 맹점 유형을 분류한 체제를 구축했다. 주관적인 것과 객관적인 것을 분리하는 베이컨의 전략은 연금술이 번성하고 점성술이 국가 과학이었던 시대에 분명 필요했다. 그러나 베이컨의 전략은 우리가 영향력을 행사하되 영향은 받지 않을 수 있다는 전제하에 과학을 지배·통제·통치와 연계하는 해로운 유산을 남겼다. 그 이후 여러 세기 동안 이러한 가정의 비극적 귀결이 메리 셸리의 ≪프랑켄슈타인≫부터 지구 온난화를 겪는 새로운 밀레니엄 시대에 서서히 모습을 드러내는 문제들에 이르기까지 소설과 현실에서 반복적으로 재생되었다.

20세기 중반 사이버네틱스가 기여한 주요 공헌은 인간과 기계, 지배자와 피지배자, 주체와 객체를 연결하는 피드백 루프들을 예화한 이론과 실행 가능한 기술들을 구축한 것이다. 하지만 가장 통찰력 있고 사려 깊은 사이버네틱스 학자들조차 재귀성이 자체의 조직을 지속적으로 생산하고 재생산하는 자기생성 시스템을 창조하기 위해 스스로에게 되돌아가는 것 이상의 일을 할 수 있다는 점은 미처 알지 못했다. 하인츠 폰 푀르스터의 명작 ≪시스템 관찰하기≫는 그가 중요한 통찰의 문턱에 다다랐지만 완전히 파악하지는 못했다는 사실을 보여 준다. 그 중요한 통찰이란 재귀성이 일종의 원이라기보다는 창발적 행위들의 역동적 위계를 형성하는 나선형일 수 있다는 깨달음이다. 과학자들이 새로운 종류의 기술을 위한 기반으로 이 아이디어를 사용하기 시작했을 즈음 사이버네틱스는 이미 그것이 띠고 있던 유토피아적 광채를 잃어 버렸고, 인공생명, 복잡계 이론, 세포 자동자 같은 이름의 새로운 분야들이 전개되었다.

이 책의 관심사는 우리가 세계와 동떨어져 있기보다는 세계 안에 있다는 것, 지배자이기보다는 공동 창조자가 된다는 것, '우리가 만드는 것'과 '(우리가 생각하는) 우리 존재'를 연결하는 복잡한 역학 관계의 참여자가 된다는 것의 의미에 대한 우리의 이해를, 계산 체제를 받아들이는 '새로운 종류의 과학'이 어떻게 깊게 해 줄 수 있는지였다. 계산 체제가 만들어 내는 불확실성, 가능성 그리고 위험의 와중에, (계산적이고 내러티브적인) 시뮬레이션들은 언어와 코드, 전통적 인쇄 매체와 전자 텍스트 그리고 주체성과 계산의 얽힘을 탐색하고 이해할 수 있는 강력한 자원으로 기능할 수 있다.

얽힘의 주된 함의는 모두 종류의 경계에 타자라고 가정된 것이 스며들 수 있다는 것이다. 코드는 언어에 스며들고 언어에 의해 스며든다. 전자 텍스트는 인쇄에 스며들고, 계산 프로세스는 생물학적 유기체에 스며들고, 지능 기계는 살에 스며든다. 우리는 이러한 경계들을 지키려 하기보다 경계들을 가로지르는 흐름들이 복잡한 상호매개의 역학을 만들어 내는 물질적으로 특정한 방식들을 이해하려고 분투해야 한다. 이와 동시에, 경계들을 가로지르는 소통이 있다 해서 경계들이 중요하지 않거나 존재하지 않게 되는 것은 아니다. 생물 유기체들이 계산 프로세스이기만 한 것은 아니다. 자연언어는 코드가 아니다. 살을 가진 피조물은 인공생명 형태와 질적으로 다른 체화로 구성되어 있다. 경계는 스며듦이 가능한 것이면서 동시에 의미로도 가득하다. 인간과 지능 기계가 점점 더 얽히는 상황에서도 인간은 지능 기계와 다르다.

이러한 상호작용은 계산 매체를 세계의 적극적 행위성의 예화로 보면 알 수 있게 된다. 이러한 행위성을 창조하며 실행하는 계산 프로세스들에는 과학적 실재론의 규범적 이야기를 뒤흔들면서 인간이 세상의 객체들을 조종하는 주체로 간주되지 않는 또 다른 종류의 내러티브에 영감을 줄 수 있는 잠재력이 있다. 물론 계산 매체를 지배의 시나리오에 기입하는 것도 가능하다. 적어도 베이컨 이래로 익숙해진 이 지배 시나리오에서는 주체/객체 이분법이 행위의 기본 가정을 이룬다. 대중문화는 <터미네이터> 시리즈부터 <에이아이>와 <매트릭스> 그리고 필립 K. 딕의 ≪안드로이드는 전기양을 꿈꾸는가?≫에 이르기까지 이런 종류의 이야기를 수없이 제공한다. 이 작품들의 중심 역학은 인공생명체들이 수동적 객체로서 자신의 지위를 받아들이지 않고 자율적 행위를 할 수 있는 주체로서 권리를 주장하는 것이며, 이야기는 이러한 주장이 인간 행위성과 충돌할 때 불거지는 갈등에 기대어 진행된다. 이러한 권력 투쟁이 어떤 식으로 전개되든, 그리고 그 결과가 무엇이든 주체/객체 이분법 그리고 주체가 객체를 지배할 권리를 가지고 있다는 함의는 건드려지지 않고 남는다. 만일 인간과 지능 기계의 관계를 이 패러다임 안에서만 해석한다면, 지배와 통제라는 기반 구조가 계속해서 상호작용의 조건을 좌우할 것이다.

이 책은 주체/객체 이분법에서 벗어나는 길을 제공하는 다른 종류의 내러티브들에 초점을 맞추어 왔다. 이러한 이야기들 안에서 인간의 행위와 행위성은 계산 매체에서 발생하는 과정의 중요 특징을 공유하는 체화된 과정으로 이해된다. 여기에는 진화와 창발의 가능성도 포함된다. 내가 보기에 지능 기계와 관련된 윤리적 문제를 다룰 때 가장 중요한 요소는 우리가 지능 기계와 상호작용할 때의 상호성을 인식하는 것, 우리가 지능 기계를 창조할 때 그것도 우리를 창조한다는 복잡한 역학을 인식하는 것이다. 앞의 장들에서 이 핵심적 깨달음이 여러 지점에서 다른 방식으로 설명되었다. 예를 들어 울프럼이 그의 세포 자동자를 보는 방식, <패치워크 소녀>에서 기계의 내장에서 자신의 의식을 찾는 여성 괴물, 칼 심스의 가상 생명체들을 응시하는 인간들, '목격자'를 빼내기 위해 자신의 상처 속을 헤집는 앤드루 워스가 있었다.

이러한 관점으로 지능 기계를 마주하면서 나는 그것이 내가 지배할 객체도, 나를 지배하려고 위협하는 주체도 아님을 알 수 있었다. 그렇다기보다 지능 기계는 내가 체화된 인간 주체로 예화하는 과정과 상호작용하는 과정을 예화하는 체화된 실체다. 지능 기계와 상호작용하는 경험은 나를 엄청나게 변화시켜서, 그 만남에서 비롯하는 사람은 그 만남을 시작했던 그 사람과 정확히 같은 사람이 아니다. 내가 인간으로서 물려받은 유산이라고 생각하는 것(내가 말하는 언어, 내가 읽는 책, 내가 일람하는 정보와 디지털 예술, 수백억 년의 진화적 역학에서 내가 물려받은 생명 작용, 정체성에 대한 나의 인식을 생성시키는 의식)은 벌써 지능 기계와 내가 맺는 상호 관계의 상호매개적 역학에 영향받고 있고, 앞으로 수십 년 동안 훨씬 더 깊게 변형될 것이 틀림없다. 내가 보기에 우리가 해결해야 할 화두는 이러한 상호 관계를 지배의 구조에 기입하기를 거부하고 그 대신 이 상호 관계들의 복잡한 상호성을 인식하고 실행할 수 있도록 이해하는 일이다. '우리가 만드는 것'과 '(우리가 생각하는) 우리 존재'는 함께 공진화한다. 창발은 기술적 역학일 뿐 아니라 윤리적 역학으로도 작동할 수 있다. 깨달음은 한순간에 찾아오는 것이 아니라 알아차림의 연속적 순환들로 도착하며, 각각의 알아차림은 바로 전에 온 알아차림 위에 하나씩 쌓인다. 이 책을 쓰는 동안 나에게 일어난 일이 그러했고, 어쩌면 이 책을 읽는 당신에게도 그러할 것이다. 역동적 창발과 관련된 일이 늘 그러하듯, 끝에서 우리는 다시 시작한다.

감사의 글

이 책은 사오 년 동안 계속 머릿속에서 맴돌다가, 너그럽게도 나와 대화를 나누고 원고의 전부 혹은 일부를 읽어 준 여러 친구와 동료의 통찰에 많은 도움을 받아 쓰였다. 나는 이 책을 쓰기 시작해 거의 막바지에 이르기까지 '계산 체제(Regime of Computation)' 개념이 무척 모호하다고 생각했는데, 다른 이들의 도움은 나의 아이디어를 시험하고 다듬는 데 대단히 유용했다. 초고를 읽고 의견을 주거나 대화로 귀중한 통찰을 제공해 준 이들로 제이 볼터, 네이선 브라운, 디노 부제티, 존 케일리, 브루스 클라크, 마츠 달스트룀, 조해나 드러커, 마이클 다이어, 딘 그리거, 마크 핸슨, 린다 헨더슨, 예지 야르젱브스키, 존 존스턴, 마이클 캔들, 매슈 커셴바움, 케이트 마셜, 제롬 맥건, 브라이언 맥헤일, 앤 멜러, 애들레이드 모리스, 마크 포스터, 제시카 프레스먼, 리타 레일리, 마크 로즈, 스테파니 스트릭랜드, 피터 스워스키, 톰 스위스, 조셉 태비, 존 언스워스, 캐럴 월드, 노아 워드립프루인, 그렉 이건, 셸리 잭슨, 칼 심스가 있다. 닐 스티븐슨은 고맙게도 초고를 받고서 중요한 도움을 주었다. 시카고대학교 출판부의 출판 담당자인 앨런 류가 리포트로 정리해 준 여러 소중한 수정 제안은 특히 도움이 되었다. 데이비드 툴의 날카로운 교열 덕분에 원고가 여러 모로 개선되었다. 이름을 일일이 다 거론할 수 없을 만큼 많은 동료들이 내내 사려 깊고 유용한 의견을 주었다. 그들 모두에게 감사를 전한다.

이 책은 국립인문학진흥기금의 연구지원비, 캘리포니아대학교 총장연구비, 독일 베를린의 문학연구센터 연구비, 로스앤젤레스 캘리포니아대학교의 대학평의회 연구 보조금, 벨라지오 체류학자를 위한 록펠러재단 연구비, 존찰스힐리스 석좌연구기금 덕분에 작업할 수 있었다. 너그러운 지원에 감사드린다. 시카고대학교 출판부의 앨런 토머스는 인내심을 가지고 원고를 기다려 주었고 전 과정을 변함없이 지원해 주었다. 캐럴 월드, 네이선 브라운, 마이클 패든은 나의 연구를 지원하며 너그럽게 나와 지적으로 교류해 주었다. 토머스 워샘과 린 배튼은 훌륭한 관리 능력으로 내가 연구에 집중할 수 있도록 강의를 조정해 주었다.

나의 좋은 친구 마저리 루스브링크에게 특별히 감사를 전한다. 그는 이 책 전반에 걸쳐 제안과 지원을 아끼지 않았고, 원고를 꼼꼼히 읽고 의견을 주었다. 그의 도움으로 책이 더 나아질 수 있었다. 남편 니컬러스 게슬러는 너무나도 많은 아이디어와 의견, 제안, 참고자료, 정보를 제공해 주었다. 그의 기여에 대해 어디서부터 감사해야 할지 모를 지경이다. 그가 없었다면 책이 지금처럼 쓰이지 못했으리라는 것만 말해 두겠다.

이 책의 일부 장은 지금 실린 형태와는 다른 형태의 논문으로 발표된 적이 있다. 다음 논문들을 재수록할 수 있도록 허락해 준 데 감사드린다. 3장은 린다 헨더슨과 브루스 클라크가 엮은 ≪에너지에서 정보로(From Energy to Information)≫에 "탈출과 구속: 에너지에서 정보로 이동하는 세 소설의 꿈(Escape and Constraint: Three Fictions Dream of Moving from Energy to Information)"이라는 제목으로 실렸다(스탠퍼드대학교출판부, 2002, 235~254. 출판부의 허가를 받아 르랜드스탠퍼드주니어대학교 이사회에 의해 전재). 4장은 ≪예일 비평 학회지(Yale Journal of Criticism)≫ 6권 3호에 "매체 번역하기: 왜 텍스트성을 다시 생각해야 하는가(Translating Media: Why We Should Rethink Textuality)"라는 제목으로 실렸다(존스홉킨스대학교출판부, 2003, 263~290. 존스홉킨스대학교출판부의 허가를 받아 전재). 5장은 피터 프리스와 찰스 해리스가 엮은 ≪정원의 홀로덱: 현대 미국 소설에서 과학과 기술(The Holodeck in the Garden: Science and Technology in Contemporary American Fiction)≫에 "수행적 코드와 수사적 언어: 닐 스티븐슨의 ≪크립토노미콘≫(Perfomative Code and Figurative Language: Neal Stephenson's *Cryptonomicon*)"이라는 제목으로 실렸다[달키아카이브(Dalkey Archive Press), 2004, 2~27. 출판사의 허가를 받아 전재]. 6장은 ≪포스트모던 문화(Postmodern Culture)≫

10권 2호에 "저작권의 발명과 괴물의 탄생: 셸리 잭슨의 <패치워크 소녀>에서 명멸하는 연결성들(The Invention of Copyright and the Birth of Monsters: Flickering Connectivities in Shelley Jackson's *Patchwork Girl*)"이라는 제목으로 이 책과 대단히 다른 형태로 실렸다(January, 2000, www.iath.virginia.edu/pmc). 8장은 ≪크리티컬 인콰이어리(Critical Inquiry)≫ 26권 1호에 "시뮬레이션된 내러티브들: 가상 생명체는 우리에게 무엇을 가르쳐 줄 수 있는가(Simulated Narratives: What Virtual Creatures Can Teach Us)"라는 제목으로 실렸다(Autumn, 1999, 1~26). 이 자료들은 대부분 여러 학회와 초청 강연에서 발표된 것들이다. 내가 논의를 다시 생각하고 다듬을 수 있도록 귀중한 의견을 준 모든 이에게 감사드린다.

마지막으로 가족에게, 특히 어머니에게 감사를 전한다. 어머니가 아니었더라면 이 모든 것은 불가능했을 것이다. 가족에게 깊은 감사와 애정을 전한다.

옮긴이의 글

≪내 어머니는 컴퓨터였다≫는 영문학자이자 대표적인 포스트휴머니즘 이론가, 디지털 문학 연구자인 캐서린 헤일스가 ≪우리는 어떻게 포스트휴먼이 되었나≫(1999)와 ≪글 쓰는 기계≫(2002)에 이어 완성한 삼부작의 마지막 책이다. 헤일스는 ≪우리는 어떻게 포스트휴먼이 되었나≫에서 정보의 탈체화를 주장하는 포스트휴먼의 꿈을 '포스트휴먼의 악몽'이라고 비판하면서, 트랜스휴머니즘이 삭제하려 하는 물질성을 포스트휴먼 주체의 구성에 중요한 부분으로 재위치시키려 했다. ≪글 쓰는 기계≫에서는 현대의 디지털 코드와 언어 사이에서 점점 늘어나는 상호 작용과, 이로 인해 변화하는 글쓰기의 양상을 추적했다.

헤일스는 ≪우리는 어떻게 포스트휴먼이 되었나≫를 발표하고 5년이 지난 시점에 이 책을 쓰면서, 우리의 삶 속으로 더 깊고 넓게 파고들어 온 컴퓨터 테크놀로지가 인간과 기계 그리고 인간과 인간이 맺는 관계와 주체성 구성 방식에 일으킨 변화에 주목한다. 이제 헤일스가 전작에서 분석했던 "자유주의적 휴머니즘 주체와 포스트휴먼 간의 상호작용"은

20세기 역사 속으로 사라졌다. 헤일스는 분석의 초점을 자유주의 휴머니즘과 포스트휴먼의 갈등에서 인간과 기계 간 상호 작용에서 일어나는 다양한 양상, "지능형 기계와 함께 계속 진화해 나가는 포스트휴먼의 여러 판본들"로 옮긴다. 인간 주체성의 구성에서 물질성이 띠는 의미를 중시하고 탈체화의 환상을 비판하는 입장은 여전하지만, 이제 헤일스의 논의는 디지털과 아날로그, 인간과 지능형 기계 간에 일어나는 상호매개와 그 복잡성, 그에서 비롯하는 창발과 공진화의 가능성을 다룬다.

헤일스는 이처럼 서로 다른 두 영역 간의 매개와 상호 작용을 연구하기에 더없이 적절한 학문적 배경을 지니고 있다. 헤일스는 로체스터공과대학교에서 화학을 전공했고, 캘리포니아공과대학교에서 역시 화학으로 석사 학위를 받았다. 연구실에서 실험을 수행했고, 졸업 후에는 잠시 기업체에서 화학자로 일하기도 했다. 그러다 1970년 돌연 문학으로 방향을 틀어 로체스터대학교에서 영문학으로 박사 학위를 받았다. 헤일스는 이러한 결정을 내린 배경이 고도로 분업화된 과학 연구에서 느낀 답답함이었다고 말했다. 헤일스는 실험실에서 연구를 하면서 이 연구가 '왜' 필요한가라는 근본적 질문을 놓지 못했고, 전체를 보는 전일적 관점의 필요성을 절감하고 인문학 연구로 길을 바꾸었다고 한다.

문학과 과학 사이에서 길을 찾는 융합적 연구자인 헤일스는 이 책에서 인어와 디지털 코드 간의 관계를 탐구하는 데 초점을 맞추어, 텍스트와 함께 인간 주체성에 대한 우리의 이해가 어떻게 변화하고 있는지 분석한다. 이를 위해 "만들기(Making)", "저장하기(Storing)", "전송하기(Transmitting)"라는 제목으로 부를 나누고, 19세기 작가 헨리 제임스부터 현대 SF 작가 그렉 이건까지, 전통적 인쇄 문학에서 셸리 잭슨의 디지털 문학까지, 독자를 다양한 문학 텍스트로 안내하면서 인간과 기계의 관계가 어떻게 저작권과 행위 개념을 변화시키고 있는지 보여 준다. 이처럼 포스트휴머니즘 논의에서 방대한 문학적 자산을 자유자재로 활용할 수 있다는 점이 영문학자로서 헤일스의 강점이다.

또한 헤일스의 독창성은 문학 텍스트를 통해 계산(computation) 문화를 연구하는 데 그치지 않고, 더 깊이 들어가 소쉬르와 데리다의 언어학과 컴퓨터 프로그래밍에 대한 지식을 바탕으로 언어와 코드 간의 유사성과 차이점을 분석하는 데 있다. 이 두 분야를 제대로 이해하려면 각각 상당한 수준의 지식이 필요하다. 헤일스는 두 분야 모두에 대한 깊이 있는 지식을 바탕으로, 컴퓨터 프로그래밍 관련 지식이 없는 인문학 독자도 이해할 수 있게 설명한다. 이로써 헤일스는 언어와 달리 수행성을 지닌 디지털 코드만의 특성과 프로그래밍 언어의 구성 방식을 쉽게 풀어 전달함으로써 디지털 코드와 언어의 유사성과 차이점을 독자에게 이해시킬 뿐 아니라, 서로 다른 이 두 가지가 어떻게 상호 작용하는지 보여 준다. 헤일스가 자연어와 코드의 관계를 탐색할 때,

관심의 초점은 둘 중 어느 한쪽이 아니라 둘의 조합에 놓인다. 이 둘이 뒤엉키며 발현되는 상호매개와 복잡한 얽힘(entanglement), 역동적 관계, 환원 불가능한 상호 작용이 탐구의 초점이 된다.

상호매개를 중심에 놓는 이러한 관점은 주체와 객체, 지배와 피지배의 단순한 이분법적 세계관을 거부한다. 역사적으로 인간은 도구를 만들기 시작하면서 자신을 새로운 존재로 변화시켜 왔다. 헤일스의 말대로, 우리는 컴퓨터를 만들었지만 컴퓨터도 우리를 만든다. 도구를 사용하기 시작한 인간은 더는 그 이전의 인간과 똑같지 않으며, 태어나면서부터 디지털 기기를 사용한 디지털 원주민 세대의 뇌와 사고방식은 디지털 이주민이라 할 수 있는 부모 세대의 그것과는 또 다르다. 이러한 상호매개의 역학은 지능형 기계와의 관계에서 우리가 반드시 고려해야 할 복잡성을 보여 준다.

이 책은 지금으로부터 20년 전인 2005년에 나왔지만 책에서 다뤄지는 논의는 결코 낡지 않았다. 그러기는커녕 인공지능이 우리 일상에 본격적으로 새로운 행위자로 등장한 지금 시점에 오히려 더 시의적절해 보인다. 인공지능을 사용한다는 것은 오랫동안 컴퓨터 프로그래밍 언어를 쓸 줄 아는 사람들만 지닌 능력이었지만, 챗GPT가 등장하면서 그런 지식 없이도 인공지능에 접근할 수 있는 길이 마련됐다. 이로써 인간과 지능형 기계의 상호 작용이 폭발적으로 증가하리라는 사실은 충분히 예측 가능하며, 이미 현실화하고 있다.

그러나 이러한 변화가 어떤 새로운 인공지능의 출현으로(한 때 불가능하다고 여겨졌던 '일반인공지능'의 출현 가능성마저 이미 예고되고 있다), 나아가 어쩌면 새로운 종의 출현으로까지 이어질 수 있을지는 아직 예측할 수 없다. 그 경로가 실리콘밸리의 테크노미래주의자들, 헤일스가 경계했던 정보의 탈체화를 꿈꾸는 트랜스휴머니스트들이 공언하듯 끝없는 진보와 초월을 향해 나아가지는 않겠지만, 기술의 지배와 억압이라는 암울한 전망을 그릴 필요 또한 없다. 인공지능으로 인해 가속화하는 인간과 기계의 상호매개가 서로의 잠재성을 실현시키는 공진화가 되기 위해서는 그 복잡성을 섬세하게 이해하고, 이분법적 틀 바깥에서 새로운 가능성을 상상하는 힘이 필요할 것이다. 지금 우리에게 반드시 필요한 이 작업에 유용한 도구들을, 헤일스의 인문학적 통찰과 문학적 상상력 속에서 발견할 수 있을 것이다.

최근의 연구 성과를 반영해 기존 번역에서 일부 용어와 표현을 수정했다. 이 책이 다시 독자들과 만날 기회를 준 출판사와 세심하게 정성 들여 교정해 준 곽성우 편집자에게 감사드린다.

미주

프롤로그

[1] Anne Balsamo, *Technologies of the Gendered Body*(≪젠더화된 몸의 기술≫, 아르케, 2012), 133.

[2] '로보 사피엔스'라는 용어는 피터 멘젤과 페이스 달루시오에게서 빌려 왔다. 그들의 책 *Robo Sapiens*는 로봇공학의 몇몇 최신 성과를 사진을 통해 보여 준다.

[3] Hans Moravec, *Mind Children*(≪마음의 아이들≫, 김영사, 2011). 예를 들어 모라벡은 이 책의 프롤로그에서 "스스로 사고하며 발전하는 기계들이 지배하는 포스트 생물학적 세계는 우리 생명체들의 세계가 이 이전의 무생명 화학 현상과 다른 것처럼 이 세계와 다를 것"(5)이라고 예견한다. 모라벡은 *Robot*에서 로봇 지능과 포스트생물학적 세계에 대한 탐색을 이어 간다.

[4] Bruno Latour, "A. N. Whitehead and Richard Powers".

[5] Stephen Wolfram, *A New Kind of Science.*

[6] 18세기 '시계태엽장치' 은유와 20세기에 널리 퍼진 '컴퓨터' 은유 사이의 유사성은 계산적 우주를 옹호하는 이들뿐 아니라 그에 회의적인 사람들까지도 알 만큼 과학 공동체에 널리 알려져 있다. 그 예로 세스 로이드의 "How fast, How small, and How Powerful?: Moore's Law and the Ultimate Laptop"을 보라.

[7] Marjorie Hope Nicolson, *Newton Demands the Muse.*

[8] Friedrich A. Kittler, *Essays*, 40.

[9] Friedrich A. Kittler, "The Mother's Mouth", in *Discourse Networks*(≪기록시스템 1800·1900≫, 문학동네, 2015), 25-70.

[10] Nicholas Gessler, 개인적 소통.

[11] Marie-Laure Ryan, *Possible Worlds, Artificial Intelligence, and Narrative Theory.*

01 상호매개

[1] 이후로 '언어(language)'와 '코드(code)'가 함께 나올 때는 다른 식으로 명시하지 않는 한 '언어'는 자연어, '코드'는 디지털 컴퓨터 코드를 가리킨다.

[2] 피드백 루프(feedback loop) 개념은 1930년대와 1940년대 1차 사이버네틱스에서 발전했다. 시스템에서 나온 아웃풋이 인풋으로 다시 시스템 속으로 순환해 들어간다는 개념은 고대 그리스인들이 개발한 자기조절적 장치까지 거슬러 올라가는 오래된 것이지만, 피드백 루프 개념은 20세기가 되어서야 비로소 정보 회로와 연관되면서 훨씬 더 폭넓게 적용되기 시작했다. 나는 '피드백 루프'를 물리적 장치와 재귀적 개념의 구조 양쪽에 다 적용하겠다.

[3] Ferdinand de Saussure, *Course in General Linguistics*(≪일반언어학 강의≫, 그린비, 2022).

[4] Stephen Wolfram, *A New Kind of Science*; Edward Fredkin, *Introduction to Digital Philosophy*; Harold Morowitz, *The Emergence of Everything*; Ellen Ullman, *Close to the Machine*; Matthew Fuller, *Behind the Blip*; Matthew G. Kirschenbaum, "Editing the Interface"; Bruce Eckel, *Thinking in C++*.

[5] 그 예로 Jacques Derrida, *Positions*(≪입장들≫, 솔출판사, 1992), 22를 보라.

[6] 앨런 배스의 "역자 서문"에서 인용. Jacques Derrida, *Writings and Differences*(≪글쓰기와 차이≫, 동문선, 2001). 미셸 세르는 *The Parasites*(≪기식자≫, 동문선, 2002)에서 통신 시스템의 노이즈와 관련해 '기생(parasite)' 개념을 광범하게 탐구한다. 데리다의 그라마톨로지는 소쉬르 언어학에 주입된 고농도의 노이즈로 이해할 수 있다.

[7] Leonard M. Adelman, "Molecular Computation of Solutions to Combinatorial Problems"; Daniel Hillis, *The Pattern on the Stone*; John von Neumann, *Theory of Self-Reproducing Automata*.

[8] Alan Turing, "On Computable Numbers, with an Application to the Entschediungs-problem". 보편 컴퓨터의 튜링 구조 밑에 놓인 논리의 진화에 대한 분석은 Martin Davis, *The Universal Computer*(≪오늘날 우리는 컴퓨터라 부른다≫, 인사이트, 2023)를 보라.

[9] von Neumann, *Theory of Self-Reproducing Automata*, 91-156. 스티븐 레비는 *Artificial Life*에서 폰 노이만의 자가증식하는 기계에 대해 설명한다. 레비의 설명은 아서 벅스(폰 노이만 사후에 그의 미완성 원고를 편집해 편찬했다)가 자기증식의 운동학적 모델이라 부른 것에 대해 했던 다소 개략적인 설명에 기반을 두고 있다. 벅스의 이 모델은 von Neumann,

Theory of Self-Reproducing Automata, 74-90에서도 찾아볼 수 있다.

[10] Konrad Zuse, *Rechnender Raum*.

[11] 그 예로 Christopher G. Langton, "Computation at the Edge of Chaos"를 보라.

[12] 자바에서 다운로드할 수 있는 게임 버전으로, John Conway, *Game of Life*를 보라.

[13] 이 설계는 전형적 배치를 보여 준다. 다른 식의 배열도 가능하다. 세포들은 둘 이상의 상태를 점유하도록 설정할 수 있고, 1차원이나 2차원 혹은 몇 개의 차원으로든 배치할 수 있으며, 바로 옆과 그 옆의 이웃들뿐 아니라 한 단계 이상 떨어진 이웃들의 상태도 참고할 수 있다. 물론 상태를 나타내는 색깔들이 바뀌면 규칙 또한 바뀔 수 있다.

[14] 규칙 110번(Rule 110)은 울프럼의 *A New Kind of Science*, 53에 예시되어 있다. 그 패턴들은 울프럼이 제시한 단순한 일러스트를 보면 훨씬 더 이해하기 쉽지만, 말로 설명이 필요하다면 다음과 같이 설명할 수 있다. 특정 세포와 양쪽의 이웃 세포가 같은 색이면, 다음 세대의 세포는 흰색이 된다. 그 세포와 그 왼쪽의 세포가 같은 색이며, 다음 세대의 세포는 검은색이 된다. 그 세포와 그 오른쪽의 세포가 같은 색이면, 다음 세대 세포는 그 색이 된다. 세포의 이웃 세포가 둘 다 다른 색이면, 다음 세대는 검은색이 된다.

[15] Arthur K. Cebrowski and John J. Garstka, "Network-Centric Warfare". 군사 문제에서 이러한 혁명과 관련된 문제들에 대한 진지한 분석은 Stephen Blank, "Preparing for the Next War"를 보라.

[16] 물론 0과 1에 상당한 형이상학적 의미를 부여할 의향이 있는 사람은 그렇게 할 수도 있을 것이다. 조해나 드러커는 "Language as Information"에서 르네상스형 디자이너 제프로이 토리의 경우를 예로 든다. 드러커에 따르면 토리는 "인간 언어의 모든 상징, 그러니까 인간 사고의 상징들뿐 아니라 우주적 상징들까지 1과 0의 두 가지 요소를 기반으로 구성할 수 있다고 주장했다. 토리에게 1과 0은 수직적 추진력이라는 남성적 원칙과, 다산의 풍요로움이라는 여성적 원칙이라는 본질적 요소다"(214-215). 닐 스티븐슨의 ≪스노크래시≫에서도 이와 유사한, 1과 0에 관한 수메르 문화의 생각들을 길게 논하는 '라이브러리언'(홀로그램으로 나타나는 인공지능)이 나온다.

[17] Edward Fredkin, "History", *Introduction to Digital Philosophy*, Ch.9, para.7.

[18] 일리야 프리고진과 이자벨 스탱게르스는 *Order Out of Chaos*에서 이산적 프로세스들이 새로운 정보를 만들어 낸다고, 예를 들면 충돌이 분자들의 가속도와 위치를 상호 연관 짓는 조정 점으로 기능하게 되는 다입자 충돌의 경우와 같이 새로운 정보를 만들어 낸다고 주장한다. 프리고진과 스탱게르스는 이러한 창조가 왜 시간이 앞으로만 갈 수 있는지 설명해 준다고 주장한다. 이러한 사건들이 수십억 혹은 수조 번 일어날 때 무한한 '정보 장벽(information barrier)'이 만들어져 과거와 현재를 분리하기 때문이다.

[19] Edward Fredkin, "Conservation of Information", in *Introduction to Digital Philosophy*, chap. 11, para. 3.

[20] Edward Fredkin, "Thinking about Digital Philosophy", in *Introduction to Digital Philosophy*, chap. 34, para. 1.

[21] Edward Fredkin, "DP and Biology", in *Introduction to Digital Philosophy*, chap. 4, para. 7.

[22] Ray Kurzweil, "Reflections on Stephen Wolfram's *A New Kind of Science*". 또 다른 리뷰로는 Lawrence Gray, "A Mathematician Looks at Wolfram's New Kind of Science"를 보라.

[23] 2003년 2월, 스티븐 울프럼이 패서디나의 캘리포니아공과대학교(칼텍)에서 강의를 했는데, 강의가 끝난 후 울프럼의 연구를 놓고 칼텍의 과학자 패널이 토론을 했다. 이 토론에서 인공생명 연구자인 크리스토퍼 아다미는 울프럼이 진화의 중요성을 심각하게 과소평가했다고 지적했다.

[24] 그 예로 "Dynamic Ontology: An Inquiry into Systems, Emergence, Levels of Reality, and Forms of Causality" 콘퍼런스를 위한 UNITN 논문 공모를 보라(2003년 1월 24일).

[25] Pierre Teilhard de Chardin, *The Phenomenon of Man*(≪인간현상≫, 한길사, 1997).

[26] Stuart A. Kauffman, *The Origins of Order*; 더 일반적인 판본은 *At Home in the Universe*(≪혼동의 가장자리≫, 사이언스북스, 2002)를 참조할 것.

[27] 2차 사이버네틱스에서는 진화 과정에서 관찰자의 역할이 핵심적이다. 또한 관찰자는 인공생명 시뮬레이션의 해석에서도 중요한 역할

을 한다. 예를 들어 콘웨이의 *Game of Life*를 살아 있는 개체로 지각하는 경우, 이러한 지각은 생명 자체의 진화보다는 "이 개체는 살아 있다"라는 생각을 촉발하는 인간 안의 지각 메커니즘의 진화와 더 유추적으로 관련될 수 있다. 외부 세계 프로세스와의 은유적 혹은 유비적 관계를 대신하는 관찰자들 안의 프로세스에 관한 특히 흥미로운 논의는 메리 캐서린 베이트슨의 *Our Own Metaphor*에 나온다.

[28] 이러한 의제에 관심을 갖게 해 준 니컬러스 게슬러에게 감사를 전한다. 그 예로 AAAI, *Computational Synthesis*를 보라.

[29] Nicholas Gessler, 개인적 소통.

[30] 매년 존 브록만은 자신의 웹 사이트에 질문을 올려놓고 저명한 과학자들에게 이에 답하게 한다. 2004년의 질문은 세스 로이드에게 던진 "당신의 법칙은 무엇입니까?"였다. 로이드는 "로이드의 법칙은 큐비트(Qubit) 법칙에서 나온 것이다"라고 답했다. '큐비트'는 양자 비트, 즉 양자 컴퓨터로 생성되는 비트다. 로이드의 법칙은 '그것 전부(우주)'가 양자 논리 회로, 사실상 양자 컴퓨터로 이해할 수 있는 우주에 의해 생성되는 양자 비트에서 나온 비트임을 시사한다.

[31] John Brockman, "What's Your Question?". 계산적 우주에 관한 세스 로이드의 비전에 대한 더 많은 논의는 Seth Lloyd, "How Fast, How Small, and How Powerful? Moore's Law and the Ultimate Laptop"에서 볼 수 있다. 이 글에서 로이드는 부피는 1리터, 무게는 1킬로그램인 '궁극의 랩톱'이 실행할 수 있는 계산의 절대적 한계를 계산한다. Seth Lloyd, "Ultimate Physical Limits to Computation"도 보라. 나중에 로이드는 그의 야심이 부족했으며(그가 한 말이다), 진짜 문제는 양자 컴퓨터로 이해한 우주의 계산적 한계, 그가 "Computational Capacity of the Universe"에서 던진 질문이었음을 깨달았다. 로이드의 계산적 우주의 비전에 대한 신중한 답변은 John Brockman, "Joseph Traub, Jaron Lanier, John McCarthy, Lee Smolin, Philip W. Anderson, Authony Valentini, Stuart Hammeroff, and Paola Zizzi Respond to Seth Lloyd"를 보라.

[32] Nicholas Gessler, "Evolving Artificial Cultural Things-That-Think and Work by Dynamical Hierarchical Synthesis". 상호매개는 그 함의에 부가된 풍성한 역사를 지니고 있다. '상호매체'는 브라운대학교 정보와 학문연구소(IRIS)에서 개발한 하이퍼텍스트 저작 시스템을 위한 용

어다. 이 용어는 수많은 회사 명이나 예술 집단들에게서도 보이는데, 예를 들면 뉴욕과 독일 뉘른베르크에 근거하던 독일-미국 무용단의 이름은 '팰린드롬 인터.미디어 퍼포먼스 그룹(Palindrome Inter.media Performance Group)'이다.

[33] Lev Manovich, *The Language of New Media*(≪뉴미디어의 언어≫, 커뮤니케이션북스, 2014); Friedrich A. Kittler, *Gramophone, Film, Typewriter*(≪축음기, 영화, 타자기≫, 문학과지성사, 2019).

[34] Kittler, *Gramophone, Film, Typewriter*, 25-114, 특히 48-49.

[35] Friedrich A. Kittler, *Discourse Networks*.

[36] 내가 보기에 이는 아트북과 책 테크놀로지 전반 둘 다와 관련해, 20세기에 책에 대한 관심이 눈에 띄게 부활한 현상을 설명하는 데 도움이 된다.

[37] Richard Grusin and Jay David Bolter, *Remediation*(≪재매개≫, 커뮤니케이션북스, 2006).

[38] 같은 책, 273.

[39] 죄수의 딜레마에 대한 광범한 문헌을 전부 언급하는 것은 여기에서 내가 목적한 범위를 넘어선다. 존 폰 노이만의 중요 연구 맥락에서 게임이론에 입문할 수 있는 좋은 도서로는, William Poundstone, *Prisoner's Dilemma*(≪죄수의 딜레마≫, 양문, 2004)를 보라. 죄수의 딜레마를 컴퓨터 프로그램으로 어떻게 짤 수 있을지, 그것이 반복되면서 창발적 협력을 어떻게 일으키는지에 대한 설명은 Robert Alexrod, *The Evolution of Cooperation*(≪협력의 진화≫, 시스테마, 2024)을 보라.

[40] Kittler, *Gramophone, Film, Typewriter*, 46.

[41] 그 예는, 같은 책, 76.

[42] Donald MacKay, *Information, Mechanism, Meaning*을 참조할 것.

[43] 공정하게 말하자면 핸슨의 저작은 키틀러의 대표 저작인 *Discourse Network*가 나온 지 10년 후에 나왔다. 키틀러가 먼저 자리를 잡았다는 사실은 키틀러가 자신의 아이디어를 위한 공간을 만들기 위해 표명한 입장을 왜 핸슨이 강하게 공격해야만 했는지를 어느 정도 설명해 준다.

[44] Hans P. Moravec, *Mind Children and Robot*; Ray Kurzweil, *The Age of Spiritual Machines*.

[45] Sha Xin Wei, "A Tgarden as a Phenomenological Experiment".

[46] 2003년 현대언어학회의 연례 학술대회 발표 "It's Not the Technology, Stupid!"에서 제롬 맥건은 이러한 믿음을 굳은 확신을 가지고 강력하게 표명했다.

[47] Jerome J. McGann, D. G. Rossetti Hypermedia Archive.

02 말하기, 글쓰기, 코드

[1] Brian Cantwell Smith, *On the Origin of Objects*, 76.

[2] Ferdinand de Saussure, *Course in General Linguistics*, 67.

[3] Jacques Derrida, *Positions*, 17.

[4] Jacques Derrida, *Of Grammatology*(≪그라마톨로지≫, 민음사, 2010), 52.

[5] Jonathan Culler, *Ferdinand de Saussure*, 33.

[6] 소쉬르를 이렇게 해석하는 데 반대하는 여러 비평가들은 소쉬르의 이론이 탈구조주의에서 잘못 해석되었다고 주장해 왔다. 그중에서 레이몬드 탤리스는 *Not Saussure*에서 '참조(reference)'의 개념을 복권시킬 것을 지지했으며, 폴 티볼트는 *Re-reading Saussure*에서 소쉬르의 이론을 사회적/기호학적 상호 작용의 모델로 강조했다. 역사적 문맥에서 소쉬르 이론을 꼼꼼히 분석한 *Visible Words*에서 조해나 드러커는 기호의 물질성과 관련해 소쉬르에게서 새롭게 되살린 역할을 복구하려 한다.

[7] *Visible Words*에서 조해나 드러커는 "소쉬르의 기호 이론에서 물질성의 개념을 만들어 낼 가능성은 전혀 없어 보일 것이다"라고 결론짓되, "소쉬르의 논의에는 구멍, 즉 굴절(inflection)을 기호의 가치를 변경하는 것으로서 보는 관점이 있다"고 지적한다.

[8] Peter Gendolla, Jorgen Schafer, and Maik Pluschke, 이메일 메시지, February 3, 2004. Peter Gendolla, Jorgen Schafer, and Maik Pluschke, "Literatur in Netzen/Netzliteratur"도 참조할 것.

[9] Friedrich Kittler, "There Is No Software", in *Essays*, 147-155.

[10] 컴파일된 언어들은 일괄적으로 이진 코드로 번역하는 반면, 해석된 언어들은 명령어당 이진 코드로 번역한다. 해석된 언어들이 실행 시간을 더 많이 잡아먹지만, 유연성이 높고 오류 제어가 더 잘되는 이점이 있다.

[11] Jacques Derrida, "Difference", in *Margins of Philosophy*, 1-28, 특히 6.

[12] 시간 지연 오류는 패킷의 끝 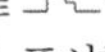에서 시간 지연되는 단계 함수  처럼 보이는 대신, 전압 패킷을 표시한다.

[13] Jacques Lacan, *Le Seminaire XX: Encore*, 22, 35. '의도된 것으로서의 기능'은 프로그램 구조와 설계의 맥락에서 해석되어야 한다. 예를 들어 바이러스, 웜, 트로이 목마는 시스템을 망가뜨리려고 의도된 것일 수 있다.

[14] Jacques Derrida, "Signature Event Context", in *Limited Inc*, 1-24, 특히 9.

[15] 비트는 어떤 문맥에도 다 집어넣을 수 있지만, 비트의 순서는 보통 양도될 수 없는 특정한 의미를 나타낸다. 데리다의 의견을 이 수준에 (혹은 언어의 경우라면 낱자의 수준에) 적용하는 것은 반복가능성을 진부한 명제로 축소하는 것이 될 것이다. 이는 데리다가 뜻한 바가 아니라고 생각한다.

[16] Ellen Ullman, *Close to the Machine*.

[17] Ellen Ullman, "Elegance and Entropy".

[18] 람다 계산에 대한 짤막한 소개글은 Don Blaheta, "Ramda Computation"을 보라.

[19] Alexander R. Galloway, *Protocol*, 165.

[20] J. L. Austin, *How to Do Things with Words*; Jacques Derrida, "Limited Inc a b c …", in *Limited Inc*, 29-110. 존 설의 "Reiterating the Differences: A Reply to Derrida"에 대한 이 유명한 답변은 데리다의 관점에서 왜 글쓰기가 말하기로 동화될 수 없는지를 신랄한 재치와 함께 보여 준다. 실제로 설의 '답변'에 대한 데리다의 답변은 말하기를 글쓰기에 동화시킴으로써 영리하게 반격하기 시작한다.

[21] William R. Paulson, *Literary Culture in a World Transformed*. 폴슨은 여러 문학이론, 특히 해체주의의 비전적(秘傳的, esoteric) 특징을 설명하면서 보통 사람들이 이해할 수 있는 언어로 돌아갈 것을 요청한다.

[22] 오픈 소스 이니셔티브의 취지문을 보라. "오픈 소스 뒤의 기본 아이디어는 아주 간단하다. 프로그래머들이 소프트웨어를 위한 소스 코드를 읽고 재유통하고, 수정할 때, 소프트웨어는 진화한다. 사람들은 소프트웨어를 개선하고, 조정하고, 버그를 잡는다. 기존의 소프트웨어 개발의 느린 속도에 익숙한 사람이라면 이는 깜짝 놀랄 만한 속도로 일어날 수 있다. 오픈 소스 공동체의 우리는 이러한 빠른 진화 과정이

전통적인 닫힌 모델보다 더 나은 소프트웨어를 만들어 낸다는 것을 알게 되었다. 기존 모델에서는 극소수의 프로그래머들만 소스를 볼 수 있고, 다른 이들은 알 수 없는 비트 덩어리를 이용만 해야 한다. 오픈 소스 이니셔티브는 이러한 사례를 상업적 세계에서도 만들기 위해 존재한다." 매킨토시의 유닉스 플랫폼 운동에서 오픈 소스 이니셔티브 그리고 그와 관련된 이니셔니브들의 성공을 볼 수 있다.

[23] 조너선 컬러는 *Ferdinand de Saussure*, 45-56에서 이러한 역사를 짤막하게 요약한다. 조해나 드러커 또한 *The Visible Word*에서 소쉬르의 이론뿐 아니라 소쉬르 이전 언어학에서 물질성의 역할을 평가하기 위해 역사적 맥락을 개괄한다(9-47).

[24] 여기에서는 낱자와 같은 언어의 기초 단위와, 단어, 구, 문장 등과 같은 더 큰 단위 사이에 미끄러짐이 있는 것 같다. 위의 주 15번에서 지적했듯 문자가 반복 가능하다는 사실은 진부한 것이다. 이는 알파벳 언어의 본질이다. 데리다의 의견이 힘을 가지려면 더 큰 단위에 적용되어야 하는데, 단위가 커질수록 그 의견은 이진법 수준에서 내용에 구속된 코드(content-bound code)에는 적용하기가 더 힘들어진다.

[25] Rita Raley, "Machine Translation and Global English".

[26] 전자문학에서 이러한 미학의 중요성은 리타 레일리가 "Revealing Code"에서 논했다.

[27] Harold J. Morowitz, *The Emergence of Everything*.

[28] Andrew Koenig and Barbara E. Moo, "Preface".

[29] 브루스 에켈은 *Thinking in C++*, 40에서 초기 바인딩과 후기 바인딩 사이의 차이에 관해 말한다.

[30] 이러한 상호 침투에 대한 논의는 레일리의 "Machine Translation and Global English"를 보라.

[31] 같은 책.

[32] 이러한 실천들에 대한 논의는 리타 레일리의 "Revealing Code"와 "Interventions"을 보라. 또한 캐서린 헤일스의 "From Objects to Process"에서도 이러한 논의가 나온다. 'Broken Code'와 실제로 실행되는 코드를 각각 이용하는 작업에 대한 섬세한 분석은 존 케일리의 "The Code is not a Text(Unless It Is the Text)"를 보라.

[33] Wendy Hui Kyong Chun, "On the Persistence of Visual Knowledge".

[34] 이러한 전복의 장난스러운 예는 구글 홈페이지를 해킹해 "악마 자신으로서의 악"의 검색에 대한 답으로 사용자를 마이크로소프트 홈페이지로 넘어가게 한 경우가 있다. 알렉산더 갤러웨이는 *Protocol*, 146-207에서 해킹을 사회적 선으로 보는 데 유용한 논의를 펼친다.

[35] Matthew Fuller, *Behind the Blip*; Matthew G. Kirschenbaum, "Virtuality and VRML".

03 정보의 꿈

[1] G. M. Foster, "Peasant Society and the Image of Limited Good".

[2] Mark Poster, *What's the Matter with the Internet?*(≪미네르바의 올빼미가 날기 전에 인터넷을 생각한다≫, 이제이북스, 2005)

[3] Charles Ostman, "Synthetic Sentience".

[4] 스티븐슨 소설에서의 모호성에 대한 논의를 보려면 N. Katherine Hayles, "From Utopia to Mutopia"를 참조하라.

[5] C. B. Macpherson, *The Political Theory of Possessive Individualism.*

[6] 가상 기술이 하나의 신체에 하나의 주체만이 거한다는 전통적 가정을 전복한다는 생각은 Allucquère Rosanne Stone, *The War of Technologies and Desire at the Close of Machine Age*에서 탐구된다.

[7] Robert Markley, "Boundaries: Mathematics, Alienation, and the Metaphysics of Cyberspace".

[8] 로라 오티스는 *Networking*에서 전신선(그리고 일반적으로 통신선 전반)과 인간 신체의 신경 사이에 관한 19세기 영국에서의 과학과 문학에서의 광범한 유비들을 추적한다.

[9] 스튜어트 허친스는 "James' 'In the Cage': A New Interpretation"에서 머지 씨를 강력하게 옹호하는데, 이는 주인공 여성이 머지 씨보다 더 우월해지고 싶은 욕망에서 덜 중요해 보이게끔 만드는 미덕들을 머지 씨가 지닌 것으로 보인다는 점에서 분명 옳다. 그럼에도 머지 씨는 희소성의 체제에 굳게 발 디딘 인물이다. 사실상 이것이야말로 그의 주된 힘이다.

[10] 패턴으로서 정보와 자의성에 관한 논의를 보려면 N. Katherine Hayles, *How We Became Posthuman*(≪우리는 어떻게 포스트휴먼이 되었는가≫, 열린책들, 2013), chap. 2를 참조하라.

[11] Ralf Norrman, *Techniques of Ambiguity in the Fiction of Henry James*, 139-140.

[12] 여성이 고친 탓에 브래딘 부인은 얼굴을 붉히고 사무실을 뛰쳐 나가 다시는 돌아오지 않는다. 이는 여성이 브래딘 부인과 대령의 관계에 대해 얼마나 알고 있는지 보여 주기 때문이다. 앤드류 무디는 "Hamless Pleasure of Knowing"에서 익명적이고 비개인적인 서비스보다 인간 상호작용을 통해 구성되었던 전보 서비스에서 사생활에 대한 우려가 있었던 사실에 대한 유용한 역사적 맥락을 제공한다.

[13] 랠프 노먼은 "The Intercepted Telegram Plot in Henry James: 'In the Cage'"에서 여성의 '수정'으로 브래딘 부인의 주의가 흐려져서 지명이 아니라 숫자 코드를 수정하려던 원래 의도를 잊어 버렸을 가능성을 주의 깊게 추적한다. 나는 지명과 숫자 코드 둘 다 잘못되었을 가능성도 있다는 점만 덧붙이겠다.

[14] Jennifer Wicke, "Henry James's Second Wave".

[15] 칼 프리드먼은 "Philip K. Dick and Criticism"에서 1960년대 소설의 문화적 맥락에 대해 논하면서, 보통 그 시절 미국에서는 상품화와 음모론이 더 큰 중요성을 띠었다고 지적한다. 스콧 더햄은 "P. K. Dick: From Death of Subject to the Theology of Late Capitalism"에서 주체의 전복에서 내러티브 관점의 전복으로의 움직임을 훌륭하게 분석한다. 이러한 전복은 딕의 후기 작품, 특히 'VALIS' 삼부작에서 신학으로의 전환에 따라 다시 안정화된다. 이어지는 문단들에서 나오듯, 이 논의는 ≪파머 엘드리치의 세 개의 성흔≫과 관련되며, 더햄은 이를 짧게 다룬다.

[16] 내러티브가 진행되면서 우리는 외계 식민지가 여섯 곳 있으며, 모두 끔찍한 곳이라는 사실을 알게 된다.

[17] 딕의 책들에서는 *We Can Build You*에서처럼 주체의 불안정성에 앞서 가족 기업의 분열이 일어난다. 이와 다른 식이지만 *The Simulacra*에서도 그렇다.

[18] Kim Stanley Robinson, *The Novels of Philip K. Dick*, 61.

[19] 로라 오티스는 *Networking*에서 전신은 시차가 없다는 새뮤얼 모스의 믿음을 서술한다. 그렇지 않다는 경험적 증거들이 나오기 전에, 모스는 전보 신호가 빛의 속도의 20만 배로 움직인다고 주장했다. 텝트리의 단편이 나온 시대에는 동시성에 대한 이러한 환상은 전혀 있을

수가 없었다.

[20] 앤드류 무디("The Harmless Pleasure of Knowing")와 릭 사보이("'In the Cage' and the Queer Effects of Gay History") 둘 다 지적하듯, 상류층 전보 고객들은 전신기사들이 자기들이 보낸 전보에서 정보를 얻을 수 있으며, 이를 이용해 부유한 고객들의 추문을 퍼뜨릴 수도 있다는 점을 우려했다. 팁트리의 단편이 보여 주듯 20세기 말경에는 이러한 우려의 대상이 개인에서 기업으로 변했다. 팁트리의 단편에서는 이익을 위해 메시지에 개입하는 것이 기업이기 때문이다.

[21] 나는 이 단편에 대해 캐럴 월드가 "Female Machine"에서 행한 예리한 독해에 빚을 졌다. 이 글에서 월드는 잠재적으로 독립적 행위 주체로서 왈도의 중요성을 상세히 분석한다.

[22] 가드너 도조이스는 *The Fiction of James Tiptree Jr.*에서 '미래의 이야기'로서 이 단편의 배역 선정이 내러티브 목소리의 구성에서 갖는 중요성에 관해 논평한다.

[23] Wicke, "Henry James's Second Wave", 14S.

[24] Savoy, "'In the Cage' and the Queer Effects of Gay Histor".

[25] 딕 소설의 성정치학과 인물 체계에서 그 실연 양상에 대한 논의는 Hayles, *How We Becaume Posthuman*, Chap. 7을 보라.

[26] Timothy Lenoir, 개인적 소통.

04 매체 번역하기

[1] Jorge Luis Borges, "The Don Quixote of Pierre Menard".

[2] Dene Grigar, "Mutability and Medium".

[3] Library of Congress, William Blake Archive.

[4] Jerome McGann, *The Textual Condition*.

[5] Matthew G. Kirschenbaum, "Materiality and Matter and Stuff".

[6] Matthew G. Kirschenbaum, "Editing the Interface". 특히 46.

[7] McGann, *The Textual Condition*.

[8] Peter L. Shillingsburg, "Text as Matter, Concept, and Action".

[9] Hans Zeller, "A New Approach to the Critical Constitution of Literary Texts". 특히 258.

[10] Allen Renear, "Out of Praxis".

[11] Mats Dahlstrom, "When Is a Webtext?"

[12] 존 언스워스는 OHCO 체계가 "불가피성의 미덕을 만들었다"고 시사하면서 다음과 말한다. "질서 있는 계층들의 불가피성이 … 실제로 SGML을 프로세스하기 위한 프로그래밍 소프트웨어의 긴급성으로 작용한다고 나는 생각한다."(이메일 메시지, 2002년 8월 29일).

[13] Renear, "Out of Praxis", sec. 5.3.15. Allen Renear, "Philosophy and Electronic Publishing"도 보라.

[14] Dino Buzzetti, "Digital Representation and the Text Model".

[15] Dahlstrom, "When Is a Webtext?"

[16] 맥건은 '텍스트'라는 용어를 해체비평에서와는 조금 다른 방식으로 사용한다. 맥건은 몇몇 거들먹거리는 문장에서 해체비평을 너무 가볍게 간과해 버린다.

[17] 물론 실용적 의미에서 D. G. 로제티 하이퍼미디어 아카이브도 로제티의 시를 정확하게 시뮬레이션하는 것을 목표로 한다.

[18] Janet Murray, *Hamlet on the Holodeck*; Espen Aarseth, *Cybertext*(≪사이버텍스트≫, 글누림, 2007).

[19] 이와 관련된 것은 아마도 웹 자료가 읽히는 맥락, 앨런 류가 "The Humanities: A Technical Profession"에서 "낮은 인지적 독해(low cognitive reading)"라고 부른 피상적 읽기의 양태일 듯하다. 인터넷의 많은 자료가 지적 가치가 낮다는 것을 고려하면(배너 선전, 스팸 메일, 잘못되고 부정확한 정보를 담고 있는 웹사이트 등), 1세대 디지털 콘텐츠가 (웹으로 번역된 인쇄 자료와 다르게) 지적으로 혹은 미학적으로 매력적이지 않으리라고 자연스럽게 예상할 수 있다. 이러한 인상은 사람들이 흔히 전화를 하거나 다른 화면상의 자료를 읽거나 문자 보내기 등 같은 활동을 하면서 웹 자료를 읽고는 한다는 사실 때문에 가중된다. 이러한 활동들은 모두 발터 벤야민이 "주의 분산 상태(state of distraction)"("The Work of Art in the Age of Mechanical Reproduction", 240)라고 말한 것의 원인이 된다. 당연히 인쇄 자료들 중에서도 정크 메일, 선전물, 할리우드 유명인사에 대한 화려한 잡지 등 '낮은 인지적 독해'에 상응하는 자료들이 많다.

[20] 매슈 커셴바움은 "Editing the Interface"에서 이와 유사한 논의를 하면서 안정된 인쇄와 유동적인 전자 텍스트를 대조하는 것은 "명백히

잘못"이라고 한다. 내 생각에, 이 주장은 단지 이러한 논의가 더 조심스러워야 한다는 의미로 보인다. 전자 텍스트와 인쇄 텍스트 사이에 중요한 구분이 존재하지 않는다는 의미로 받아들일 수는 없다.

[21] Mats Dahlstrom, "Drowning by Versions".

[22] 키틀러는 *Essays*에 있는 이 글(147-155)에서 모든 것이 궁극적으로는 전압(voltages)으로 환원되기 때문에 "소프트웨어는 없다"고 주장한다. 펌웨어(firmware), PROM들, 프로그래밍 가능한 논리 회로(gate arrays) 그리고 발전시킬 수 있는 하드웨어의 여러 형식들과 더불어 모든 것이 소프트웨어가 되고 있다고 주장할 수 있다. 아마도 코딩의 다중 레이어들과 비트 스트림 정보는 엄격하게 구분 짓기 어렵게 하는 복잡한 방식으로 연결되어 있다고 주장하는 것이 더 정확할 것이다. 로스 페퀘뇨 글라지에는 *Dig[iT]al Poet(I)(c)s*에서 "문서들이 응용프로그램이 되고 있다"(28)는 취지에서 데이비드 시겔을 인용한다. 이 상황을 요약하는 설득력 있는 논평이다.

[23] Rita Raley, "Reveal Codes", 10.

[24] 이 주장의 전체 내용을 보려면 N. Katherine Hayles, *Writing Machines*을 보라.

[25] 동일성/차이라는 비슷한 문제들이 한 지점으로 수렴하기보다는 무리를 이루는 데이터와 관련된 많은 서로 다른 영역에서 출현한다. 악명 높은 사례는 많은 변수들이 포함될 때 미래의 결과를 예측한다. 스티븐 뱅크스는 그러한 데이터 클러스터들을 분석하고 그것들로부터 불확실성이 높을 때조차도 실현 가능한 전조(prognostications)를 제공하는 결론을 이끌어 낼 정교한 소프트웨어를 발전시켰다. 예를 들어, Steven Bankes, "Computational Experiments and Exploratory Modeling".

[26] 데이비드 실버는 그러한 클러스트들이 그 클러스터 안의 모든 텍스트에 대해서 해석적 맥락을 형성해야 한다고 주장한다. 나는 실버 덕에 이런 현상에 관심을 가지게 되었다. 실버는 "Looking Backwards, Looking Forward"에서 사이버문화 연구의 세 번째 단계, 즉 서로 다른 웹사이트들 사이에서 그리고 가상 공동체와 현실 공동체 사이에서 일어나는 담론적 상호작용의 분석을 아우르게 될 '비판적 사이버문화 연구'를 고대한다.

[27] 잭 포스트는 "Requiem for a Reader?"에서 이 웹 사이트에 대해 길게

쓰면서, 이 웹사이트의 복잡성을 분명하게 보여 주고 이것을 새로운 전자적 장르로 본다. 웹 사이트 주소는, http://www.requiemforadream.com.

[28] McGann, *The Textual Condition*.

[29] Gilles Deleuze and Felix Guattari, *A Thousand Plateaus*(≪천 개의 고원≫, 새물결, 2001).

[30] Roland Barthes, *S/Z*(≪S/Z≫, 연암서가, 2015).

[31] Glazier, *Dig[iT]al Poet(I)(c)s*, 96-125; John Cayley, "Of Programmatology".

[32] Johanna Drucker, "Theory as Praxis".

[33] John Cayley, "The Code Is Not the Text(Unless It Is the Text)"; Rita Raley, "Interferences".

[34] Warren Weaver, "Translation". 리타 레일리 덕분에 이 에세이에 관심을 가지게 되었다.

[35] Warren Weaver, "The New Tower", 특히 vii.

[36] Weaver, "Translation", 22.

[37] Rita Raley, "Machine Translation and Global English".

[38] W. J. Hutchins, "Warren Weaver Memorandum July 1949".

[39] 에릭 아이요는 *Chinese Dreams*에서 에즈라 파운드(그리고 다른 사람들)가 중국과 맺은 복잡한 관계를 탐색하고, 파운드의 모더니스트 시를 "중국어처럼 쓴 영어(English-as-Chinese)"라고 말한다. 즉 마치 중국어를 통해 번역된 것처럼 쓰인 영어라는 뜻이다(49ff). 이러한 중국적-문자표현(sino-graphic)의 영향들은 워런 위버가 상상한, 중국어가 영어로 번역되었을 때의 모습(Chinese-as-English)과 우연하게도 상응한다.

[40] Weaver, "Translation", 23.

[41] 미 국가안전국의 후원을 받아 작업을 하던 마크 다마섹은 위버의 꿈을 거의 실현하는 프로그램을 만들어 냈다. Damashek, "Gauging Similarity with N-Grams: Language Independent Categorization of Text"를 보라.

[42] 이 발표문을 나에게 보여 주고 개인적인 만남에서 자신의 생각과 경험을 나눠 준 질 반 리스하우트에게 감사한다.

[43] Efrain Kristal, *Invisible Work*. 에프레인 크리스털이 이 책에서의 그의 결론에 대해, 특히 보르헤스와 옥타비오 파스의 대조적 차이에 대해

나와 대화를 나누어 준 데에 감사한다.

[44] Octavio Paz, "Translation".

[45] Kristal, *Invisible Work*, xv. 보르헤스는 "The Homeric Versions"에서 번역이 원본보다 우월할 수 있다는 견해를 간결하게 표현한다. "요소들의 모든 재조합이 불가피하게 그것의 원본 형태보다 열등하다고 가정하는 것은 원고 9[아홉 번째 원고]가 원고 H[여덟 번째 원고]보다 불가피하게 열등하다고 가정하는 것이다. '최종적인 텍스트'라는 개념은 오직 종교 혹은 저자가 글을 더 고칠 힘이 없는 경우에만 부합한다."(69)

[46] 인쇄가 놀랄 만큼 유동적이고 복잡하다는 조해나 드러커의 주장에 대해서는 *The Century of Artists' Books*와 *The Visible Word*를 보라. 이러한 가능성을 예를 들어 설명한 창조적 텍스트로는 드러커의 *Otherspace*가 있다. 매슈 커셴바움은 "Editing the Interface"에서 이와 비슷한 주장을 한다.

[47] Jules van Lieshout, 2003년 12월 이메일 메시지.

[48] Anne Mellor, 개인적 소통.

[49] Nicholas Gessler, "Sonnet".

[50] Andrew J. Lurie, "Now May I Offer You a Poem".

[51] <촘스키봇>의 역사와 프로그램은 존 라우러의 웹사이트에서 볼 수 있다. 특히 링크 "Chomskybot"과 "What's it all about?"을 보라.

[52] 같은 웹사이트, 이는 "What's it all about?" 링크 아래의 "What the hell is this, anyway?"라는 질문에 대한 대답이다.

05 수행적 코드와 수사적 언어

[1] Florian Cramer, "Digital Code and Literary Text", 1.

[2] 같은 책, 2.

[3] John Markoff, "Behind Happy Interface, More Complex Reality"를 보라. Harper Collins, "A Talk with Neal Stephenson"도 보라. 여기서 대담자는 ≪크립토노미콘≫의 프리퀄 (비록 나중에 쓰였지만) ≪퀵실버(Quicksilver)≫를 언급한다. "이것이 당신이 만년필로 쓰고 있는 책이군요." 그러자 스티븐슨이 답하기를, "그 책의 모든 단어를 지금까지 종이에 만년필로 써 왔답니다." 마코프는 1999년 6월에 전하기를, 스

티븐슨은 "이제 그가 여행할 때 가지고 다니는 얇은 매소나이트 '휴대용' 보드에 [종이를 놓고] 만년필로 글을 쓴다. 그는 휴대용 컴퓨터 없이 여행하게 되었으며, '번거로운 일'을 피하기로 결정했다고 말한다."

[4] 물론 이제 매킨토시는 유닉스 기반의 운영체제로 넘어갔다. 스티븐슨은 이를 그의 웹사이트에서 다음과 같이 공인한다. "≪태초에 명령어가 있었다≫는 이제 정말로 시대에 뒤진 것이 되어서, 아마도 완전한 개정이 필요할 것이다. 지난 이삼 년 동안 나는 거의 Mac OS X만 사용하는 유저였다."(웹사이트의 "Author"와 "Juvenilia" 항목)

[5] 이 책은 원래 ≪와이어드≫에서 청탁한 것이었는데, ≪와이어드≫는 출판을 거부했다. 그래서 아본웹(Avon Web)의 웹사이트에서 온라인으로 출판되었는데, 수십만 명이 로그온을 해서 서버를 망가뜨릴 정도였다. 이러한 상황을 기반으로 아본은 이 책 인쇄본의 독자가 충분히 있다고 결론 내렸다.

[6] '전통적 내러티브(conventional narrative)'라는 말은 대중 문학의 예상가능성, 즉 일련의 상승하는 행위들이 클라이맥스와 대단원에 이르는 발단·전개·결말을 독자들에게 제공한다는 점에서의 대중 문학의 예상가능성을 가리킨다. 물론 독자들의 예상은 버지니아 울프의 *The Waves*(≪파도≫, 솔출판사, 2019)에서 데이비드 포스터 월러스의 *Infinite Jest*에 이르기까지 모더니스트와 포스트모더니스트 실험 소설에서 온갖 방법으로 교란된다. 하지만 내가 생각하기에는 ≪크립토노미콘≫이 전통적 내러티브를 창조하지 못한다는 것은 무엇보다 코드와 언어, 인쇄 기술과 디지털 기술의 상호매개적 역학과 연결되어 있다.

[7] 짐 맥켈런은 "After *Snow Crash*'s Cyberpunk, It's Cyberpunk"에서 "스티븐슨이 이 일에 대해 읽었을 때 너무나 흥미롭다고 생각했으며 그것이 ≪크립토노미콘≫의 핵심이 되었다"고 전한다.

[8] 사이버스페이스, 초국가적 정치학, 지구적 자본과 관련된 비체(the abject)에 대한 통찰력 있는 논의는 Terry Harpold and Kavita Philip, "Of Bugs and Rats: Cyber-Cleanliness, Cyber-Squalor, and the Fantasy-Spaces of Informational Globalization"을 보라.

[9] Markoff, "Behind Happy Interface, More Complex Reality".

[10] 마코프는 같은 책에서 스티븐슨이 "집에 돌아왔을 때 백업 디스크에서 초기 버전을 복구할 수 있었음을 인정한다. 하지만 그 사건은 분

명 트라우마였고, 매킨토시 운영 시스템에 대한 믿음을 영원히 망가뜨렸다"고 전한다. 나는 그 '대용량 파일'이 ≪크립토노미콘≫이었을 수 있고, 같은 해에 ≪태초에 명령어가 있었다≫로 출판되었을지 모른다고 생각했다. 스티븐슨은 그의 웹사이트에서 이메일에 답장하는 것이 글쓰기에 필요한 집중력을 분산시켜서 하지 않는다고 공언해 놓고 있지만, 그의 문학 에이전트들의 이메일 주소는 제공하고 있었다. 그 목록에 'Kristin Lang at Darnansoff, Verrill, Feldman Literary Agents in New York City' 등이 있어서 나는 랭에게 이메일을 보내어 스티븐슨이 상실한 그 대용량 파일이 ≪크립토노미콘≫과 관련이 있는지 물었다. 랭은 스티븐슨에게 물어본 후 이메일로 답을 주었다. "아닙니다."

[11] H. G. Wells, *The Time Machine*(≪타임머신≫, 열린책들, 2011).

[12] 시카고대학교 출판사의 앨런 리우는 명령 코드가 제어하는 셸어카운트(shell accounts)를 사용한다는 의미에서 유닉스도 메타포를 사용한다고 지적했다. 스티븐슨이 특성화한 유닉스의 특성에는 이 만큼 낭만화의 경향이 있다.

[13] 이 책에서 이 부분이 취약하다고 생각하는 사람은 나만이 아니다. 폴 퀸은 "The How of the Crypt"에서 이 부분에 대해 이렇게 쓴다. "랜디의 사업 파트너인 애비가 또 다른 홀로코스트를 막기 위해 세상을 교육하려고 재물을 추구한다는 허술한 발상은 이 맥락에서는 고귀하다고는 할 수 있어도 궁극적으로는 선명하지 않다."

[14] 랜디와 애비가 그들의 잠재적 파트너들을 살펴보기 위해 술탄과 함께하는 장면(316-317)은 포섭(co-optation)의 위험이 얼마나 현실적인지 분명하게 보여 준다. 술탄 외에도 마르코스 대통령의 전 앞잡이, 마약 밀매인들, 국제적 갱단들이 포함되어 있기 때문이다.

[15] Elizabeth Weise, "Cracking *Cryptonomicon*: Stephenson Weaves 50-Year Tale of Intrigue".

[16] Bruce Schneier, "The Solitaire Encryption Algorithm".

[17] 심지어 책의 초판에서 교열 담당자들이 불행히도 코드가 실행되지 못하게 하는 오류를 저질렀음에도 이 아이러니는 여전하다. 스티븐슨은 이 오류를 그의 웹에서 정정한다. 스티븐슨의 "*Cryptonomicon* cypher-FAQ"를 보라.

[18] "단어와 여백의 연속"이라는 구절은 4장에서 한 논의를 가리킨다.

06 셸리 잭슨의 <패치워크 소녀>에서 명멸하는 연결성

[1] C. B. Macpherson, *The Political Theory of Possessive Individualism.*

[2] 공동 작업을 개인 저작권으로 허구화하는 것이 시각적으로 재강화되는 때는 영화 크레딧을 끝까지 앉아 보면서(로스앤젤레스에서는 때로 영화 자체보다 크레딧을 더 열심히 살펴보곤 하는 경향이 널리 퍼져 있다) 이러한 권리 포기가 올라오는 것을 볼 때다. "저작권을 목적으로, [영화 제작자의 이름]이 이 영화의 단독 저자다."

[3] "수증기 같은 장치(vaporous machinery)"라는 구절은 *Patchwork Girl* (body of text/it thinks)에 나온다. 여기서 슬래시(/)는 컴퓨터 표기법에서의 관습처럼 디렉토리의 상위 레벨에서 하위 레벨로 움직이는 이동을 나타낸다. 최상위 레벨은 명칭인데, 이는 늘 사용자가 스토리스페이스 맵뷰(map view)의 가장 상위 레벨을 열 때 스크린에서 보게 될 명칭이다. 그리고 가장 하위 레벨은 렉시아로서, 그 안에 인용문이 나타난다. 그러므로 "body of text/it thinks"는 "body of text"라는 명칭의 주요 텍스트 구성 요소 안에 "it thinks"라는 제목의 하위 섹션이 있고, 그것이 열리면 인용 구절이 나온다는 뜻이다.

[4] 이 목록에는 하이퍼텍스트가 열릴 때 여러 개로 있던 그래픽이 누락되어 있다.

[5] Gerard Genette, *Narrative Discourse.*

[6] Shelley Jackson, "Of Dolls and Monsters".

[7] Friedrich A. Kittler, "Gramophone, Film, Typewriter", *Essays*, 238-249, 특히 240.

[8] Jackson, "Of Dolls and Monsters", 1-2.

[9] 스토리스페이스 버전 2.0.3의 공저자 목록에는 존 스미스 또한 포함되어 있다.

[10] 내가 사용한 버전은 '2001 copyright version, Storyspace 2.0.3, for pc'였는데, PC 버전이 매킨토시 버전보다 버그가 훨씬 많은 듯하다. 아마도 스토리스페이스가 원래 매킨토시용으로 고안되었고, PC 버전은 여기서 파생된 것이라 그런 듯하다.

[11] Jacques Derrida, "Signature Event Context".

[12] Jackson, "Of Dolls and Monsters", 2.

[13] Elizabeth Grosz, *Volatile Bodies*(≪몸 페미니즘을 향해≫, 꿈꾼문고,

2019).

[14] Anne K. Mellor, *Mary Shelley*, 52-69.

[15] Barbara Johnson, "My Monster/My Self".

[16] 렉시아의 폭발적 잠재력이 그것이 부분적으로 숨겨져 있는 이유를 설명해 줄지 모르겠다. 렉시아는 스토리스페이스의 차트뷰(chart view)에서는 볼 수 있지만 훨씬 더 자주 사용되는 맵뷰에서는 보이지 않는다.

[17] 잭슨의 텍스트 전체가 강조하는 것이 독창적 작품을 생산하는 '단 한 명의 저자'라는 견해에 저항하는 것임에도, 이스트게이트시스템스의 명칭이 있는 화면에 잭슨의 이름을 '공인된' 서명으로 새겨놓고 저작권 침해에 대한 의례적 경고를 함께 적어 둔 것은 아마도 의도된 아이러니인 듯하다.

[18] 'M/S'는 매저키즘과 사디즘을 넌지시 가리키는 것으로도 읽힐 수 있다. 성애적인 것이 텍스트 전체를 관통하며 누비고 있고, 특히 여성 괴물이 도둑의 다리를 전유하는 것 그리고 신체가 파편화되고 재조합되는 다른 장면들에서 그러하다.

[19] Grosz, *Volatile Bodies*.

[20] Milorad Pavic, *Dictionary of the Khazars*. 이 놀라운 작품은 세 부분으로 이루어진 '사전'의 각 항목들에서 메타 내러티브를 누벼낸다. 다양한 항목들이 내용적으로도, 저자인 파빅의 기이한 링크/상징 시스템을 통해서도 정교하게 상호 연결되어 있다. 더 자세한 설명은 N. Katherine Hayles, "Corporeal Anxiety in Dictionary of the Khazars"를 보라.

[21] Jane Yellowlees Douglas, "How Do I Stop This Thing?"

07 행위자의 가면 벗기기

[1] 이 현상에 관한 문헌은 광범하다. 기술적 연구로는 Derek Munneke, Kirsten Wahlstrom, and Linda Zaccara, "Intelligent Software Agent on the Internet"을 보라. 봇의 심리학적 측면에 대한 논의로는 Leena Saarinen, "Chatterbots"이 있는데, 이 글에서는 조셉 와이젠바움의 유명한 '엘리자(Eliza)' 프로그램도 논의한다.

[2] Mark Hansen, *Embodied Technesis*. 여기서 핸슨은 중요한 지적을 하고는 있으나, 들뢰즈와 가타리의 리좀적 철학에서 행위주체성의 중요성을

인지하는 데 실패한다는 점에서 그의 해석에는 결함이 있다. 들뢰즈와 가타리에게는 행위 주체가 여전히 중요한 역할을 하고 있으나, 그 중심이 의식에서 비의식적 프로세스로 옮겨진다.

[3] 이와 다른 맥락에서 프란시스코 바렐라는 이러한 역학을 '공동 의존적 분기(co-dependent arising)'라 부른다. 각 구성 요소와 다른 구성 요소들 간의 상호 의존을 강조하기 위해서다. Francisco Varela, Even Thompson, Eleanor Rosch, *Embodied Mind*(≪몸의 인지과학≫, 김영사, 2013)를 보라.

[4] 컴퓨터와 지능 기계들이 살아 있다고 볼 수 있다는 생각(그리고 함축적으로 욕망으로서 이러한 경험을 할 수 있다는 생각)에 대한 비판은 Peter Swirski, "A Case of Wishful Thinking"을 보라.

[5] 특히 17페이지를 보라.

[6] Humberto R. Maturana, Francisco J. Varela, *Autopoiesis and Cognition*(≪자기생성과 인지≫, 갈무리, 2013)을 보라

[7] *Thousand Plateau*에서 들뢰즈와 가타리는 매끄러운 공간과 홈이 패인 공간을 대조한다. 매끄러운 공간은 계속해서 변형되고 유동적인 반면, 홈 패인 공간(유비적으로, 근육 조직)은 위계적이며 닫혀 있고 구조적으로 경직되어 있다.

[8] John Johnston, "The In-Mixing of Machines: Psychoanalsys and Cybernetics". 이 논문을 발표 전에 나에게 보여 준 데 존 존스턴에게 감사를 표한다.

[9] Alan M. Turing, "On Computable Numbers, with an Application to the Entscheidungsproblem".

[10] Christopher Langton, "Artificial Life".

[11] 특히 4, 5, 6, 9장을 보라. 행위 주체의 위기는 또한 마빈 민스키의 *The Society of Mind*(≪마음의 사회≫, 새로운현재, 2019)와 같은 책에도 내포되어 있다. 이 책은 인간의 의도와 행위주체성을 반자동적 행위 주체가 실행하는 서브 루틴으로 개념화한다. Benjamin Libet, Anthony Freeman, Keith Sutherland, *Volitional Brain*에서의 연구에 대한 열광 또한 계시적이다. Benjamin Libet, C. A. Gleason, E. W. Wright, D. K. Pearl, "Time of Conscious Intention in Relation to the Onset of Cerebral Activities(Rediness Potential)"를 보라. 리벳과 공동 연구자들은 연구 대

상자들이 그들이 그렇게 할 것임을 의식적으로 깨닫기 전에 근육을 움직이기 시작했음을 보여 주고, 이로써 의식적 마음이 행위주체성의 근원인지에 대해 의문을 제기한다. 리벳의 실험들은 대니얼 데닛의 *Freedom Envolves*, 228-242에서 광범하게 비판받았다.

[12] Jerome Barkow, Leda Cosmides, and John Tooby, *The Adapted Mind.*

[13] 이 정보를 준 예지 야르젱브스키와 마이클 캔들에게 감사한다. 캔들은 czuc(느끼다)라는 동사의 사용을 예로 든다. "남자는 'czulem(나는 느꼈다)'라고 말한다. 여자는 'czulam(나는 느꼈다)'라고 말한다. 동사 형태가 아주 낯설겠지만, 폴란드 독자라면 즉시 이해할 것이다."(이메일 메시지, 2004년 1월 6일)

[14] Jo Alyson Parker, "Gendering the Robot".

[15] 이 세 이름에 관한 이야기에는 다소 어긋나는 점이 있는데, 이는 렘의 오류인 듯하다.

[16] Carol Wald, "Female Machine". 발표되기 전에 자신의 논문을 이용할 수 있게 해 주고 "가면"에 관심을 갖게 해 준 월드에게 감사한다.

[17] Zoran Zivkovic, "The Future without a Future".

[18] Michael Kandel, "A Freudian Peek at Lem's *Fiasco*".

[19] Hans Moravec, *Mind Children and Robot*; Ray Kurzweil, *The Age of Spiritual Machines.*

[20] Antonio R. Damasio, *Descartes' Error*(≪데카르트의 오류≫, NUN, 2017), xvii.

[21] Brian Cantwell Smith, *On the Origin of Objects*, 75-76.

08 내러티브를 시뮬레이션하기

[1] 니콜라스 게슬러가 비디오테이프를 이용할 수 있게 해 준 칼 심스와, 내가 그것을 볼 수 있게 해 준 니컬러스 게슬러에게 감사를 전한다. 또한 이 장의 아이디어 중 많은 부분은 게슬러에게 빚졌다. 게슬러는 여러 해에 걸쳐 이어진 토론에서 나에게 이 아이디어들을 전해 주었으며, 이 아이디어들은 나 자신의 생각과 너무나 깊이 얽혀서 이제는 어느 것이 게슬러의 제안으로 시작된 것인지 확실히 알 수가 없다. 게슬러의 도움이 없었다면 이 장은 쓰지 못했을 것이다.

[2] <진화한 가상 생명체>의 세계는 Karl Sims, "Evolving Virtual

Creatures"에서 묘사된다. 또한 심스의 "Evolving 3-D Morphology and Behaviors by Competition"도 관련이 있다. 자신의 작업에 관한 심스와의 인터뷰뿐 아니라 <진화한 가상 생명체>에 관한 영화는 http://www.biota.org/ksims/index.html에서 볼 수 있다.

[3] John R. Koza, *Genetic Programing* 그리고 *Genetic Programing II*. 코자는 여기에서 유전자 프로그래밍이 그 이상 진화하기 위해 필요한 기능들을 자체적으로 역동적으로 진화시킬 수 있다는 것을 보여 준다. 코자는 이를 '자동적으로 정의되는 기능들(Automatically Defined Functions, AFTs)'이라 부르며 이렇게 말한다. "위계적 조직과 (AFT 1의) 재사용은 자동적 프로그래밍이 작은 문제에서 큰 문제로 확대될 때 필요한 것 같다."(4)

[4] 브누아 망델브로는 *Fractal Beuaties of Nature*에서 상대적으로 단순한 컴퓨터 알고리즘이 복잡한 식물 형태를 만들어 낼 수 있을지 논한다.

[5] Sims, "Evolving 3-D Morphology", 31, 29.

[6] Sims,"Evolving Virtual Creatures", 18.

[7] Sims, "Evolving 3-D Morphology", 29.

[8] Michael G. Dyer, "Toward Synthetic Artificial Neural Network to Exhibit Cooperative Intelligent Behavior". 나는 마이클 다이어가 나와 대화하면서 나를 위해 이 쟁점들을 명확하게 설명해 준 데 도움을 받았다.

[9] Sims, "Evolving 3-D Morphology", 38.

[10] Alex Argyros, *A Blessed Rage for Order*.

[11] tephen Wolfram, *A New Kind of Science*; Edward Fredkin, *Introduction to Digital Philosophy*; Harold Morowitz, *The Emergence of Everything*, Stuart A. Kauffman, *The Origins of Order*.

[12] Humberto R. Maturana and Francisco J. Varela, *Autopoiesis and Cognition*.

[13] Luc Steels, "The Artificial Life Roots of Artificial Intelligence".

[14] 리처드 도킨스가 *Blind Watchmaker*(≪눈먼 시계공≫, 사이언스북스, 2004)에서 지적한 점이다.

[15] 나는 시각적 지각이라는 신체적 행위뿐 아니라 우리가 우리가 보는 것에 의미를 부여하는 데 쓰는 문화적으로 조건화된 인지적 프로세스를 나타내기 위해 '보다(see)'를 인용 부호로 표시했다.

[16] 최근에 학문적 작업에 '시각적 소수자들(visible minorities)'이라는

표현을 쓰도록 독려하는 광고를 보았다. 전에는 들어본 적 없는 표현으로, 보는 순간 랠프 엘리슨의 *Invisible Man*이 떠올랐다. 이 구절에 내재한 복잡한 문화적 역사와 별개로, 여기서 이 구절은 신체들이 한 문화의 정전적 내러티브에 들어갈 때 그 신체들을 **눈에 보이게** 만드는 것의 중요성을 강조할 목적으로 이용된다. 이는 가상 생명체의 시각화에 적용할 때 낯설면서도 익숙한 듯한 필요조건이다.

[17] Jerome Bruner, *Acts of Meaning*.

[18] 조안 루카리엘로는 브루너의 *Acts of Meaning* 81-82, 157에서 인용된다. 출전은 '개인적 소통'으로 표시되어 있다.

[19] 같은 책.

[20] Marvin Minsky, *The Society of Mind*; Rodney A. Brooks, "Intelligence without Representation"; 또한 Luc Steels and Rodney A. Brooks, *The Artificial Life Route to Artificial Intelligence*를 참조할 것.

[21] Marvin Minsky, "Why Computer Science is Most Important That has Happened in the Humanities in 5,000 Years". 이 강의의 대본을 제공해 준 니컬러스 게슬러에게 감사한다.

[22] Michel Foucault, "What Is an Author?", 119.

[23] 특히 "Authors Analogue and Digital" 장, 78-100을 보라. 출간 전에 이 장을 이용할 수 있게 해 주고 여기 표현된 아이디어들에 관해 이야기해 준 데 대해 마크 포스터에게 감사한다.

[24] 포스터의 논의는 아날로그 기술이 반드시 닮음에, 형태론적 비례성에만 의존하지는 않는다고 지적함으로써 분명해질 수 있다. 예를 들어 축음기 레코드판은 그것이 잡아내고 재생하는 음파처럼 보이지 않지만, 음파와 레코드판 홈 사이에는 형태론적 비례가 있다. 닮음에 의존하는 아날로그적 관계는 더 적절하게는 유비(혹은 유비하는 관계들)라고 불린다. 유비는 아날로그 관계의 부분집합이며, 이는 또한 형태론적 비례에 의존하는 아날로그 기술의 전형인 관계들을 포함한다.

[25] Michel Foucault, *The Order of Things*(≪말과 사물≫, 민음사, 2012).

[26] '알파벳 언어의 디지털적 성격 대 표의문자적 글쓰기'에 대한 논의는 John Cayley, "Digital Wen"을 보라. 로버트 로건은 *The Alphabetical Effect*에서 그림을 이용한 재현에서 알파벳적 재현으로의 이행이 (그림보다 알파벳이 훨씬 더 경제성이 높다는 면에서) 언어의 디지털화로의 이

행이라고 주장한다. 이러한 관점에서 알파벳 글쓰기는 아날로그라기보다는 디지털적이다. 또한 자연 언어의 진보로서의 컴퓨터 언어에 관해 로건이 *The Fifth Language*에서 한 흥미로운 논의를 참조할 것.

[27] Mark Rose, *Authors and Owners*를 보라.

[28] 인공생명의 문맥에서 이러한 모토(mantra)에 대한 논의는 Hayles, *How We Became Posthuman*을 참조.

[29] 윌리엄 미첼은 *The City of Bits*에서 디지털 시대의 다양한 건축적 장소와 사회적 실천에서 파편화와 재조합의 중요성을 강조한다.

[30] 이 사례는 포스터의 "Authors Analog and Digital" 79에서 가져왔다.

[31] 이 움직임은 니컬러스 게슬러가 나에게 알려 주었다.

[32] Rodney A. Brooks, *Cambrian Intelligence.*

[33] 로봇은 "인공생명의 예술과 미학"이라는 제목의 예술 쇼에서 전시되었다. 이 예술 쇼에서는 인공생명 기술로 창조된 이미지, 시뮬레이션, 설치미술을 선보였다. 니컬러스 게슬러가 기획한 이 쇼는 1998년 7월 22일과 23일에 '디지털 예술을 위한 UCLA 센터'에서 열렸다.

[34] 나는 *How We Became Posthuman*에서 쓰인 문서를 이해하는 두 가지 방법인 결합과 각인 사이의 변증법을 논했다. *Writing Machine*에서는 모든 텍스트, 특히 문학 텍스트를 물질적 예화로 보는 것의 숨은 의미를 파헤쳤다.

[35] Bruno Latour and Steve Woolgar, *Laboratory Life*(≪실험실 생활≫, 한울, 2019), 50을 보라. 또한 Timothy Lenoir, *Inscribing Science*의 훌륭한 서론 "Inscriptions Practices and Materialities of Communication"을 보라.

[36] Steven Shapin and Simon Schaffer, *Leviathan and the Air Pump*, 235-244.

[37] H. M. Collins, *Changing Order.*

[38] Bruno Latour, *We Have Never Been Modern*(≪우리는 결코 근대인이었던 적이 없다≫, 갈무리, 2009); Bruno Latour, "Why Has Critique Run Out of Steam?"

[39] 낸시 카트라이트는 *How the Law of Physics Lie*에서 전체적이던 상호작용 환경이 분리된 구성 요소들로 분할될 때 남겨지는 복잡성들을 명쾌하게 분석한다.

[40] Morowitz, *The Emergence of Everything.*

[41] Latour, *We Have Never Been Modern,* 50.

[42] *How We Became Posthuman* 2장에서의 내 논의를 참조할 것.

09 주관적 우주론과 계산 체제

[1] Alan M. Turing, "Computing Machinery and Intelligence".

[2] Joseph Weizenbaum, *Computer Power and Human Reason.*

[3] John R. Koza et al., *Genetic Programming III.*

[4] '코그(Cog)' 프로젝트에 대한 설명은 Rodney Brooks, *Fleshes and Machines*(≪로드니 브룩스의 로봇 만들기≫, 바다출판사, 2005)를 참조할 것. 알렉산드로스 무카스와 패티 매스의 정보-수집 생태(information-gathering ecology)에 대해서는 Alexandros Moukas and Pattie Maes, "Amaltea" 참조. NOMAD 프로젝트에 대한 설명은 Neurosciences Research Foundation, "NOMAD" 참조.

[5] Christopher Langton, "Artificial Life", 1.

[6] 이미 진행 중인 이런 종류의 협상의 예로는 Scott Aaronson, "On *A New Kind of Science* by Stephen Wolfram"을 보라. 애런슨은 세포 자동자 모델에서 추론한, 양자 입자들 간의 '장거리 실(long-range threads)'에 대한 울프럼의 예측이 양자 효과로 입증된 '벨 부등식 위배(Bell inequality violations)'와 일치하지 않는다고 주장한다. 그러나 같은 글에서 애런슨은 울프럼이 단언하듯 울프럼의 주장들이 새롭지도, 혁신적이지도 않다고 논하면서도 일부 주장은 지지할 만하다는 것을 보여 준다.

[7] Hans Moravec, *Mind Children*, 109-110.

[8] Antonio R. Damasio, *Descartes' Error* and *The Feeling of What Happens*(≪느낌의 발견≫, 아르테, 2023).

[9] Manuel Castells, *The Rise of the Network Society*(≪네트워크 사회의 도래≫, 한울, 2014); *The Power of Identity*(≪정체성 권력≫, 한울, 2008); *End of the Millennium*(≪밀레니엄의 종언≫, 한울, 2003).

[10] Claude Shannon and Warren Weaver, *The Mathematical Theory of Communication*(≪수학적 커뮤니케이션 이론≫, 커뮤니케이션북스, 2016).

[11] Greg Egan, "Interview with Greg Egan", by Russell B. Farr.

[12] 이 농담은 "나의 불가능한 삶"와 관련된 존재하지 않는 텍스트를 스타니스와프 렘이 패러디적으로 리뷰한 글을 연상시킨다. 여기에서 화자는 그의 어머니와 아버지가 어떻게 만났는지 회상하고, 각 사건

이 일어날 개연성을 계산한 다음, 통계적으로 말해서 그가 존재할 확률은 그의 삶을 불가능한 것으로 보아야 할 만큼 극미하다고 결론짓는다. Stanislaw Lem, "*De Impossibilitate Vitae* and *De Impossibilitate Prognoscendi* by Cezar Kouska"를 참조할 것.

[13] 이에 관한 핵심 텍스트로는, John D. Barrow and Frank J. Tipler, *The Anthropic Cosmological Principle*. 우주론과 양자역학 분야에서 이와 유사한 결과들의 개요와 더 전반적인 내용을 보려면 Nick Bostrom, *The Anthropic Bias*를 참조할 것.

[14] 나는 이러한 발상을 존 케일리와 대화하며 처음 접했지만, 케일리가 이 발상에 공포심을 드러냈으므로 그가 이를 자신의 것으로 돌리기를 원할지는 잘 모르겠다. 이 발상은 2004년 3월 우리의 대화에서 일어난 창발적 현상으로 간주하자.

[15] Donna Haraway, "Situated Knowledge".

[16] 2003년 2월 스티븐 울프럼은 패서디나의 캘리포니아공과대학교(칼텍)에서 강의를 했다. 강의가 끝난 후 칼텍 과학자들이 울프럼의 작업에 대해 토론했다. 사회자인 스티븐 쿠닌(물리학자)이 패널들에게 울프럼의 '새로운 종류의 과학'이 20년 내 패러다임 전환을 일으킬 것으로 볼 수 있을지 질문했을 때, 답은 한결같이 "아니오"였다. 울프럼은 이러한 [부정적] 반응이 혁명적 패러다임의 전환에 대한 누구나 예상할 법한 반응이라고 응수했지만, 쿠닌은 이러한 [부정적] 반응이 '새로운 종류의 과학'이 패러다임 전환이 아닐 때에도 누구나 예상할 법한 반응이라고 말함으로써, 울프럼이 자기 방어적으로 추론하고 있음을 은연중 알려 주었다.

[17] Niklas Luhmann, "The Paradox of Observing Systems", 특히 43.

[18] Niklas Luhmann "The Cognitive Program of Constructivism and a Reality That Remains Unknown"; N. Katherine Hayles, "Theory of a Different Order"에서 인용. 특히 14.

[19] 업로더들의 실제 커뮤니티에 대한 멋진 설명은, Richard Doyle, "Uploading Anticipation, Becoming Silicon", in *Wetwares: Experiments in Postvital Living*, 121-141을 볼 것.

[20] Greg Egan, "An Interview with Greg Egan: Counting Backwards from Infinity". 이건은 이렇게 말한다. "나는 더럼의 컴퓨터 실험 모두가 기

술된 대로 정확히 작동할 것이라고 믿는다. 사본(copy)은 한 장소에서 한 컴퓨터에서만 실행되는지, 혹은 전 지구상에 흩어져 있는지 의식하지 못할 것이다. 당신은 시간 역행 실험으로 사본의 경험이 처음 생길 것이라고, 나중에 마음의 상태를 역으로 재생할 때는 물론이고 메모리(혹은 다른 무엇이든지)에 '주관적으로 최종적인' 마음의 상태가 사전에 로드될 때면 언제든지 생길 것이라고 주장할 수도 있다. 그러나 나는 그런다고 뭔가가 달라질 것이라고 생각하지 않는다."

[21] 스티븐 울프럼은 *A New Kind of Science* 435-457, 1017-1021에서 가역성(可逆性, reversible)을 띠는 세포 자동자에 대해 논한다. Kwangh Yung Paek, "Reversible Celluar Automata"도 참조할 것.

[22] 니컬러스 게슬러가 나로 하여금 ≪퍼뮤테이션 시티≫에서의 이 명백한 오류에 주목하게 했지만, 나는 이것이 실은 이건이 저지른 오류가 아니라 우리를 더 생각하도록 하는 의도적 도발이라고 본다. 이 도발은 폴의 '먼지' 가설에서 명백해진다. 이에 대해서는 다음 문단에서 논하겠다.

[23] 양자 미결정성에 대한 논의는 Arkady Plotnitsky, *Complementarity*을 볼 것. 캐런 바라드 또한 *The Agent Realism*에서 양자역학에 대한 보어의 해석과 페미니스트 이론에서 보어의 해석이 갖는 함의를 놓고 흥미로운 논의를 한다. 파동 함수 방정식에 답이 한 개 이상이 있다는 사실은 분기하는 세계선들을 암시하며, 이러한 해석은 소위 '다세계(many world)' 가설에서 발전되었다.

[24] 양자 컴퓨팅에 대한 설명은 Michael A. Nielsen and Isaac L. Chuang, *Quantum Computation and Quantum Information*(≪양자계산과 양자정보≫, 에이콘출판, 2022)을 참조할 것. 여기에는 (닉의 자물쇠 따기와 관련된) 양자 암호학, 양자 일시성, 양자 알고리듬에 대한 논의도 담겨 있다. 좀 더 기술적인 부분은 Mika Hirvensalo, *Quantum Computing* 참조.

[25] 1부(폴이 자살하기 전)에서는 두 장을 제외한 모든 장의 제목이, 폴에게 초점이 맞추어질 때는 "(Rip, tie, cut toy man)"이고 다른 인물에 초점이 맞추어질 때는 "(Remit not paucity)"다. 두 제목 모두 'Permutation City'의 철자 순서를 바꾼 것이다. 제목은 두 번 더 변형된다. 16장 "(Toy man, picture it)"에서는 폴이 결코 사본이 아니었다는 폴 자신의 인식이 그의 강박을 깊게 만든다. 20장 "(Can't you time trip)"에서는 시뮬레이

션된 또 다른 사본인 동류(peer)의 인식이 설명된다. 이 동류는 그가 동일한 사이클을 얼마나 많이 실행해야 하는지, 만약 그의 기억이 그 사이클들을 삭제하도록 프로그래밍되어 있다면 얼마나 많이 실행해야 하는지 절대 알 수 없다. 이는 의식의 연속성은 환각일 뿐이라는 생각을 더 강화한다.

[26] Ross Farnell, "Attempting Immortality"; Greg Egan, "Dust".

[27] 튜링과 폰 노이만은 유명한 이름인 반면, 내가 알기로 '창(Chiang)'은 아직 유명인들의 목록에 이름을 올릴 만한 기여를 하지는 못했다.

[28] 울프럼의 대작은 ≪퍼뮤테이션 시티≫보다 7년 늦게 출간되어서, 이건의 소설에 직접적으로 영향을 주지는 않았다. 그러나 이건은 여러 인터뷰에서 자신이 컴퓨터 프로그래밍 지식을 갖추고 있으며, 울프럼의 책이 출간되기 전에 세포 자동자에 대해 분명히 알고 있었다고 말했다. ≪새로운 종류의 과학≫이 출간되자 이건은 호의적 서평을 써서 자신의 웹사이트에 올렸다. Greg Egan, "Stephen Wolfram's Science".

[29] Robert Markley, "Boundaries".

[30] 자신의 지도교수인 존 윌러와 함께 일한 박사과정생 휴 에버릿은 1957년 '다세계' 가설을 발전시켰다. 에버릿은 양자 체제가 측정 도구와 접할 때 수많은 파동으로 갈라지고, 각각은 다른 양자 상태의 값을 나타낸다고 제시했다. 에버릿은 이 다양한 상태들이 측정 도구로는 기록되지 않는다는 사실을 설명하기 위해 측정 도구 자체의 양자 상태가 있는 만큼 그 자체가 수많은 버전으로 갈라지는 것이 틀림없다고 보았다. 이러한 논리를 따라가다 보면 이러한 모든 갈라짐과 관련해 수많은 세계들이 끊임없이 증식된다는 결론에 이른다.

[31] 이에 대한 논쟁들은 너무 광범해서 여기에서 다 다룰 수 없다. 그러나 핵심적 텍스트로는, Bruno Latour and Steve Woolgar, *Laboratory Life*; Steven Shapin and Simon Schaffer, *Leviathan and Air Pump*; Donna Haraway, *Samiens, Cyborg, Woman*(≪영장류, 사이보그 그리고 여자≫, 아르테, 2023)가 있다. 그다지 대단하지는 않지만 내가 여기에 기여한 바로는, N. Katherine Hayles, "Constrained Constructionism"을 보라.

[32] 이 상황은 스타니스와프 렘이 "The New Cosmogony"에서 상상한 가상의 노벨상 수상 연설에 아름답게 표현되어 있다. 화자는 너무나 진보해 물리학의 법칙을 변형하는 법을 배운 존재들을 추론한 공로로

노벨상을 받는다. 그러나 그 존재들은 그리하면서 반드시 자기들의 존재 조건 또한 변화시키게 된다. 그들이 자기들이 변형하는 세계의 일부이기 때문이다. 이건처럼 렘은 진화가 부여한 생명 작용을 초월할 수 있는 종을 상상한다. 그 종이 초월할 수 없는 것은 그들이 실험하고 있는 우주 안에서의 자기들 위치에 내재하는 재귀성이다.

[33] 이건의 소설은 성적 충동을 인간 심리의 필수 불가결하며 주요한 구성 요소로 보지 않고, 계속해서 섹스를 고통스럽고 불만족스러우며 우스꽝스러운 것으로 재현한다. ≪퍼뮤테이션 시티≫에서 폴 더럼이 마리아와 섹스를 하려고 시도할 때(성적 행동에 그가 연루되는 것을 유일하게 보게 되는 때다), 고환에 경련이 일어나고 너무 고통스러워서 계속할 수가 없게 된다. ≪디스트레스≫에서는 지나가 앤드류에게 그를 떠나겠다고 말하자 그가 칼로 자신의 가슴에 상처를 낼 때처럼 성관계가 고통과 연관되거나, 앤드류가 외과수술로 변형된 쿠왈레의 몸과 마주하는 장면에서처럼 섹스가 불가능하거나 금지된 것으로 구성된다. ≪실드의 사다리(Schild's Ladder)≫에서는 치카야가 얀에게 막간의 성적 여흥을 제안할 때, 영속적 신체 형태라는 것을 결코 알지 못하는 '무형'의 얀은 치카야가 제안하는 행동들이 너무나 터무니없게 느껴져서 웃음을 터트린다. '주관적 우주론' 삼부작에서 이건은 그의 주인공들이 자신들의 신체화와 씨름한다고 주장하지만, 그럼에도 섹스의 소멸은 아쉬움보다는 안도감과 함께 받아들여지는 경우가 더 많다.

[34] Greg Egan, "Interview with Greg Egan", in *Ibn Qirtaiba.*

참고문헌

AAAI. *Computational Synthesis: From Basic Building Blocks to High Level Functionality, Papers from the 2003 AAAI Spring Symposium*. Technical Report SS-03020. Menlo Park, CA: AAAI Press, 2003.

Aaronson, Scott. "On A New Kind of Science by Stephen Wolfram." *Quantum Information and Computation* 2, no. 5 (September 2002): 410-23.

Aarseth, Espen J. *Cybertext: Perspectives on Ergodic Literature*. Baltimore: Johns Hopkins University Press, 1997.

Adelman, Leonard M. "Molecular Computation of Solutions to Combinatorial Problems." *Science* 266 (November 1994): 1021-24.

Alexrod, Robert. *The Evolution of Cooperation*. New York: Basic Books, 1985.

Argyros, Alex. *A Blessed Rage for Order: Deconstruction, Evolution, and Chaos*. Ann Arbor: University of Michigan Press, 1991.

Austin, J. L. *How to Do Things with Words*. 2nd ed. Edited by Marina Sbisa and J. O. Urmsson. Cambridge, MA: Harvard University Press, 1975.

Bacon, Francis. *The New Organon*. Edited by Lisa Jardine, Michael Silverthorne, Karl Ameriks, and Desmond Clarke. Cambridge: Cambridge University Press, 2000.

Balsamo, Anne. *Technologies of the Gendered Body: Reading Cyborg Women*. Durham, NC: Duke University Press, 1996.

Bankes, Steven. "Computational Experiments and Exploratory Modeling." http://www.evolvinglogic.com/Learn/absandpapers/validation.html.

Barad, Karen. "Agential Realism: Feminist Interventions in Understanding Scientific Practice." In *Science Studies Reader*, edited by Mario Biagioli, 1-11. New York: Routledge, 1999.

Barkow, Jerome, Leda Cosmides, and John Tooby. *The Adapted Mind: Evolutionary Psychology and the Generation of Culture*. Oxford: Oxford University Press, 1992.

Baron-Cohen, Simon. *Mindblindness: An Essay on Autism and Theory of Mind*. Cambridge, MA: MIT Press, 1995.

Barrow, John D., and Frank J. Tipler. *The Anthropic Cosmological Principle*. New York: Oxford University Press, 1986.

Barthes, Roland. *S/Z*. Translated by Richard Miller. New York: Hill and Wang, 1974.

Bateson, Mary Catherine. *Our Own Metaphor: A Personal Account of a Conference on the Effects of Conscious Purpose on Human Adaptation.* Washington, DC: Smithsonian Institution Press, 1972.

Benjamin, Walter. "The Task of the Translator." In *Illuminations: Essays and Reflections*, edited by Hannah Arendt, translated by Harry Zohn, 69–82. New York: Schocken Books, 1969.

Benjamin, Walter. "The Work of Art in the Age of Mechanical Reproduction." In *Illuminations: Essays and Reflections*, edited by Hannah Arendt, translated by Harry Zohn, 217–52. New York: Schocken Books, 1969.

Birkerts, Sven. *The Gutenberg Elegies: The Fate of Reading in an Electronic Age*. New York: Ballantine Books, 1995.

Blaheta, Don. "The Lambda Calculus." http://www.cs.brown.edu/courses/cs173/2003/Textbook/lc.pdf.

Blank, Stephen J. "Preparing for the Next War: Reflections on the Revolution in Military Affairs." In *In Athena's Camp: Preparing for Conflict in the Information Age*, edited by John Arquilla and David Ronfeldt, 61–77. Washington, DC: Office of the Secretary of Defense by National Defense Research Institute, RAND, 1997.

Bolter, Jay David, and Richard Grusin. *Remediation: Understanding New Media.* Cambridge, MA: MIT Press, 2002.

Borges, Jorge Luis. "The Don Quixote of Pierre Menard." In *Ficciones*, translated by Anthony Kerrigan, 79–88. New York: Grove Press, 1989.

Borges, Jorge Luis. "The Homeric Versions." In *Selected Non-Fictions*, edited by Eliot Weinberger, translated by Esther Allen, Suzanne Jill Levine, and Eliot Weinberger, 69–75. New York: Penguin, 1999.

Bostrom, Nick. *Anthropic Bias: Observation Selection Effects in Science and Philosophy*. Studies in Philosophy. New York: Routledge, 2002.

Brockman, John. "Joseph Traub, Jaron Lanier, John McCarthy, Lee Smolin, Philip W. Anderson, Anthony Valentini, Stuart Hameroff, and Paola Zizzi Respond to Seth Lloyd." Edge. http://www.edge.org/discourse/information.html.

Brockman, John. "What's Your Question?" Under "World Question Center." Edge. www.edge.org.

Brooks, Rodney A. *Cambrian Intelligence: The Early History of the New AI.* Cambridge, MA: MIT Press, 1999.

Brooks, Rodney A. *Flesh and Machines: How Robots Will Change Us.* New York: Pantheon, 2002.

Brooks, Rodney A. "Intelligence without Representation." *Artificial Intelligence* 47 (1991): 139–59.

Bruner, Jerome. *Acts of Meaning.* Cambridge, MA: Harvard University Press, 1990.

Buzzetti, Dino. "Digital Representation and the Text Model." *New Literary History* 33 (2002): 61-88.

Cartwright, Nancy. *How the Laws of Physics Lie.* Oxford: Oxford University Press, 1993.

Castells, Manuel. *End of the Millennium.* London: Blackwell, 2000.

Castells, Manuel. *The Power of Identity.* London: Blackwell, 2003.

Castells, Manuel. *The Rise of the Network Society.* London: Blackwell, 2000.

Cayley, John. "The Code Is Not the Text (Unless It Is the Text)." *Electronic Book Review* (September 2002). http://www.electronicbookreview.com/v3/servlet/ebr?command=view_essay&essay_id=cayleyele.

Cayley, John. "Digital Wen: On the Digitization of Letter- and Character-Based Systems of Inscription." In *Reading East Asian Writing: The Limits of Literary Theory,* edited by Michael Hockx and Ivo Smits, 227-94. London: Routledge Curzon, 2003.

Cayley, John. "Of Programmatology." Mute (Fall 1998): 72–75.

Cebrowski, Arthur K., and John J. Garstka. "Network-Centric Warfare: Its Origin and Future." *Naval Institute Proceedings Magazine* (January 1998). http://www.usni.org/Proceedings/Articles98/PROcebrowski.htm.

Chun, Wendy Hui Kyong. "On the Persistence of Visual Knowledge." Paper presented at the annual convention of the Modern Language Association, San Diego, CA, December 28, 2003.

Collins, H. M. *Changing Order: Replication and Induction in Scientific Practice.* London: Sage Publications, 1985.

Conway, John. *Game of Life.* http://www.bitstorm.org/ gameoflife/.

Coover, Robert. "The Babysitter." In *Pricksongs and Descants: Fictions,* 206–39. 1969. Reprint, New York: Grove Press, 2000.

Coverley, M. D. *The Book of Going Forth by Day*. http://califia.hispeed.com/Egypt/.

Cramer, Florian. "Digital Code and Literary Text." *Beehive* 4, no. 3 (November 2001). http://beehive.temporalimage.com/archive/43arc.html.

Culler, Jonathan. *Ferdinand de Saussure*. Rev. ed. Ithaca, NY: Cornell University Press, 1986.

Dahlström, Mats. "Drowning by Versions." *Human IT* 4, no. 1 (2000): 7–38.

Dahlström, Mats. "When Is a Webtext?" *TEXT Technology: The Journal of Computer Text Processing* 11, no. 1 (2002): 139–61.

Damashek, Marc. "Gauging Similarity with N-Grams: Language-Independent Categorization of Text." *Science* 267 (February 10, 1995): 843-48.

Damasio, Antonio R. *Descartes' Error: Emotion, Reason, and the Human Brain*. New York: Putnam, 1994.

Damasio, Antonio R. *The Feeling of What Happens: Body and Emotion in the Making of Consciousness*. New York: Harvest, 2000.

Danielewski, Mark Z. *House of Leaves*. New York: Pantheon, 2000. House of Leaves. http://www.houseofleaves.com.

Davis, Martin. *The Universal Computer: From Leibniz to Turing*. New York: W. W. Norton, 2000.

Dawkins, Richard. *The Blind Watchmaker*. New York: Norton, 1986.

Dawkins, Richard. *The Selfish Gene*. New York: Oxford University Press, 1989.

Deleuze, Gilles, and Félix Guattari. *A Thousand Plateaus: Capitalism and Schizophrenia*. Translated by Brian Massumi. Minneapolis: University of Minnesota Press, 1987.

Dennett, Daniel C. *Freedom Evolves*. New York: Vintage, 2003.

Dennett, Daniel C. *Kinds of Minds: Toward an Understanding of Consciousness*. New York: Basic Books, 1996.

Derrida, Jacques. *Limited Inc*. Translated by Samuel Weber. Evanston, IL: Northwestern University Press, 1998.

Derrida, Jacques. *Margins of Philosophy*. Translated by Alan Bass. Chicago: University of Chicago Press, 1984.

Derrida, Jacques. *Of Grammatology*. Translated by Gayatri C. Spivak. Baltimore: Johns Hopkins University Press, 1977.

Derrida, Jacques. *Positions*. Translated by Alan Bass. Chicago: University of Chicago Press, 1982.

Derrida, Jacques. *Writing and Difference*. Translated by Alan Bass. Chicago: University of Chicago Press, 1980.

Dick, Philip K. *The Simulacra*. London: Metheun Paperbacks, 1964.

Dick, Philip K. *The Three Stigmata of Palmer Eldritch*. 1964. Reprint, New York: Doubleday, 1965.

Dick, Philip K. *We Can Build You*. London: Grafton Books, 1969. First published as A. Lincoln, Simulacrum.

Didion, Joan. *The White Album*. New York: Simon and Schuster, 1979.

Douglas, Jane Yellowlees. "'How Do I Stop This Thing?' Closure and Indeterminacy in Interactive Narratives." In *Hyper/Text/Theory*, edited by George P. Landow, 159–88. Baltimore: Johns Hopkins University Press, 1994.

Doyle, Richard. *Wetwares: Experiments in Postvital Living*. Minneapolis: University of Minnesota Press, 2003.

Dozois, Gardner. *The Fiction of James Tiptree Jr.* San Bernadino, CA: Borgo Press, 1984.

Drucker, Johanna. *The Century of Artists' Books*. New York: Granary Books, 1996.

Drucker, Johanna. "Language as Information: Intimations of Immateriality." In *Figuring the Word: Essays on Books, Writing, and Visual Poetics*, 213–20. New York: Granary Books, 1998.

Drucker, Johanna. *Otherspace: A Martian Typography*. Atlanta: Nexus, 1992.

Drucker, Johanna. "Theory as Praxis: The Poetics of Electronic Textuality." *Modernism/Modernity* 9, no. 4 (2002): 683–91.

Drucker, Johanna. *The Visible Word: Experimental Typography and Modern Art, 1909–1923*. Chicago: University of Chicago Press, 1994.

Durham, Scott. "P. K. Dick: From the Death of the Subject to a Theology of Late Capitalism." *Science-Fiction Studies* 15 (1988): 173-86.

Dyer, Michael G. "Toward Synthesizing Artificial Neural Networks That Exhibit Cooperative Intelligent Behavior: Some Open Issues in Artificial Life." *Artificial Life* 1, nos. 1/2 (Fall 1993/Winter 1994): 111-35.

Eckel, Bruce. *Thinking in C++*. Englewood Cliffs, NJ: Prentice Hall,

1995.

Egan, Greg. *Distress.* London: Orion/Millennium, 1995.

Egan, Greg. "Dust." In *The Year's Best Science Fiction: Tenth Annual Collection*, edited by Gardner Dozois, 87-112. New York: St. Martin's Press, 1993.

Egan, Greg. "An Interview with Greg Egan: Counting Backwards from Infinity." *Eidolon.net: Australian SF Online.* http://eidolon.net/index.html (accessed August 8, 2004). Site now discontinued.

Egan, Greg. "Interview with Greg Egan." *Ibn Qirtaiba* 18 (September 1996): n.p.

Egan, Greg. "Interview with Greg Egan." By Russell B. Farr. *Piffle and Other Trivia* 26 (September 1997). http://gregegan.customer.netspace.net.au/INTERVIEWS/Interviews.html#Piffle.

Egan, Greg. *Permutation City.* London: Orion/Millennium, 1994.

Egan, Greg. *Quarantine.* London: Century/Legend, 1992.

Egan, Greg. *Schild's Ladder: A Novel.* New York: EOS, 2003.

Egan, Greg. "Stephen Wolfram's Science." Under "Bibliography" and "Non Fiction." Greg Egan's Home Page. http://gregegan.customer.netspace.net.au/index.html.

Farnell, Ross. "Attempting Immortality: AI, A-Life, and the Posthuman in Greg Egan's *Permutation City.*" *Science-Fiction Studies* 27 (2000): 69–91.

Foerster, Heinz von. *Observing Systems.* 2nd ed. New York: Intersystems Publications, 1982.

Foster, G. M. "Peasant Society and the Image of Limited Good." *American Anthropologist* 67, no. 2 (1965): 293–315.

Foucault, Michel. *The Order of Things: An Archeology of the Human Sciences.* New York: Vintage Books, 1970.

Foucault, Michel. "What Is an Author?" *Language, Counter-Memory, Practice: Selected Essays and Interviews by Michel Foucault*, edited by Donald F. Bouchard, translated by Donald F. Bouchard and Sherry Simon, 113–138. Ithaca, NY: Cornell University Press, 1977.

Fredkin, Edward. *Introduction to Digital Philosophy.* http://www.digitalphilosophy.org.

Freedman, Carl. "Philip K. Dick and Criticism." Editorial introduction to *Science-Fiction Studies* 15 (1988): 121–30.

Fuller, Matthew. *Behind the Blip: Essays on the Culture of Software.* New York: Autonomedia, 2003.

Galloway, Alexander R. *Protocol: How Control Exists after Decentralization.* Cambridge, MA: MIT Press, 2004.

Gendolla, Peter, Jörgen Schäfer, and Maik Pluschke. "Literatur in Netzen/Netzliteratur." http://www.litnet.uni-siegen.de/Literatur%20in%20Netzten%20-%20Netzliteratur.pdf.

Genette, Gérard. *Narrative Discourse: An Essay on Method*, translated by Jane E. Lewin. Ithaca, NY: Cornell University Press, 1983.

Gessler, Nicholas. "Evolving Artificial Cultural Things-That-Think and Work by Dynamical Hierarchical Synthesis." http://www.sscnet.ucla.edu/geog/gessler/ cv-pubs/03naacsos.pdf.

Gessler, Nicholas. "Sonnet." http://www.sscnet.ucla.edu/geog/gessler/borland/samples.htm.

Glazier, Loss Pequeño. *Dig[iT]al Poet(I)(c)s: The Making of E-Poetries.* Tuscaloosa: University of Alabama Press, 2002.

Gray, Lawrence. "A Mathematician Looks at Wolfram's *New Kind of Science.*" *Notices of the American Mathematical Society* 50, no. 2 (February 2003): 200-11. http://www.ams.org/notices/200302/fea-gray.pdf.

Grigar, Dene. "Mutability and Medium." Paper presented at a conference on Computers and Writing, Normal, IL, May 2002.

Grosz, Elizabeth. *Volatile Bodies: Toward a Corporeal Feminism.* Bloomington: Indiana University Press, 1994.

Grusin, Richard, and Jay David Bolter. *Remediation: Understanding New Media.* Cambridge, MA: MIT Press, 2000.

Guattari, Felix. "Machinic Heterogenesis." In *Rethinking Technologies*, edited by Verna A. Conley, 13-27. Minneapolis: University of Minnesota Press, 1993.

Gunder, Anna. "Forming the Text, Performing the Work-Aspects of Media, Navigation, and Linking." *Human IT* 5, nos. 2-3 (2001): 81-206.

Hansen, Mark B. N. *Embodying Technesis: Technology Beyond Writing.* Ann

Arbor: University of Michigan Press, 2000.

Hansen, Mark B. N. *New Philosophy for New Media.* Cambridge, MA: MIT Press, 2003.

Haraway, Donna. *Simians, Cyborgs, and Women: The Reinvention of Nature.* New York: Routledge, 1991.

Haraway, Donna. "Situated Knowledge: The Science Question in Feminism as a Site of Discourse on the Privilege of Partial Perspective." *Feminist Studies* 14, no. 3 (1988): 575-99.

HarperCollins. "A Talk with Neal Stephenson." Cryptonomicon. http://www.cryptonomicon.com. Under the link "Chat with Neal (4/19)."

Harpold, Terry, and Kavita Philip. "Of Bugs and Rats: Cyber-Cleanliness, Cyber-Squalor, and the Fantasy-Spaces of Informational Globalization." *Postmodern Culture* 11, no. 1 (2000). http://muse.jhu.edu/journals/postmodern_culture/toc/pmc11.1.html.

Hayles, N. Katherine. "Constrained Constructivism: Locating Scientific Inquiry in the Theater of Representation." In *Realism and Representation: Essays on the Problem of Realism in Relation to Science, Literature, and Culture*, edited by George Levine, 27–43. Madison: University of Wisconsin Press, 1993.

Hayles, N. Katherine. "Corporeal Anxiety in Dictionary of the Khazars: What Books Talk about When They Talk about Losing Their Bodies." *Modern Fiction Studies* 43 (Fall 1992): 800–820.

Hayles, N. Katherine. "From Object to Process: Cinematic Implications of New Media Poetry." *Future Cinema: The Cinematic Imaginary after Film*, edited by Peter Weibel and Jeffrey Shaw, 316-23. Cambridge, MA: MIT Press, 2003.

Hayles, N. Katherine. "From Utopia to Mutopia: Recursive Complexity and Nanospatiality in The Diamond Age." In *World Weavers: Globalization, Science Fiction, and the Cybernetic Revolution*, edited by Wong Kin Yuen, Gary Westfahl, and Amy Chan Kit Sze. Hong Kong: Hong Kong University Press, forthcoming.

Hayles, N. Katherine. *How We Became Posthuman: Virtual Bodies in Cybernetics, Literature, and Informatics.* Chicago: University of Chicago Press, 1999.

Hayles, N. Katherine. "Theory of a Different Order: A Conversation with Katherine Hayles and Niklas Luhmann." *Cultural Critique* 31 (Fall 1995): 7–36.

Hayles, N. Katherine. *Writing Machines.* Cambridge, MA: MIT Press, 2001.

Hayot, Eric. *Chinese Dreams: Pound, Brecht, Tel Quel.* Ann Arbor: University of Michigan Press, 2004.

Hillis, Daniel. *The Pattern on the Stone: The Simple Ideas That Make Computers Work*. New York: Perseus Books Group, 1999.

Hirvensalo, Mika. *Quantum Computing.* Berlin: Springer Verlag, 2001.

Hofstader, Douglas R. *Gödel, Escher, Bach: An Eternal Golden Braid.* New York: Basic Books, 1979.

Hutchins, W. J. "Warren Weaver Memorandum July 1949." http://ourworld.compuserve.com/homepages/WJHutchins/Weaver49.htm.

Hutchinson, Stuart. "James's 'In the Cage': A New Interpretation." *Studies in Short Fiction* 19 (1982): 19-26.

Jackson, Shelley. "'Of Dolls and Monsters': An Interview with Shelley Jackson." By Rita Raley. *The Iowa Review on the Web* (March 1, 2002): 1-4. http://www.uiowa.edu/%7Eiareview/tirweb/feature/jackson/jackson.htm.

Jackson, Shelley. *Patchwork Girl by Mary/Shelley and Herself.* Watertown, MA: Eastgate Systems, 1995. http://www.eastgate.com/catalog/PatchworkGirl.html.

Jackson, Shelley. "Stitch Bitch: The Patchwork Girl." *Paradoxa* 4 (1998): 526-38.

James, Henry. "In the Cage." In *The Complete Tales of Henry James.* Vol. 10, edited by Leon Edel, 139–242. London: Rupert Hart-Davis, 1964.

Johnson, Barbara. "My Monster/My Self." Diacritics 12 (1982): 2–10.

Johnston, John. "The In-Mixing of Machines: Psychoanalysis and Cybernetics." Unpublished manuscript.

Kandel, Michael. "A Freudian Peek at Lem's Fiasco." Paper presented at a conference on The World according to Lem: Science Fiction and Futurology, University of Alberta, Edmonton, AB, September 29, 2003.

Kauffman, Stuart A. *At Home in the Universe: The Search for Laws of Self-Organization and Complexity.* New York: Oxford Press, 1996.

Kauffman, Stuart A. *The Origins of Order: Self-Organization and Selection in Evolution.* New York: Oxford University Press, 1993.

Kirschenbaum, Matthew G. "Editing the Interface: Textual Studies and First Generation Electronic Objects." In *TEXT: An Interdisciplinary Annual of Textual Studies.* Vol. 14, edited by W. Speech Hill and Edward M. Burns, 15–51. Ann Arbor: University of Michigan Press, 2002.

Kirschenbaum, Matthew G. "Materiality and Matter and Stuff: What Electronic Texts Are Made Of." *Electronic Book Review* 12 (2002). http://www.altx.com/ebr/riposte/rip12/rip12kir. htm.

Kirschenbaum, Matthew G. "Virtuality and VRML: Software Studies after Manovich." In *The Politics of Information: The Electronic Mediation of Social Change*, edited by Mark Bousquet and Katherine Wills. Alt-X Press eBook, 2004.
http://www.altx.com/ebooks/infopol.html.

Kittler, Friedrich A. *Discourse Networks, 1800/1900.* Translated by Michael Metteer. Stanford, CA: Stanford University Press, 1992.

Kittler, Friedrich A. *Essays: Literature, Media, Information Systems.* Edited by John Johnston. Amsterdam: G+B Arts, 1997.

Kittler, Friedrich A. *Gramophone, Film, Typewriter.* Translated by Geoffrey Winthrop-Young and Michael Wutz. Writing Science Series. Stanford, CA: Stanford University Press, 1999.

Koenig, Andrew, and Barbara E. Moo. "Preface." In *Accelerated C++.* Redwood City, CA: Addison-Wesley, 2000.
http://www.acceleratedcpp.com/details/preface.html.

Koza, John R. *Genetic Programming: On the Programming of Computers by Means of Natural Selection.* Cambridge, MA: MIT Press, 1992.

Koza, John R. *Genetic Programming II: Automatic Discovery of Reusable Programs.* Cambridge, MA: MIT Press, 1994.

Koza, John R., Forrest H. Bennett III, David Andre, and Martin A. Keane. *Genetic Programming III: Darwinian Invention and Problem Solving.* San Francisco: Morgan Kaufmann Publishers, 1999.

Kristal, Efrain. *Invisible Work: Borges and Translation.* Nashville, TN: Vanderbilt University Press, 2002.

Kurzweil, Ray. *The Age of Spiritual Machines: When Computers Exceed Human Intelligence.* Oxford: Oxford University Press, 2000.

Kurzweil, Ray. "Reflections on Stephen Wolfram's *A New Kind of*

Science." KurzweilAI.net. http://www.kurzweilai.net/articles/art0464.html.

Lacan, Jacques. *Le Séminaire XX: Encore.* Paris: Seuil, 1975.

Langton, Christopher G. "Artificial Life." In *Artificial Life*, edited by Christopher Langton, 1-17. Redwood City, CA: Addison-Wesley, 1989.

Langton, Christopher G. "Computation at the Edge of Chaos: Phase Transition and Emergent Computation." *Physica D* 42 (1990): 12–37.

Latour, Bruno. "A. N. Whitehead and Richard Powers." Paper presented at a conference of the Society for Literature and Science, Paris, France, June 24, 2004.

Latour, Bruno. *Science in Action: How to Follow Scientists and Engineers through Society.* Cambridge, MA: Harvard University Press, 1987.

Latour, Bruno. *We Have Never Been Modern.* Translated by Catherine Porter. Cambridge, MA: Harvard University Press, 1993.

Latour, Bruno. "Why Has Critique Run Out of Steam? From Matters of Fact to Matters of Concern." *Critical Inquiry* 30, no. 2 (Winter 2004): 225–48.

Latour, Bruno, and Steve Woolgar. *Laboratory Life: The Social Construction of Scientific Facts.* London: Sage, 1979.

Lawler, John. John Lawler. http://www-personal.umich.edu/~jlawler.

Lem, Stanislaw. "*De Impossibilitate Vitae* and *De Impossibilitate Prognoscendi* by Cezar Kouska." In *A Perfect Vacuum*, translated by Michael Kandel, 141–66. New York: Harvest, 1983.

Lem, Stanislaw. "The Mask." In *Mortal Engines*, translated by Michael Kandel, 81–239. San Diego: Harcourt, 1992. First published in English 1977 by Seabury Press. First Polish edition 1976.

Lem, Stanislaw. "The New Cosmogony." In *A Perfect Vacuum*, translated by Michael Kandel, 197–238. New York: Harvest, 1983.

Lem, Stanislaw. *Solaris.* Translated by Joanna Kilmartin and Steve Cox. New York: Berkley, 1971.

Lenoir, Timothy. "Inscription Practices and the Materialities of Communication." Introduction to *Inscribing Science: Scientific Texts and the Materiality of Communication*, edited by Timothy Lenoir, 1–19. Stanford, CA: Stanford University Press, 1998.

Levy, Stephen. *Artificial Life: The Quest for a New Creation.* New York: Pantheon Books, 1992.

Libet, Benjamin, Anthony Freeman, and Keith Sutherland. *The Volitional Brain: Neuroscience of Free Will.* Thorverton, UK: Imprint Academic, 1999.

Libet, Benjamin, C. A. Gleason, E. W. Wright, and D. K. Pearl. "Time of Conscious Intention to Act in Relation to Onset of Cerebral Activities (Readiness Potential): The Unconscious Initiation of a Freely Voluntary Act." *Brain* 106 (1983): 623-42.

Library of Congress. William Blake Archive. Edited by Morris Eaves, Robert Essick, and Joseph Viscomi. http://www.blakearchive.org.

Liu, Alan. "The Humanities: A Technical Profession." Paper presented at the annual convention of the Modern Language Association, San Diego, CA, December 28, 2003.

Liu, Alan. *The Laws of Cool: Knowledge Work and the Culture of Information.* Chicago: University of Chicago Press, 2004.

Lloyd, Seth. "Computational Capacity of the Universe." *Physical Review Letters* 88, no. 23 (June 10, 2002): 237901.

Lloyd, Seth. "How Fast, How Small, and How Powerful? Moore's Law and the Ultimate Laptop." July 23, 2001. http://www.edge.org/3rd_culture/lloyd/lloyd_print.html.

Lloyd, Seth. "Lloyd's It from Qubit Law." http://www.edge.org/q2004/page5.html#lloyd.

Lloyd, Seth. "Ultimate Physical Limits to Computation." *Nature* 406 (2000): 1047–54.

Logan, Robert. *The Alphabet Effect: The Impact of the Phonetic Alphabet on the Development of Western Civilization.* New York: St. Martin's Press, 1987.

Logan, Robert. *The Fifth Language: Learning a Living in the Computer Age.* North York, ON: Stoddart, 1997.

Lovink, Geert. *Dark Fiber: Tracking Critical Internet Culture.* Cambridge, MA: MIT Press, 2002.

Luhmann, Niklas. "The Cognitive Program of Constructivism and a Reality That Remains Unknown." In *Selforganization: Portrait of a Scientific Revolution*, edited by Wolfgang Krohn, Gunter Kuppers, and Helga Nowotny, 64–85. Dordrecht: Kluwer Academic, 1990.

Luhmann, Niklas. "The Paradox of Observing Systems." *Cultural*

Critique 31 (Fall 1995): 37–56.

Lurie, Andrew J. "Now, May I Offer You a Poem." http://develop.www.umich.edu/luriea-bin/queneau.

MacKay, Donald. *Information, Mechanism, Meaning.* Cambridge, MA: MIT Press, 1969.

Macpherson, C. B. *The Political Theory of Possessive Individualism: Hobbes to Locke.* New York: Oxford University Press, 1988.

Mandelbrot, Benoit. *The Fractal Beauty of Nature.* San Francisco: W. H. Freeman, 1982.

Manovich, Lev. *The Language of New Media.* Cambridge, MA: MIT Press, 2002.

Markley, Robert. "Boundaries: Mathematics, Alienation, and the Metaphysics of Cyber space." In *Virtual Reality and Their Discontents*, edited by Robert Markley, 55–77. Baltimore: Johns Hopkins University Press, 1996.

Markoff, John. "Behind Happy Interface, More Complex Reality." *New York Times*, June 3, 1999, sec. G7, col. 1.

Massumi, Brian. "The Brightness Confound." In *The Body Mechanique*, 81-94. Wexner Center Exhibit Catalogue. Columbus: Ohio State University, 1998.

Maturana, Humberto R., and Francisco J. Varela. *Autopoiesis and Cognition: The Realization of the Living.* Dordrecht: D. Reidel, 1980.

McCellan, Jim. "After Snow Crash's Cyberpunk, It's Cyberpunk." *Guardian* (London), October 14, 1999, 2.

McGann, Jerome J. The D. G. Rossetti Hypermedia Archive. http://www.iath.virginia.edu/rossetti/fullarch.html.

McGann, Jerome J. "It's Not the Technology, Stupid!" Paper presented at the annual convention of the Modern Language Association. San Diego, CA: December 28, 2003.

McGann, Jerome J. *Radiant Textuality: Literature after the World Wide Web.* London: Palgrave Macmillan, 2001.

McGann, Jerome J. *The Textual Condition.* Princeton, NJ: Princeton University Press, 1991.

McKenzie, D. F. *Bibliography and the Sociology of Texts.* Cambridge: Cambridge University Press, 1986.

Mellor, Anne K. *Mary Shelley: Her Life, Her Fiction, Her Monsters.* New York: Routledge, 1988.

Memmott, Talan. *Lexia to Perplexia.* http://www.uiowa.edu/~iareview/tirweb/hypermedia/talan_memmott/.

Menzel, Peter, and Faith D'Alusio. *Robo sapiens: Evolution of a New Species.* Cambridge, MA: MIT Press, 2000.

Minsky, Marvin. *The Society of Mind.* New York: Simon and Schuster, 1988.

Minsky, Marvin. "Why Computer Science Is the Most Important Thing That Has Happened to the Humanities in 5,000 Years." Keynote address at a conference on artificial life. Nara, Japan, May 15, 1996.

Mitchell, William J. *City of Bits: Space, Place, and the Infoban.* Cambridge, MA: MIT Press, 1996.

Moody, Andrew. "'The Harmless Pleasure of Knowing': Privacy in the Telegraph Office and Henry James's 'In the Cage.'" *The Henry James Review* 16 (1995): 53–65.

Moravec, Hans. *Mind Children: The Future of Robot and Human Intelligence.* Cambridge, MA: Harvard University Press, 1990.

Moravec, Hans. *Robot: Mere Machine to Transcendent Mind.* New York: Oxford University Press, 2000.

Morowitz, Harold. *The Emergence of Everything: How the World Became Complex.* New York: Oxford University Press, 2002.

Moukas, Alexandros, and Pattie Maes. "Amalthea." MIT Media Lab. Research Group Projects and Descriptions. http://www.media.mit.edu/research/ResearchPubWeb.pl?ID=284.

Munneke, Derek, Kirsten Wahlstrom, and Linda Zaccara. "Intelligent Software Agents on the Internet." http://www.cis.unisa.edu.au/~cisdm/papers/iagents/IntelligentAgentsInternet.html.

Murray, Janet. *Hamlet on the Holodeck: The Future of Narrative in Cyberspace.* Cambridge, MA: MIT Press, 1998.

Neurosciences Research Foundation. "NOMAD." Neurosciences Institute. http://www.nsi.edu.

Nicolson, Marjorie Hope. *Newton Demands the Muse: Newton's "Opticks" and Eighteenth-Century Poets.* Princeton, NJ: Princeton University Press, 1946.

Nielsen, Michael A., and Isaac L. Chuang. *Quantum Computation and*

Quantum Information. Cambridge: Cambridge University Press, 2000.

Norrman, Ralf. "The Intercepted Telegram Plot in Henry James's 'In the Cage.'" *Notes & Queries* 24 (1977): 425-27.

Norrman, Ralf. *Techniques of Ambiguity in the Fiction of Henry James, with Special Reference to "In the Cage" and "The Turn of the Screw."* Acta Academiae Aboensis, ser. A, Humaniora, 54, no. 2. Abo: Abo Akademi, 1977.

Open Source Initiative. Open Source. http://www.opensource. org/.

Ostman, Charles. "Synthetic Sentience." Interview with Galen Brandt. *Mondo 2000* 16 (1998): 35.

Otis, Laura. *Networking: Communicating with Bodies and Machines in the Nineteenth Century*. Ann Arbor: University of Michigan Press, 2001.

Paek, Kwangh Yung. "Reversible Cellular Automata." http://sjsu.rudyrucker.com/~kwanghyung.paek/paper/.

Parker, Jo Alyson. "Gendering the Robot: Stanislaw Lem's 'The Mask.'" *Science-Fiction Studies* 19 (1992): 178-91.

Paulson, William R. *Literary Culture in a World Transformed*. Ithaca, NY: Cornell University Press, 2001.

Pavić, Milorad. *Dictionary of the Khazars: A Lexicon Novel*. Translated by Christina Pribicevic-Zoric. New York: Vintage, 1989.

Paz, Octavio. "Translation: Literature and Letters." In *Theories of Translation*, edited by Ranier Schulte and John Biguenet, 152-62. Chicago: University of Chicago Press, 1992.

Plotnitsky, Arkady. *Complementarity: Anti-Epistemology after Bohr and Derrida*. Durham, NC: Duke University Press, 1995.

Post, Jack. "Requiem for a Reader? A Semiotic Approach of Reader in Text in Electronic Literature." Unpublished manuscript.

Poster, Mark. *What's the Matter with the Internet?* Minneapolis: University of Minnesota Press, 2001.

Poundstone, William. *Prisoner's Dilemma*. New York: Anchor, 1993.

Prigogine, Ilya, and Isabelle Stengers. *Order out of Chaos: Man's New Dialogue with Nature*. New York: Bantam Books, 1986.

Queneau, Raymond. *Cent mille milliards de poèmes*. Paris: Gallimard, 1961.

Quinn, Paul. "The How of the Crypt." *Times Literary Supplement*, November 5, 1999, 24.

Raley, Rita. "Interferences: [Net.Writing] and the Practice of Codework." *Electronic Book Review* (September 2002). http://www.electronicbookreview.com/v3/servlet/ebr?command=view_essay&essay_id=rayleyele.

Raley, Rita. "Machine Translation and Global English." *Yale Journal of Criticism* 16, no. 2 (Fall 2003): 291–313.

Raley, Rita. "Reveal Codes: Hypertext and Performance." *Postmodern Culture* 12, no. 1 (September 2001). http://muse.jhu.edu/journals/postmodern_culture/toc/pmc12.1.html.

Renear, Allen. "Out of Praxis: Three (Meta) theories of Textuality." In *Electronic Text: Investigations in Method and Theory*, edited by Kathryn Sutherland, 107–26. Oxford: Clarendon Press, 1997.

Renear, Allen. "Philosophy and Electronic Publishing: Theory and Metatheory in the Development of Text Encoding." *The Monist* 80, no. 3 (1997): 348–67.

Requiem for a Dream. http://www.requiemforadream.com.

Robinson, Kim Stanley. *The Novels of Philip K. Dick*. Ann Arbor, MI: UMI Research Press, 1984.

Rose, Mark. *Authors and Owners: The Invention of Copyright*. Cambridge, MA: Harvard University Press, 1993.

Ryan, Marie-Laure. *Possible Worlds, Artificial Intelligence, and Narrative Theory*. Bloomington: University of Indiana Press, 1992.

Saarinen, Leena. "Chatterbots: Crash Test Dummies of Communication." Master's thesis, Media Lab, University of Art and Design, Helsinki, Finland. http://www.mlab.uiah.fi/www/projects_and_publications/final_thesis/saarinen_leena.

Saussure, Ferdinand de. *Course in General Linguistics*. Translated by Roy Harris. Peru, IL: Open Course Publishing Co., 1988.

Savoy, Ric. "'In the Cage' and the Queer Effects of Gay History." *Novel* 28 (1995): 284–307.

Schlossberg, Edwin. *Wordswordswords*. West Islip, NY: Universal Limited Arts Editions, 1968.

Schneier, Bruce. "The Solitaire Encryption Algorithm." In *Cryptonomicon*, by Neal Stephenson, 911–18. New York: Avon, 2002.

Searle, John R. "Reiterating the Differences: A Reply to Derrida." *Glyph* 1 (1977): 198–208.

Serres, Michel. *The Parasite*. Translated by Lawrence R. Shehr. Baltimore: Johns Hopkins University Press, 1982.

Shannon, Claude, and Warren Weaver. *The Mathematical Theory of Communication*. Urbana: University of Illinois Press, 1949.

Shapin, Steven, and Simon Schaffer. *Leviathan and the Air Pump: Hobbes, Boyle, and the Experimental Life*. Princeton, NJ: Princeton University Press, 1986.

Sha Xin Wei. "A Tgarden as a Phenomenological Experiment." http://www.gvu.gatech.edu/people/sha.xinwei/topologicalmedia/tgarden/index.html.

Shelley, Mary Wollstonecraft. *Frankenstein: The 1818 Text, Contexts, Nineteenth-Century Responses, Modern Criticism*. Edited by Paul J. Hunter. New York: W. W. Norton, 1996.

Shillingsburg, Peter L. *Scholarly Editing in the Computer Age: Theory and Practice*. 3rd ed. Ann Arbor: University of Michigan Press, 1966.

Shillingsburg, Peter L. "Text as Matter, Concept, and Action." *Studies in Bibliography* 44 (1991): 43–83.

Silver, David. "Looking Backwards, Looking Forward: Cyberculture Studies 1990-2000." In *Web Studies: Rewiring Media Studies for the Digital Age*, edited by David Gauntlett, 19-30. Oxford: Oxford University Press, 2000.

Sims, Karl. "Evolved Virtual Creatures." http://www.biota.org/ksims/index.html.

Sims, Karl. "Evolving 3-D Morphology and Behavior by Competition." Unpublished manuscript.

Sims, Karl. "Evolving Virtual Creatures." Paper presented at the SIGGRAPH annual conference, Orlando, FL, July 24-29, 1994. Published in Annual Conference Series, *Computer Graphics* 28 (July 1994): 15–22.

Smith, Brian Cantwell. *On the Origin of Objects*. Cambridge, MA: Bradford Books, 1996.

Steels, Luc. "The Artificial Life Roots of Artificial Intelligence." *Artificial Life* 1, nos. 1/2 (Fall 1993/Winter 1994): 75–110.

Steels, Luc, and Rodney A. Brooks, editors. *The Artificial Life Route to Artificial Intelligence: Building Embodied Situated Agents*. Hillsdale: Erlbaum Associates, 1995.

Stephenson, Neal. *Cryptonomicon*. New York: Avon, 2002.

Stephenson, Neal. "*Cryptonomicon* cypher-FAQ." Under question 13, "Hey, the perl script doesn't work! What's the deal?" http://www.well.com/user/neal/cypherFAQ.html.

Stephenson, Neal. *The Diamond Age; or, A Young Lady's Illustrated Primer.* New York: Bantam, 2000.

Stephenson, Neal. *In the Beginning Was the Command Line.* New York: Avon, 1999.

Stephenson, Neal. Neal Stephenson. http://www.nealstephenson.com.

Stephenson, Neal. *Snow Crash.* New York: Bantam, 2000.

Stewart, Garrett. *Reading Voices: Literature and the Phonotext.* Berkeley: University of California Press, 1990.

Stone, Allucquère Rosanne. *The War of Technology and Desire at the Close of the Mechanical Age.* Cambridge, MA: MIT Press, 1996.

Swirski, Peter. "A Case of Wishful Thinking." In *Between Literature and Science: Poe, Lem, and Explorations in Aesthetics, Cognitive Science, and Literary Knowledge*, 127–32. Montreal, QC: McGill-Queen's University Press, 2001. http://www.scienceboard.net/community/perspectives.64.html.

Tallis, Raymond. *Not Saussure: A Critique of Post-Saussurean Literary Theory.* London: Macmillan Press, 1988.

Teilhard de Chardin, Pierre. *The Phenomenon of Man.* New York: Perennial, 1976.

Thibault, Paul J. *Re-Reading Saussure: The Dynamics of Signs in Social Life.* London: Routledge, 1997.

Tiptree, James Jr. "The Girl Who Was Plugged In." In *Her Smoke Rose Up Forever: The Great Years of James Tiptree Jr.*, 44-79. New York: Arkham House Publishers, 1990.

Turing, Alan M. "Computing Machinery and Intelligence." *Mind* 59 (1950): 433-60.

Turing, Alan M. "On Computable Numbers, with an Application to the Entscheidungsproblem." *Proceedings of the London Mathematical Society*, ser. 2, 42 (1936): 230–65.

Turkle, Sherry. *Life on the Screen: Identity in the Age of the Internet.* New York: Simon and Schuster, 1997.

Turkle, Sherry. *The Second Self: Computers and the Human Spirit.* New York: Simon and Schuster, 1984.

Ullman, Ellen. *Close to the Machine: Technophilia and Its Discontents.* San Francisco: City Lights Books, 1997.

Ullman, Ellen. "Elegance and Entropy." Interview with Scott Rosenberg. *Salon 21st* (October 9, 1997). http://archive.salon.com/21st/feature/1997/10/09interview.html.

UNITN. "Dynamic Ontology: An Inquiry into Systems, Emergence, Levels of Reality, and Forms of Causality, Trento University, Trento, Italy." September 8-11, 2004. http://www.unitn.it/events/do/.

Unsworth, John. "The Importance of Failure." *Journal of Electronic Publishing* 3, no. 2 (December 1997). http://www.press.umich.edu/jep/03-02/unsworth.html.

Van Lieshout, Jules. "The New Alchemists." Paper presented at the annual convention of the Midwest Modern Language Association, Chicago, IL, November 9, 2003.

Varela, Francisco J., Even Thompson, and Eleanor Rosch. *The Embodied Mind: Cognitive Science and Human Experience.* Cambridge, MA: MIT Press, 1991.

Von Neumann, John. *Theory of Self-Reproducing Automata.* Edited by Arthur. W. Burks. Urbana: University of Illinois Press, 1966.

Wald, Carol. "The Female Machine: From von Neumann to Richard Powers." Unpublished manuscript.

Weaver, Warren. "The New Tower." Foreword to *Machine Translation of Languages*, edited by William N. Locke and A. Donald Booth, v-vii. Cambridge, MA: MIT Press; New York: John Wiley & Sons, 1950.

Weaver, Warren. "Translation." In *Machine Translation of Languages*, edited by William N. Locke and A. Donald Booth, 15–23. Cambridge, MA: MIT Press; New York: John Wiley & Sons, 1950.

Weise, Elizabeth. "Cracking Cryptonomicon: Stephenson Weaves 50-Year Tale of Intrigue." *USA Today*, April 28, 1999, D1.

Weizenbaum, Joseph. *Computer Power and Human Reason: From Judgment to Calculation.* New York: W. H. Freeman, 1976.

Wells, H. G. *The Time Machine: An Invention.* New York: Modern Library, 2002.

Wicke, Jennifer. "Henry James's Second Wave." *The Henry James Review* 10 (1989): 146–51.

Winson, L. J. Dark Lethe. http://www.darklethe.net.

Wolfram, Stephen. *A New Kind of Science*. New York: Wolfram Media, 2002.

Zeller, Hans. "A New Approach to the Critical Constitution of Literary Texts." *Studies in Bibliography* 28 (1975): 231-65.

Živković, Zonran. "The Future without a Future: An Interview with Stanislaw Lem." *Pacific Quarterly (Moana): An International Review of Arts and Ideas* 4, no. 3 (1979): 255–59.

Žižek, Slavoj. *Enjoy Your Symptom! Jacques Lacan in Hollywood and Out*. New York: Routledge, 2001.

Zuse, Konrad. *Rechnender Raum*. Schriften zur Datenverarbeitung, Band 1. Braunschweig: Friedrich Vieweg & Sohn, 1969.

찾아보기

ㄱ

가르스트카, 존 J.(Garstka, John J.) 15
가상 생명체 353
가상 세계 359
가타리, 펠릭스(Guattari, Felix) 311
  가타리의 기관 없는 신체 182, 199, 314
  기계적 이질생성 316
  ≪천 개의 고원(Mille Plateaux)≫ 312
갤러웨이, 알렉산더(Galloway, Alexander) 71, 309
  ≪프로토콜(Protocol)≫ 71, 309
게슬러, 니컬러스(Gessler, Nicholas) xv, 29, 34, 201
계산 x
  계산의 세계관 7, 32, 33, 50, 66
  계산의 정의 7
  문화적 은유로서 계산 403
계산 체제 xx, 6, 33, 50, 54, 79, 82, 100, 122, 141, 309, 377, 398, 410, 421, 430, 449
계산적 등가성의 원칙 11
계산적 우주 17
  문화적 아이콘으로서 계산적 우주 xiii
  수단으로서 계산적 우주 xii, 13, 17
  은유로서 계산적 우주 xii, 13, 17, 403
공진화 37
공진화 프로세스 361
과학적 실재론 376, 449
군데르, 안나(Gunder, Anna) 151
그로스, 엘리자베스(Grosz, Elizabeth) 280, 290
그리거, 딘(Grigar, Dene) 146

글라지에, 로스 페퀘뇨(glazier, loss pequeño) 79
≪디지털 시학[Dig(iT)al Poet(I)(c)s]≫ 79, 186
글쓰기
글쓰기의 세계관 xxi, 6, 33
말하기 및 코드와의 비교 5, 49
기관 없는 신체 182, 199, 314
기의
데리다의 초월적 기의 비판 6
소쉬르의 기의 58
초월적 기의 6, 19, 64, 259
기입 377
기입 장치 379
기표
라캉적 기표 318
명멸하는 기표 207, 272, 285, 289, 391
소쉬르의 기표 58
코드에서 기표 60
기호학
가타리의 기호학 비판 318
<꿈을 위한 진혼곡(Requiem for a Dream)> 181

ㄴ

내러티브 xvii, 82
가상 생명체의 내러티브 관점 361
네트워크 중심 전투 14
노먼, 랠프(Norrman, Ralf) 104
누스피어 24
니콜슨, 마저리 호프(Nicolson, Marjorie Hope) xii

ㄷ

다니엘레프스키, 마크(Danielewski, Mark) 181
≪나뭇잎 집(House of Leaves)≫ 181
다마지오, 안토니오(Damasio, Antonio) 349, 399
달스트룀, 마츠(Dahlstrom, Mats) 158, 164, 171
더글러스, 제인 옐로리스(Douglas, Jane Yellowlees) 301-302
더스패서스, 존(Dos Passos, John) 248
데닛, 대니얼(Dennett, Daniel) 397
≪마음의 종류(Kinds of Minds)≫ 397
데리다, 자크(Derrida, Jacques) xxi, 33
≪그라마톨로지(Of Grammatology)≫ 56, 77, 84
≪유한책임회사(Limited Inc.)≫ 66, 75
차연 62
≪철학의 여백들(Margins)≫ 63
현존의 형이상학 52, 55
데이비스, 마틴(Davis, Martin) 68
≪보편 컴퓨터(The Universal Computer)≫ 68
데이터베이스 77
도일, 리처드(Doyle, Richard) 16
≪웻웨어(Wetware)≫ 16
도킨스, 리처드(Dawkins, Richard)
≪이기적 유전자(The Selfish Gene)≫ 406
드 만, 폴(de Man, Paul) 50
드러커, 조해나(Drucker, Johanna) 59, 188
드림위버 80
들뢰즈, 질(Deleuze, Gilles) 311
들뢰즈와 "가면" 348
들뢰즈의 기관 없는 신체 182, 199, 314
≪천 개의 고원(Mille Plateaux)≫ 312
디디온, 조앤(Didion, Joan) 362

≪하얀 앨범(The White Album)≫ 362
디지털 주체 xxv, 369

ㄹ

라이언, 마리로르(Ryan, Marie-laure) xvi
라캉, 자크(Lacan, Jacques)
라캉과 “가면” 348
무의식 이론 319
라투르, 브루노(Latour, Bruno)
≪우리는 결코 근대인이었던 적이 없다(We Have Never Been Modern)≫ 384
≪행동하는 과학(Science in Action)≫ 383
람다 계산 70
랭턴, 크리스토퍼(Langton, Christopher) 9, 396
레니어, 앨런(Renear, Allen) 158
레일리, 리타(Raley, Rita) 79, 175
로빈슨, 킴 스탠리(Robinson, Kim Stanley) 123
로빙크, 헤이르트(Lovink, Geert) 309
≪다크 파이버(Dark Fiber)≫ 309
로이드, 세스(Lloyd, Seth) 33
로젠버그, 스콧(Rosenberg, Scott) 67
로즈, 마크(Rose, Mark) xxiv
≪저자와 소유자(Authors and Owners)≫ 256
로크, 존(Locke, John) 259
로크아웃 15
롤러, 존(Lawler, John) 201
루만, 니클라스(Luhmann, Niklas) 408
루카리엘로, 조앤(Lucariello, Joan) 365
류, 앨런(Liu, Alan) xv, 399
≪쿨함의 법칙(The Laws of Cool)≫ 399

르노어, 티모시(Lenoir, Timothy) 141
르루아구랑, 앙드레(Leroi-Gourhan, Andre) 315
리눅스 206, 249
리스하우트, 쥘 반(Lieshout, Jules van) 192, 200

ㅁ

마노비치, 레프(Lev Manovich) 35
　≪뉴미디어의 언어(The Language of New Media)≫ 77
마수미, 브라이언(Massumi, Brian) 388
마스, 패티(Maes, Patti) 396
마투라나, 움베르토(Maturana, Humberto) 363
말하기
　말하기의 세계관 xxi, 6, 33
매춘 104, 136
　남성 동성애 매춘 137
매켄지, D. F.(McKenzie, D. F.) 176
맥건, 제롬(McGann, Jerome) 44, 156
　≪빛나는 텍스트성(Radiant Textuality)≫ 164
맥케이, 도널드(MacKay, Donald) 41
맥퍼슨, C. B.(Macpherson, C. B.) 97, 259
머리, 재닛(Murray, Janet) 167
메를로퐁티, 모리스(Merleau-Ponty, Maurice) 281
메모트, 탤런(Memmott, Talan) 80, 92
　<렉시아에서 퍼플렉시아로(Lexia to Perplexia)> 80
멜러, 앤(Mellor, Anne) 200, 282
모라벡, 한스(Moravec, Hans) viii, 43, 349
　≪로봇(Robot)≫ 412
　업로딩 시나리오 399
모로위츠, 해럴드(Morowitz, Harold) xvi, 4, 81, 362
　≪모든 것의 창발(The Emergence of Everything)≫ 23

목적론적 환상 404
몰스럽, 스튜어트(Moulthrop, Stuart) 168
<승리의 정원(Victory Garden)> 275
무, 바버라(Moo, Barbara) 88
무커스, 알렉산더(Moukas, Alexander) 396
문화적 상상계 xiv
물리성
물리성과 물질성의 차이 176
텍스트의 물리성 164
물질성 x, xxii
물질성의 정의 x, 176
소쉬르의 물질성 57
창발적 특질로서 물질성 177
체화된 물질성 380
텍스트성 이론에서 물질성 164
<패치워크 소녀>에서 물질성 305
<미스트(Myst)> 180
민스키, 마빈(Minsky, Marvin) 368
밀러, 힐리스(Miller, Hillis) 50
밀턴, 존(Milton, John) 223

ㅂ

바렐라, 프란시스코(Varela, Francisco) 363
바르트, 롤랑(Barthes, Roland) 185
바벨탑 189
바움, 프랭크(Baum, Frank) 264
≪오즈의 누더기 소녀(Patchwork Girl of OZ)≫ 264, 289
바이젠바움, 조지프(Weizenbaum, Joseph) 394
바인딩 89
초기 바인딩 89

후기 바인딩 89
반복가능성 67, 72
발사모, 앤(Balsamo, Anne) vii
≪젠더화된 신체의 기술(Technologies of the Gendered Body)≫ vii
배런코언, 사이먼(Baron-Cohen, Simon) 361
≪마음맹(Mindblindness)≫ 361
버커츠, 스벤(Berkerts, Sven) 36
≪구텐베르크 비가(The Gutenberg Elegies)≫ 36
번역
매체 번역 146
언어 번역 189
벤야민, 발터(Benjamin, Walter) 195
"번역가의 임무(The Task of the Translator)" 195
베이식 85
베이컨, 프랜시스(Bacon, Francis) 259
보드리야르, 장(Baudrillard, Jean) 30, 141
보르헤스, 호르헤(Borges, Jorge) xxiii
"≪돈키호테≫의 저자, 피에르 메나르(Pierre Menard, Author of the *Quixote*)" 145, 188
"바벨의 도서관(Library of Babel)" 161
보부아르, 시몬 드(Beauvoir, Simone de) 281
보철(≪파머 앨드리치의 세 개의 성흔≫) 117, 122
보편 컴퓨터 27, 32, 81, 100, 398
복잡성
복잡성과 창발 26, 363
복잡성의 처소 54, 141
볼터, 제이(Bolter, Jay) 36
≪재매개(Remediation)≫ 38
볼페, 갈바노 델라(Volpa, Glavano della) 165

부제티, 디노(Buzzetti, Dino)　161
<분열(Riven)>　180
브록만, 존(Brockman, John)　33
브루너, 제롬(Bruner, Jerome)　364
브룩스, 로드니(Brooks, Rodney)　54, 368, 375
　코그 프로젝트　395
블랙스톤 판사　256
블레이크, 윌리엄(Blake, William)　200
　<윌리엄 블레이크 아카이브>　146, 160, 164
비물질화(소쉬르)　58
비어, 질리언(Beer, Gillian)　223

ㅅ

사이버공간
　사이버공간(≪크립토노미콘≫)　210
　사이버공간(≪퍼뮤테이션 시티≫)　424
사이버 시스템("플러그에 연결된 소녀")　131
상속(C++)　67, 87
상호매개　xxii, 255
　상호매개와 복잡성 역학　399
　상호매개의 정의　xviii
　아날로그와 디지털 간의 상호매개　311
　인쇄 텍스트와 전자 텍스트 간의 상호매개　200-201
색스, 올리버(Sacks, Oliver)　50
세브로브스키, 아서 K.(Cebrowski, Arthur K.)　15
세포 자동자　52, 82
　들뢰즈와 가타리에서 세포 자동자　312
　은유로서 세포 자동자　405
셰익스피어, 윌리엄(Shakespeare, William)　73, 178, 259
소쉬르, 페르디낭 드(Saussure, Ferdinand de)　5

기호학 xxi, 33
말하기 시스템 72, 75
≪일반언어학 강의(Course in General Linguistics)≫ 55
소유주의적 개인주의 97, 122, 136, 138-139
손드하임, 앨런(Sondheim, Alan) 92
≪솔라리스(Solaris)≫ 339
수빈, 다코(Suvin, Darko) 115
슐로스버그, 에드윈(Schlossberg, Edwin) 176
스미스, 브라이언 캔트웰(Smith, Brian Cantwell) 53, 350
스웜 16
스테일스, 뤼크(Steels, Luc) 363
스토리스페이스 266, 272, 274
스토리스페이스 매뉴얼 298
스튜어트, 개릿(Stewart, Garrett) 77
≪책 읽는 목소리들(Reading Voices)≫ 77
스티븐슨, 닐(Stephenson, Neal)
≪다이아몬드 시대(The Diamond Age)≫ 97
≪스노 크래시(Snow Crash)≫ 224
≪태초에 명령어가 있었다(In the Beginning Was the Command Line)≫ 205
스퍼버그매퀸, 마이클(Sperberg-McQueen, Michael) 158
시드니, 필립(Sydney, Philip) 223
시뮬레이션 모델링 xv, 32
시스템
말하기와 글쓰기의 레거시 시스템 xx, 49, 85
분산 인지 시스템 354, 359, 392
신유물론 253
실링스버그, 피터(Shillingsburg, Peter) 152
≪컴퓨터 시대의 학술 편집(Scholarly Editing in the Computer Age)≫ 152

실버, 데이비드(Silver, David) 180
심스, 칼(Sims, Karl) xvi
<진화한 가상 생명체(Evolved Virtual Creatures)> xvi, 354

ㅇ

아기로스, 알렉스(Argyros, Alex) 361
아날로그 xvii, xix, 83, 305, 311
아날로그 주체 xxv, 369
아날로그 패턴 5
아날로그 프로세스 22, 30
아날로그적 닮음 372
아상블라주 xxiii
아상블라주와 기관 없는 신체 314
아상블라주로서 작품 178
알튀세르, 루이(Althusser, Louis) 93
암호작성술(≪크립토노미콘≫) 211
애들먼, 레너드(Adelman, Leonard) 8
애디슨, 조지프(Addison, Joseph) 287
≪액셀러레이티드 C++(Accelerated C++)≫ 88
야르젱브스키, 예지(Jarzebski, Jerzy) 323
양자물리학 409
양자역학 xii
언스워스, 존(Unswarth, John) 166
언어들의 탑 79
에니그마 코드(≪크립토노미콘≫) 213
에델먼, 제럴드(Edelman, Gerald) 396
에르고딕 문학 44, 59
에켈, 브루스(Eckel, Bruce) 5
≪C++로 생각하기(Thinking C++)≫ 86
역동적 위계 23, 29, 448

열역학 제1 법칙과 제2 법칙 96
영, 에드워드(Young, Edward) 261
오스틴, 존(Austin, John) 72
오츠먼, 찰스(Ostman, Charles) 97
오토포이에시스 316
올세트, 에스펜(Arseth, Espen) 44
≪사이버텍스트(Cybertext)≫ 44
옹, 월터(Ong, Walter) 50
와이스, 엘리자베스(Weise, Elizabeth) 251
울거, 스티브(Woolgar, Steve) 379
울람, 스타니스와프(Ulam, Stanislaw) 9
울먼, 엘런(Ullman, Ellen) 67
≪기계에 가까이(Close to the Machine)≫ 68
울프, 버지니아(Wolfe, Virginia) 248
울프럼, 스티븐(Wolfram, Stephen) 4, 78
≪새로운 종류의 과학(A New Kind of Science)≫ xi, 9, 312, 320, 405
월드, 캐럴(Wald, Carol) 333
웨이, 샤신(Wei, Sha Xin) 43
<T가든(Tgarden)> 43
웰스, 허버트 조지(Wells, Herbert George) 220
몰록 221
엘로이 220
≪타임머신(The Time Machine)≫ 220
위너, 노버트(Wiener, Norbert) 190
위버, 워런(Weaver, Warren) xxiii, 190, 195
위크, 제니퍼(Wicke, Jennifer) 108
윌리엄스, 레이먼드(Williams, Raymond) 13, 311
윌킨스, 존(Wilkins, John) 250
유닉스와 닐 스티븐슨 205, 219

윤회 355, 376
의도성(<진화한 가상 생명체>) 367
의식 xxv
　아날로그 의식 354
의식의 업로딩 399
의인화적 투사 xiv, 354
이건, 그렉(Egan, Greg) 393
　주관적 우주론으로서 이건의 소설 393
이데올로기로서 소프트웨어 93
이산화 xxi, xxiv, 82
이상화(소쉬르) 59
인공생명 29
　사이버네틱스의 상속자로서 인공생명 448
　살을 가진 피조물과 다른 체화로서 인공생명 449
　이론생물학의 일부로서 인공생명 396
　인공생명과 라캉 320
≪인공생명(Artificial Life)≫ 29
인공지능 359
인쇄
　인쇄와 전자 텍스트성 비교 145
인쇄 서적 203
인쇄 전통 256
인용 72
인용가능성 67

ㅈ

자기조직화 16
자본주의 74, 370
자산
　문학적 자산 256

지적 자산 256
자폐증 361
재귀성 401, 448
재귀적 루프 xiii, xxv, 184, 356, 359, 363, 368, 422
재귀적 상호작용 xix
재매개 36
잭슨, 셸리(Jackson, Shelley)
리타 레일리와의 인터뷰 267, 274, 279
"스티치 비치(Stitch Bitch)" 265, 269, 281, 283, 292
저작권 xxiv, 182, 370
적합성 기준 357, 366
전, 웬디 희경(Chun, Wendy Hui Kyong) 93
전신 창구 101
전자 매체에 대한 인쇄 중심적 관점 154
전자 하이퍼텍스트 44
정보의 경제 95
제약 56
'정보의 꿈'에서 제약 96
제임스, 헨리(James, Henry) 364
젤러, 한스(Zeller, Hans) 156-157
조이스, 마이클(Joyce, Michael) 274
<오후(Afternoon)> 275, 302
존스턴, 존(Johnston, John) 319
존슨, 마크(Johnson, Mark) 281
존슨, 바버라(Johnson, Barbara) 282, 404
존슨, 새뮤얼(Johnson, Samuel) 261
죄수의 딜레마 37
주네트, 제라르(Genette, Gérard) 267
주체
디지털 주체 xiv, xvii, 369

아날로그 주체 369
자유주의적 주체 97, 114, 122-123, 127, 130, 137, 392
조립체로서 주체 270
체화된 주체 39
파편화된 주체 xxiv
주체성 xii, xxv, xxvi, 310, 449
아날로그 주체성 370, 390
지젝, 슬라보예(Žižek, Slavoj)
≪당신의 징후를 즐겨라!(Enjoy Your Symptom!)≫ 404
징후에 대한 분석 17

ㅊ

촘스키, 놈(Chomsky, Noam) 201
추제, 콘라드(Zuse, Konrad) 9

ㅋ

카스텔, 마누엘(Castells, Manuel) 399
카우프만, 스튜어트(Kauffman, Stuart) 26, 362
칼비노, 이탈로(Calvino, Italo) 168
캔들, 마이클(Kandel, Michael) 333, 344
캠벨, 짐(Campbell, Jim) 389
<나는 한 번도 성경을 읽은 적이 없다(I Have Never Read the Bible)> 389
캡슐화(C++) 88
커벌리, M. D.(Coverley, M. D) 80
<낮에 출발하는 것에 대한 책(The Book of Going Forth by Day)> 80
커셴바움, 매슈(Kirchenbaum, Matthew) 5, 93, 149
커즈와일, 레이(Kurzweil, Ray) 349
컬러, 조너선(Culler, Jonathan) 56

컴파일링 89
컴퓨터 게임 44
케니그, 앤드루(Koenig, Andrew) 88
케일리, 존(Cayley, John) 189
켈러, 에벌린 폭스(Keller, Evelyn Fox) 383
코드
　실행 가능한 언어로서 코드 71
　언어적 코드 147
　코드와 가타리 318
　코드의 계층 89
　코드의 세계관 xxi, 6, 34, 48
　코드의 자의성 106
　코드의 정의 185
　프로그래밍 언어와 코드 3
코자, 존(Koza, John) 356, 395
콘웨이, 존(Conway, John) 9
　≪생명의 게임(Game of Life)≫ 9
쿠버, 로버트(Coover, Robert) 295
　<베이비시터(Babysitter)> 295
크노, 레몽(Queneau, Raymond) 200
　<100 조 개의 시들(Cent mille milliards de poèmes)> 200-201
크라머르, 플로리언(Cramer, Florian) 203
크리스털, 에프레인(Kristal, Efrain) 198
크리스테바, 쥘리아(Kristeva, Julia) 55
크립트-(crypt-)(≪크립토노미콘≫) 211
키틀러, 프리드리히(Kittler, Friedrich) xiii, 60
　≪담론 네트워크(Discourse Networks)≫ xiii, 36
　≪축음기, 영화, 타자기(Gramophone, Film, Typewriter)≫ 39
　'환각'으로서 읽기 xiii, xvi

ㅌ

터클, 셰리(Tuckle, Sherry) 14

≪스크린 위의 삶(Life on the Screen)≫ 14

≪제 2 의 자아(The Second Self)≫ 14

테야르 드 샤르댕, 피에르(Teilhard de Chardin, Pierre) 24

텍스톤 45

텍스트

전자 텍스트성 46, 59, 146, 166

텍스트의 정의 150

텍스트 비평 177

텍스트성 x, xxvi

전자 텍스트성 5

체화된 텍스트성 164

텍스트인코딩이니셔티브 157

튜링 테스트 394

튜링, 앨런(Turing, Alan) 8

튜링기계 8, 319

ㅍ

파비치, 밀로라드(Pavic, Milorad) 149

≪하자르 사전(Dictionary of the Khazars)≫ 149, 292

파커, 조 앨리슨(Parker, Jo Alyson) 324

≪퍼뮤테이션 시티(Permutation City)≫

먼지 가설 414

오토버스 428

<페이첵(Paycheck)> 405

포스터, G. M.(Foster, G.M.) 96

포스터, 마크(Poster, Mark) 96

≪인터넷이 뭐가 문제인가?(What's the Matter with the Internet)≫ 369

포스트생물학 393
포스트휴먼 viii
포스트휴먼 시대 43
포트란 85
폰 노이만, 존(von Neumann, John) 8, 9
폰 푀르스터, 하인츠(von Foerster, Heinz) 448
≪시스템 관찰하기(Observing System)≫ 448
폴슨, 윌리엄(Paulson, William) 72
푸코, 미셸(Foucault, Michel) 40, 262, 369
풀러, 매슈(Fuller, Matthew) 5, 93
프레드킨, 에드워드(Fredkin, Edward) 4, 19, 78, 398
디지털 역학 362
프로그램
가상 생명체를 위한 진화 프로그램 354
객체 지향 프로그램 88
프로세스 385
프리고진, 일리야(Prigogine, Ilya) 20
플로트니츠키, 아르카디(Plotnitsky, Arkady) 223
피드백 루프 4, 14, 34, 47, 202, 321, 355, 362
≪피아스코(Fiasco)≫ 344
핀레이, 이언 해밀턴(Finlay, Ian Hamilton) 186

ㅎ

해체주의 107
핸슨, 마크(Hansen, Mark) 39
≪새로운 매체를 위한 새로운 철학(New Philosophy for New Media)≫ 40
허친스, W. J.(Hutchins, W.J.) 190
헤일스, 캐서린(Hayles, N. Katherine)
≪글 쓰는 기계(Writing Machine)≫ x

≪우리는 어떻게 포스트휴먼이 되었는가(How We Became Posthuman)≫ viii, 97, 321, 393, 399
호프스태터, 더글러스(Hofstader, Douglas) 409
혼종적 주체성 385
화이트헤드, 앨프리드 노스(Whitehead, Alfred North) 288
휠러, 존(Wheeler, John) 432
흔적 53, 62
희소성의 체제 96
힐리스, 대니얼(Hillis, Daniel) 8

A–Z

C++ 67, 85
<D. G. 로제티 하이퍼미디어 아카이브(D. G. Rossetti Hypermedia Archive)> 164
MEZ(Mary-Anne Breeze) 92
OHCO(Ordered Hierarchy of Content Objects) 158
SGML(Standard Generalized Markup Language) 159
TIB 195
TTL 57

지은이 소개

캐서린 헤일스(N. Katherine Hayles)

영문학자, 디지털 문학 연구자, 포스트휴머니즘 이론가. 포스트휴머니즘을 학술 영역에서 최초로 정의하고 본격적 학문 분야로 발전시킨 것으로 널리 인정받는다. 로체스터공과대학교에서 화학으로 학사 학위를 받고 캘리포니아공과대학교에서 화학 석사 학위를 받은 후, 영문학으로 진로를 바꾸어 로체스터대학교에서 영문학으로 박사 학위를 받았다. 융합적 학문 배경과 관심을 바탕으로 과학, 문학, 기술 간의 관계를 다루는 포스트휴먼 이론에 대한 학제적 연구를 폭넓게 수행해 왔다. 듀크대학교 영문학과 교수를 지냈고, 현재는 동 대학교 명예교수로 있다. 디지털 문학을 문학 연구의 대상으로 정립하는 데 크게 기여했으며, 컴퓨터 코드와 인간의 언어가 겹치고 분기하는 방식과 그 상호매개 관계를 이해할 수 있는 통찰을 제시해 왔다. 최근에는 인간 인지와 디지털 매체의 상호 관계를 탐구하며 포스트휴머니즘 연구를 지속적으로 선도하고 있다. 저서로 ≪우리는 어떻게 포스트휴먼이 되었는가(How We Became Posthuman)≫, ≪글 쓰는 기계(Writing Machines)≫, ≪비사고(Unthought)≫ 등이 있다.

옮긴이 소개

이경란

이화여자대학교 영어영문학과를 졸업하고 동 대학원에서 20세기 전환기 미국 여성 작가 연구로 영문학 박사 학위를 받았다. 이화여자대학교 이화인문과학원에서 HK 연구교수로 재직하면서 영미문학을 중심으로 젠더와 여성 문학, 경계와 소수자 문학, 포스트휴머니즘과 디지털 주체 등에 대한 연구·저술·번역 작업을 진행했다. 최근에는 내러티브와 이야기의 치유적 힘에 관심을 두고 의료인문학연구소 공감클리닉에서 서사의학(Narrative medicine)을 현장에 적용할 수 있는 다양한 방법들을 모색하고 있다. 저서로 ≪로지 브라이도티, 포스트휴먼≫, ≪미국이민소설의 초국가적 역동성≫(공저), ≪젠더와 문학≫ 등이 있고, 역서로 ≪젠더 스터디≫(공역), ≪좋은 의사 나쁜 의사≫(공역), ≪행복의 약속≫(공역), ≪이야기로 푸는 의학≫(공역), ≪포스트휴먼≫ 등이 있다.

송은주

이화여자대학교 영어영문학과를 졸업하고 동 대학원에서 박사 학위를 받았다. 현재 이화인문과학원 학술연구교수로 재직 중이다. 포스트휴머니즘과 인류세 문학 담론에 관심을 두고 연구하고 있다. 번역서로 ≪바디 멀티플≫(공역), ≪포스트휴먼 지식≫(공역) 등이 있고, 저서로 ≪당신은 왜 인간입니까≫, ≪인류세 시나리오≫ 등이 있다.